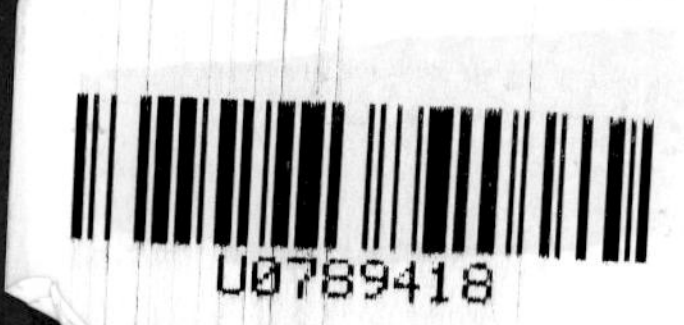

金陵全書

丙編·檔案類

中山陵檔案

葬事籌備

《中山陵檔案》編委會 編

南京出版傳媒集團
南京出版社

提 要

一九二五年三月十二日，孫中山先生在北京病逝。孫中山在彌留之際明確提出：『吾死之後，可葬于南京紫金山麓，因南京爲臨時政府成立之地，所以不可忘辛亥革命也。』國民黨中央執行委員會推定張静江、汪精衛、林森、于右任、戴季陶、楊庶堪、邵力子、宋子文、孔祥熙、葉楚傖、林業明、陳去病十二人組成『孫中山先生葬事籌備委員會』。四月十八日，在上海正式成立了『孫中山先生葬事籌備處』，指定楊杏佛爲主任幹事，孫科爲家屬代表，全面負責孫中山身後喪葬事宜。從一九二五年孫中山逝世到一九二九年最後安葬，這四年間，葬事籌備處一直是主管孫中山喪葬事宜、負責中山陵修建的主要機構。初期，其工作主要圍繞陵墓的選址、設計，以及陵墓主體工程的招標和建設而展開，後期除了繼續趕辦陵墓工程外，園林方面的規劃和建設也成爲葬事籌備處的主要工作。

葬事籌備處成立後，首先由家屬及葬事籌備處代表林焕廷、葉楚傖等實地勘察墓址，并確定工作順序：（一）確定墓址；（二）測量墓地；（三）交涉圈地；（四）徵求陵墓圖案；（五）决定陵墓圖案；（六）招標包工；（七）興工。一九二五年四月二十三日，葬事籌備委員會召開了第二次會議，確定紫金山中茅山南坡爲墓址所在地，并决定派主任幹事楊杏佛赴寧接洽圈地、測量、照相，做好建陵準備工作，此後陸續開展相關工作。

一九二七年九月十八日，國民黨中央正式委派胡漢民、汪精衛、蔣介石、譚延闓、程潛、李石曾、蔡元培、許崇智、林業明等十九人組成新的葬事籌備委員會。一九二九年九月三十日，國民政府明令組織總理陵園管理委員會，葬事籌委會于同日撤銷，一切經手事項移交總理陵園管理委員會辦理。

本册内容主要包括孫中山先生葬事籌備處辦事簡則草案、組織系統表等組織機構原始檔案；中山陵墓奠基禮籌備、舉行及衝突的檔案；葬事籌備處、内務部、江蘇實業廳、江蘇省立第一造林場、義農會南京分會、江寧縣政府、靈谷寺管理方等圍繞圈地的多封往來信函；葬事籌備處一九二六年至一九二八年部分月份的工作報告、第一次至第六十九次原始會議記録及第二十五次至第三十次常務會議原始記録。從一九二五年四月十八日至一九二九年六月三十日，葬事籌備處一共召開了六十九次會議，諸如孫中山先生的葬事經費（包括陵墓工程經費）的籌集、中山陵設計圖案的徵求、陵墓工程承包人的選定、中山陵園的造林和緑化以及孫中山先生的靈櫬由北京迎歸南京安葬等等。

目録

壹　葬事籌備

貳　選址及徵地

叁　葬事籌備會議記録

壹

葬事籌備

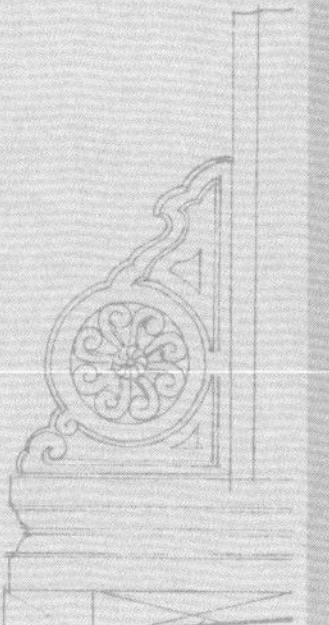

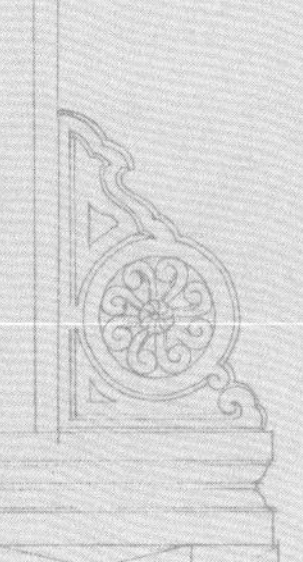

孫中山先生葬事籌備處辦事簡則草案（一九二五年十一月二十八日）

檔號：1005-1-45

葬事籌備處辦事簡則草案

總綱

1. 葬事籌備處以家屬代表籌備委員會及幹事部組織之
2. 籌備會議得隨時增加或修改本項簡則 其議決案與本簡則有同等效力

家屬代表與委員會

1. 家屬代表與委員會（甲）每兩星期開籌備會議一次（乙）由家屬代表或常務委員召集（丙）有在滬委員過半數之出席即可開會（丁）議決一切事件交幹事部執行
2. 委員會推常務委員三人會同家屬代表分別主持監督（甲）工程（乙）會計（丙）文牘等事務
3. 委員無薪給

4. 常務委員請假應請其他委員代理

幹事部

1. 幹事部受家屬代表與常務委員之監督執行籌備會議之一切議決事件

2、幹事部聘主任幹事一人負籌備處執行全責

3. 幹事部職員每日到籌備處辦公

4. 幹事部職員有薪給

5. 幹事部所辦各事每兩星期向家屬代表及委員會報告一次每月底編印報告寄呈家屬代表及各委員

十四年十一月廿八日第十五次籌備會議通過

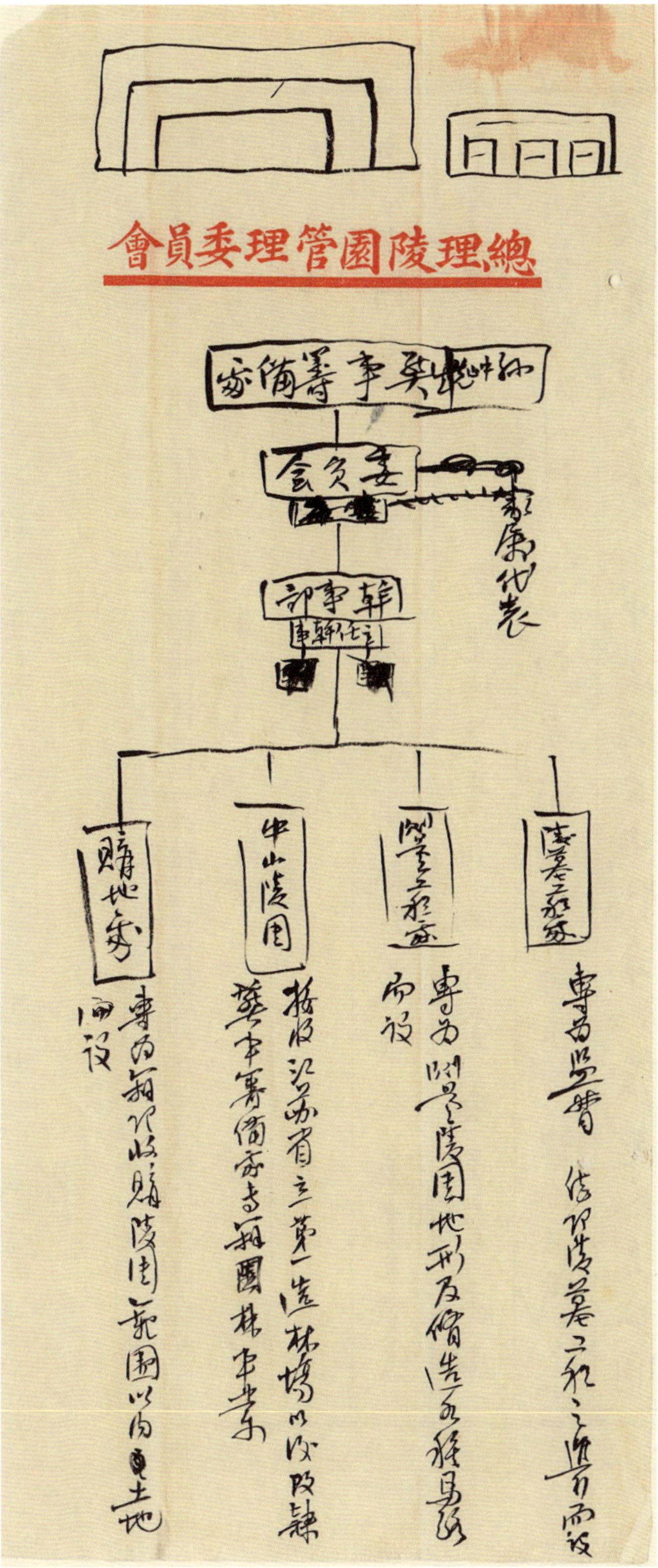

孫中山先生葬事籌備處組織系統表
檔號：1005-1-45

孫中山先生葬事籌備處代辦孫先生永久紀念委員會事務通告（一九二五年十二月二十三日）

檔號：1005–1–239

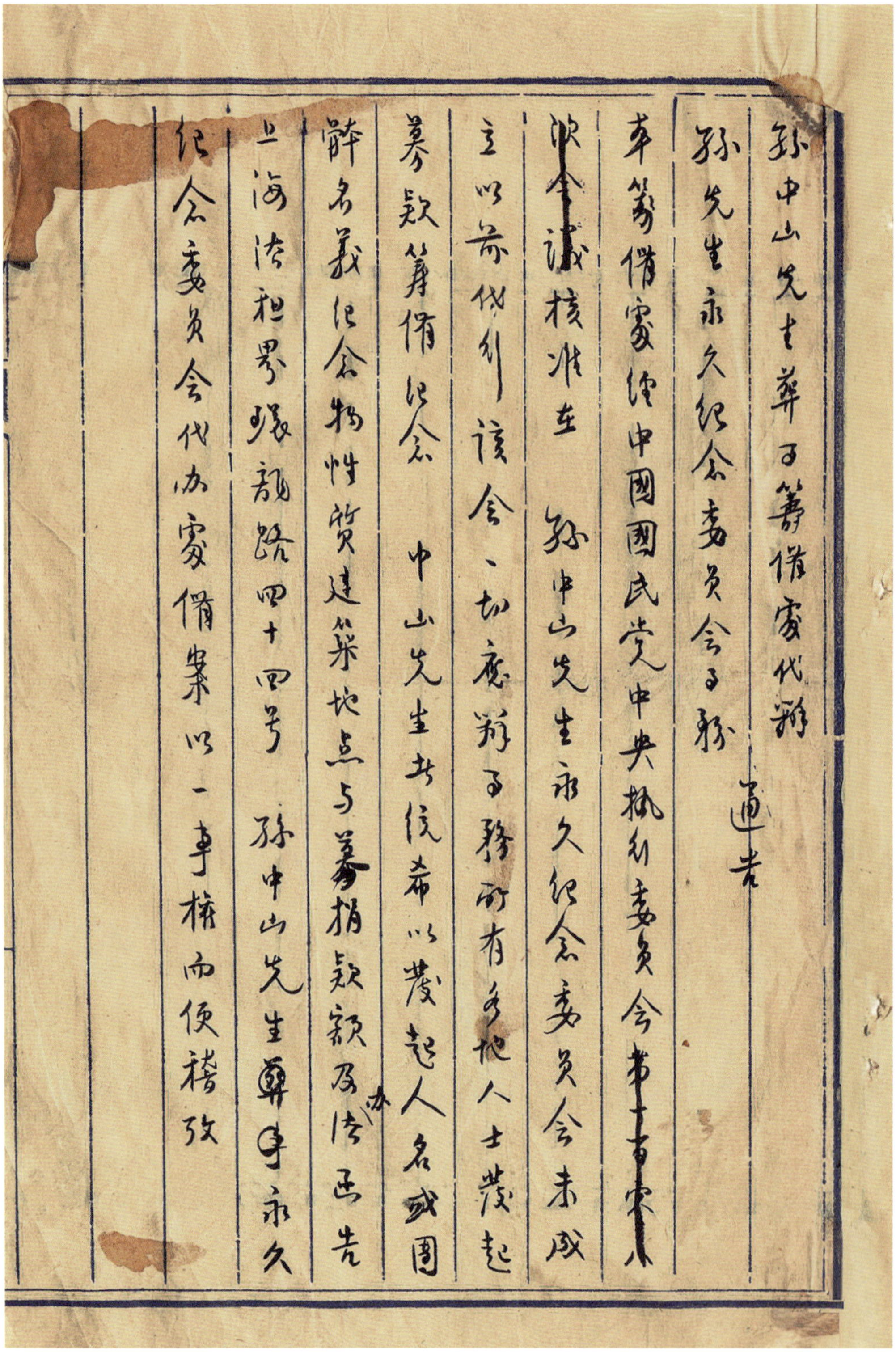
孫中山先生葬事籌備處代辦
孫先生永久紀念委員會事務　通告
本籌備處經中國國民黨中央執行委員會第十三次
決會議核准在孫中山先生永久紀念委員會未成
立以前代行該會一切應辦事務所有各地人士發起
募款籌備紀念　中山先生者統希以發起人名義或團
體名義紀念物性質建築地點與募捐款額及函告
上海法租界環龍路四十四號　孫中山先生葬事永久
紀念委員會代辦處備案以一事權而便稽考

孫中山先生葬事籌備處委員及職員一覽表

檔號：1005–1–239

本處委員及職員一覽表

委員會

委員　汪精衛林煥庭宋子文葉楚傖邵力子于右任戴季陶張靜江陳佩忍（辭職）孔庸之林子超楊滄白

主席委員　張靜江（請假）現由陳果夫代

家屬代表　孫哲生（返粵）現由孫宋夫人代

常務委員　宋子文（工程）林煥廷（會計）葉楚傖（文牘）

幹事部

幹事主任　楊杏佛

駐甯幹事　鈕師愈　專任文件擬稿鈔錄庶務等事項

駐滬幹事　張國權　專任司賬文件收發保管及擬稿鈔錄剪報等事項

駐滬書記　徐弘士　專任哀思錄鈔錄校對剪報等事項

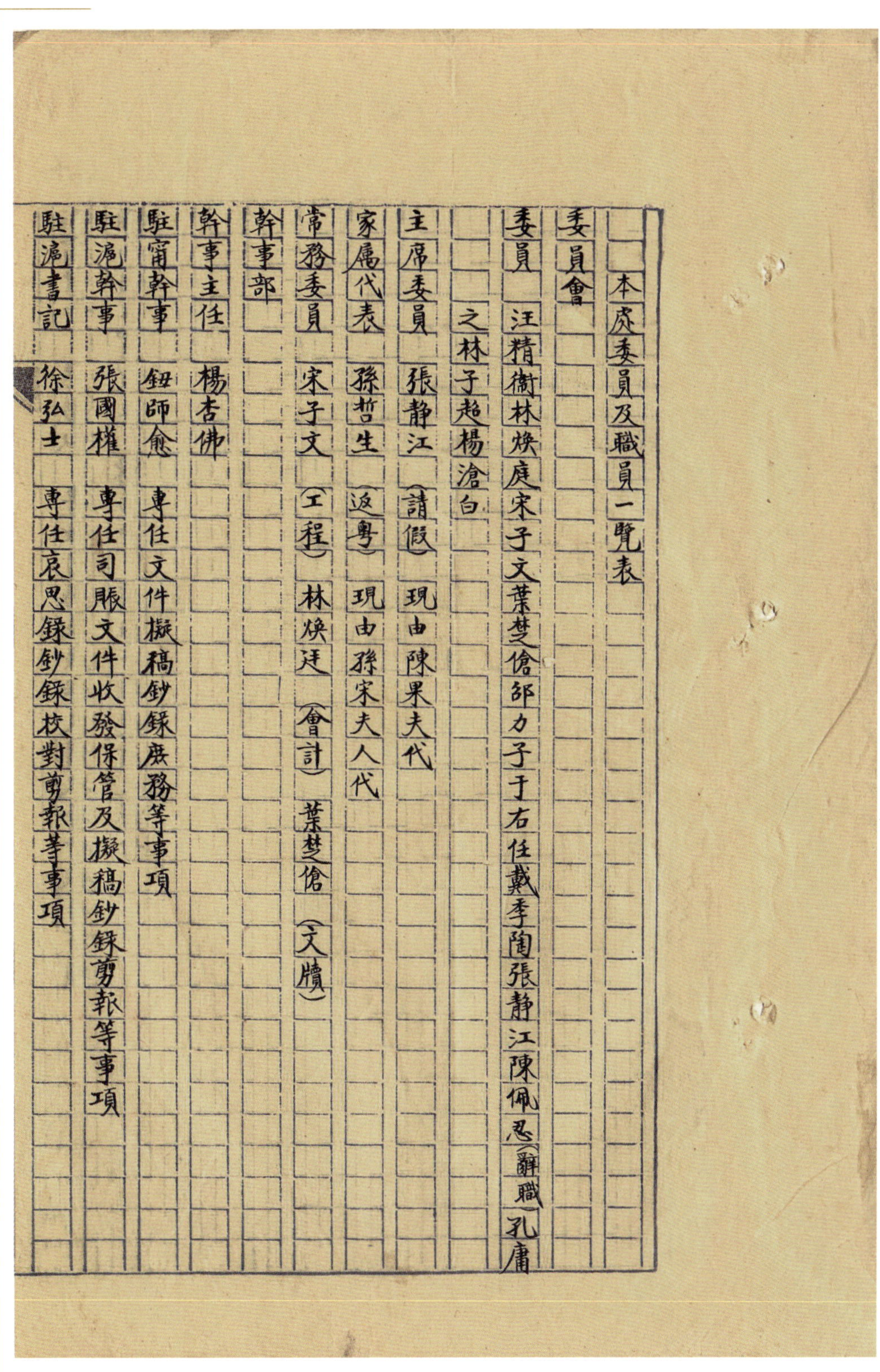

駐甯書記　張彤叔　專任司賬及庶務文件收發鈔錄等事項

駐山監工實習生　陳希平　專任工程進行之報告

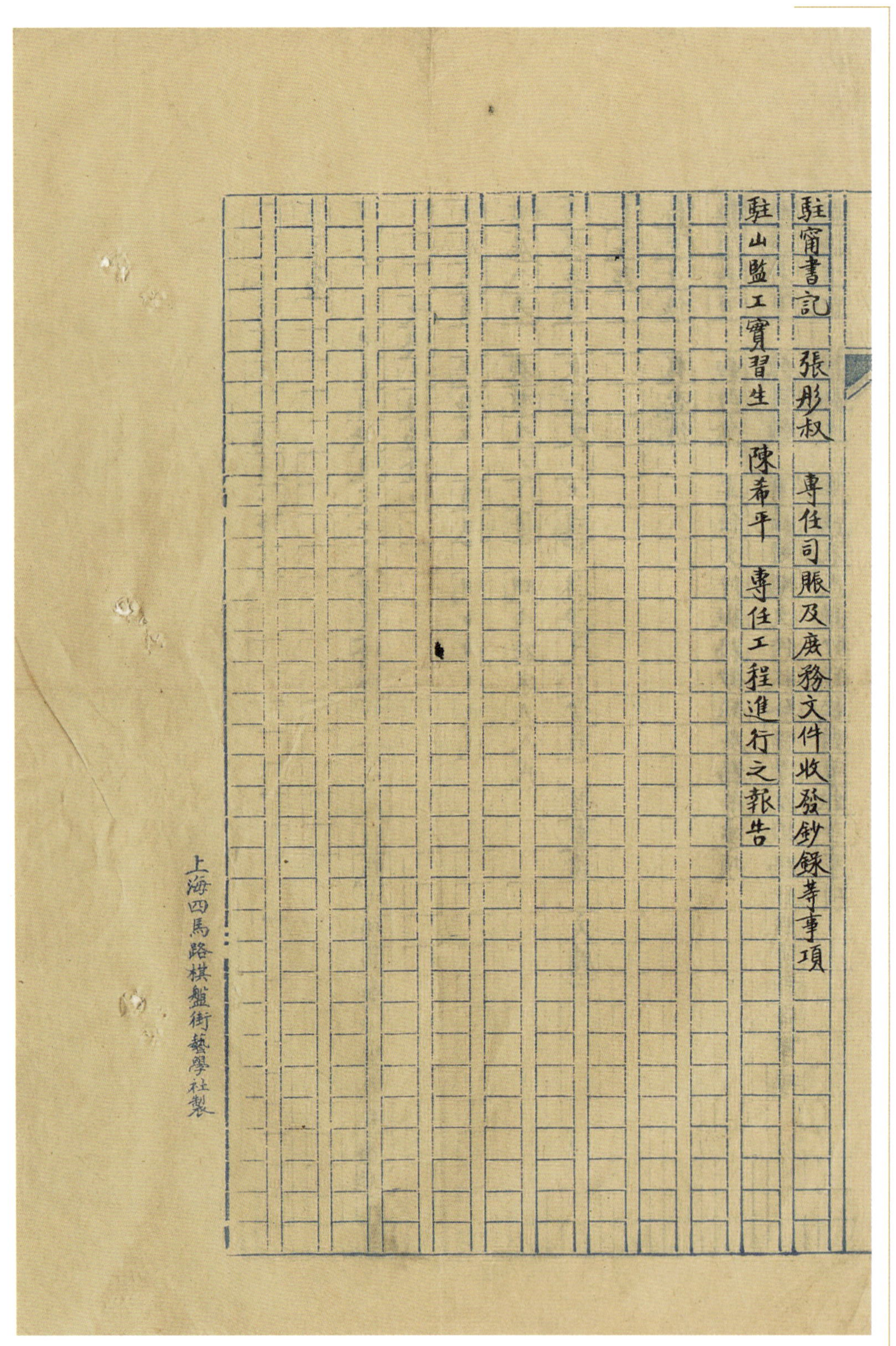

上海銀行旅行部關于已爲舉行孫中山先生陵墓奠基禮備妥車票及車站照料等事宜的函（一九二六年三月八日）

檔號：1005-3-1319

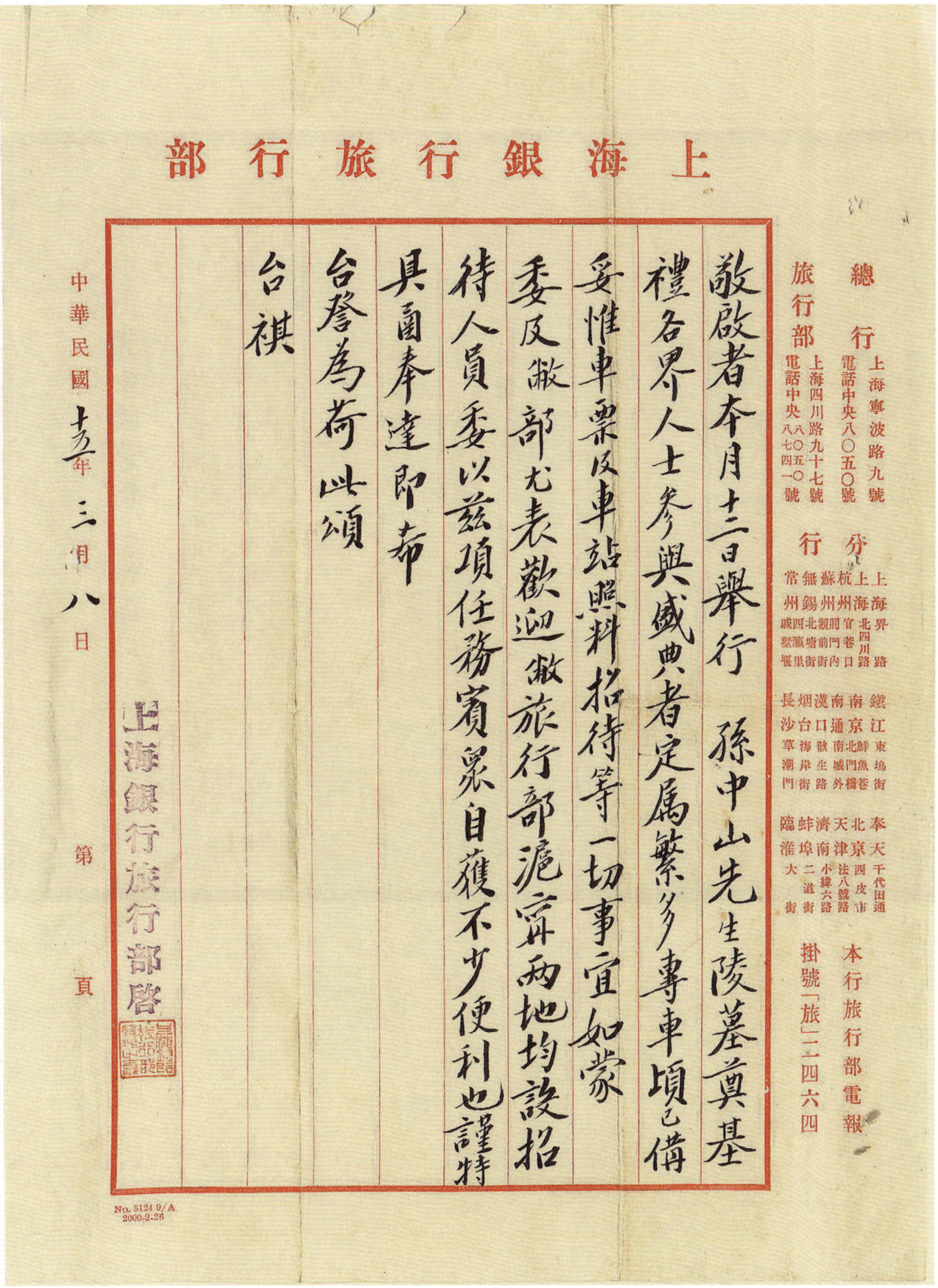

上海銀行旅行部

總行 上海寧波路九號 電話中央八〇五〇號
旅行部 上海四川路九十七號 電話中央八〇五〇 八七四一號

分行
上海 界路
上海 北四川路
杭州 官巷口
蘇州 閶門內 觀前街
無錫 北塘街
常州 西瀛里 戚墅堰
鎮江 東塢街
南京 鮮魚巷 北門橋
南通 南城外
漢口 歆生路
烟台 海岸街
長沙 草潮門
奉天 千代田通
北京 西皮市
天津 法八號路
濟南 小緯六路
蚌埠 二道街
臨淮 大街

本行旅行部電報掛號「旅」二四六四

敬啟者本月十二日舉行　孫中山先生陵墓奠基禮各界人士參與盛典者定屬繁多專車頃已備妥惟車票及車站照料招待等一切事宜如蒙委及敝部尤表歡迎敝旅行部滬寧兩地均設招待人員委以茲項任務賓衆自獲不少便利也謹特具函奉達即希台詧爲荷此頌

台祺

上海銀行旅行部啓

中華民國十五年三月八日

第　頁

No. 5124 9/A
2000-2-26

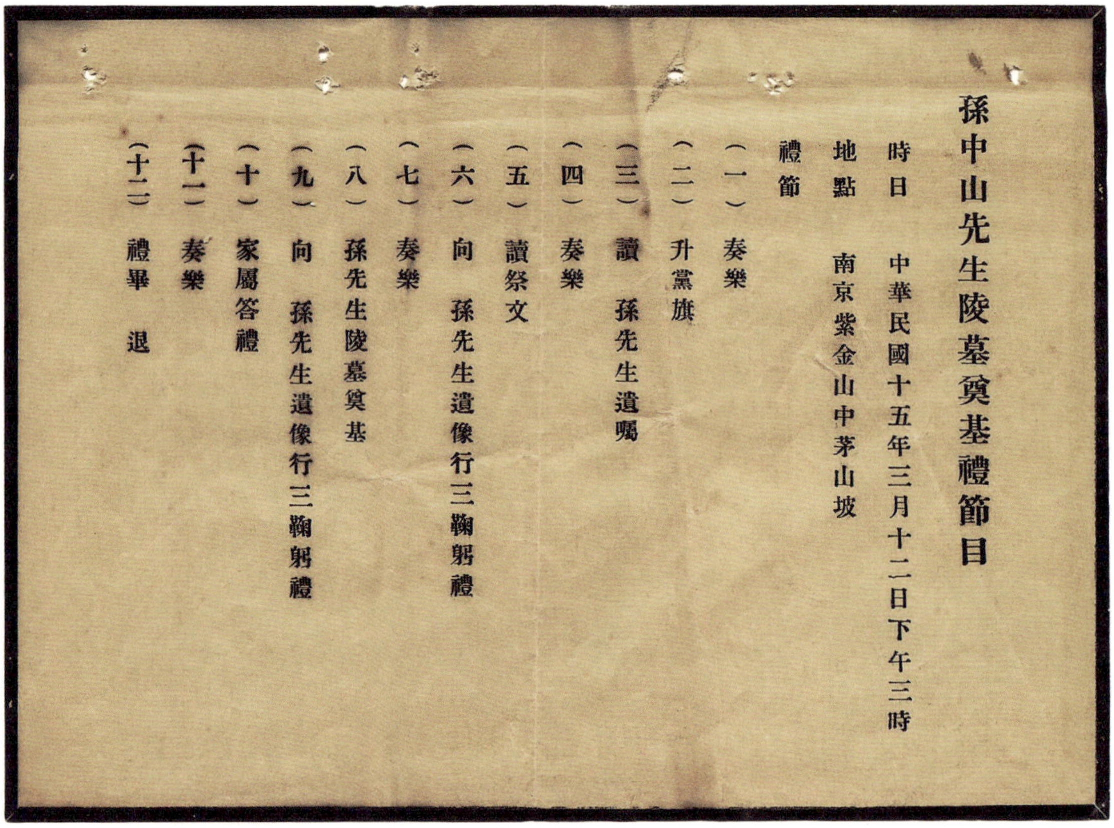

孫中山先生陵墓奠基禮節目

時日　中華民國十五年三月十二日下午三時

地點　南京紫金山中茅山坡

禮節

（一）奏樂

（二）升黨旗

（三）讀　孫先生遺囑

（四）奏樂

（五）讀祭文

（六）向　孫先生遺像行三鞠躬禮

（七）奏樂

（八）孫先生陵墓奠基

（九）向　孫先生遺像行三鞠躬禮

（十）家屬答禮

（十一）奏樂

（十二）禮畢　退

孫中山先生陵墓奠基禮節目（一九二六年三月十二日）

檔號：1005-3-1319

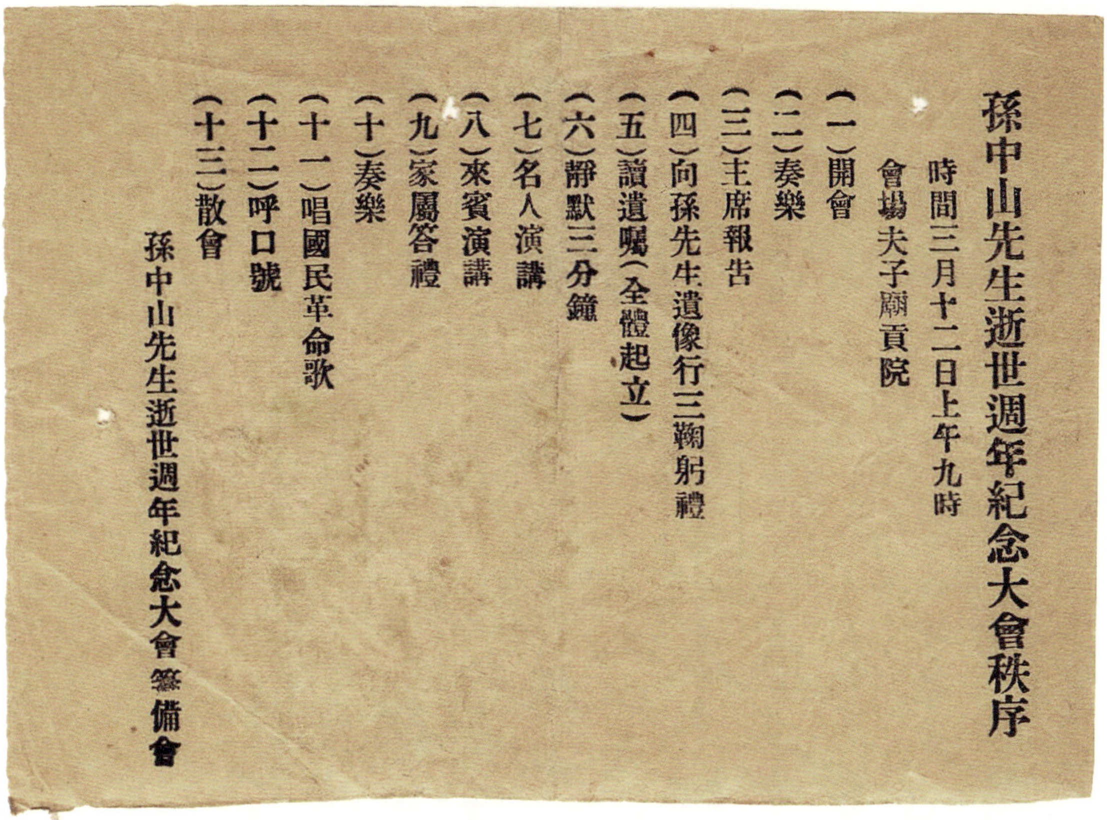

孫中山先生逝世週年紀念大會秩序

時間三月十二日上午九時

會場夫子廟貢院

（一）開會
（二）奏樂
（三）主席報告
（四）向孫先生遺像行三鞠躬禮
（五）讀遺囑（全體起立）
（六）靜默三分鐘
（七）名人演講
（八）來賓演講
（九）家屬答禮
（十）奏樂
（十一）唱國民革命歌
（十二）呼口號
（十三）散會

孫中山先生逝世週年紀念大會籌備會

孫中山先生逝世周年紀念大會秩序（一九二六年三月十二日）

檔號：1005-3-1319

各界參加孫中山先生陵墓奠基禮代表簽名簿（一九二六年三月十二日）

檔號：1005-3-1319

六一女子中學

蘇州

第一師範　英華女學

第二中學　桃塢中學

第二農業　女子職業中學

杭州

國立醫科大學　之江大學

第二女子師範　省立師範學校

工專學校　省立中學

東吳大學　省立農業專

景海女學　藝術學校

萃英中學　省立女子師範

英華中學　省立工業

晏城中学　法政学校
松江中学
無錫　滸墅關
第三師範　女子蚕桑学校
工商中学　常州
競志女学　省立第五中学
江陰
南菁中學
鎮江
省立中学

上海四馬路棋盤街蔡學社製

南京仍為首都
村仲琴
蘇民生
義典會
仇律之　　　楊成橋
陰思筠（王府園）
張曾陸
吳培奎（陸府西府立碑）
南京圖書謝會
徐悲人

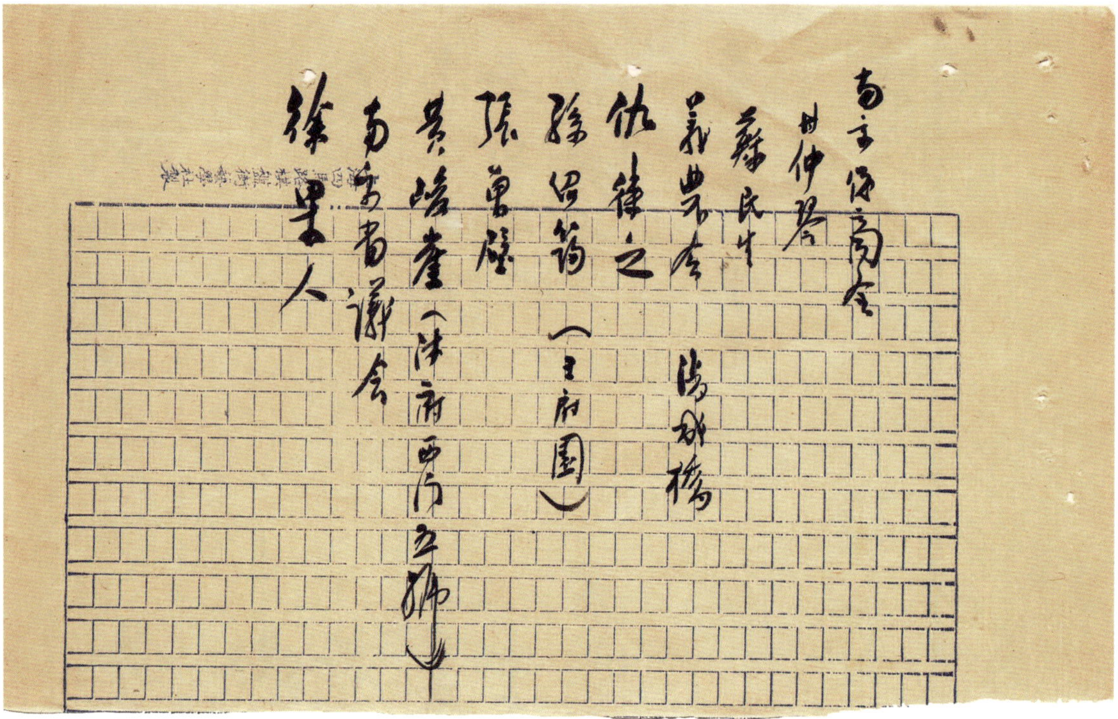

领事 南京
英国领事
美国领事
日本领事

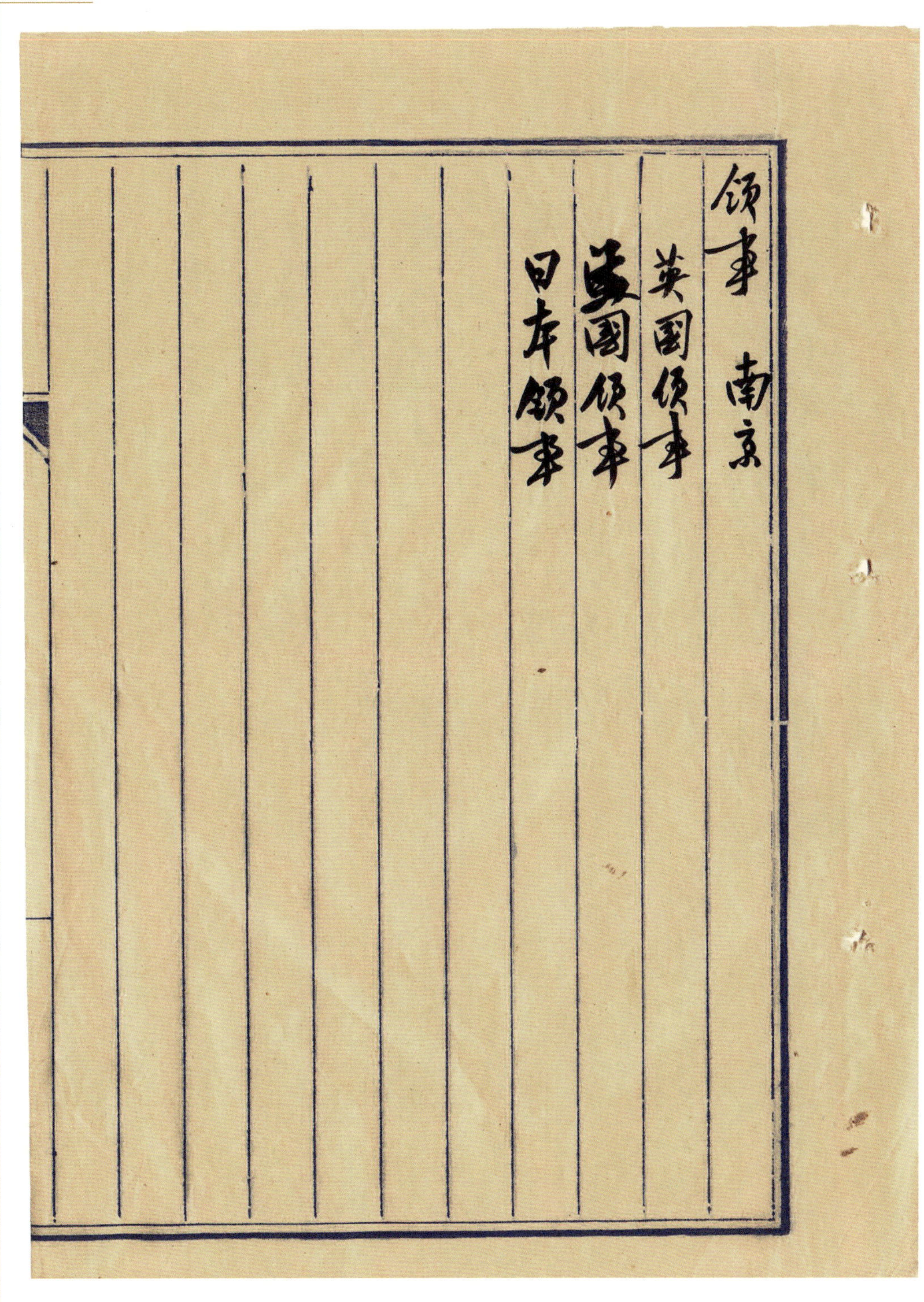

東南大學　大石橋
[redacted]文附屬中學
金陵大學　鼓樓
暨南大學女子部　薛家巷
金陵女子大學　東瓜市
江蘇法政大學　紅紙廊
第四師範　門帘橋
第一中學　八府塘
匯文女學　乾河沿
美術專門學校　石壩街
蘇州中西大學校附屬中學　新街口五十五號
青年會中學　花牌樓

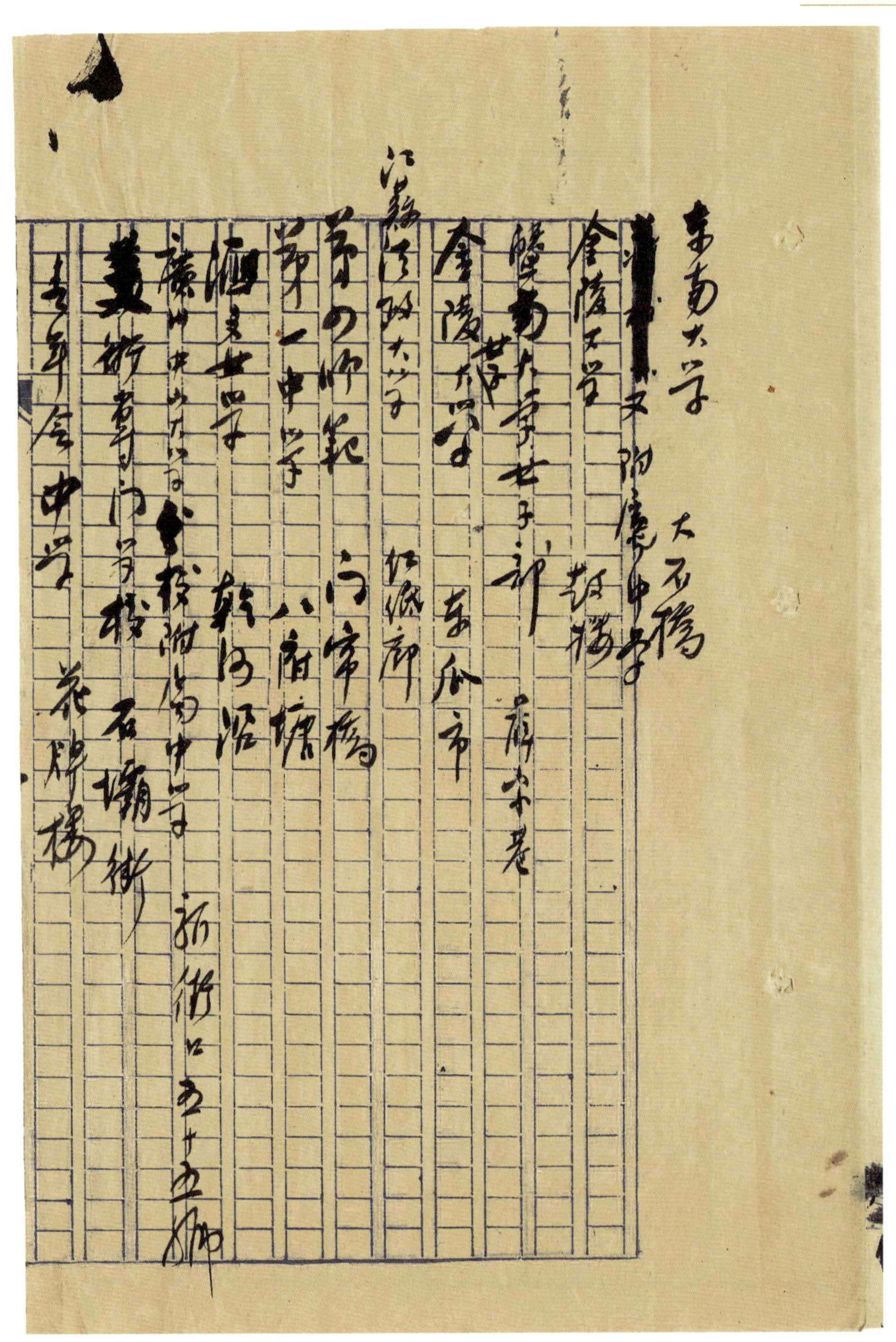

河海工科大学 三元巷
工業專門学校 復成橋
第一農業学校 三牌樓
第一女子師範 馬府街
五卅公学 大廟口

大江大学 龍鑄甲
東南体育師範 户部街
正誼中学 沈宗巷
私立工業專門学校 後府倉

上海四馬路棋盤街藝學社製

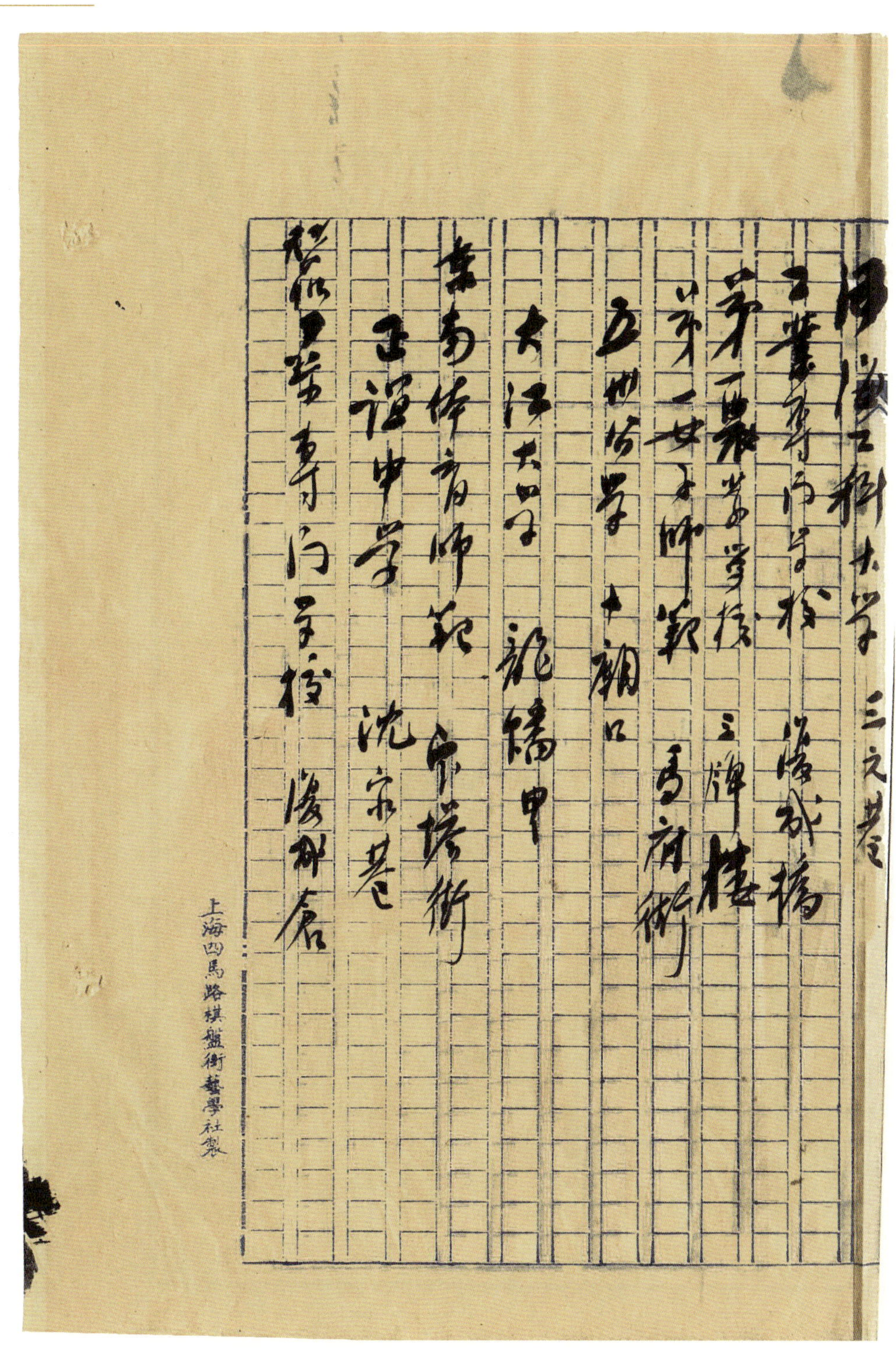

學校

上海大學	持志大學
復旦大學	南方大學
滬江大學	東方大學
東華大學	交通部南洋大學
東吳法科大學　崑山路	商科大學
光華大學	震旦大學
文治大學	暨南大學
宏才大學	建國學校
國民大學	中山學院
大夏大學	上海法政大學

中國公學　政治大學
大同大學　華藝術大學　上海江灣路
美術專門學校　群治大學　曹家渡勞勃生路
同德產科學校　青松路　民立中學
承天中學　沈家灣　第二師範
聖約翰大學　環球中國學生會
上海青年會　愛國女學
神州女學　競雄女學
文科專修學校　新閘路北成都路　中西女學
浦東中學　聖母理亞女學
啓明女學　職業學校
吴淞　城東女學　上海小西門[illegible]藝學社製
省立水產學校　煙磨氏女學

北京學校：

北京大学　女子师範大学

燕京大学　医科大学

滙文大学　協和大学

中法大学　女子大学

清華大学　工科大学

唐山大学　天津

美專学校

法政大学

中俄大学

师範大学

天津

南開大学

北洋大学

上海四馬路棋盤街藝學社製

北京各機関：
中俄協定督辦署
警察總監
粤外交代表團
关税会議委員会
東交民巷各公使
警衛司令部
鹽務署
税務督辦
大理院
審計院

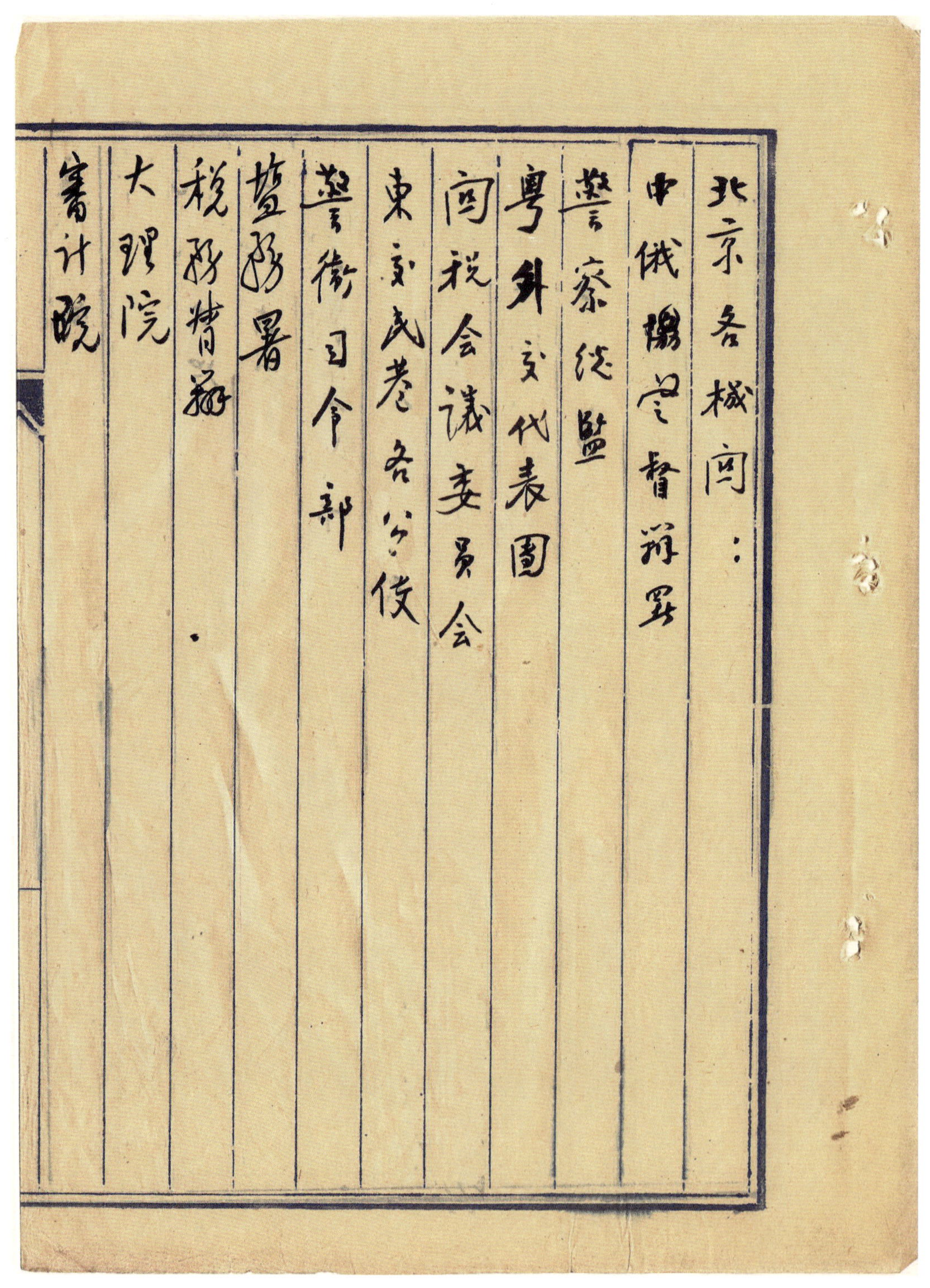

京漢鐵路
津浦鐵路
稅務大学
工科大学
各報館名如下：
京報　晨報　順天時報　黃報　北京日報
益世報　東方日報　神州通訊社　東方通訊社晚報
天津各報館：
泰晤士報　益世報

上海四馬路棋盤街藝學社製

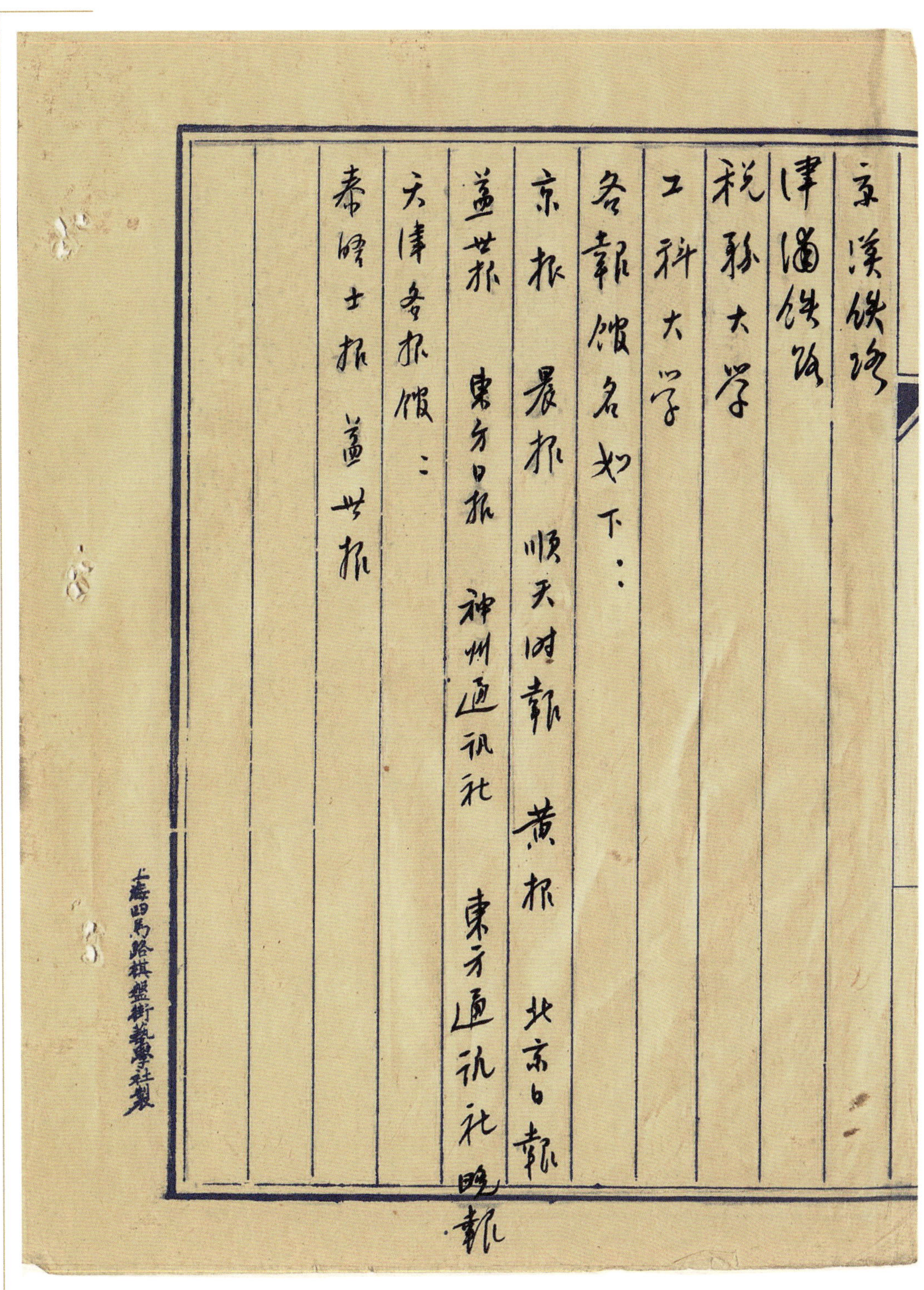

北京
段執政　　參謀部
外交部王　　國務院
內務部　　京兆尹
司法部
財政部
農商部
教育部
陸軍部
海軍部
交通部

孫中山先生葬事籌備處關于陵墓奠基禮之報告（一九二七年四月）

檔號：1005-1-129

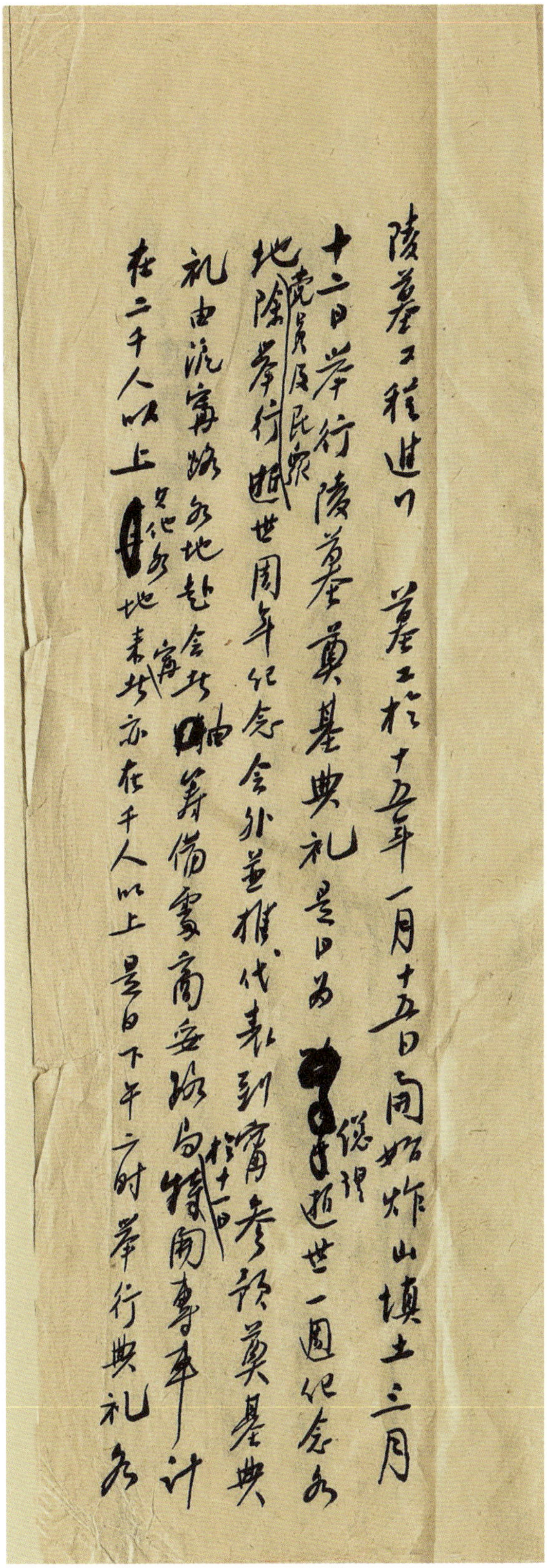

陵墓工程進行　墓工於十五年一月十五日開始炸山填土三月十二日舉行陵墓奠基典禮是日為總理逝世一週紀念各地黨員及民眾除舉行逝世周年紀念會外並推代表到甯參預奠基典禮由流寓滬各地赴會者由籌備處商妥路局於十一日開專車計在二千人以上及各地寓寧來者亦在千人以上是日下午二時舉行典禮各

界代表及黨員共會共約五萬人左右　孫宋夫人孫哲生君及夫人與籌備委員委員及職員均於上午十時前均已到山　開會時由中國國民黨中央執行委員會代表鄧澤如主席　籌備委員葉楚傖贊禮　(一)向總理遺像行三鞠躬禮　(二)恭讀總理遺囑　(三)主席致辭　述總理擇墓地在紫金山之意　(四)籌備處主任幹事楊杏佛報告築事籌備經過　(五)中央黨部代表鄧澤如舉行陵墓奠基典禮　先期於奠基石上覆以黨旗　至是由鄧代表揭去黨旗露出奠基石上鐫中華民國十五年三月十二日中國國民黨為總理孫先生陵墓奠基　(六)向總理遺像再行三鞠躬禮　(七)家屬答禮　(八)呼口號　(九)散會

楊杏佛爲孫中山先生陵墓奠基禮後發生衝突事致鄧澤如、孫科等函（一九二六年四月十五日）

檔號：1005-3-1319

四月十五日

澤如、哲生先生大鑒：頃閱廣州民國日報，登載消息，所載

江蘇省黨部、上海特別市黨部、南京市黨部[redacted]報告

總理陵墓奠基禮後衝突之[redacted]呈文，此中深有誤會，[illegible]備

有須聲明者，謹[redacted]日身歷情形，分述於下，以備

處之不當[redacted][illegible]

[redacted]此次黨部[redacted]之舉行，以籌備處所請奠基禮秩序

及邀請各界代表爲[redacted]標準，除全體之黨部外，未[redacted]邀中

央[illegible]之黨部皆未加以承認，[redacted]總理逝世[illegible]紀念會[redacted]事前籌

備處曾有函與[illegible][redacted]事[redacted]請籌備處黨部來接洽，各

團體即根據此函籌備處闢奉中央黨令與市黨部會同

組合會即由籌備處會同[illegible]黨部[illegible]籌備紀念會事

並於十一日推定葉明[illegible][redacted]直黨[illegible]擔任主席，故[illegible]宗[illegible]者

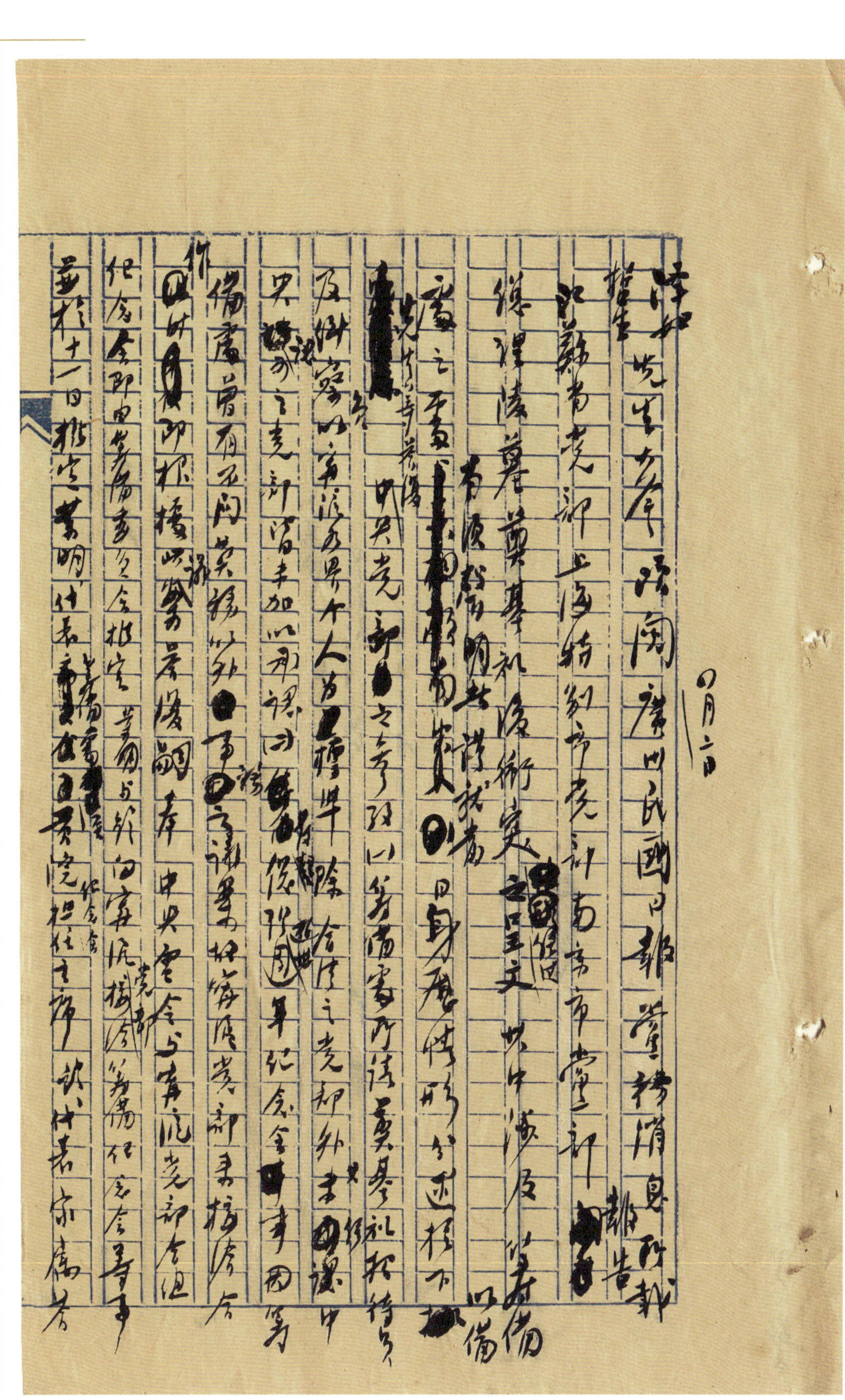

謝[redacted]先生：頃讀[redacted]到孝山

公園已念全無關係上為南京市民所組織的宗廟及其管理場[redacted]

代表四萬萬人基於之日歸國民葬地在南京[redacted]為避免猜忌計高涼齋亮部同

意不涉及內閣事務設廣州國民政府日歸廣州之廣州字樣因[redacted]國民政府為查照

之政府不僅限於廣州為最近國民政府並派廣告方面中華民國國民政府[redacted]

[redacted]不泥也廣州政府對廣州政府之五萬萬元利益及衛生時籌備處各

職員均甚熱心維持秩序儀式因喪禮設計該委員會林森先生及身義之林森先生出面

以私人名義電請各部人事讓候君下山[redacted]籌備處之人[redacted]拾關國民部同人之居自宿

均由此間另在樓下照顧之後事仍為籌備處所備[redacted]次日貴兩方行因事早事

因[redacted]相[redacted]事均不在寓事務所至孝山公園被捕之卻生兩同志

僅以十人為郵道設寄省廳該[redacted]米粒如四盟之不同也

望切為辦事實且多為

貴公所用明不憚煩而述聊[redacted]助記憶深為感念此致

覺祺

許啟

四月十五日

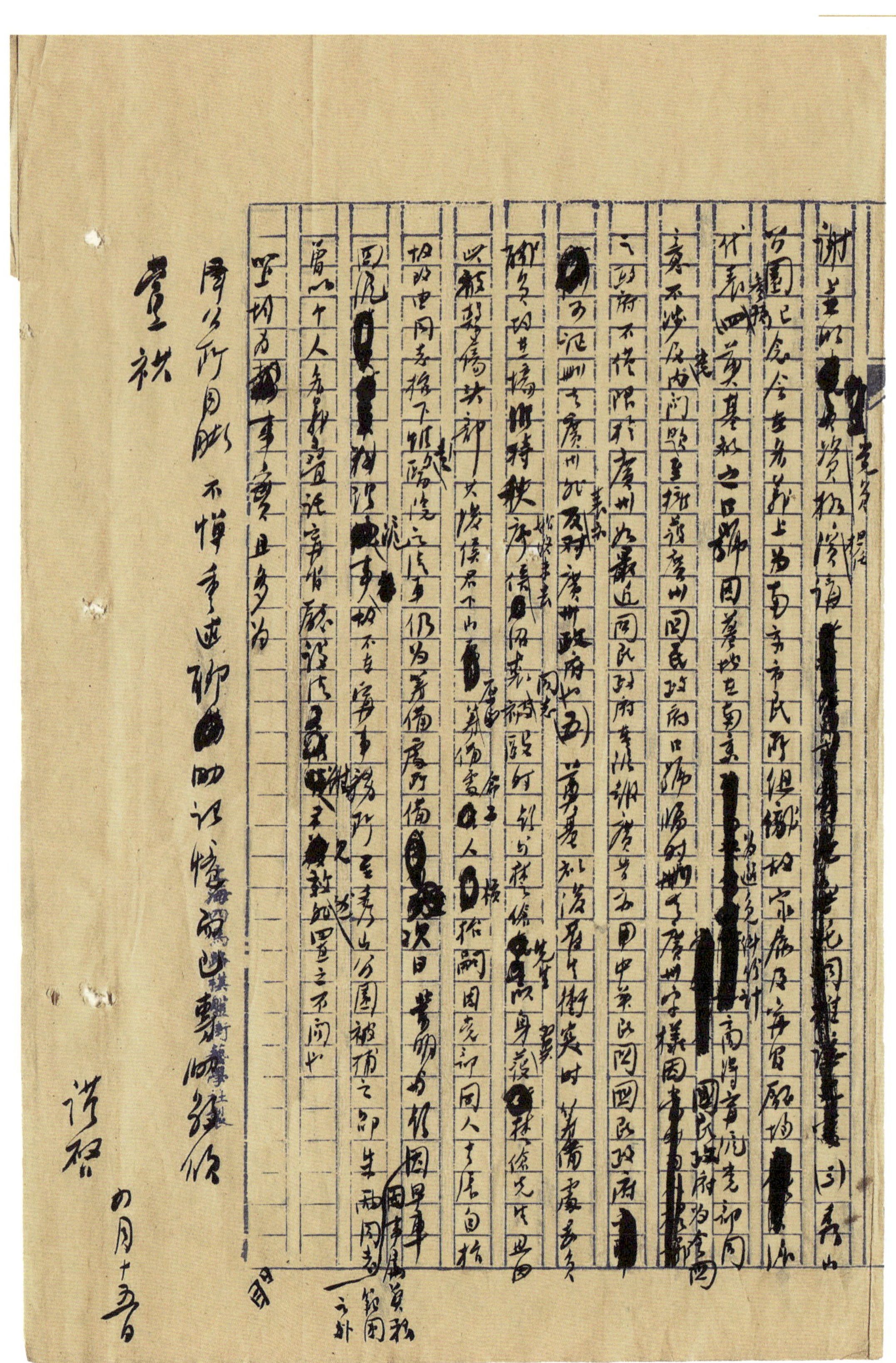

孫中山先生葬事籌備處一九二六年報告（一九二七年五月）
檔號：1005-1-278

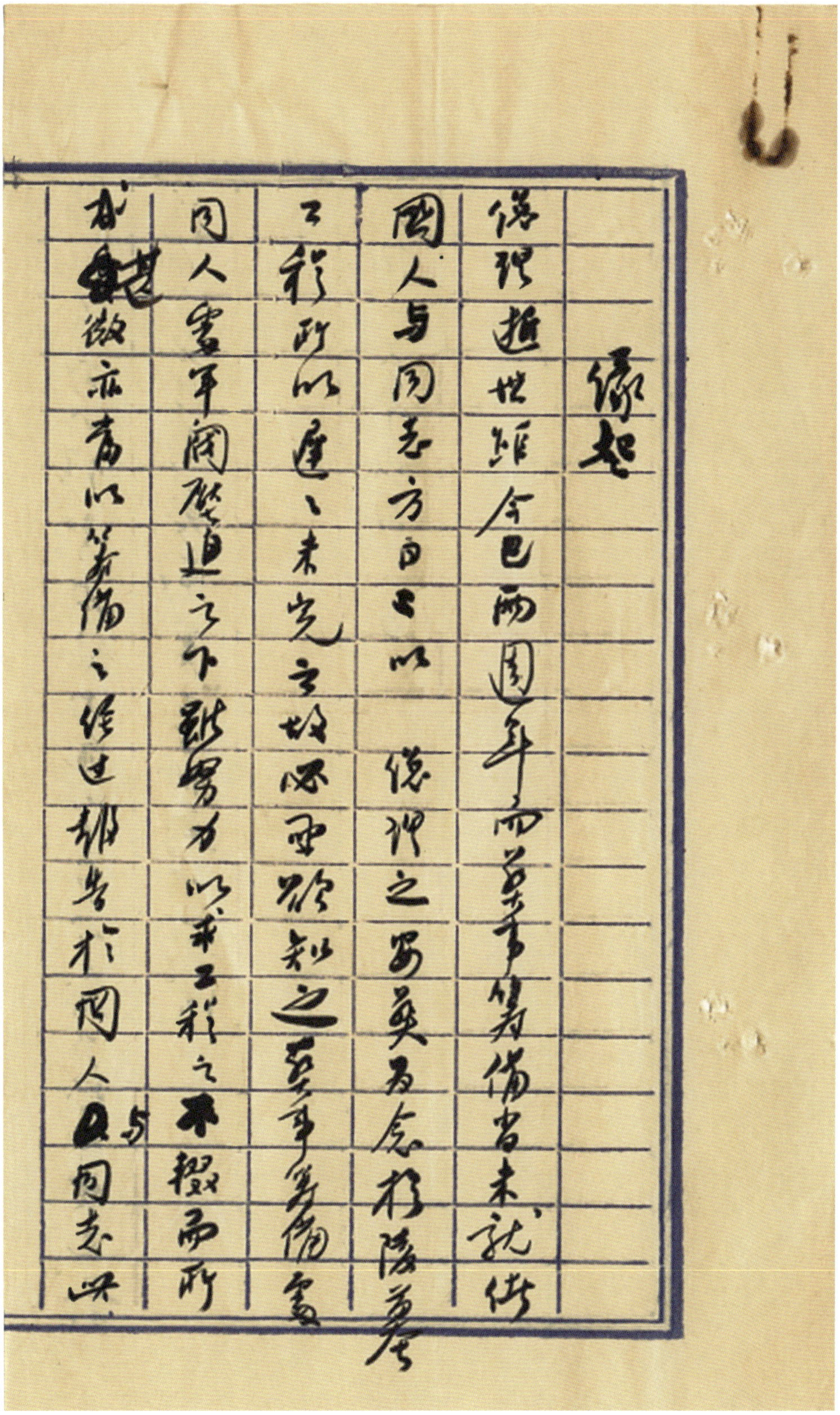

緣起

總理逝世距今已兩周年而葬事籌備尚未就緒國人與同志方自以總理之安葬為急務陵墓工程所以遲遲未完之故必要瞭知之葬事籌備處同人雖在軍閥壓迫之下勉竭力以求工程之不輟而所成甚微亦當以籌備之經過報告於國人與同志俾

本編之所以作也本編所述以十五年底為限其已載「孫中山先生陵墓圖案」專冊者不更述

民國十六年五月　日

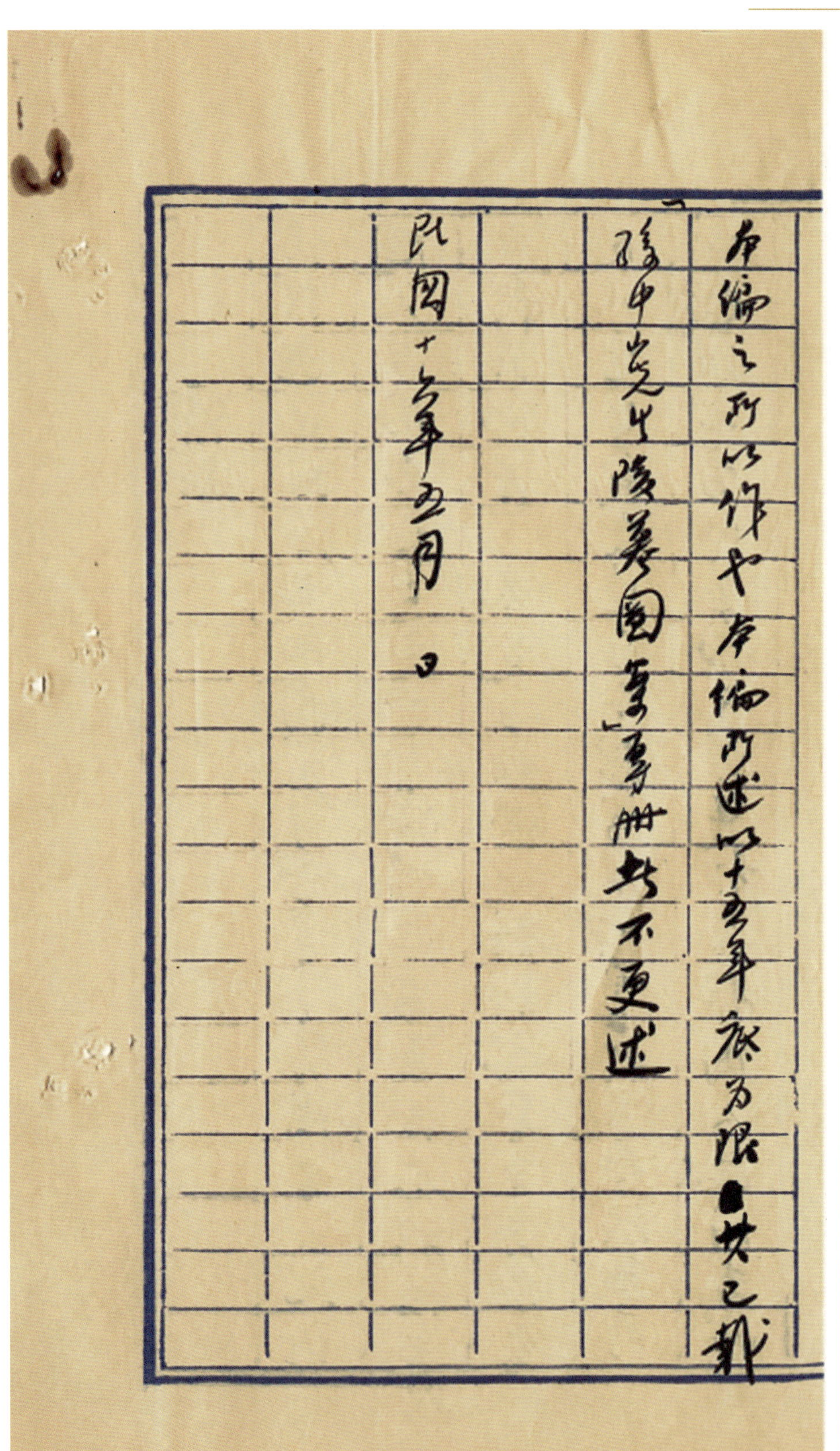

孫中山先生葬事籌備處十五年報告

總理葬事籌備處於十四年四月十八日正式成立於上海，四月底經孫宋夫人孫哲生君及葬事籌備委員公推代表根據總理遺言勘定南京紫金山之中茅山南坡為墓址，並決定墓地及陵園範圍共約六千餘畝（山麓面積除外），由江蘇陸軍測量局測量繪圖，九月底測畢，十二月底繪成圖。由七月至十

月為交涉園地之案時期，時江蘇完全在[redacted]軍閥勢力之下，

北京政府有國葬之明文，地方行政[redacted]長官[redacted]時亦加以阻難，致原定

六千餘畝之陵園計劃未能見諒實行，幾經往返磋商至十月底

始得江蘇省長及內務部之許可，以墓地墓[redacted]道及紀念建

築應用之地二千畝之案，當時情形均詳圖說，曾經[illegible]許撥

又重要[redacted]附錄後，以備參考。今所見[redacted]在墓地內周圍[redacted][redacted]界石

所訂縮小之範圍樹立也

陵墓圖案於十四年五月十五日登報徵求九月十五日截止廿二十日由委員會及孫家人推舉呂君根據評判顧問報告決定呂彥直建築師之圖案為首獎並以採用為總理陵墓圖案於十一月三日正式簽訂建築師合同關於圖案評判經過已詳總理陵墓圖案專冊不再述十一月登報徵求陵墓工程包工

投標於十二月　日截止，計投標者共　家，由籌備

委員會及宗屬代表決定歸姚新記營造廠承包，於十二月

日正式簽訂合同，計第一部工程包銀共四十　萬兩餘，由十五年三月動工，約十

六個月竣工（十五年三之工程經過詳見建築師工程報告及每週工程報

告）。本月因便利工程材料運輸起見，於墓工未開始

以前先特築粗簡之墓道上路，由墓址向南直達鐘湯路，計

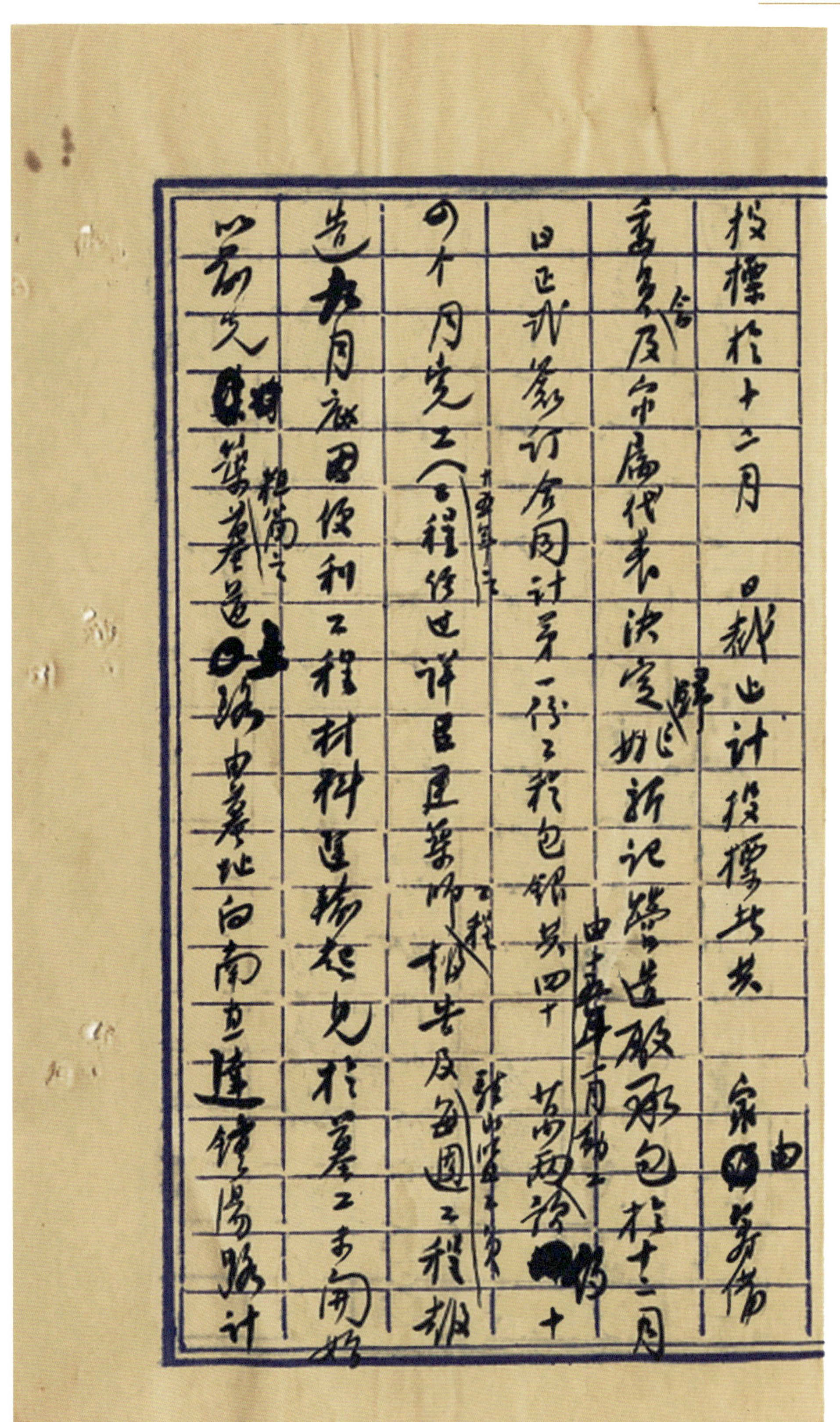

约五年里原定两个月完工，但因种种波折至十六年三月始成

[redacted]

将来蓄工告成此项支路为须重要

联园之马路也

蓄工于十五年一月十五日开始此一年中因军事之影响运输

及经工均大感困难故工程进行去原定计划甚远因民

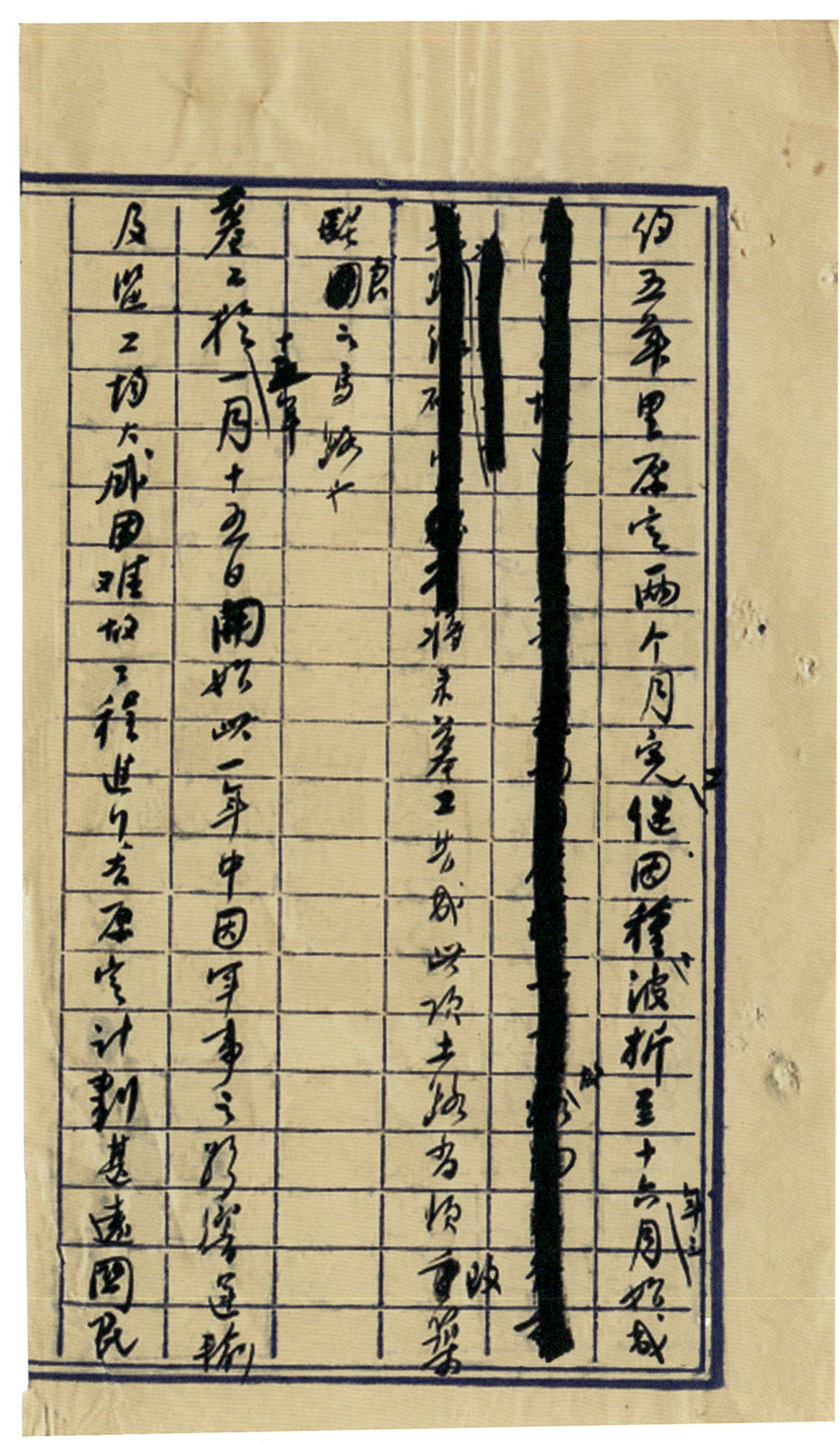

政府监工委员因人地不宜之易失人[illegible]南京之军政
当局由十五年十一月至十六年春五易其人[illegible][illegible]梓端阅（十二月初始有各处党部或[illegible]之专员[illegible]）
秋时期 总理墓工[illegible][illegible][illegible]进行[illegible]来一[illegible]停顿[illegible]（仍进行速度转缓）（有）（甲之）（此皆）
[illegible] 总理遗嘱在人人敬仰者殷殷于国民革命
势力已达大江南北安清墓工进行当易顺利第一部工程
本年[illegible]九月[illegible]可完成 总理墓坟当不在远 十六年之
[illegible][illegible]工程情形过当于结束后[illegible][illegible]并当作报告

孙中山先生葬事筹备处报告 十六年四月

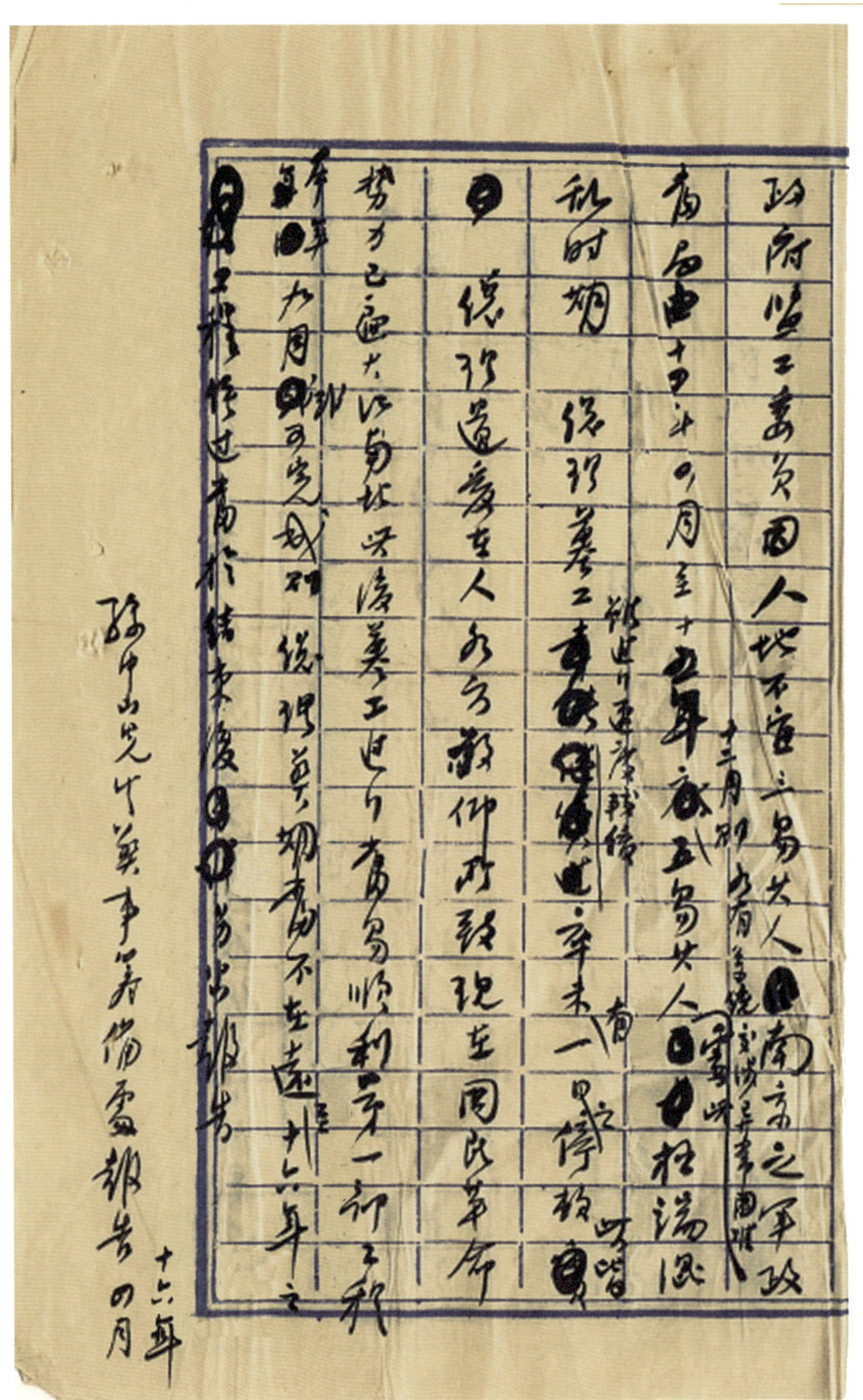

孫中山先生葬事籌備處一九二七年五月份工作摘要報告（一九二七年五月）

檔號：1005-1-79

總理葬事籌備處五月份工作摘要報告

（甲）事務方面

本處根據第四十四次會議議決，于民國十六年四月廿六日遷寧，合併南京事務所辦公（地点仍在石板橋二號）。

委員會於四月廿七日在鐵湯池丁宅開第四十五次會議，五月二日在鐵湯池丁宅開第四十六次會議，五月十二日在鐵湯池丁宅開第四十七次會議。會議錄均已油印分送各委員及家屬代表。五月一日本處根據第四十五次會議議決，案函聘夏光宇君為主任幹事。五月十日奉中央執行委員會函加委蔣介石、古應芬、伍朝樞、鄧澤如、吳鐵城、陳羣、楊銓七同志為總理葬事籌備委員，合原有委員張靜江、林煥庭、葉楚傖、陳果夫、戴季陶、宋子文、汪精衛、邵仲輝、林子超、楊滄白、于右任、孔庸之等，各委員共十九人。

總理「哀思錄」已印就，據本處審查，即送葉委員楚傖為最後

第一頁

之審定

本處內部之整理

1. 擬定本處辦事細則

2. 清理本處案卷分類保存

3. 改定本處收發文簿及文件紙張之格式

4. 改訂工程報告單格式從六月一日起改為逐日之報告由工程審查員逐日填報以便考核

5. 改訂賬目分類辦法及各種賬簿格式

6. 為嚴厲督促工程之進行起見請工程監查員常川駐山（查以前監查員並不駐山）嗣後主任亦應每星期到山察視二三次

(乙) 工程方面

茲特截至十六年五月底止所有第一部各項工程已經完成者開

列於左（自開工以至十六年五月底止所

人、祭堂

祭堂之鋼骨早已告成

祭堂四週之水渣石已告完成

祭堂西面及前面西角之石築工程離地已有十六尺六寸
（內計蘇石勒腳三層香港石勒腳三層側石四層另有
石柱子已成二節）

祭堂東面及前面東角之石築工程離地已有十八尺二寸
（內計蘇石勒腳三層香港石勒腳三層側石五層另
有石柱子已成二節）

祭堂正面僅成香港石柱子四個（計各成一節）

祭堂內部磚牆工作因係石築工程同時進行故其高
与石工相同

第二頁

祭堂内部各有鋼骨凝土柱子（計圓者十二方者十六）現鉄条已完全札就惟圓者尚未凝土方者之凝土工作與香港石柱工程同時進行故高度與港柱等

總計祭堂工作已成全部百分之二十五

2、故墓

故墓之鋼骨凝土底脚已告成（計内墻十二尺外墻十二尺半）

故墓内部之鋼骨凝土襯座亦已告成

圓頂木壳之安置及扎鉄工作正在進行中約成十分之七

總計故墓工作已成全部百分之三十五

3、石階及平台

石階及平台共分三部第一部之平台已告完成正中之大小石階俱已完工兩邊則尚未完全計成三十二級

第二部之平台現成三分之一石階尚未興工 第三部之

石階及平台均未興工
總計石階及平台工作已成百分之三十三

4、圍墻
向南圍墻下之水溝石已告成
坐西向南者之圍墻鐵條已扎成惟凝土工作並石蘇石面同時進行（計第一層並石面成二分之一第二層亦並第一層圍邊離地計高三尺
坐東向南者之圍墻鐵條亦已扎就現正安置並蘇石面計第一層蘇石面已完成 第二層約成三分之二 第三四層約成二分之一 離地計高六尺

5、石坡
東西北三面俱將告成惟洋灰嵌線尚未興工

（丙）會計方面

第三頁

兹將本處十六年四月二十六日遷寧後至五月底止所有收支各款數目開列于左

計開

收入項下

六月四日收 林煥庭先生來洋弍仟五百元正

按此款在四月二十六日先來一千元 五月廿日再來一千五百元因事遷至六月四日始發收據 故此款雖署六月四日交來 實用于五月份經常收支也

支出項下

一、支 四月廿六日起 五月底止 經常費洋壹千三百四十八元五角六分

二、支 四月廿六日起 至五月底止 特別費（五十九元三角二分 楊杏佛君津貼洋叁百元）共洋叁佰五十九元三角二分

三、支留滬辦事處費用洋弍百八十七元一角三分

四、支本處遷寧旅費洋三十四元一角五分

五、支張幹事國樞往滬辦公旅費洋拾八元一角

總共支洋弍仟零四十七元二角六分

結存收支兩抵尚餘洋四百五十二元七角四分正

附註 細數單据存處備查

總理葬事籌備處第一次報告

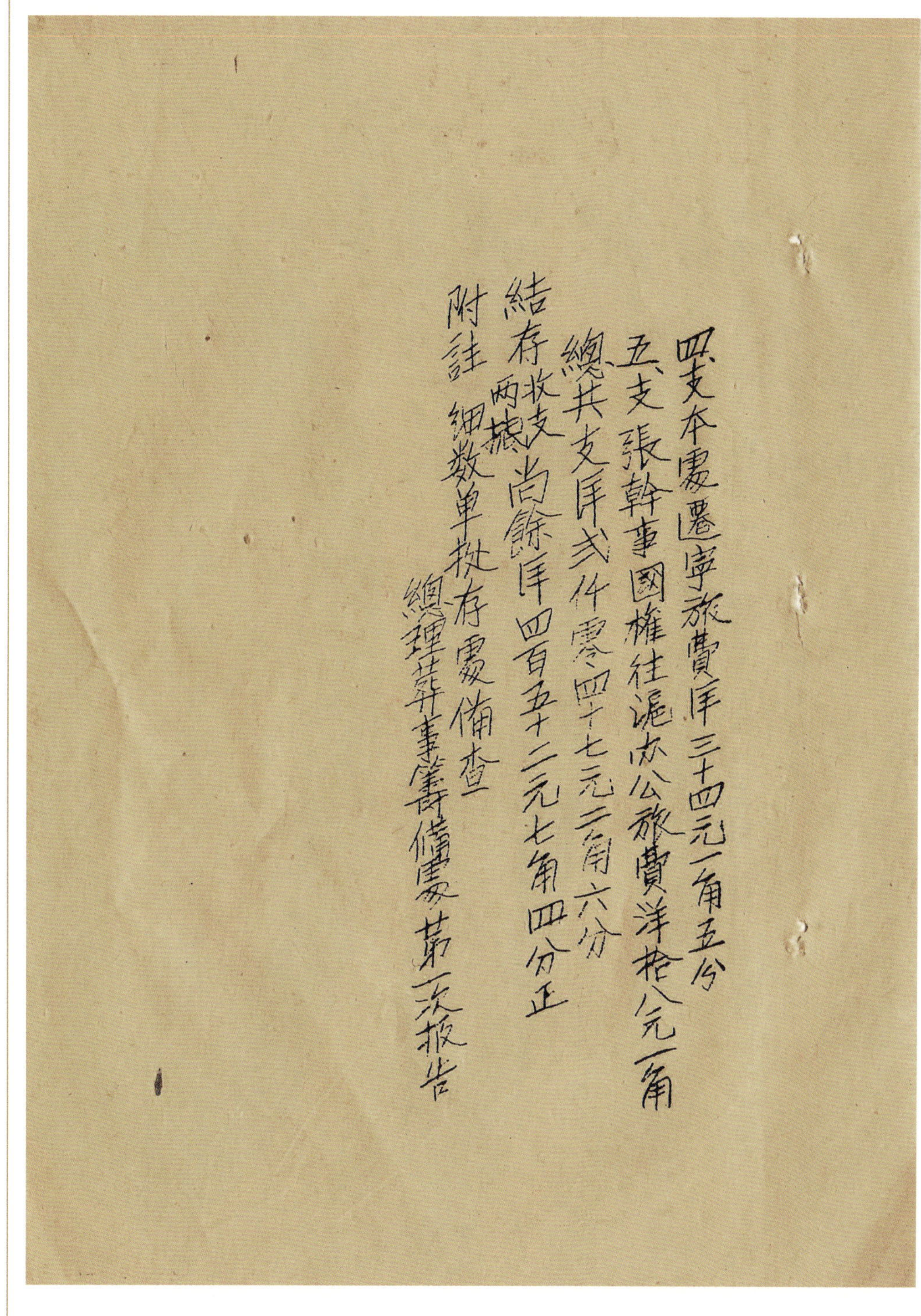

孫中山先生葬事籌備處一九二七年六月份工作摘要報告（一九二七年六月）

檔號：1005-1-79

總理葬事籌備處六月份工作摘要報告

(甲)事務方面

委員會於六月廿七日在鐵湯池丁宅開第四十八次會議會議錄已油印分送各委員及家屬代表

總理哀思錄業已印就一萬冊由上海民智書局分批運寧當即分送中央黨部暨國民政府代為轉發各級黨部各機關各團體

函請江蘇財政廳發給陵墓所用材料免稅護照

函請交通部設法撥給車輛裝運陵工需用材料來寧

函飭新記商建駐山工程人員臨時住所

擬第四十八次會議錄

造具五月份工作報告結算五月份賬目

主任葬事赴滬之任務

第一頁

(甲)與楊委員接洽購地事件

(乙)偕林委員與建築師及姚新記商酌事件如下

一、第一部未完工程分期竣工日期

二、第二部工程招標事件

三、祭堂銅門銅窗事件

四、其他零星事件

(丙)託人查訪雕刻石像之工匠

(丁)訪查佈置陵園專家籌擬辦法

(乙)工程方面

茲將十六年六月底截止已成工程開列如左

(一)祭堂

祭堂西面及前面西角之石築工程離地已有十八尺二寸(內計蘇石及香港石勒腳各三層側石五層石檻仍兩節)

（一）祭堂東面及前面東角之石築工程離地已有十九尺九寸半（內
計蘇石及香港石勒腳各三層側石六層石柱仍兩節）
祭堂前部正面仍僅成石柱四個（計各成一節）
祭堂內部磚牆工作因與石築工程同時進行故高度亦
與石工相同

（二）墳墓
墳墓之鋼骨凝土圓頂內圈之扎鐵及安置木殼等工作已告成功
現正進行凝三合土工作計高出底腳已有十五尺許外圈之鐵條
亦在清理中

（三）石階及平台
第一部之平台及正中之大小石階均已告成東西兩邊尚未完成
（計東邊已成四十九級西邊已成五十一級）
第二部之平台石階正在進行（計平台已成三分之二正中小石階

第二頁

已成五級餘者尚未興工
第二部石階平台均未興工
(四)圍墻
坐西向南之圍墻鉄條已扎就已成之蘇石面及凝三合土工作計
第一二層仍成二分之一
坐東向南者鉄條亦已扎就已成之蘇石面及凝土工作計第一
二層已完成第三四層已成三分之二
(五)石坡
石坡方面現正進行洋灰嵌縫工作計西面及後面坐西者均
已嵌成惟東面及後面坐東者尚在進行中
丙 會計方面
會計報告向由張幹事國權經辦現因赴滬就醫應俟下次會議補報
總理葬事籌備處第二次報告

孫中山先生葬事籌備處一九二七年七月份工作摘要報告（一九二七年七月）

檔號：1005-1-244

總理葬事籌備處七月份工作摘要報告

(甲)事務方面

▲委員會於七月廿日上午八時在鉄湯池丁宅開第四十九次會議 會議錄已油印分送各委員及家屬代表

▲擬第四十九次會議議案

▲造具六七月份工作報告并結算帳目

▲總理哀思錄三千冊由滬運寧當即分送國民政府暨中央政治會議秘書處

▲函請鄧委員戴委員林委員戴恩賽先生評判 總理銅像模型之應徵者

▲籌備第二部工程招標事宜

▲聘定鄺偉光為本處測量工程師

▲函陸軍測量局 第四中山大學 河海工科大學等處商借測

第一頁

量儀器以備測量總理坟墓放大地圖之用

▲函請南京市政府撥警駐山保護

▲向江蘇省立第一造林場借定測量員司住所

▲函請第四十軍司令部遷移陵園界內營長坟墓

▲王任幹事赴滬向東華大学商借測量儀器現已借到應用所有測量繪圖事務約兩個月可以完竣

▲建築駐山工程人員臨時住屋一所由姚新記包辦價一千兩業已興工

▲祭堂銅門窗由委員會議決准徐協記以四萬兩承辦由林委員煥廷審核簽定合同

▲函知彥記事務所委員會議決關於典第二部工程建築之建築師合同問題

▲函各委員物色陵園計畫專門人員以備由本會約量延聘

▲為節省經費起見即在籌備處辦公房屋內騰出一室裝配大門為總理銅棺運寧後暫時存放之用

▲函交通部各路局騰撥車輛運陵墓工程緊急需用之石料來寧

（乙）工程方面

茲將截至十六年七月底止已成工程開列於左

（一）祭堂

祭堂西面及前面西角之石牆工程雖砌已有二十二尺十一寸（內計蘇石及香港石勒腳各三層 側石八層 石柱三節）

祭堂東面之前面東角之石牆工程雖砌已有二十六尺二寸（內計蘇石及香港石勒腳各三層 側石十層 石柱三節）

祭堂前面正面已砌石柱四個（內計東西兩邊各砌三節中間各砌一節）

第二頁

祭堂後部石築工程離地腳已有六尺許（計成石柱各一節側石四層）

祭堂内部磚墻工作因與石築工程同時進行故高度亦與石工等

（二）墳墓

墳墓之鋼骨凝土圓頂内圈業已完全告成圓頂外圈之扎紮鉄條及安置木壳各項工作正在進行中

（三）石階及平台

第一部之平台及正中兩边之大小石階均已告成惟安置石欄杆尚須預備着手

第二部之平台現已告成正中小石階已成十六級东边小石階已成六級西边小石階已成十級惟大石階尚未着手

第三部之石階平台均未興工

（四）圍墻

坐西向南之圍墻鉄條已扎就已成之蘇石面及凝土工作計第一二層已告完成第三層已成六分之五第四層成七分之一坐東向南者鉄條亦已扎就已成之蘇石面及凝土工作計第一二層已告完成第三層成五分之四第四五層計成三分之二第六七層計成二分之一

(五)石坡

石坡方面各部挖線均已完全

(丙)會計方面

會計報告向由張幹事國權經办現因赴滬就醫迄未痊愈應俟下次補報

總理葬事籌備處第三次報告十六、八、五

第三頁

孫中山先生葬事籌備處一九二七年九月份工作摘要報告（一九二七年九月）

檔號：1005-1-65

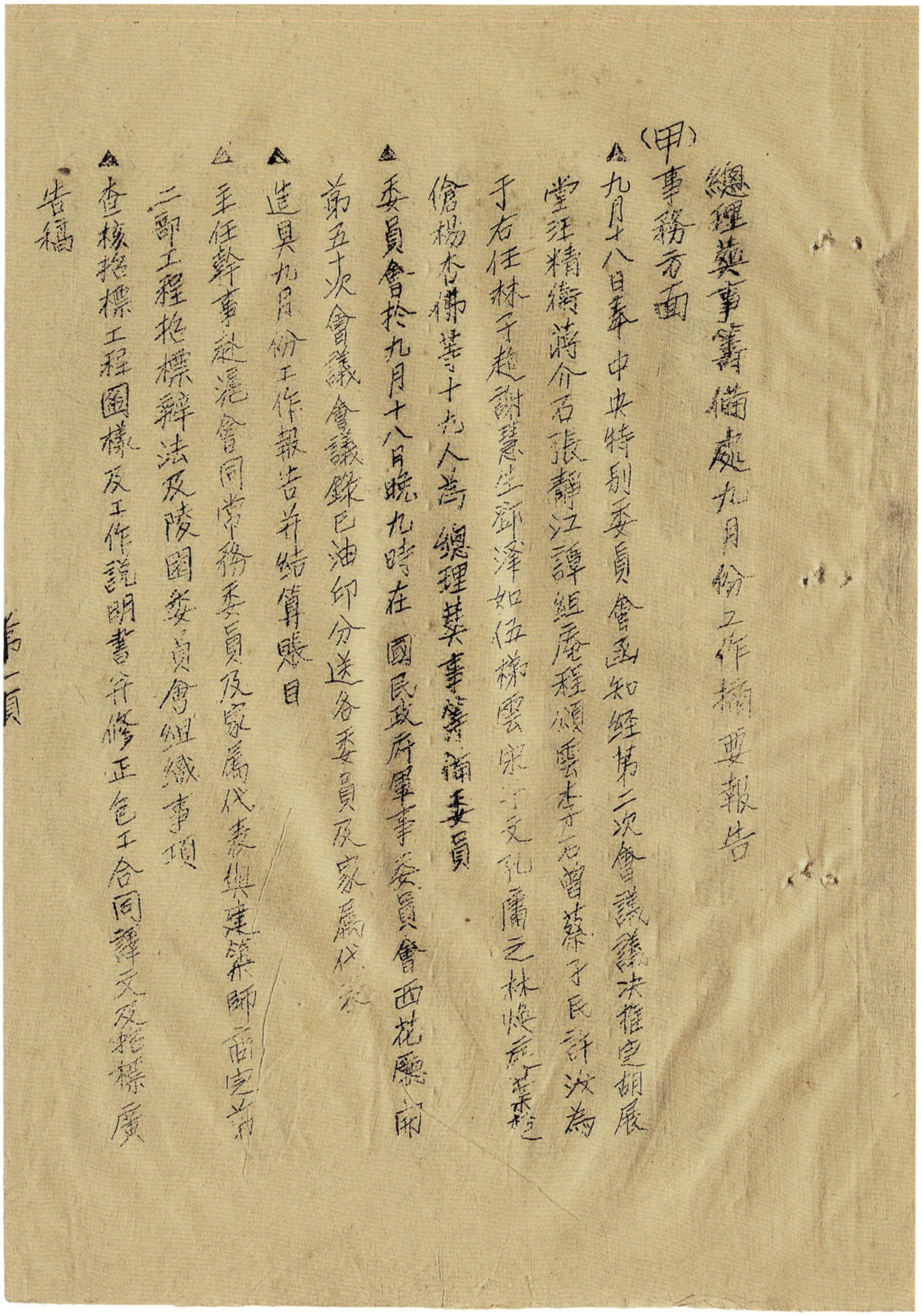

總理葬事籌備處九月份工作摘要報告

（甲）事務方面

△九月十八日奉中央特別委員會函知經第二次會議議決推定胡展堂汪精衛蔣介石張靜江譚組庵程頌雲李石曾蔡孑民許汝為于右任林子超謝慧生鄧澤如伍梯雲宋子文孔庸之林煥廷葉楚傖楊杏佛等十九人為總理葬事籌備委員

△委員會於九月十八日晚九時在國民政府軍事委員會西花廳開第五十次會議會議錄已油印分送各委員及家屬代表

△造具九月份工作報告并結算賬目

△主任幹事赴滬會同常務委員及家屬代表與建築師商定第二部工程招標辦法及陵園委員會組織事項

△查核招標工程圖樣及工作說明書并修正包工合同譯文及招標廣告稿

第一頁

△與第一造林場協定保護陵園樹木暫行辦法

△籌擬改築陵園馬路計劃

△繪製二千五百分之一之陵園詳圖業將告成

△建築駐山人員臨時住所業已完工

△陵工因時局關係不能工作自八月二十九日起停頓至九月二日起陸
續開工九月六日後全体照常工作

△函國府軍委會請派憲兵押運材料汽車

△函南京市公安局請撥足保安隊十名為保護陵園樹木及彈
壓工人之用

△函國府軍委會請飭四十軍設法遷移現葬于陵園界內國
國藩營長之墓并通令各軍以後不得在陵園附近任意附葬

△函南京市政府、江蘇建設廳請派員會同清查陵園內外官地公地民地界址

△通知林委員志超經第五次委員會議決推為常務委員王

持工程

▲通知林委員煥庭楊委員杏佛李委員石曾及中央委員張溥泉蔡孑民林志竑六人經第五十次委員會議決推為陵園計劃委員會委員

▲擬定第五十一次委員會議議案并將開會時期地址通告各委員

(乙)工程方面

茲將截至十六年九月底止已成工程開列如左

(一)祭堂

祭堂西面及前面西角之石築工程平均離地已有三十一尺(內計蘇石及香港石勒脚各三層側石十三層石柱三十節)

祭堂東面及前面東角之石築工程平均離地已有二十九尺(內計蘇石及香港石勒脚各三層側石十二層石柱三節)東面花菓棵已成二節現仍在進行中

第二頁

祭堂前部正面已成石柱四个（計東西兩边各成三節中間各成一節花勒脚業已完成刻花石内圈正在進行中）

祭堂後面之石築工程離底脚已有八尺半（計成石柱各一節側石六層）

祭堂内部磚墻工作高度均與石築工程等鋼骨凝土之舖面已告完成石柱下之大理石坐盤亦已置妥青島石柱刻正進行

(二)坟墓

坟墓之鋼骨凝土圓頂内圈業已告成圓頂外圈之鉄條木壳均已告成現正進行凝土工作計已成十分之六

(三)石堦及平台

第一部之平台石堦均告完成安置石欄工作現正進行

第二部之平台已告成小石堦正中計成三十一級東边計成四十一級西边計成十三級惟大石堦及石欄等尚未着手

第三部之石階平台均未興工

(四)圍墻

坐落祭堂東面向南之鋼骨凝土方圍墻鐵條均已扎就已成之蘇石面最高已成十一層凝土工作亦同時進行(計第一二已告完成第三四五層成五分之四第六七層成五分之三第八九十十一層成二分之一)

坐西向南者鐵條亦已扎就已成之蘇石面最高已達六層(計第一二三四五層已告完成第六層計成六分之五)

坐東向西之方圍墻三合土底脚已告完成鐵條亦扎就

坐西向東之方圍墻三合土底脚及扎鐵工作正在進行中

墳墓後之圓圍墻三合土底脚及扎鐵工作亦已告成

(五)石坡

石坡工作前次暫停現正進行東邊石坡之痒灰嵌縫工作

第二頁

第三頁

(丙)會計方面

茲將十六年九月份所有收支各款數目開列於左

計開

收入項下

接上月移存洋伍百元零八角六分

十九日 林先生來洋弍仟元

共收洋弍仟五百元零八角六分

支出項下

一支 本月份經常費洋壹仟弍百伍拾柒元伍角七分

一支 本月份特別費洋陸佰叁拾柒元叁角六分

按此款約分三項支出：一、支楊杏佛先生津貼洋叁百元

二、支測量費弍百玖拾玖元一角八分 三、支本會特別雜費

叁拾捌元一角八分

共支洋壹仟捌佰玖拾[illegible]元玖角叁分

結存　收支兩抵　尚餘洋陸佰零伍元玖角叁分

附註　細數單據存處備查

總理葬事籌備處第五次報告

第四頁

孫中山先生葬事籌備處一九二七年十二月份工作摘要報告（一九二七年十二月）

檔號：1005-1-244

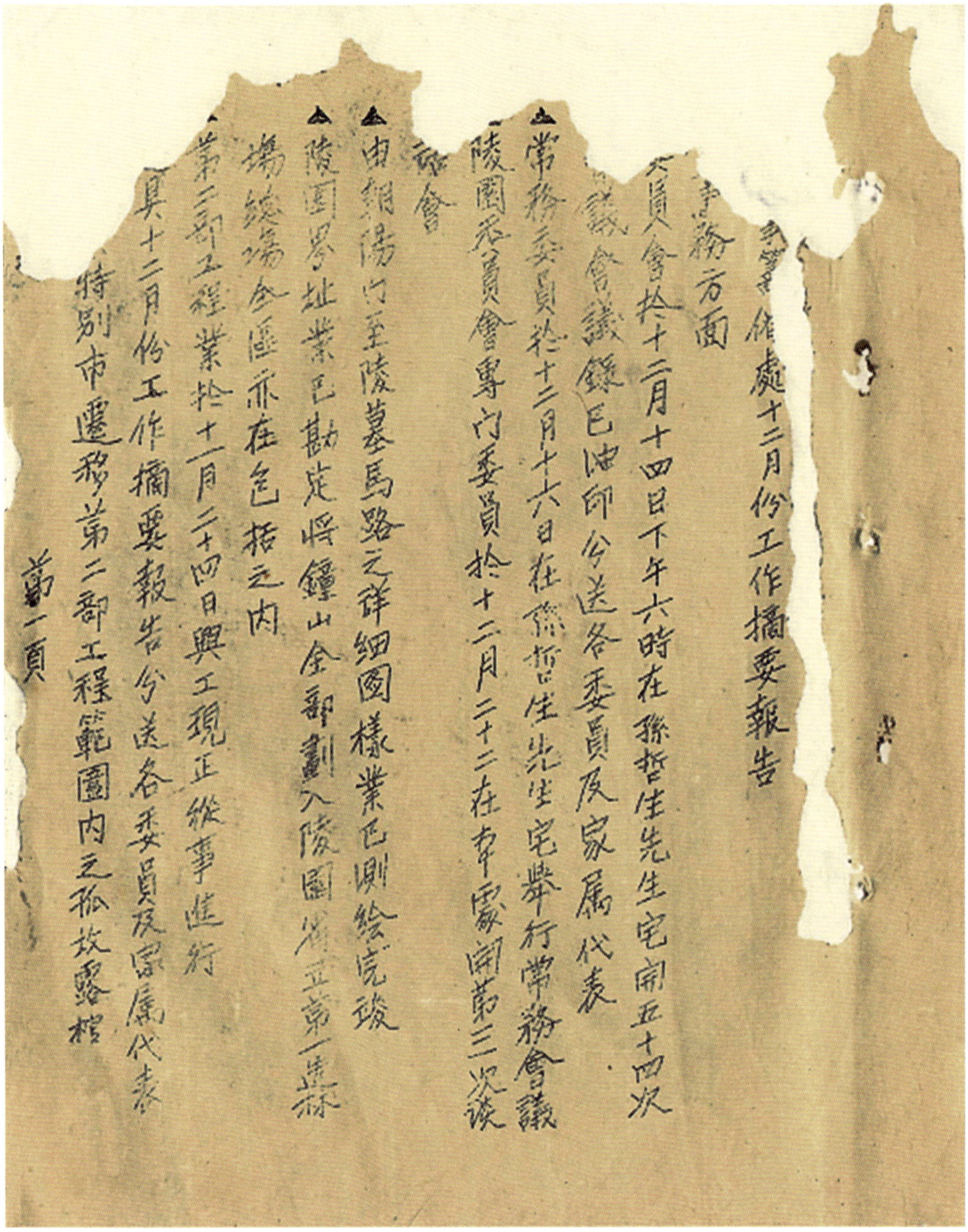

…籌備處十二月份工作摘要報告

…務方面

…員會於十二月十四日下午六時在孫哲生先生宅開五十四次

…議會議錄已油印分送各委員及家屬代表

▲常務委員於十二月十六日在孫哲生先生宅舉行常務會議

陵園委員會專門委員於十二月二十二在本處開第三次談

話會

▲由朝陽門至陵墓馬路之詳細圖樣業已測繪完竣

▲陵園界址業已勘定將鐘山全部劃入陵園並第一農林

場總場全區亦在包括之內

▲第二部工程業於十一月二十四日興工現正從事進行

其十二月份工作摘要報告分送各委員及家屬代表

特別市遷移第二部工程範圍內之孤墳露棺

第一頁

□鐵路管理局請飭知各站關于陵工材料仍予聯運
生撤內
函建設廳通知陵墓馬路行將竣工所有經過造林場
界沿途樹木或砍或移請飭知第一造林場會同辦理
▲函呂建築師請造具「補救圍墻滲漏」計劃報告以備提
出委員會解決
▲函蘇州農業學校通知派員赴蘇採購樹苗請備撥地以備
栽植運寧
函入臺平先生聲謝代覓巫鐵石膏模型赴日
函呂建築師請改正甬道外圍以便提會議討論
函呂建築師通知會議議決案由建築師分別估計拆改
圍墻及分段作墩價目并附圖說
函呂建築師通知會議議決案甬道及蓄水池工程委托該

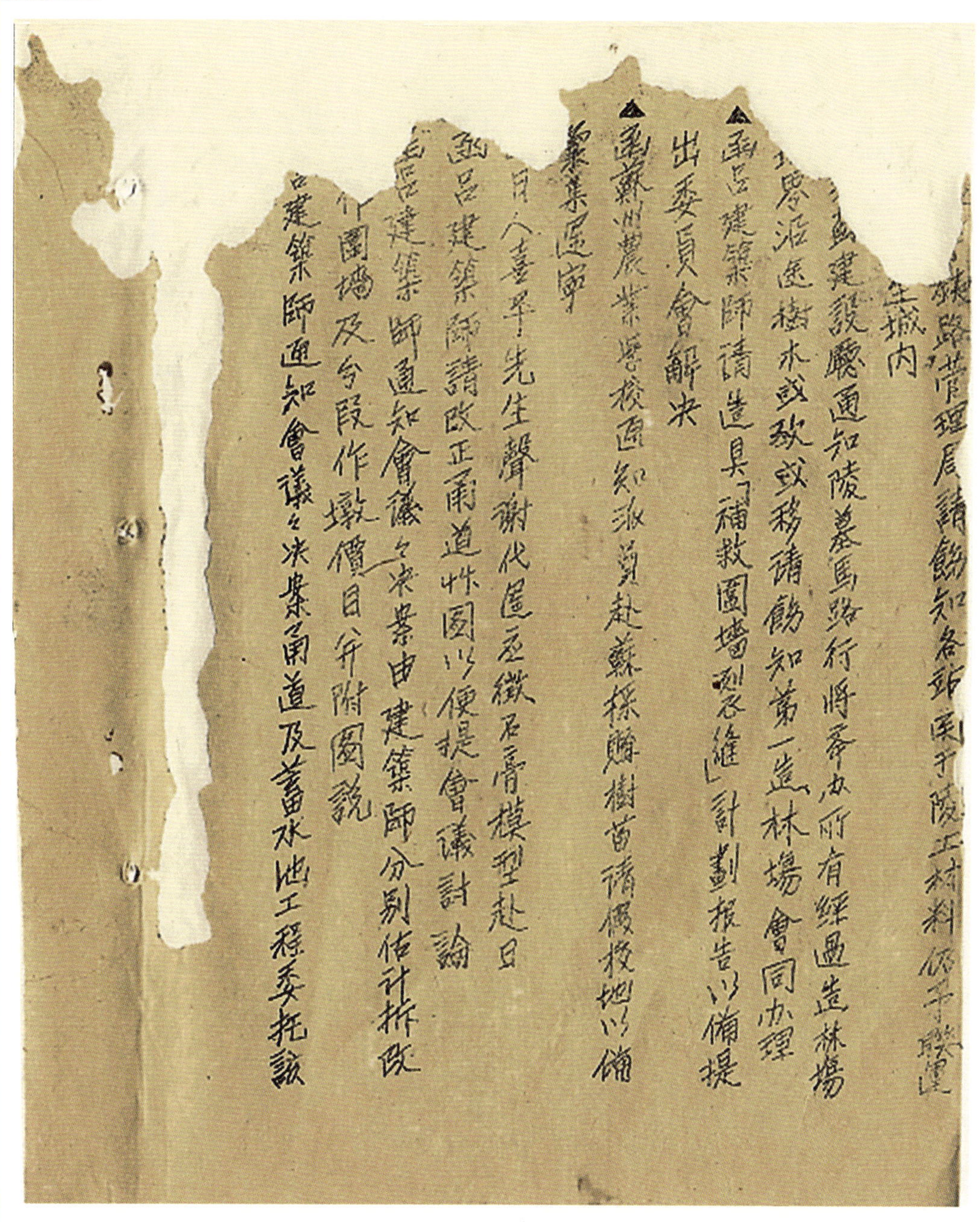

建築師辦理
函聘卓康成先生為陵工顧問工程師
函蘇州農業學校通知派侯劍雲赴滬採購樹苗請予招待指導
▲函江寧縣通知遷墓移椎辦法請即飭屬遷移
函上海民智書局通知第二三哀思錄兩篇之預算已如擬
通過
▲函呂建築師請將兩道路基平剖面圖連同挖土填土方
數及說明書擬就送處
▲函傅委員煥光請從速搜集樹苗種子免誤種植時期
並將辦理情形隨時報告本處
函呂建築師從速勘定蓄水池地點擬具設計圖說送
定
員燦庭請核付陵墓机關門價洋叁千壹百兩

第二

……九分

……程方面

茲將截至十六年十二月底止已成工程開列如左

（第一部工程）

（一）祭堂　祭堂東南東北西南西北四角之石築工程平均離

地已達四十尺（計勒腳石六層側石十八層）

祭堂東面之石築工程除勒腳側石早已告成外香港石刻花

橫樑及疊瓦疊斗亦已次第完成

祭堂西面之石築工程與東面相同

祭堂前部之四個石柱均成三節惟中間尚有一節因石料猶

須候由香港趕來目下尚未到寧以致中間及西邊之刻

花橫樑無從安置

……門前中間及東西兩邊之刻花香港石門圈均已告成

背面边之刻花横梁亦已完成香港石叠九叠斗现正进行将完工
祭堂后部计成石柱及侧石七层刻花横梁已告完成香港石叠九
叠斗现仍进行不日即可告成
祭堂内部青岛石柱共十二个（内计十个各成九节余二个仅成六
节因候石料由青岛运来现仍暂停
祭堂上部之钢骨凝土横梁东边业已告成四周之凝土天幔亦正
次第工作接装柱头铁条现亦进行中

（二）坟墓　坟墓之钢骨凝土内外圆顶早已完全告成墓外下部坡
势石板已告完成现亦继续进行圆顶香港石铺面计已成一层

（三）石堦及平台　第一部之平台及大小石堦均告完成石栏亦已
告成　第二部之平台大小石堦均告完成石栏工作正在进行中
第三部之小石堦计东边已成九级中间十级西边亦成九级大石
栏工作尚未着手

第三頁

坐西向南之鋼骨凝土圍墻已成之燕石面最高已達十

凝土工作亦同時進行

坐東向南者已成燕石面最高亦已達十二層

坐東向西及坐西向東者之圍墻底脚及紮鉄工作均已告成

惟燕石面尚未着手

圍圍墻之底脚及扎鉄均已完成沿墻之燕石明溝已告成燕石

面已成四層

（附註）東西兩边之圍墻普生裂縫拟分段築墩或全部拆

改辦法尚未决定故工作未增加

（五）石坡　石坡現未工作

（第二部工程）

掘工程　開掘中間及東部之山土　西部因地形較低現正從填土

工作計已開去壹千餘方

城

石城工作尚未着手但西部大圍墻底脚下之石墩亦正從

工作

坎平台　第一部平台下之三合土底脚行將完成　其餘尚未着

手

及置華表處之開掘工程現正進行

及築鋼骨凝土擋墻之處亦正繼續開掘

(丙)會計方面

茲將十六年十二月份所有收支各欵數目開列于左

計開

收入項下

接上月後存伍佰陸拾玖元六角柒分

五日　林先生來洋柒仟元

收洋柒仟伍佰陸拾玖元六角柒分

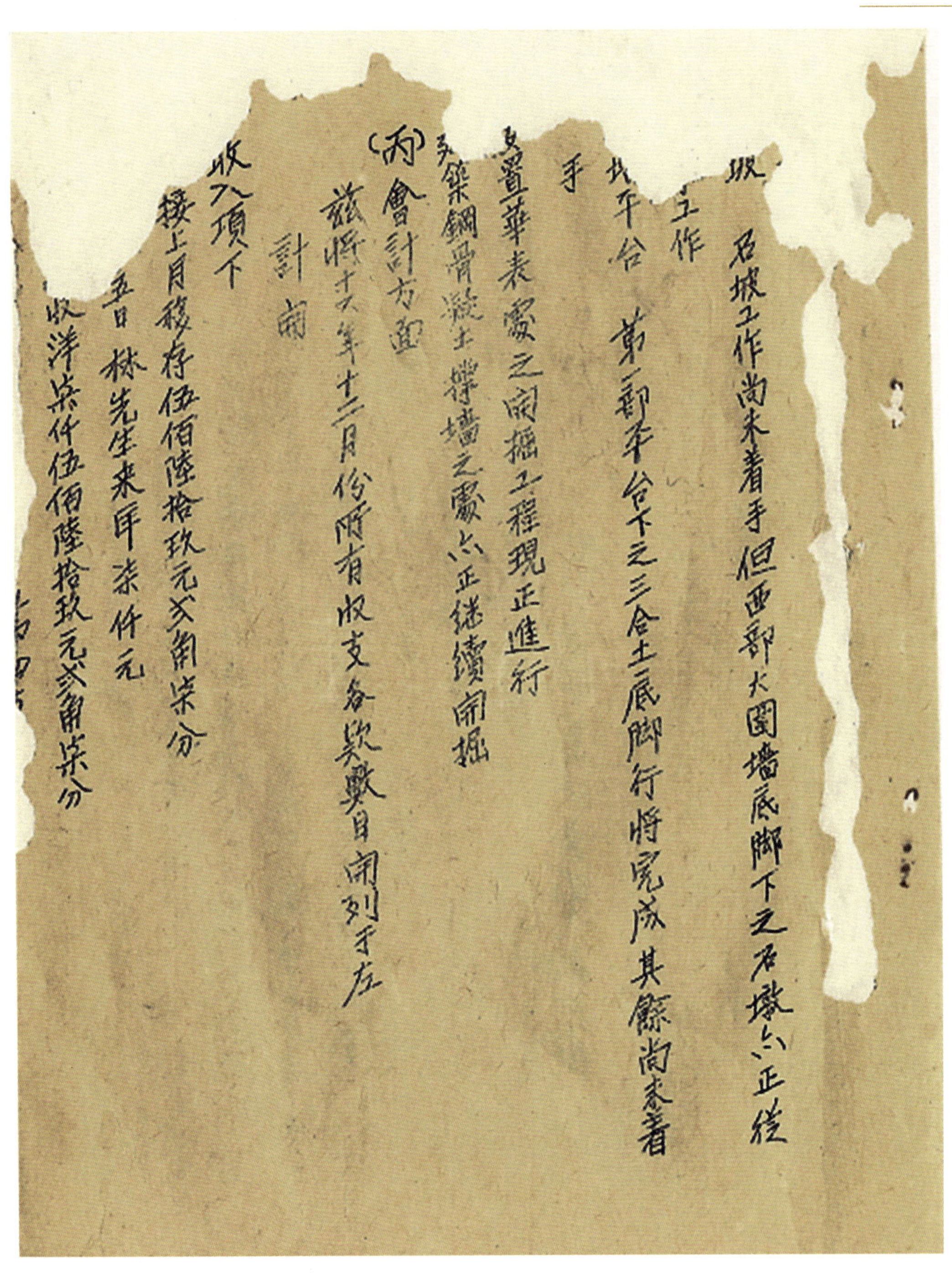

本月份經常費洋壹仟六百肆拾捌元叁角

一支本月份特别費洋伍百〇柒元陸角六分

一支本月份籌備陵園植樹經費洋肆百六拾捌元柒角伍分

一支張葬事國権赴滬办理發還石膏模型旅費洋捌拾壹元捌角

一支張葬事國権因要公赴滬旅費洋伍拾玖元捌角

總共支洋弍仟叁百弍拾陸元弍角柒分

結存 除收支兩抵尚餘洋伍仟弍百肆拾叁元正

附註 細數單據存處備查

總理葬事籌備處第八次報告

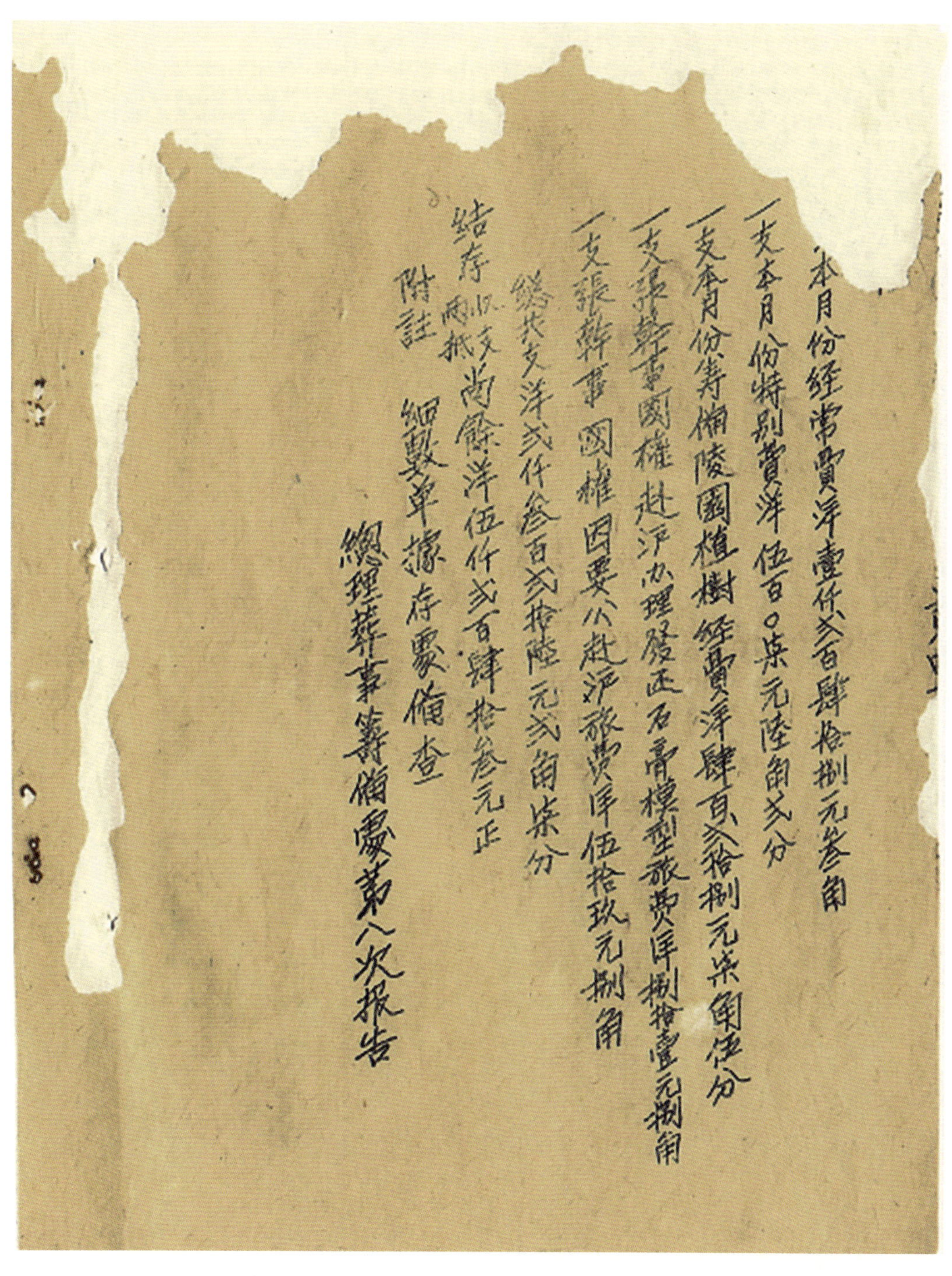

孫中山先生葬事籌備處一九二八年一月份工作摘要報告（一九二八年一月）

檔號：1005-1-245

總理葬事籌備處十七年一月份工作摘要報告

（甲）事務方面

△委員曾於一月七日在上海武定路林煥庭先生宅開五十五次會議又于一月十六日在林煥庭先生宅開五十六次會議會議錄已油印分送各委員及家屬代表

△由朝陽門至陵墓馬路業經測繪完竣經第五十六次會議議決交顧問工程師卓康成核定現卓君尚未來寧故暫緩進行

△陵園界址業經勘定江蘇第一造林場亦在包括之内一月二十二日接省政府函謂關係造林場移轉本處管理一案已經省政府通過

△造具一月份工作摘要報告分送各委員及家屬代表

△分函各省林園植物專家請採集各省植物種子寄寧試植

第一頁

▲函協和醫院代理院長劉潤章先生請修理　總理遺體并暫留院保存不必送回西山

▲函李任潮同志請轉知粵省政府從十六年十二份起仍繼續月撥毫洋六萬元以資陵工需用

▲函江蘇建設廳以已接省府通知將第一造林場劃入陵園歸本處管理請准備會同依案進行

▲總理冥像經第五十六次委員會議々決歸高琪承造由林委員煥庭代表委員會々同家屬代表簽訂合同

（乙）工程方面

茲將截至十七年一月底止已成工程開列如左

（第一部工程）

（一）祭堂　祭堂東南東北西南西北四角之石築工程平均離地已達四十二尺許（計勒腳石六層側石十八層壓頂平均僅成

半層）

祭堂東面之石築工程除勒脚石側石等早已完成外香港石横楳及叠几叠斗亦已次第安妥現由利昌銅鉄廠派工安置銅椽計成四分之一

祭堂西面之石築工程與東面相同惟安置銅椽工作尚未着手

祭堂前部原定石柱四個均須三節按樣安置惟中間尚有一節因石料損壞現已由香港配來連日趕辦業已安置完成現正從事安置門前側石

祭堂門前中間及東西兩邊之剌花香港石門圈均告完成

門前東邊之剌花横楳及叠几叠斗均已告成

祭堂後部計成石柱及側石七層剌花横楳及叠几叠斗不日行將完成

祭堂内部原定青島石柱十二個（内計十個各成九節餘二個

第二頁

僅成六節須俟青島石料運来方能繼續進行）
祭堂上部之鋼骨凝土横樑東边業已完成餘正進行四週
之凝土天幔亦正進行接紮柱頭鉄条计成十二個

（二）坟墓　坟墓之凝土内外圓頂早已完成墓外下部坡勢
亦已告成現正繼續進行圓頂香港石鋪面计已成四層

（三）石階及平台　第一部之平台及大小石階均告完成石欄
亦已告成　第二部之平台大小石階均告完成石欄亦正
進行　第三部之小石階计東西中三边均成十三級大石階
及石欄工作尚未着手
其他尚有祭堂前面平台上之兩大石墩現正從事工作行
将完成

（四）圍墻　坐西向南及坐東向南之鋼骨凝土圍墻已成蘇
石面计達十二層坐東向西坐西向东者之圍墻底脚及

紮鐵工作均已告成

圍牆之底脚及紮鐵早已完成沿墻之蘇石明溝已告成蘇石面一部份計成五層

（附註）東西兩邊之圍墻發生裂縫現已決定拆改刻下工作暫停

（五）石坡　現無工作

（第二部工程）

（一）開掘工程　開掘中間及東部之土西部因地形較低現正從事填土工作計已開去五千餘方

（二）石坡　石坡工作尚未着手但西部大圍墻底脚下之石墩亦已從事進行以防日後圍墻發生裂縫

（三）石階平台　第一部平台下之三合土底脚已告成現正着手安置平台上之蘇石鋪面計成四分之一其餘尚未興工

第三頁

（四）撐墻　西边撐墻業經開掘完竣現正從紮撐墻底
脚鉄條東边亦已開掘行將完工
其餘如建築華表處之開掘工程行將告畢現將
從事紮鋸華表底脚鉄條以備白泥搗三合土之用

（丙）會計方面
茲將十七年一月份所有收支款項數目開列如左
計開
收入項下
接上月移存伍千弍百四十三元正
支出項下
一支本月份經常費洋壹千壹百九十七元〇八分
一支本月份特別費洋壹千〇〇弍元五角七分
按此款約分四項支出、、人、支津貼山上保安隊四

十二元 又、支映相費洋四十又元〇二分 3、支付
呂建築師十又年度往東寧滬旅費洋捌百三十
九元六角 廿、支本處特別雜費洋七十四元九角五分
一支夏光宇先生因公赴滬旅費洋卌四元七角
一支陵園植樹經費壹千九百九十四元八角一分
總共支洋肆仟貳百叁拾玖元一角又分

結存 收支兩抵 尚餘洋壹千〇叁元八角四分

附註 細數單據存處備查

總理葬事籌備處第九次報告

孫中山先生葬事籌備處一九二八年二月份工作摘要報告（一九二八年二月）

檔號：1005–1–245

總理葬事籌備處十七年二月份工作摘要報告

（甲）事務方面

▲陵園界址前經審慎勘定將鍾山全部劃入北以省有林地為界東迄馬群西至城根其南面界綫自五棵松而西經東西凹子白骨坟南折至趙家橋又西出韋陀巷後繞西山前鐵匠營後由下馬坊沿鍾湯路直趨朝陽門業由本處將界址圖說送請國民政府備案並按月發給經費現正籌備陵園劃界及清查界內土地

▲造具二月份工作摘要報告分送各委員及家屬代表

▲陵墓所植樹木經派人到各地選購並函請交通部飭知各車站分別將該項苗木免費運寫

▲函請吳縣縣政府准予開放金山浜陸姓石塘以便採取陵工需用石料

第一頁

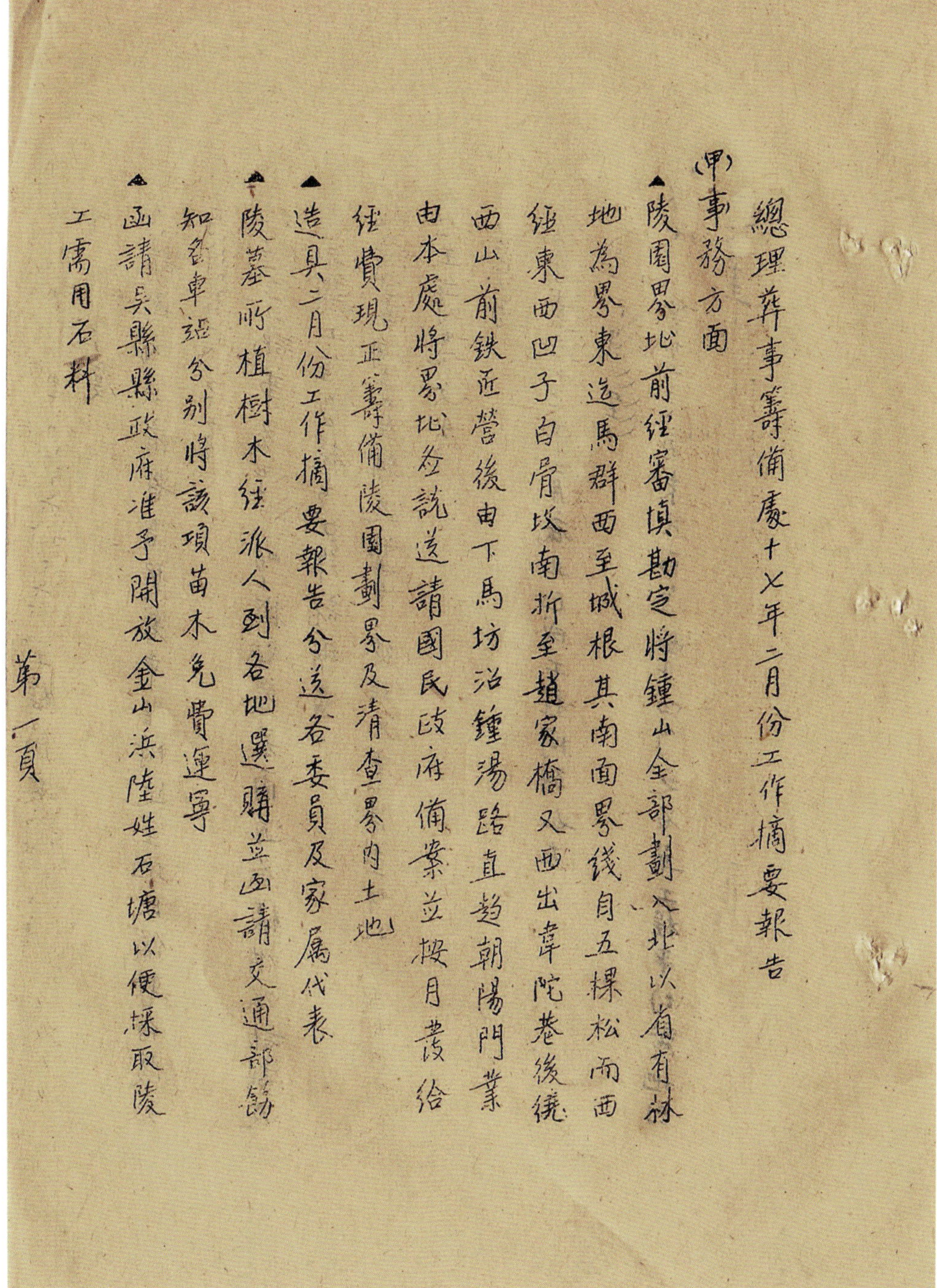

▲函請呂建築師將十六年度工程簡要報告送處以便續
編十六年度工程年報
▲函請國民政府暫借暫署車站附近空地以備暫存陵墓
所用苗木之處
▲函催彥記事務所速即擬就陵墓甬道圖樣供水計劃及
第三期工程圖樣及工作說明書
▲函請章桐先生轉送塑造 總理石膏模型材料費用四百元
與王靜遠女士

(乙)工程方面

茲將截至十七年二月底止已成工程開列如左

(第一部工程)

(一)祭堂 祭堂東南東北西南西北四角之石築工程平均離地已
達四十三尺(計勒脚石六層側石十八層壓頂石一層)

祭堂東面之石築工程除勒脚石側石等早已完成外香港石横楣及叠几叠斗亦已安妥安置銅椽工作業經告成惟因安置手續欠妥致與原定地位及尺寸稍有上下現正從事補救

祭堂西面之石築工程與東面相同惟安置銅椽工作尚未着手 祭堂門前之香港石柱已告完成外中間及東西兩邊之刻花香港石門圈亦告完成側石亦已安置完妥門前東邊之刻花横楣及香港石叠几叠斗均告完成中間及西邊之香港石刻花横楣現正從事安置叠几叠斗尚未着手

祭堂後部計成石柱及側石七層刻花横楣及叠几叠斗亦已告成現正從事置銅椽

祭堂内部之青島石柱共十二個（内計十個各成九節餘二個

第二頁

僅成六節須俟青島石料運來方能（鐵匯工作）
祭堂上部之鋼骨凝土橫樑業已完全告成四週天幔亦已完
全成功接扎構柱頭鐵條亦已完成（計成十二個）

（二）墳墓／墳墓之凝土內外圓頂早已完成墓外下部坡勢石
鋪面三層已告完成圓頂香港石鋪面計已成五層現正
繼續進行第六層石鋪面工作 墓內現正進行安置小
磁石鋪面

（三）石階及平台 第一部之平台及大小石階均告完成石欄亦已
告成 第二部之平台大小石階均告完成石欄亦正進行
第三部之小石階計東西中三邊各成廿二級大石階現正着
手石欄工作尚未興工 其他尚有祭堂前面平台上之兩大石
墩現已完工

（四）圍墻 坐西向南及坐東向南之鋼骨凝土圍墻已成蘇石面

計達十二層坐東向西坐西向東者之圍墻底脚及紮鉄工作
均已告成
墓後圓圍墻之底脚及紮鉄早已完成沿墻之蘇石明溝已告
成蘇石西一部份計成五層有許
（附註）東西兩邊之圍墻發生裂縫現已決定完全拆改
卅四日包工姚新記已奉建築師通知刻已開始工作從事
拆改
（五）石坡 現無工作
（第二部工程）
（一）開掘工程 開掘中間及東部之土西部因地形較低現正從
事填土工作計已開去八千餘方
（二）石坡 石坡工作現正進行後部墓後之石坡計成十分之七
西邊石坡計約成四十餘方 西边圍墻底脚下之石墩亦已從

第三頁

事工作以防日後圍墻發生裂縫

（三）石階平台　第一部平台下之三合土底脚已告成現正着手安置平台上之蘇石鋪面計成三分之二　第二部平台下之三合土底脚亦已着手進行其餘尚未興工

（四）撑墻　西边撑墻業經開掘完竣紮撑墻底脚鉄條工作現正從事搗三合土底脚東边撑墻開掘亦已完竣現正從事紮鉄及搗三合土工作

其餘如建築華表處之開掘工程已告完竣華表底脚之紮鉄及三合土工作亦已告成

（丙）會計方面

茲將十七年二月份所有收支款項數目開列如左

計開

收入項下

接上月移存洋壹仟零叁元捌角肆分

十一日林委員來洋贰仟肆百叁拾玖元陸角

二十九日林委員來洋叁仟壹百元整

總共收洋陸仟伍百四十三元四角四分

支出項下

一支本月份經常費洋壹仟贰佰贰拾贰元六角七分

一支本月份特別費洋陸百陸拾四元五角七分

一支陵園植樹經費洋贰仟零壹拾四元贰角玖分

總共支洋叁仟九百零壹元伍角叁分

結存收支兩抵尚餘洋贰仟陸佰肆拾壹元玖角壹分

（附註）細數單據存處備查

總理葬事籌備處第拾次報告

第四頁

孫中山先生葬事籌備處一九二八年三月份工作摘要報告（一九二八年三月）

檔號：1005-1-245

總理葬事籌備處十七年三月份工作摘要報告

（甲）事務方面

▲委員會於十七年三月二日在本處開第五十七次會議會議錄已油印分送各委員及家屬代表

▲常務委員於三月三日及三月二十九日在本處開常務會議

▲陵園計劃委員會於三月三日在本處開第二次會議

▲陵園計劃圖案責成計劃委員會之專門委員從四月起於三個月內繪製完成

▲省立第一造林場紫金山總場撥歸本處管理由林委員煥庭爲主任幹事前往接收並由本處函請國府撥給建設府補助林場建築費洋弍萬元

▲函聘傅煥光先生爲陵園主任技師

▲函傳陵園主任技師通知陵園事業範圍及管理章程業由

第一頁

國民政府催案陵園經費已由國民政府飭財政部從本年三月份起照發

▲陵園劃界及清查界內地畝事宜業於本月下旬開始進行由江寧縣政府派員會同辦理

▲函聘秦國献君担任清查陵園界內地畝事宜並函請鍾靈鄉總董陳潤甫君協助一切

▲函聘湯國昌先生為本處測量師補測陵園詳圖並測勘沿界路綫

▲函宋委員子文孔委員庸之請就近與協和醫院劉副院長磋商將總理遺體移安醫院保存

▲函中央黨部國民政府及廣州政治分会通知預定本年十一月十二日為總理安葬日期

▲函復王濟遠君轉商朝倉文夫氏先塑總理石膏模型一

具寄寧備核以便定塑遺像

▲函李任潮同志請飭令廣東財政廳續滙葬費以利陵工

▲函吳縣々政府商開採金山石塘事

▲函蘇州總稅務所請飭所屬如遇陵工石料備有財政廳護照即行放行

▲函上海站長請派貨車將購自日本之陵墓所用樹苗免費運寧

▲函軍事委員会及總司令部商請將朝陽門外之甕城拆去以備改正直達陵墓之馬路線

▲造具三月份工作摘要報告

▲編輯十六年度工程報告

(乙)工程方面

兹將截至十七年三月底止已成工程開列如左

第二頁

（第一部工程）

（一）祭堂　祭堂東南東北西南西北四角之石築工程業已完全告成（計蘇石勒脚三層香港石勒脚三層側石十八層壓頂石五層）

祭堂東面之石築工程除勒脚石側石香港石橫楳石柱及疊几疊斗等均已安置完妥銅椽亦已安置完成

祭堂西面之石築工程與東面相同安置銅椽工作亦將告成

祭堂门前之香港石刻花勒脚石柱側石及中間左右之香港石刻花门圈香港石刻花橫楳均已告成香港石疊几疊斗亦已安置完成惟安置銅椽工作尚未着手

祭堂後面之石柱及側石七層香港石刻花橫楳及疊几疊斗等均告完成安置銅椽工作亦已成功

祭堂内部之鋼骨凝土柱之大理石坐盤早已告成該柱共計十二個其外包之青島石面(計十個各成九節餘二節僅成六節須俟青島石料運来方能繼續工作)祭堂上部之鋼骨凝土横樑業已完成四週之凝土天幔亦已次第告成中間大天幔之木壳亦將扎就矣

祭堂四角之内部粉飾現正着手進行

(二)墳墓　墳墓之凝土内外圓頂早已完成墓外面鋪面計下部坡势石鋪面三層圓頂香港石鋪十二層均告完成墳墓内部現正從事粉飾正中小磁磚鋪成青天白日之計成十分五六矣

(三)石階及平台　第一部之平台石階及欄杆均已告竣第二部之平台石階亦已告成惟欄杆工作尚未完成現正繼續進行第三部之小石階計東西中三道各成二十又三級

第三頁

大石階計東西各成三級石欄工作尚未着手其他如祭堂前面平台口上之兩大石墩現已完工

（四）圍墻　祭堂兩边之圍墻前以發生裂縫早已停止工作決定全部拆改現已從拆去再於底脚下分段作墩以求鞏固基後同圍墻之明溝香港石鋪面不日即可告成

（五）石坡　現無工作

（第二部工程）

（一）開掘工程　開掘中間及東部之土　西部因地形較低現正從事填土計開掘工程業已開去將達萬方

（二）石坡　墓後之石坡工作計成十分之八九　西边石坡計約成七十餘方　西边圍墻之石墩現仍繼續工作

（三）石階及平台　第一部之平台蘇石鋪業已完全告成　第二部平台之三合土底脚業已完成現正從事鋪蘇石

面工作（計成四分之一）第三部平台之三合土脚底現已着手進行第一部之石级計中西東三边各成二级現正继續進行

（四）撐墙　東西兩边之撐墙所有紮鉄工作及三合土底脚亦已完全告成蘇石明溝亦已安置完妥現正從事安置蘇石鋪面計東边已成一層西边亦正進行

（丙）會計方面

兹將十七年三月份所有收支款項數目開列如左

計開

收入項下

接上月移存洋弍千六百四十一元九角一分

二十四日林先生來洋叁百元正

總共收洋弍千九百四十一元九角一分

第四頁

支出項下

一支本月份經常費 洋壹仟弍百五十七元一角三分

一支本月份特別費 洋叁百四十五元五角九分

一支陵園清查地畝用費 洋弍百九十七元三角五分

一支赴沪公幹旅費 洋九拾六元正

總共支洋壹千九百九十六元〇七分

結存收支兩抵 尚餘洋玖百四十五元八角四分

附註 細數單據存處備查

總理葬事籌備處第十一次報告

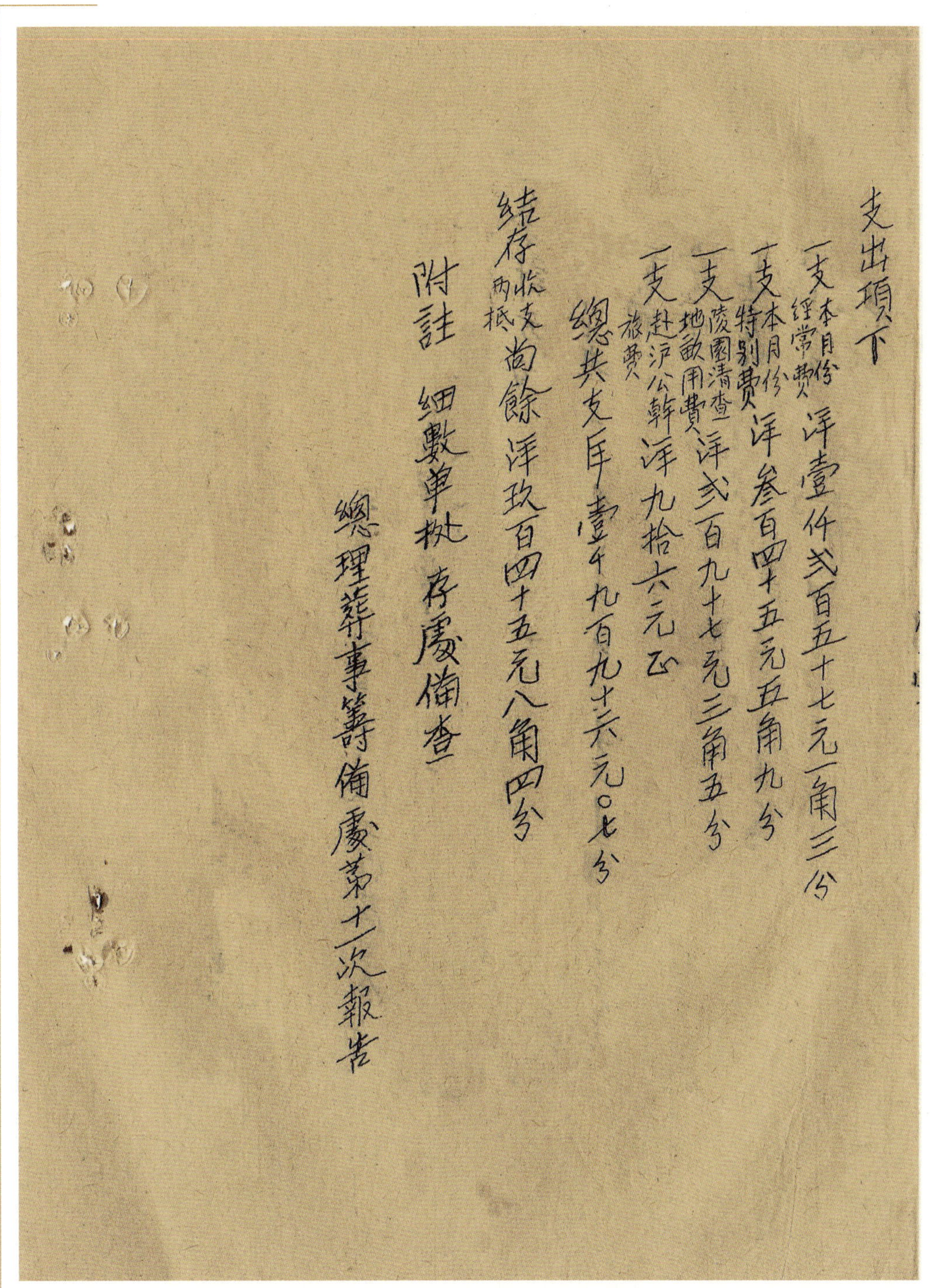

孫中山先生葬事籌備處一九二八年四月份工作摘要報告（一九二八年四月）

檔號：1005-1-245

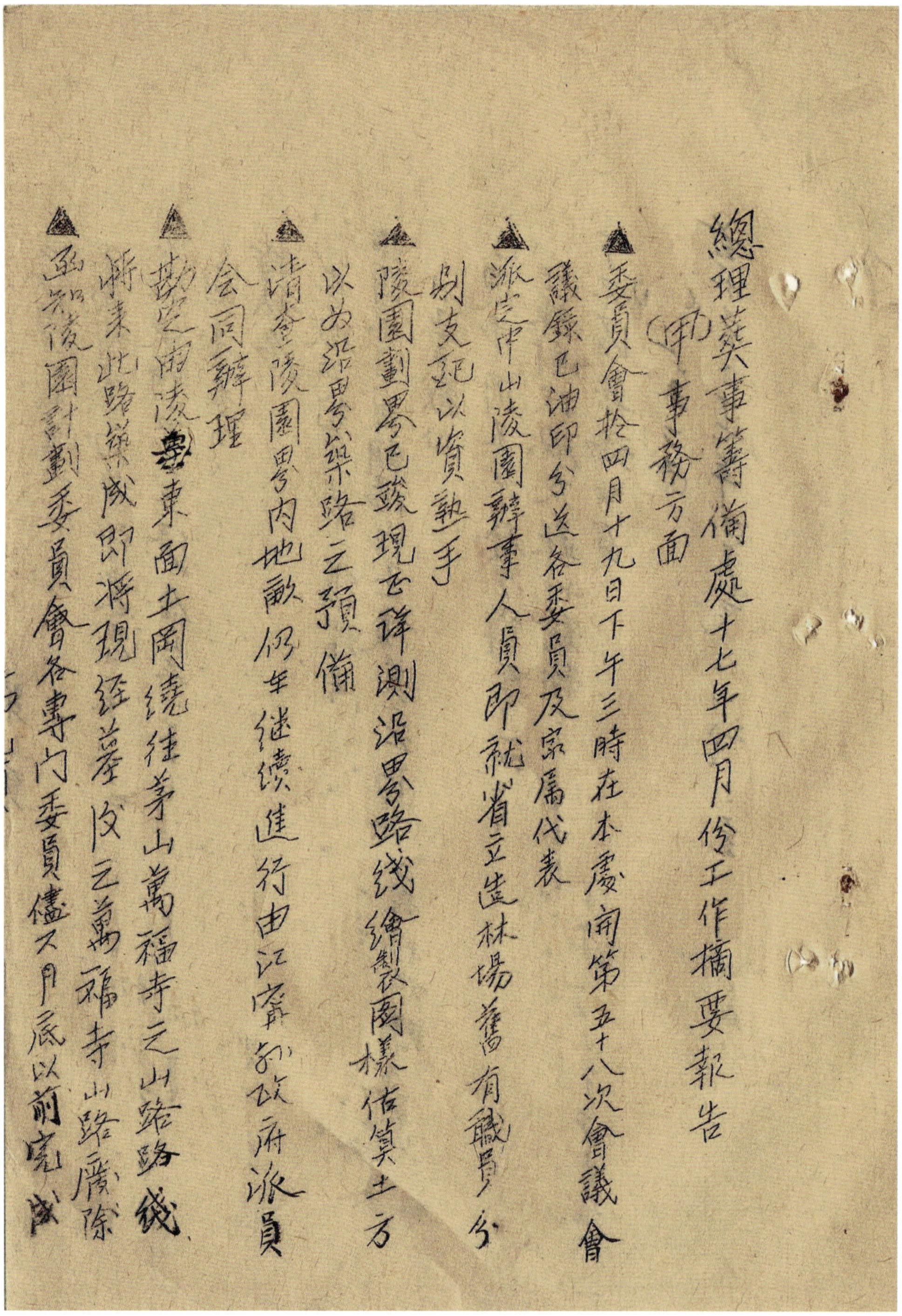

總理葬事籌備處十七年四月份工作摘要報告

（甲）事務方面

▲委員會於四月十九日下午三時在本處開第五十八次會議會議錄已油印分送各委員及家屬代表

▲派定中山陵園辦事人員即就省立造林場舊有職員分別支配以資熟手

▲陵園劃界已竣現正詳測沿界路綫繪製圖樣估算土方以為沿界築路之預備

▲請查陵園界內地畝仍在繼續進行由江寧縣政府派員會同辦理

▲勘定由陵墓東面土岡繞往茅山萬福寺之山路路綫將來此路築成即將現經墓段之萬福寺山路廢除

▲函知陵園計劃委員會各專門委員儘本月底以前完成

第乙頁

陵園計劃案

▲函民智書局重印哀思錄萬本並製裝深藍布套萬份以便將第一三編合裝一套為安葬時分送之用

▲函葬事委員會請仍派憲兵駐山押運材料卡車維持秩序

▲函李徵五先生為總理遺像安全事請商定妥善辦法

▲招商承築自朝陽門至陵墓之馬路工程投標時期限于五月廿五日截止

▲函復市府本京小發生攝取生魂謠言全屬無稽

▲函江蘇財政廳及蘇州稅務總局如遇陵墓工程石料過卡不得無端扣留

（乙）工程方面

茲將截至十七年四月止底已成工程開列如左

（第一部工程）

（一）祭堂　祭堂東南東北西南西北四角之石梁工程已完全告成

祭堂東西兩面之石梁工程亦已告成（計蘇石勒脚及香爐石鞋脚側石刻花横梁石柱及叠几叠斗等）沿簷銅椽亦已安置完竣

祭堂内前之刻花石勒脚石柱側石及中間左右之香爐石刻花门圈横梁叠几叠斗等均已告成前簷銅椽亦將安置完成

祭堂後面之石梁工程如石柱側石刻花石横梁及叠几叠斗等均告完成後簷銅椽亦已告成

祭堂内部之青島石柱計十二個及大理石坐盤均已告成並粉飾祭堂四周天幔及四角方亭之天幔及墻壁

祭堂上部之鋼骨凝土横梁及四周之凝土天幔均已告成中大天幔之木壳業已安置完善現正從事接札祭堂屋頂柱

第弍頁

頭及五架樑鐵條

(二) 坟墓 坟墓之凝土內外圓頂早已完成墓外所鋪香港石鋪面計下部坡勢石鋪面三層圓頂鋪面計成十五層坟墓內部現正從事粉飾正中用小磁磚鋪成青天白日亦將告成

(三) 石階及平台 第一部之平台石階及欄干均已告成第二部之平台石階及欄干亦告成第三部之平台及大小石階均已完成石欄工作亦將開始祭堂前面大平台現正從事鋪石計成十分之二

(四) 圍墻 祭堂兩邊之鋼骨凝土圍墻因發生裂縫決定全部拆毀現已從事分段築墩重行再建三合土之底腳計西邊業已開始行將告成東邊現正從事開掘墓後圓圍墻均已告成

(五) 石坡 無工作

（第二部工程）

（一）開掘工程　開掘中間及東部之土西部因地形校低現已從事填土計開掘工程業已開去已達一萬一千餘方

（二）石坡　墓後石坡已完全告成水門汀嵌線亦已告成西邊石坡計約九十方　西邊圍牆之底脚下之石墩業將完成

（三）石階及平台　第一部之平台蘇石鋪面早已告成石階計成中間十級東部八級西部八級第二部之平台亦已告成石階尚未着手第三部之平台鋪面現已進行石階則尚未興工

（四）撐牆　東西兩邊之撐牆所有紮鐵及凝土底脚均已完成蘇石明海亦已安置完妥蘇石鋪面東西兩邊均成四層有餘現已繼續進行

（丙）會計方面、

茲將十七年四月份所有收支款項數目開列如左

第三頁

計開

收入項下

接上月移存洋玖佰四十五元八角四分

六日林先生來洋弍千五百元正

十九日林先生來洋壹仟壹佰元正

總共收洋肆仟伍百四十五元八角四分

支出項下

一支本月份經常費洋壹千弍百七十七元九角四分

一支本月份特别費洋弍百一十元〇五角八分

一支清查陵園地畝測绘陵園地圖及陵園計劃專门委員津贴開費洋玖佰四十三元六角八分

總共支洋弍千四百叁拾弍元弍角

結存 收支兩抵 尚餘洋弍千一百一十三元六角四分

附註 細數單抄存處備查

總理葬事籌備處第十二次報告

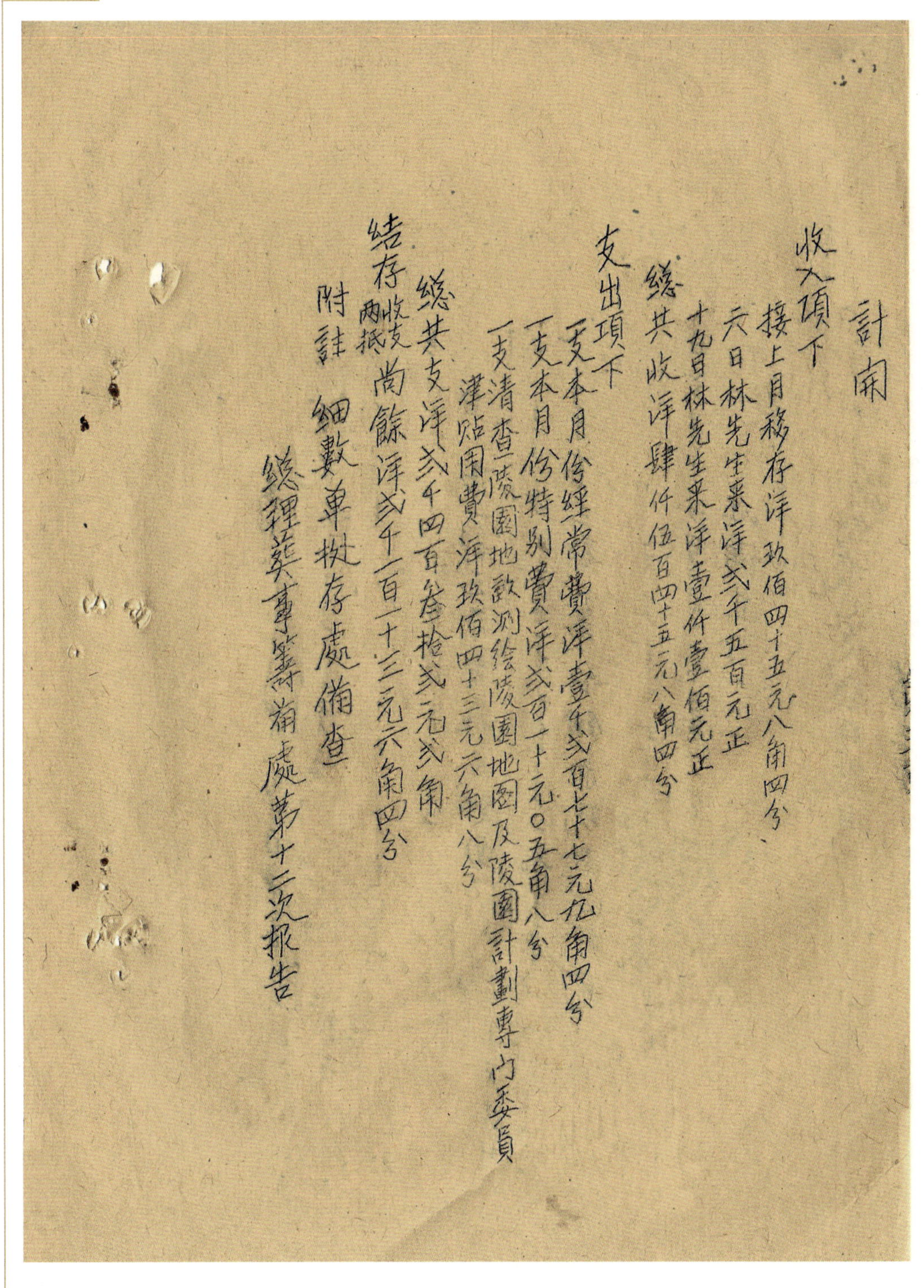

孫中山先生葬事籌備處一九二八年五月份工作摘要報告（一九二八年五月）

檔號：1005-1-245

總理葬事籌備處十七年五月份工作摘要報告

(甲)事務方面

▲委員會於五月二十七日下午二時在本處開第五十九次會議會議錄已油印分送各委員及家屬代表

▲陵園計劃委員會專門委員於五月二十六日下午二時在本處開談話會討論收購陵園內土地事宜

▲陵園沿界築路之路綫圖已測繪完竣現正詳測路段地形估算築路應挖填之土方及所需經費

▲自朝陽門至陵墓甬道前馬路工程於五月二十七日下午當委員會議開標決定由徐成記以五萬六千〇十五兩五錢八分承包限十月十五日以前完工

▲陵園界內土地經委員會議決全部收買分段進行收買辦法照陵園計劃委員會專門委員議決案辦理

第十頁

▲決定中山陵園十七年事業計劃

▲改聘湯有光君為測量工程師兼管沿界築路監工事務

▲與市政府工務局接商会勘在太平門至朝陽門之間增闢城洞建築一直達明陵及總理陵墓之馬路

▲函蘇州稅務總所嗣後陵墓工程石料經過關卡應驗照放行不得無端扣留

▲函建築師索取琉璃瓦合同送處存查並告瓦料損壞甚多宜早添置備用

▲函江甯縣政府飭鍾靈鄉公安局會同本處辦理拆遷自朝陽門至下馬坊馬路兩旁有碍建築之民房

▲函軍事委員会請飭屬將移來之浮厝棺木遷埋於鍾湯路南二百呎以南庶無碍陵園風景布置

▲函江甯縣政府請法辦勒索鄉民費用阻碍陵園清查土地之陳祿

等

▲函請查陵園地畝办公處限六月十五日办理結束所有驗契登記及查勘界址等事須造具詳細冊報以便報告委員会

▲朝陽门至陵墓甬道前馬路工程派劉監查員夢錫負責監工

▲再函軍事委員會凡浮厝棺木不得葬在陵園界内

(乙)工程方面

茲將截至十七年五月底止已成工程開列如左

(第一部工程)

(一)祭堂 祭堂東南西北四角之石築工程業已完全告成

祭堂東西兩邊之石築工程亦已告成(計蘇石及香港石勒脚側石刻花香港石橫楳石柱及疊几疊斗等沿簷銅椽均已安置完竣)

祭堂内前之刻花勒脚側石石柱及中间左右之香港石刻花内圈橫楳疊斗疊几及前簷銅椽均已安置完成

祭堂後面之石築工程如石柱側石刻花石橫楳及疊几疊斗

第二頁

及瓦簷銅椽均已告竣
祭堂內部之青島石柱計十二個及大理石坐盤均已告成祭
堂四週天幔及四角方亭之天幔墻壁之粉飾現正從事進
行
祭堂上部之鋼骨凝土橫樑及全部凝土天幔均已告成 祭堂
屋顶樑頭鉄條業已軋就五架樑鉄條現正從事接扎
祭堂屋顶四角之坐石亦已安置完成不日即可安置疊斗几

(二)坟墓
坟墓之凝土內外圓頂早已完全告成 墓外所鋪香港石、鋪
面計成坡勢石鋪面三層圓顶、鋪面計、成十五層 坟墓內部
現正從事粉飾 正中並用小磁磚鋪成青天白日 坟墓与祭
堂連接處現正安設机関銅門

(三)石堦及平台 第一部及第二部之平台及大小石階石欄工程均告完成
第三部之平台及大小石階工程業已完成 石欄工作現
正進行 祭堂前面大平台現亦從事鋪石計成十分之三

(四)圍墻 祭堂兩邊之鋼骨凝土圍墻前以发生裂縫現已重行拆改分
段築墩西部所拆處已掘深築墩三合土底脚底及鋪蘇
石明溝亦已告成 東部甫掘築墩亦將告成

(五)石坡 無工作

（第二部工程）

（一）開掘工程 開掘中間及東部之土西部因地勢較低現正從事填土開掘工作計已達一萬三千方

（二）石坡 墓後石坡約百餘方及嵌線工作均已告成 西邊石坡計成一百三十方西邊圍墻底腳下之石墩業已完成

（三）石階及平台 第一部平台蘇石鋪面已告完、成石階計成中間十七級東西各設十八級 第二部之平台鋪石亦已完成石堦工作則尚未着手 第三部之平台鋪石亦將告成 第四部之平台鋪石約成四分之一 第五部之平台僅成三合底腳

（四）撑墻 東西兩邊之撑墻所有紮鐵及凝土底腳早已完成蘇石明溝亦已安置完竣蘇石鋪面東邊計成七層西邊將達六層現仍繼續進行

（丙）會計方面

茲將十七年五月份收支款項數目開列于左

計開

第二頁

收入項下、接上月移存洋弍千壹百壹拾叁元陸角肆分
捌日 林先生来洋叁千元正
總共收洋伍仟壹百壹拾叁元陸角肆分
支出項下、一支本月份經常費洋壹千叁百卅五元七角八分
一支、本月份特別費洋捌百〇六元〇八分
一支、清查陵園地畝測绘陵園地圖及陵園計劃專門委員津貼用費洋壹千四百〇六元三角五分
總共支洋叁千五百七十四元弍角一分
結存 收支兩抵尚餘洋壹千伍百卅九元四角三分
附註 細數單據存處備查
總理葬事籌備處第十三次報告

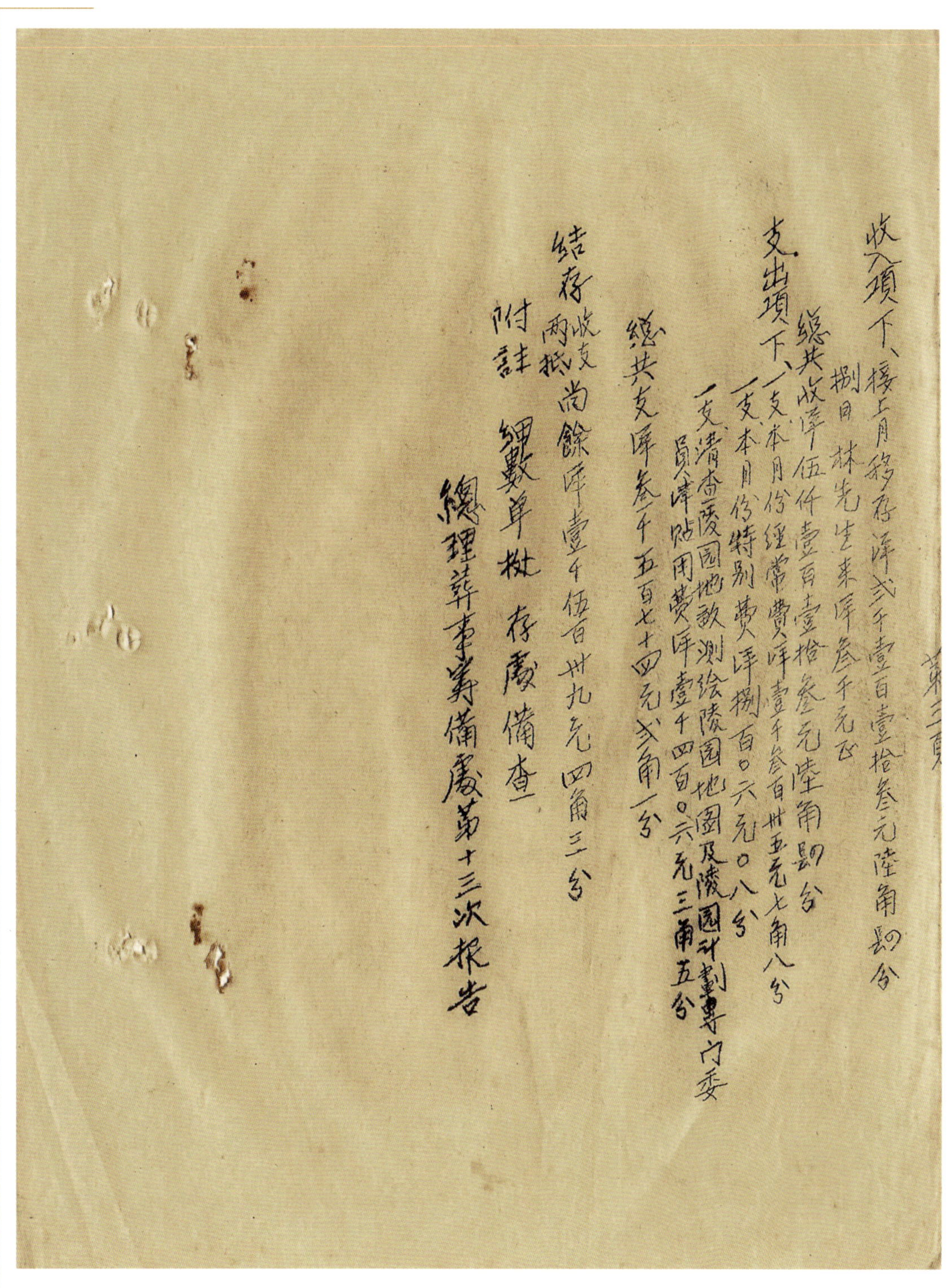

貳 選址及徵地

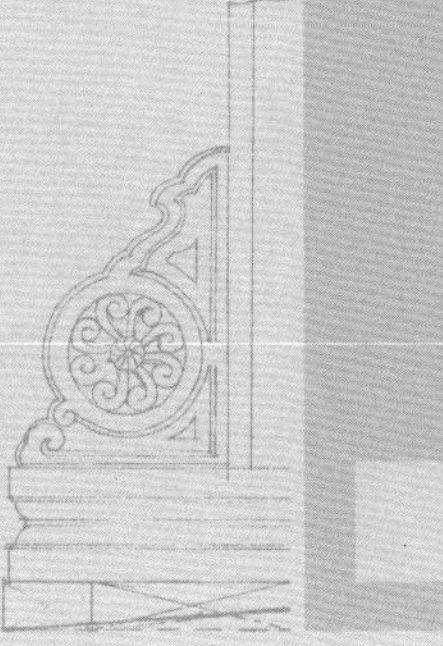

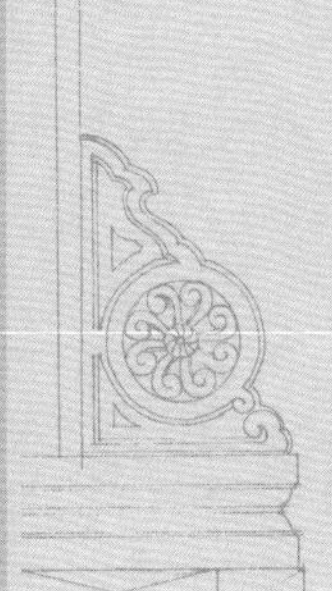

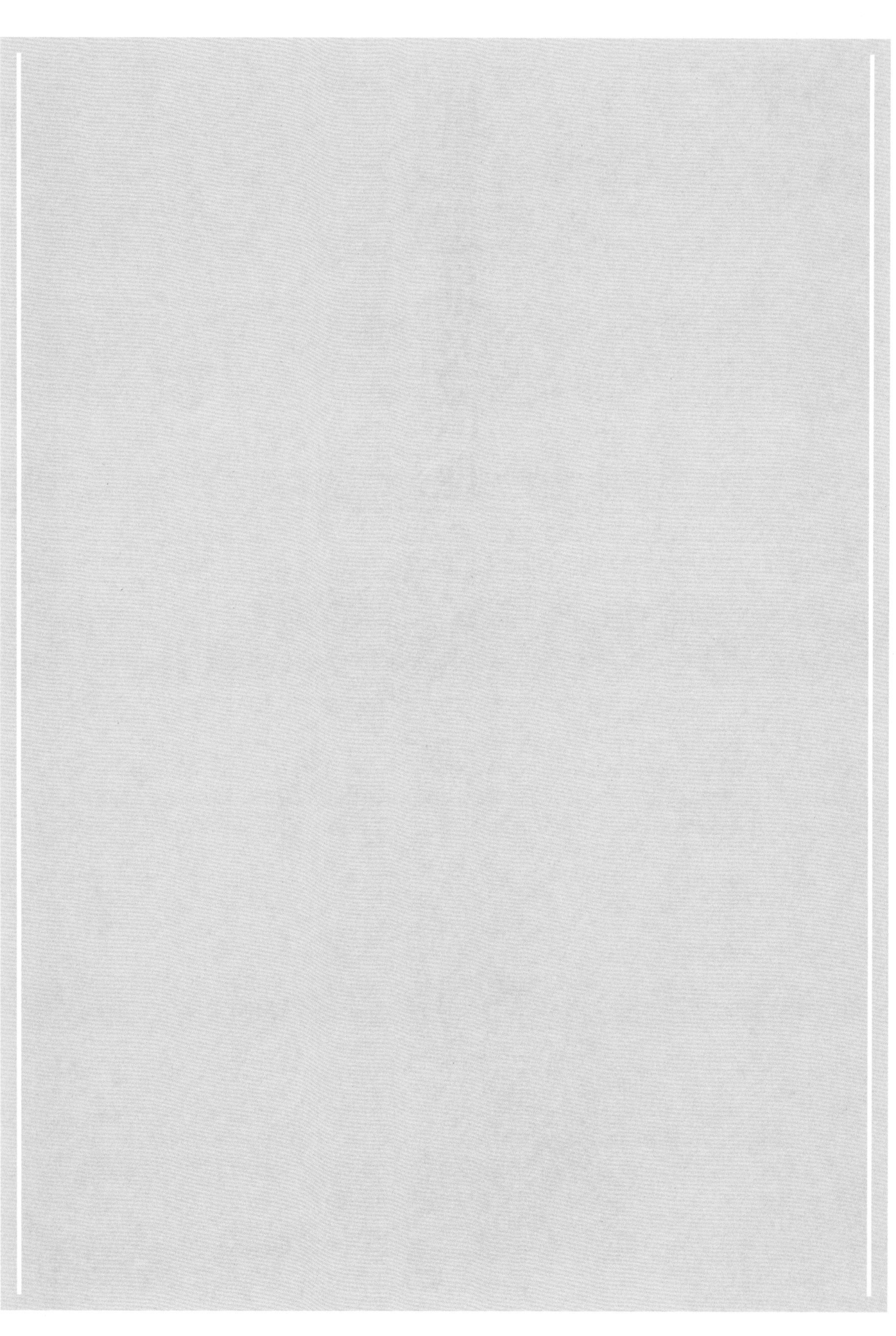

葉恭綽、鄭洪年爲孫夫人宋慶齡將由滬至寧勘視紫金山相關準備事宜致孫科電（一九二五年四月十八日）

檔號：1005-1-240

來報紙 RECEIVING FORM　　中國電報局　　本局號數 JOURNAL NO. 7196

THE CHINESE TELEGRAPH ADMINISTRATION

局 OFFICE

由 From	Of 1914	附註 REMARKS	由電報局收到 Received From Telegraph Office
時刻 Time	8 點 H 25 分 M	Chg　北京來電 四月十九日到	日期 Date　點 H　分 M
簽名 By	Mao		
原來號數 TELEGRAM NO.	1 12 1/2 2258	等第 CLASS	字數 WORDS 75
發報局 Office from	Pekinghtp	日期 Date 18/4	點 H 01　分 M 40

Shanghai

3127 3954 5459 0448 1947 6424 0579 0046

5714 1327 1133 0086 1327 0774 3932 0338

（哲 人 孫 生 兄）

7003 覺 7308 6775 1362 2837 0932 5079 6104

1885 0669 4556 0060 0579 2480 7151 1345

1133 0086 3945 3337 5261 1380 0522 6018

4793 6855 1472 1094 0966 1571 7389 3337

1380 1766 6604 0271 2171 5363 0001 6538

0613 1585 2686 3584 3175 0765 6635 5280

6424 4541 2234 3174 1872 4862 3173 1628

1564

頃鄭家榮由京詢悉台端于廿日隨宋夫人由滬至寧勘視紫金山壙地已飭滬寧往返備掛花車一輛即希查照張員逕與路站接洽恭綽洪午巧

Seal

內務部爲勘察墓地及指派廖交涉員直接接洽等事致孫科電（一九二五年五月二日）

檔號：1005-1-240

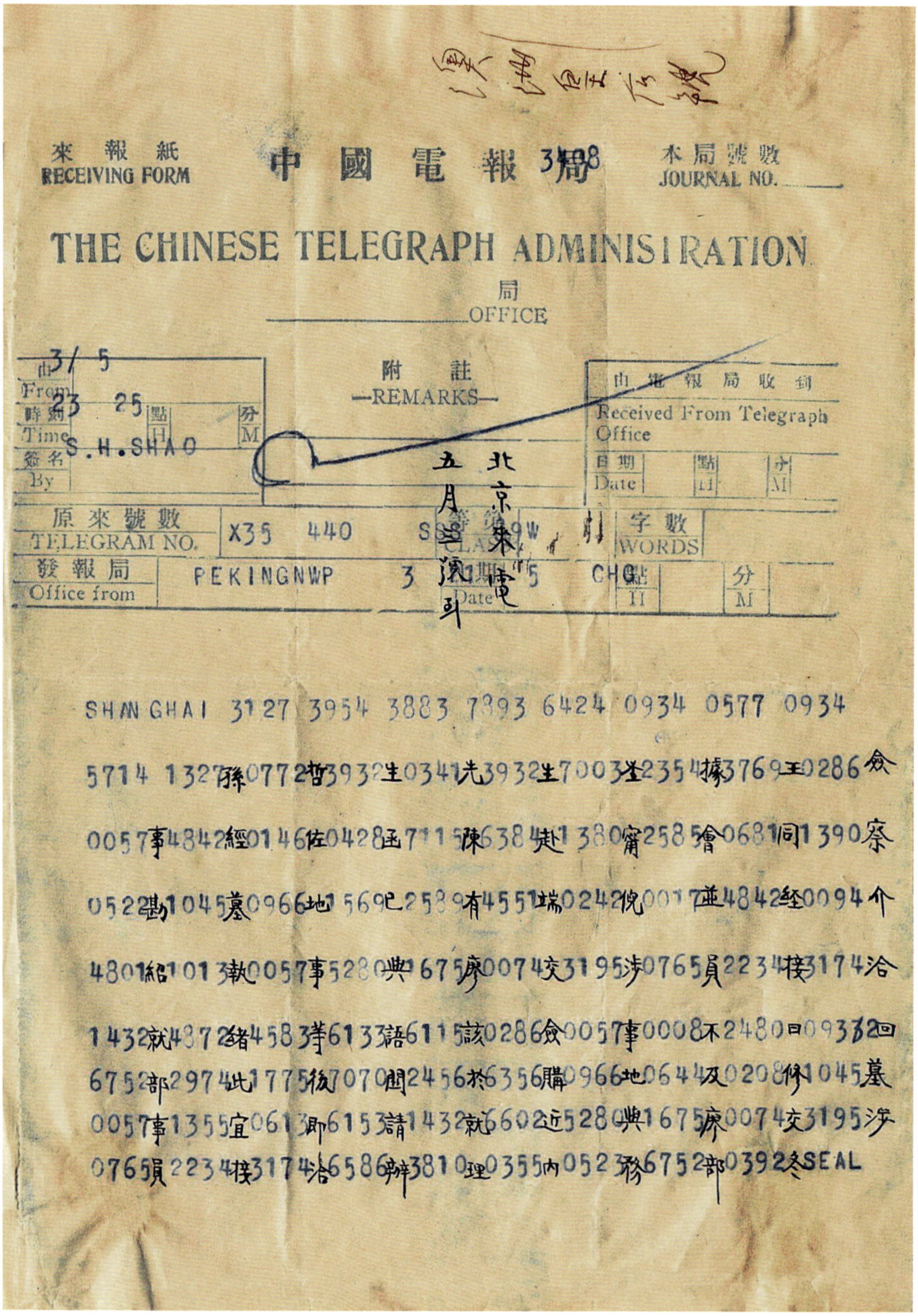

來報紙 RECEIVING FORM 中國電報局 3188 本局號數 JOURNAL NO.

THE CHINESE TELEGRAPH ADMINISTRATION

局 OFFICE

由 From 3/5
時刻 Time 23 25 點 H 分 M
簽名 By S.H.SHAO

附註 REMARKS

由電報局收到 Received From Telegraph Office
日期 Date 點 H 分 M

原來號數 TELEGRAM NO. X35 440 等第 CLASS SS 9W 字數 WORDS

發報局 Office from PEKINGNWP 日期 Date 3 5 CHG 點 H 分 M

北京來電 五月三號到

SHANGHAI 3127 3954 3883 7393 6424 0934 0577 0934

5714 1327孫 0772哲 3932生 0341先 3932生 7003鑒 2354據 3769王 0286參

0057事 4842經 0146佐 0428廷 7115陳 6384赴 1380寗 2585會 0681同 1390察

0522勘 1045墓 0966地 1569已 2589有 4551端 0242倪 0017並 4842經 0094介

4801紹 1013執 0057事 5280與 1675廖 0074交 3195涉 0765員 2234接 3174洽

1432就 4872緒 4583等 6133語 6115該 0286參 0057事 0008不 2480日 0932回

6752部 2974此 1775後 7070關 2456於 6356購 0966地 0644及 0208修 1045墓

0057事 1355宜 0613即 6153請 1432就 6602近 5280與 1675廖 0074交 3195涉

0765員 2234接 3174洽 6586辦 3810理 0355內 0523務 6752部 0392冬 SEAL

江蘇實業廳廳長徐蘭墅關于令查墓地圈撥涉及江蘇省立第一造林場林地房屋有無窒礙場務之訓令（一九二五年七月二日）

檔號：1005-1-278

鄭省長及左右面商圈撥手續承
省長指定左右暨廖交涉員办理一切圈地事務在
案茲因測量局代绘
孫先生墓地詳圖及圈地範圍圖（參看附圖右角
二萬分之一圖上紅綫）均經绘印就緒且亟事進行

在即墓地亟須圈定懇即按圖定範圍進行圈撥
為荷等因附圖影到廳并奉
省長圖同前因發閱圖內圈定畝數究有若干是否
均屬民地未經載明對於該場林地房屋似已圈去
強半究共需價若干並有無窒礙之處仰該場長

迅速逐細查照持平議復以憑核办此令圖影另

發仍繳

中華民國十四年七月二日

廳長徐蘭墅

監印袁慶熙

校對蔣文壽

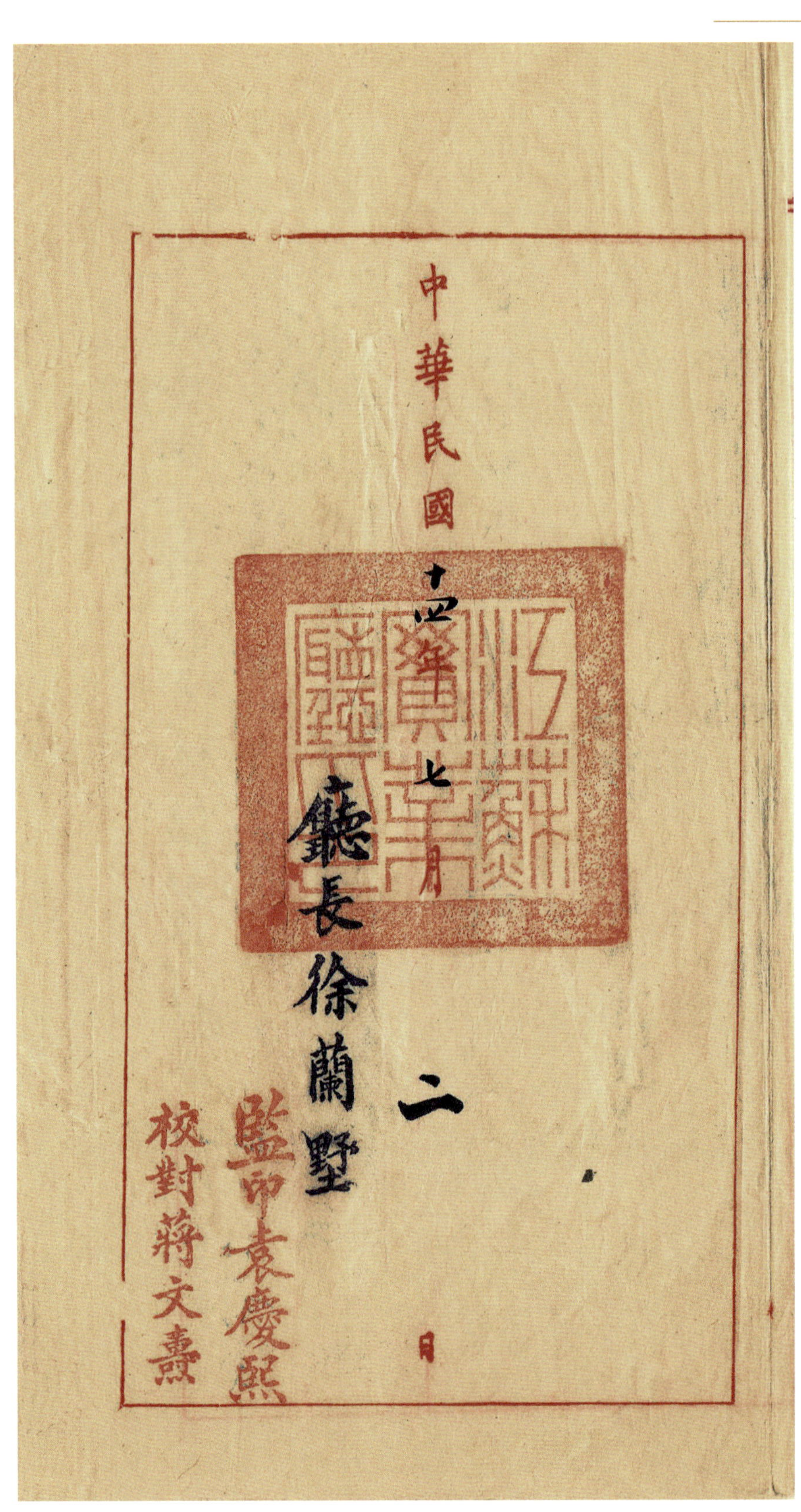

江蘇省立第一造林場關于墓地圈撥涉及場界致江蘇實業廳呈（一九二五年七月十一日）

檔號：1005-1-278

呈為遵
令呈復孫中山先生墓地圍（範圍）涉及職場情形，仰祈鑒核事。案奉 鈞令第四二五號訓令
內開：「云云，此令。」等因。奉此，查本業已閱重大商，即臨時召集職場全體職員會議，僉謂
中山先生係民國元勳，關於陵寢地積自應寬大，以壯觀瞻，而資矜式。惟職場地屬省有，為歸公益，對於
國勳應用墓地，如果主管機關並無變更之處，則需價一節似無亟急陳明之必要，且界椿未定，界線未
清，該價若干亦無從詳細估計也。 鈞令垂詢有無窒礙之處一節，則亦全視以後之主管機關而定。查
職場被圈範圍面積，就當約計有千三百餘畝之多，而過半由荒蕪瓦礫之地墾熟，歷年所費工程浩大。內有苗
圃三百餘畝，曾經去石築土，費工更巨，歷年藉以播種養苗，以供全省造林之用。此外有標本林、雜樹林及外國樹林
及試驗區等，均為提倡之資料、指導之模範。已栽植成林者，不久且有收入。更有歷年植樹（請明）林地，計共七
處，當作永久紀念，要為保管。又圈地範圍內有氣象台、蠶種室、畜舍、林具室等重要之建築物，須
計四十餘間左右。綜上數項論之，如中山先生墓地圈用職場部份，其主管機關仍為職場所有，并能永久

保障。況照西坊原定計畫依次進行，則似無該室碍之可言。設或不然，則西坊財產上、收入上、計畫上及提倡指導上均受莫大影響，間接即蘇省人民普受損失。且鈞署及西坊原定提倡林業之計畫及已往五十年之心血，其成績未免大受打擊，斷非呈多所能恢復，豈僅所謂室碍而已哉。竊謂彼園之地，其主管權是否能永久保障，殊屬疑問。國有省有性質既屬不同，似宜及早劃清界限，以免將來之糾紛。且造林計畫原非隨時可以變更，與其動用於將來，孰若固定於今日。顧此顧彼，為一勞永逸之計，莫若以西坊之東天生之溝為界，較之原定界線所差不過十餘丈之譜，而西坊被圈之地藉可減少四分之三，僅讓去苗圃三百畝左右而已，則在此犧牲較少，而在彼以三華里之廣，僅差三十餘丈之地，似無關得失。且更可以三十餘丈之地向東要移，以保有原定三華里之距離。如此，則於將來既免糾爭，復無損失，且可自由動用，任意計畫，免卻日後許多交涉手續，一舉數得，彼此有益無損。敝並陳愚見所及，以供採納，究應如何辦理之處，自應聽候鈞署核奪。

敝場事，為此理合將遵令議復情形呈請鑒核示遵。謹呈

孫中山先生葬事籌備處關于勘定墓址、圈徵墓地致內務部部長函（一九二五年七月十三日）

檔號：1005-1-278

逕啟者：以籌備處致內務部函（致江蘇省長及通告葬事籌備委員會各委員內容相同從略）

孫中山先生墓地前經孫先生家屬及葬事籌備委員會遵孫先生遺囑擇定南京紫金山南坡，並經家屬及委員會代表勘定墓地範圍，計山地包括紫金山第一峰第二峰平地，北以山腳為界，南以鍾湯路為界，東西以距墓基中心左右各一華里半之直線為界（參看孫先生墓地形勢圖上紅綫範圍），平地面積闊三華里，長約四華里，共約六千五百畝。據各方估計，內

義農會地　約四千餘畝（紫金山地不在內）

造林場地　約一千餘畝

民地　約一千餘畝

此僅為估計之數，至墓地所佔各部份確實畝數及界綫，已由滬處函請江蘇省長、陸軍測量局派員代為實測，打樁作為正式標樁，因建墓工程進行在即，墓地範圍亟須圈定，頃由（七月十日）葬事籌備委員會議決，所有墓地圈佔之義農會、造林場地原係公產，擬請照土地公用徵收法撥

前述所圈民地擬請照公用徵收法由地方官委托該地鄉董按照實值給價收買所需經費自當由敝處担任其所圈義農會造林場地除繳時建墓築路必需者外一切地上林木之柴草利益至葬事籌備委員會未施用該地以前仍歸原有機關享受其林木之管理事項至同一時期則由委員會與原有機關共同担負以期無礙原有造林事業因紀念創造民國元勳想荷大部贊同除函呈江蘇省長外相應函達

左右敬希

查照並咨請江蘇省長施行為荷此致

龔內務部部長

孫中山先生葬事籌備處 七月十三日

附孫中山先生墓地詳圖一幅（註 原圖過大從略）

孫中山先生葬事籌備處關于圈徵墓地範圍致江蘇省立第一造林場場長函（一九二五年七月十三日）

檔號：1005-1-278

孫中山先生葬事籌備處

第一頁

逕啟者 孫中山先生墓地前經孫先生家屬及葬事籌備委員遵 孫先生遺囑擇定南京紫金山南坡並經家屬及委員會代表勘定墓地範圍計山地包括紫金山第一峯第二峯平地北以山脚為界南以鍾湯路為界東西以距墓基中心左右各一華里半之直綫為界（參看孫先生墓地形勢圖上紅綫範圍）平地面積三華里長約四

中華民國　年　月　日

孫中山先生葬事籌備處

第二頁

華里共約六千五百畝據各方估計內
義農會地 約四千餘畝(紫金山地不在內)
造林場地 約一千餘畝
民地 約一千餘畝
以上僅為估計之數至墓地所佔各部份確
實畝數及界綫已由 敝處函請江蘇陸軍
測量局派員代為實測打樁作為正式
根據茲因建墓工程進行在即墓地範

中華民國 年 月 日

孫中山先生葬事籌備處

第三頁

園亟須圈定頃由七月十二日葬事籌備
委員會議決所有墓地圈佔
貴場山地平地除現時建墓築路必需
者外其地上林木之柴艸利益在葬事
籌備委員會未施用該地以前仍歸原有
機關享受其林木管理事項在同一時期
亦由委員會及原有機關公同担負以期
無礙

中華民國　　年　　月　　日

孫中山先生葬事籌備處

第四頁

貴場造林事業事同紀念創造民國
元勛想荷
貴場贊同以上辦法除函呈
內務部及江蘇省長外相應函達
貴場敬希
查照示復為荷此致
徐造林場長
孫中山先生葬事籌備處啓 七月十三日

中華民國　年　月　日

附孫先生墓地詳圖一幅

義農會南京分會爲圈用墓地時請通知該會派員履勘致孫中山先生葬事籌備處函（一九二五年七月十五日）

檔號：1005–1–278

二、

敬復者承
示
中山先生墓地及公園範圍須在敝會紫金山山南
林場地址等語敝會當即召集職員開會僉以墓
地一項儘可劃用惟擇用時仍請
通知敝會定期双方派員履勘至開闢公園事業
較大應俟
貴處籌定的欵届時函知再由敝會召集會議

協商辦理以期兩便專此奉復即請

台安

義農會南京分會啓

七月十五日

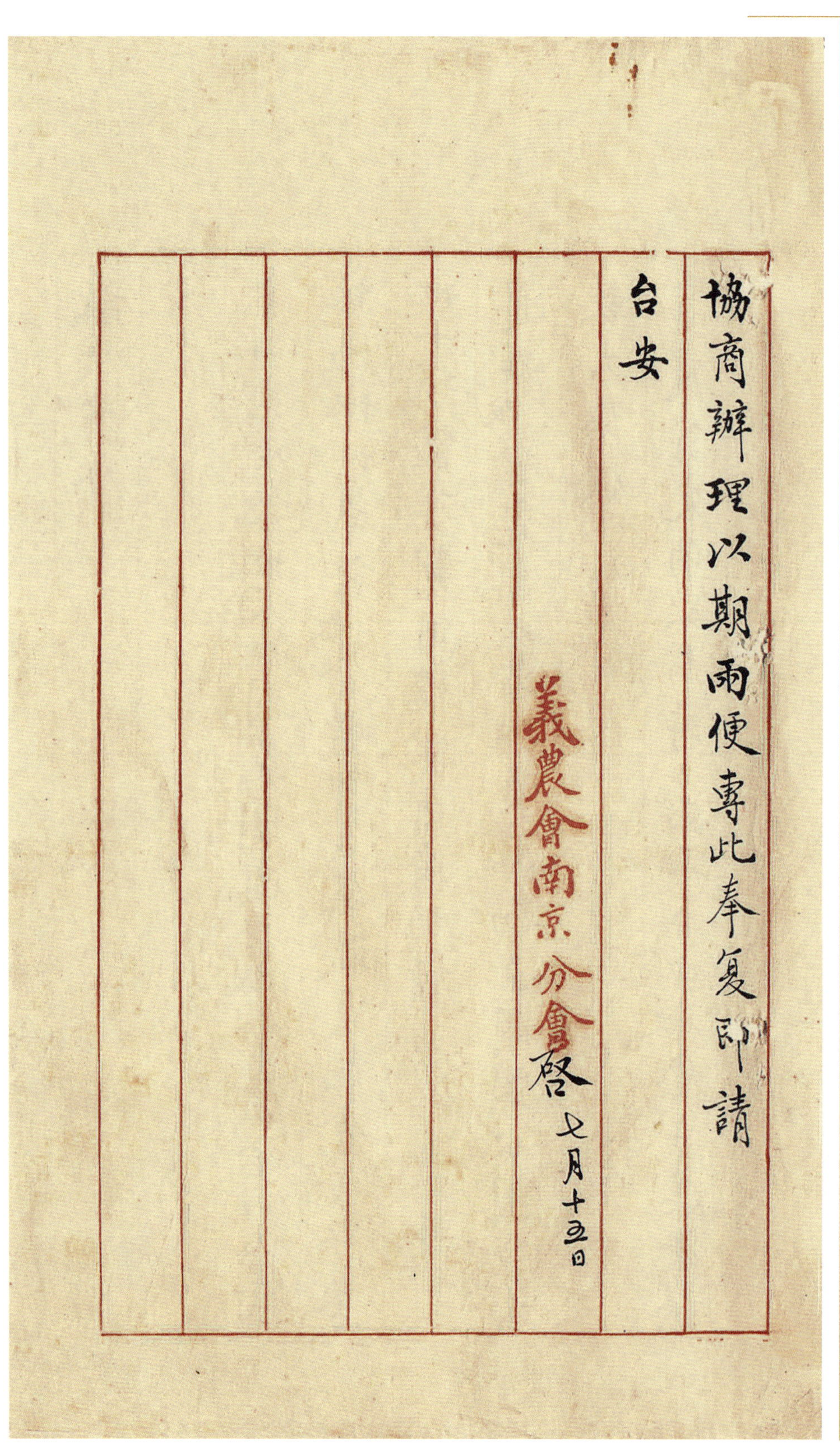

江蘇省立第一造林場關于被圈土地有礙場務致孫中山先生葬事籌備處函（一九二五年七月十九日）

檔號：1005-1-278

敬啟者頃准

函開聆悉一是查此次敝場被圈地段均屬重

要部分區域內有大部分為園林地又建築物數處

如果圈作實行於敝場頗多窒礙之處除呈請

實業所核示外相應函復

查照至紉公誼此致

孫中山先生葬事籌備處

場啟

江蘇省立第一造林場關于請求免予圈地致江蘇實業廳呈（一九二五年七月十九日）

檔號：1005-1-278

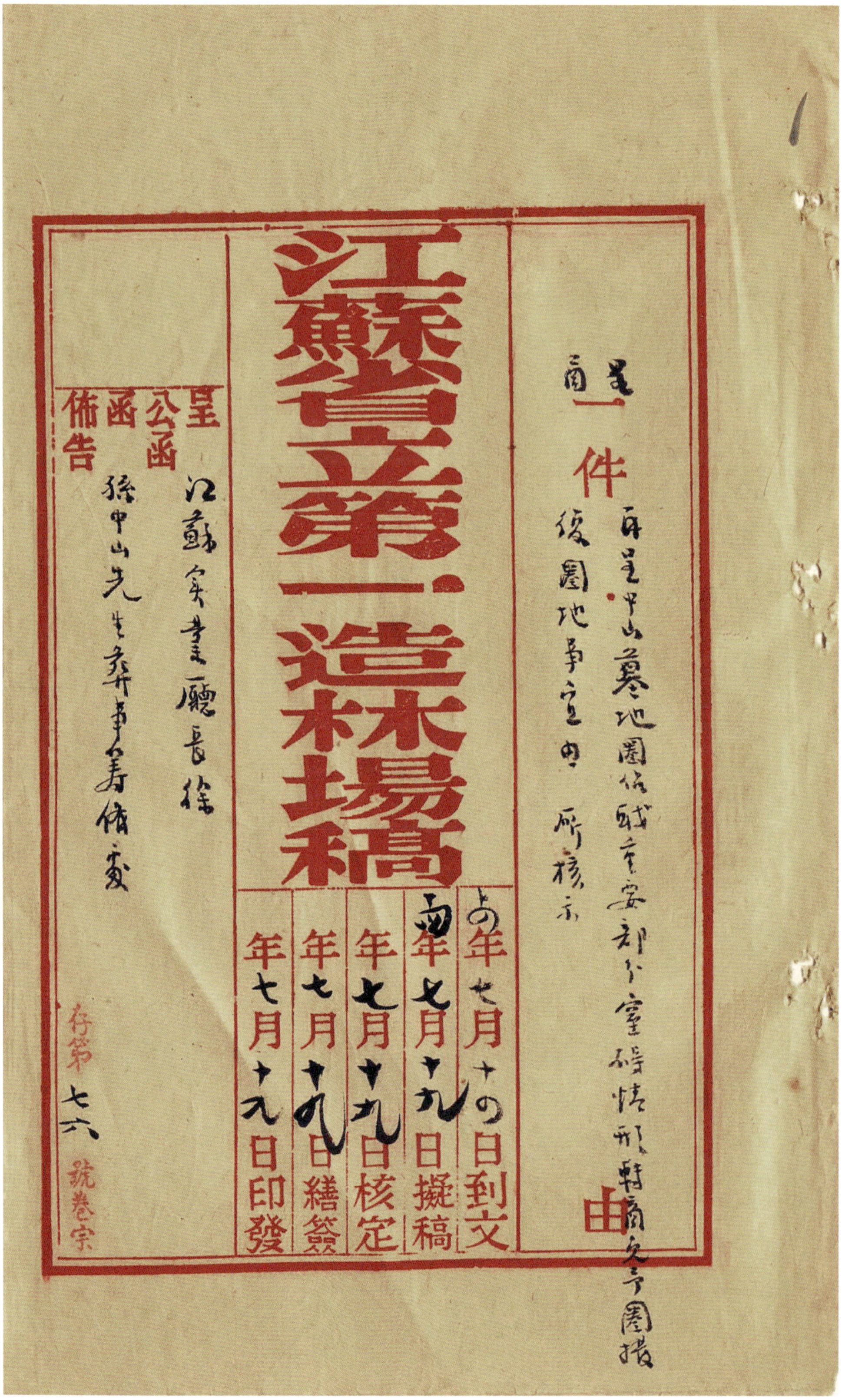

江蘇省立第一造林場稿

呈 一件

由 為呈中山墓地圈佔職場安部分室礙情形請予免予圈撥 備復圈地事宜由 所核示

十四年七月十四日到文

十四年七月十九日擬稿

年七月十九日核定

年七月十九日繕簽

年七月十九日印發

呈 江蘇實業廳長徐

公函

函 孫中山先生葬事籌備處

佈告

存第七六號 統卷宗

江苏省立第一造林场 民国十五年农字第 分册

农商部

呈

呈为孙中山先生葬事筹备处函开圈地情形有碍敝场等因于敝场

大有窒碍，恳请转商免予圈用，仰祈鉴核事。窃查敝场前

奉

钧令，以中山先生……核准等因，奉经敝场召集全体

职员会议，佥以被圈之地达千三百余亩，为省垣

森林荟萃，为全场精华蕴聚之处，如果被圈

之后，全体林木不能永久保存，则敝场前功尽弃，贻误莫大焉

僅所謂窒礙而已，而被圍之地致使主管權永不移轉
其情勢上或亦有所難，因擬一雙方兼顧之折衷辦法，以協
奉天然之講為最，在此犧牲較少，而在彼亦屬所差無幾
等情呈復在案，前呈請鈞會鑒核在案，茲准
孫中山先生葬事籌備處函開：孫中山先生墓地前經云云，以致
等因。細玩函中辭意，被圍區域一經施用即覺該會自由支配，所謂即無
條件圈用者是，而所美其名曰未施用以前利益原主享受
者，理無問，乃後者之計數衍之辭耳，其主管權不得
永存於我坊也。況甚查該項被圍區域其昔以某姻蔓草繞

瘠崎岖之地得立经营十载苦工始有今日之成绩回溯开创
之初开垦施肥掇石节土土壤之改良也铲高补低凿沟开渠
修堤地势之改良也其他如苗圃之规划房屋之建筑心血几何耗款
几何今忽遽无条件之圈划将何以谢昔任劝劳之功绩更将何以对苏人
委托之至意且被圈之后非另收地亩之筹巨款不足以言救济亦可虑者缺
库款如此之秋筹款何来纵令款有成数地亦易收而开垦规划亦需年余
於土大非旦夕所能竣工种种窒碍难以措施即令被圈之地皆时便可施
用其将归之何林务非若农业之年可收利时可变更且此间大都不
毛崎岖之地非一时所能垦熟改良其为窒碍也更甚抑更有说也中山先

既陵園葬應有國資，既有國資，凡陵園圈用民地，應用由國資同籌補助經費不足之處，要政府交涉，方是正當辦法。

先生為創造民國之元勛，其誰曰不然，是為我中華民國全國之元勛，非僅我蘇省一省之元勛。既為全國之元勛，則籌備葬事理應全國人民之負擔，不能偏重於我蘇省，此明甚。紫金山墳場為蘇省人民自有之產業，為蘇省人民自有之產業，圈用民地既應給資，而蘇省人民所有公有之產業，公園有之產業，可置之不問，任意圈用，一切毫無顧念也。墓成陵主旨，能免圈則最為上策，萬不得已，以東隣為界，凡被圈之地，必須經我省認為相當之地以交換，另貼遷費，該有林木建築及苗木遷搬等費，理應從優給費酌補，以資補救。前途以經費困難為言，則宜與政府交涉，與蘇省無涉，且蘇省自經兵燹，經費困難更甚。是否有當，伏乞鈞奪，並請鈞長俯念實在情形，謹有中山先生墓地圖及陵墳……圖用

中華民國十四年七月十九日

場長

文牘員

擬稿員

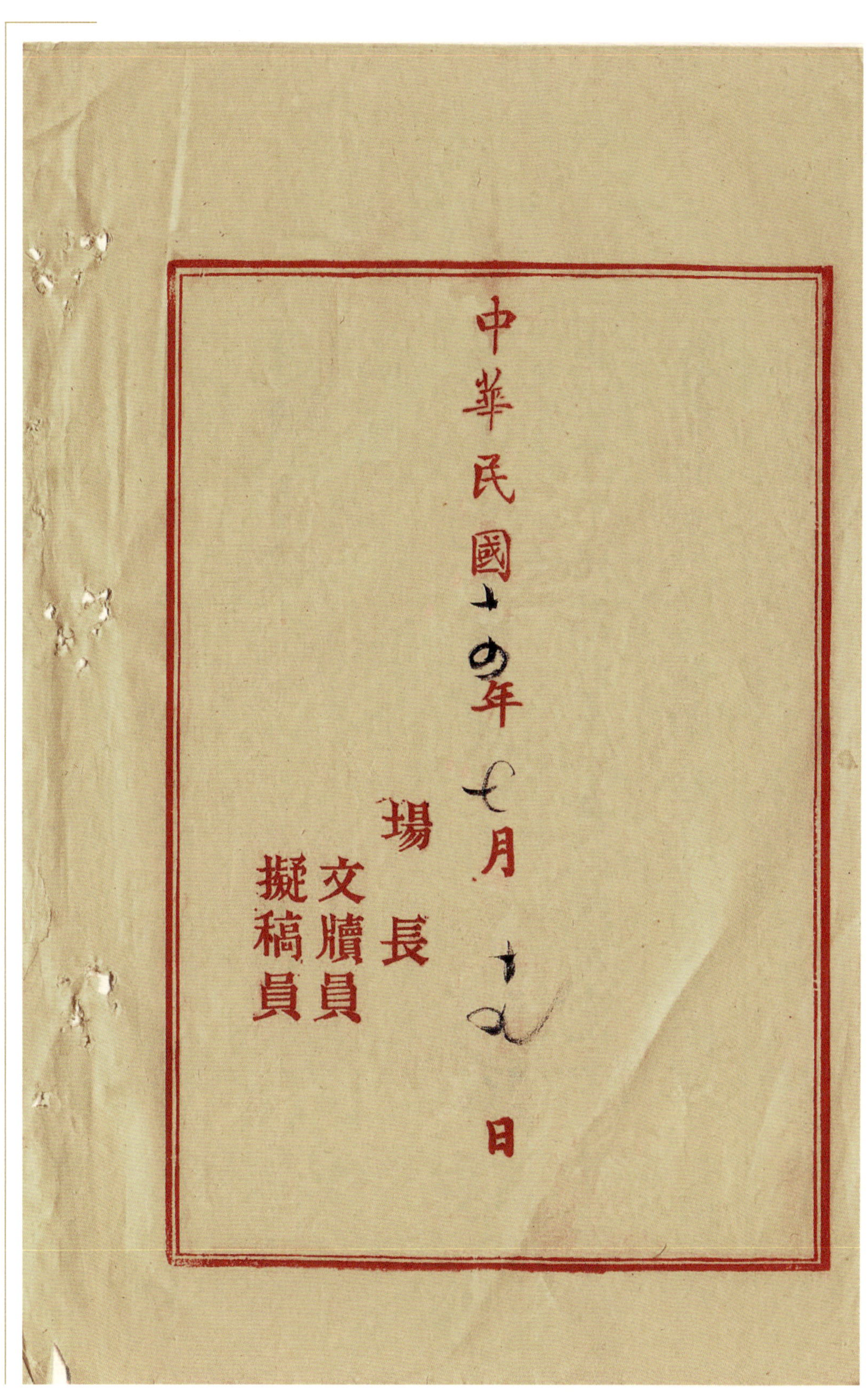

內務部關于圈定墓地範圍、圈内公産及民地補償辦法等致孫中山先生葬事籌備處復函（一九二五年七月二十日）

檔號：1005-1-278

三、

逕覆者准

函開

孫中山先生墓地擇定南京紫金山南坡除

山地外平地約六千五百畝現在建墓工程進

行在即墓地範圍亟應圈定圈内公産擬

請撥用民地給價收買經費由處担任至柴

內務部用箋

革收益林木管理亦擬有相當辦法請咨

行江蘇省長施行等因除咨行江蘇省

長迅予辦理外相應函覆

查照此致

孫中山先生葬事籌備處

內務部啟 七月二十日

內務部用箋

江蘇實業廳關于圈購墓地呈請省長核奪致江蘇省立第一造林場令（一九二五年七月二十三日）

檔號：1005-1-278

指令

七八

江蘇實業廳指令第〦〇〥號

令第一造林場

呈二件呈復中山先生墓地範圍涉及該場情形並

有礙場務懇請商免予圈用由

呈悉仰候令商呈請

省長核奪批令

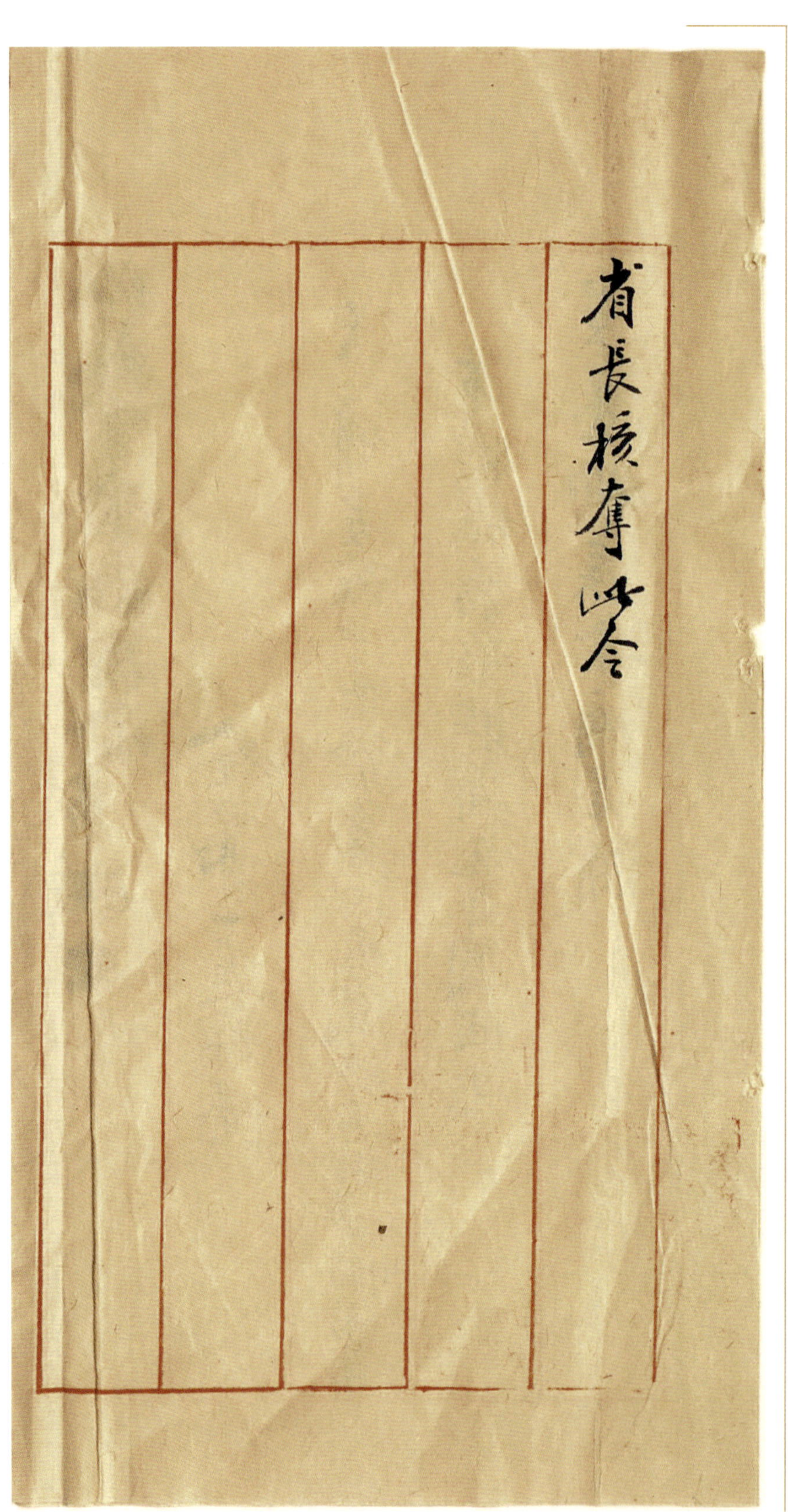

中華民國十四年七月廿三日

廳長徐堅

監印袁慶熙

校對趙元龍

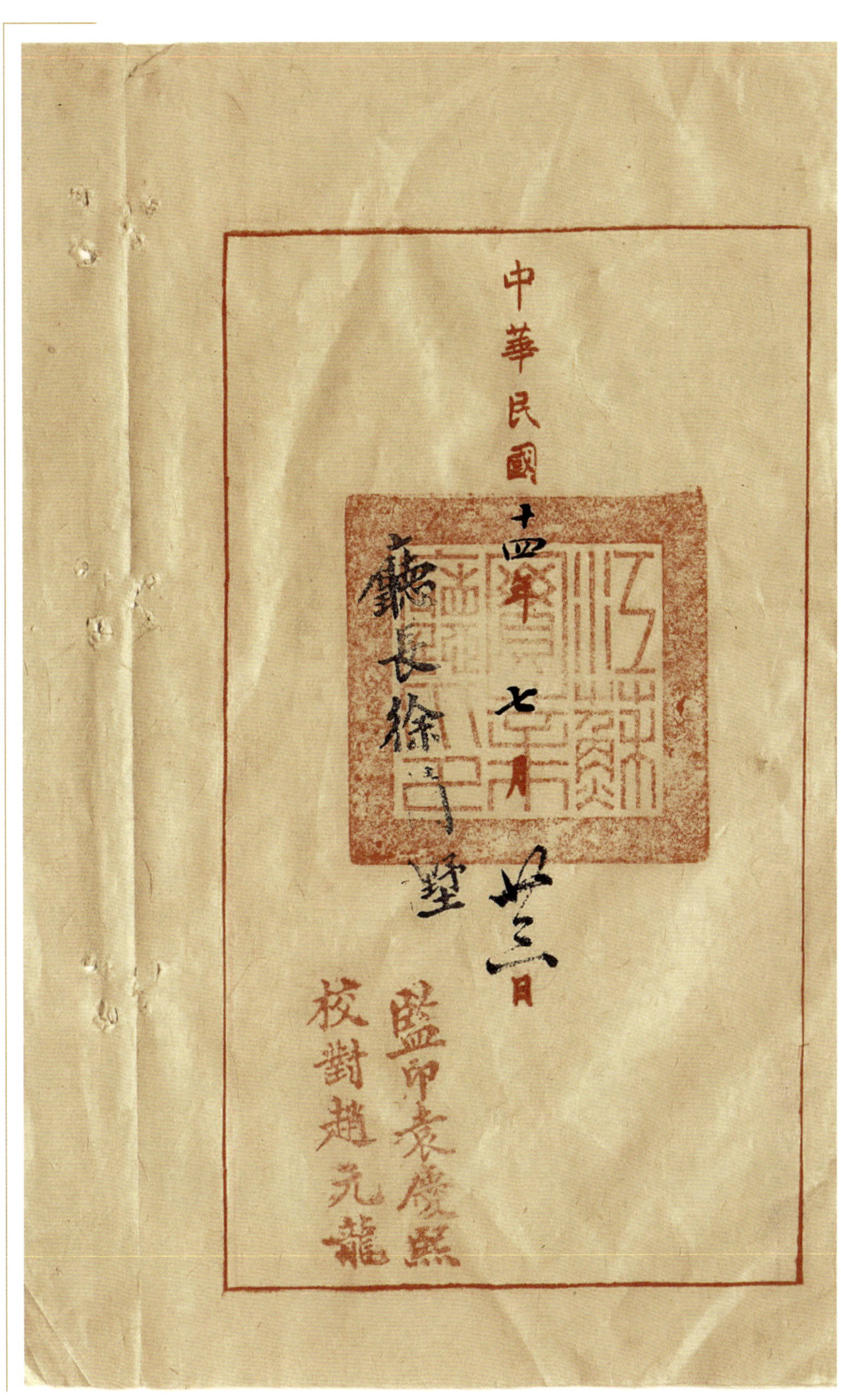

江蘇實業廳、江寧交涉公署關于省長批復圈撥墓地致孫中山先生葬事籌備處公函（一九二五年八月十五日）

檔號：1005-1-278

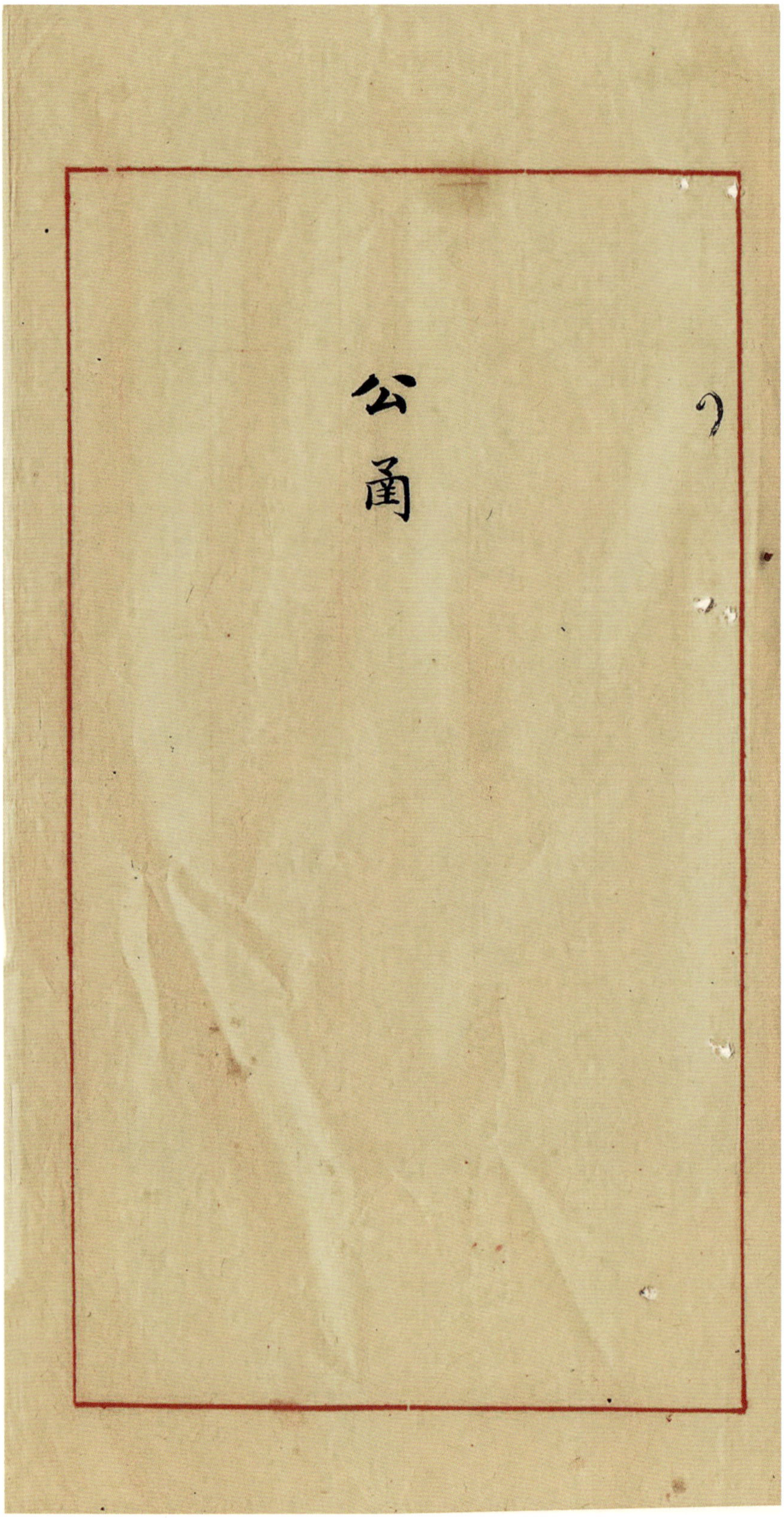
公函

江蘇實業廳
江寧交涉公署公函第　號

逕啟者前因孫中山先生墓地事業經將勘定墓地情形呈復

省長茲奉　批開呈悉所陳圈用墓地辦法二端均甚周妥是否即就第一端辦法將應用官荒山場先行劃出

俾葬事得以進行至義農會造林場各地仍俟施用必
要之時再行商辦除咨
内務部查照外仰速會商籌備處妥為接洽辦理隨
時具報此令等因奉此相應照錄前呈咨請
貴籌備處查照見復以便報請

者長察核批示施行實爲公便此致

孫中山先生葬事籌備處

附抄件（見下）

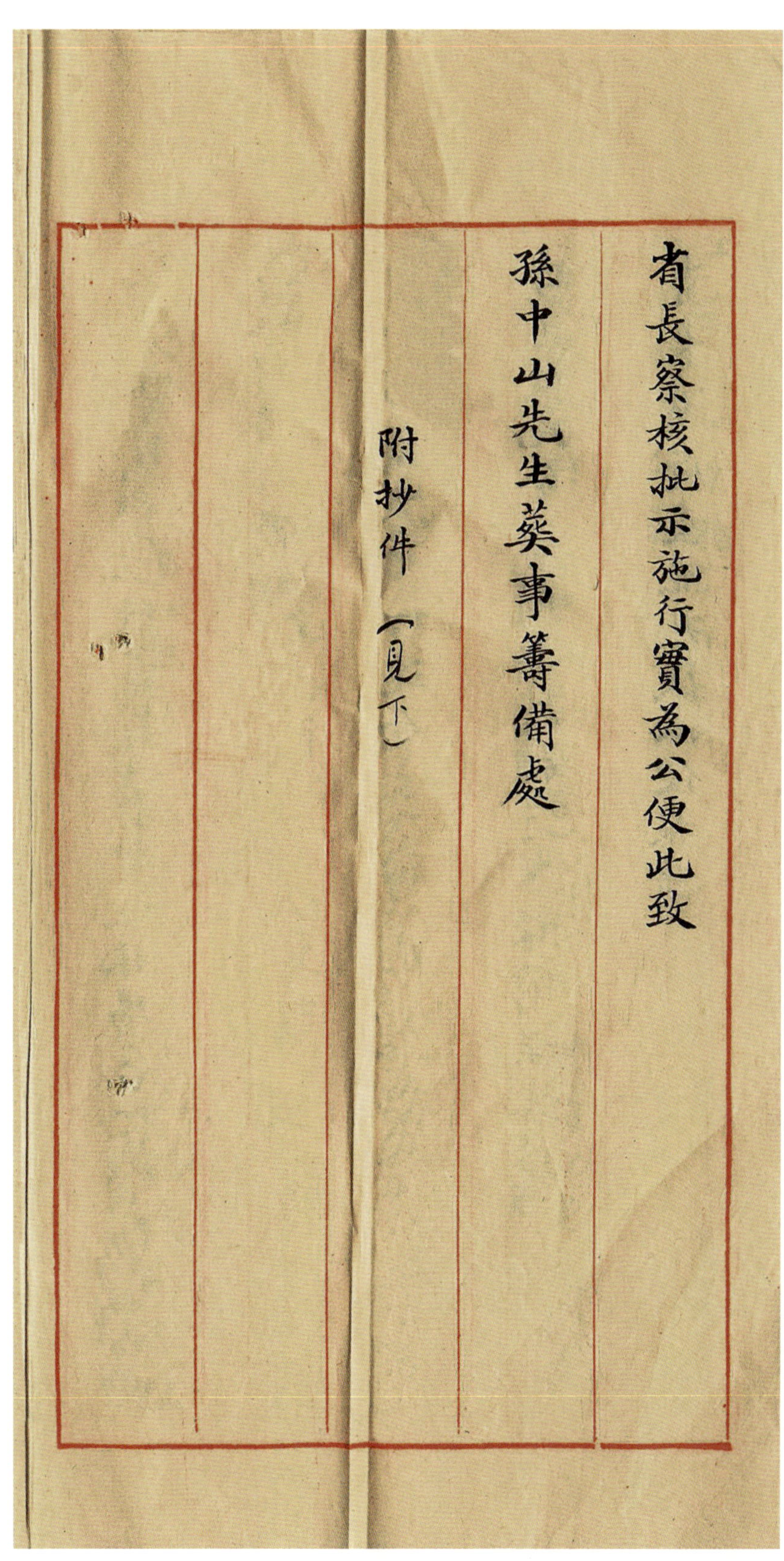

中華民國十四年八月十五日

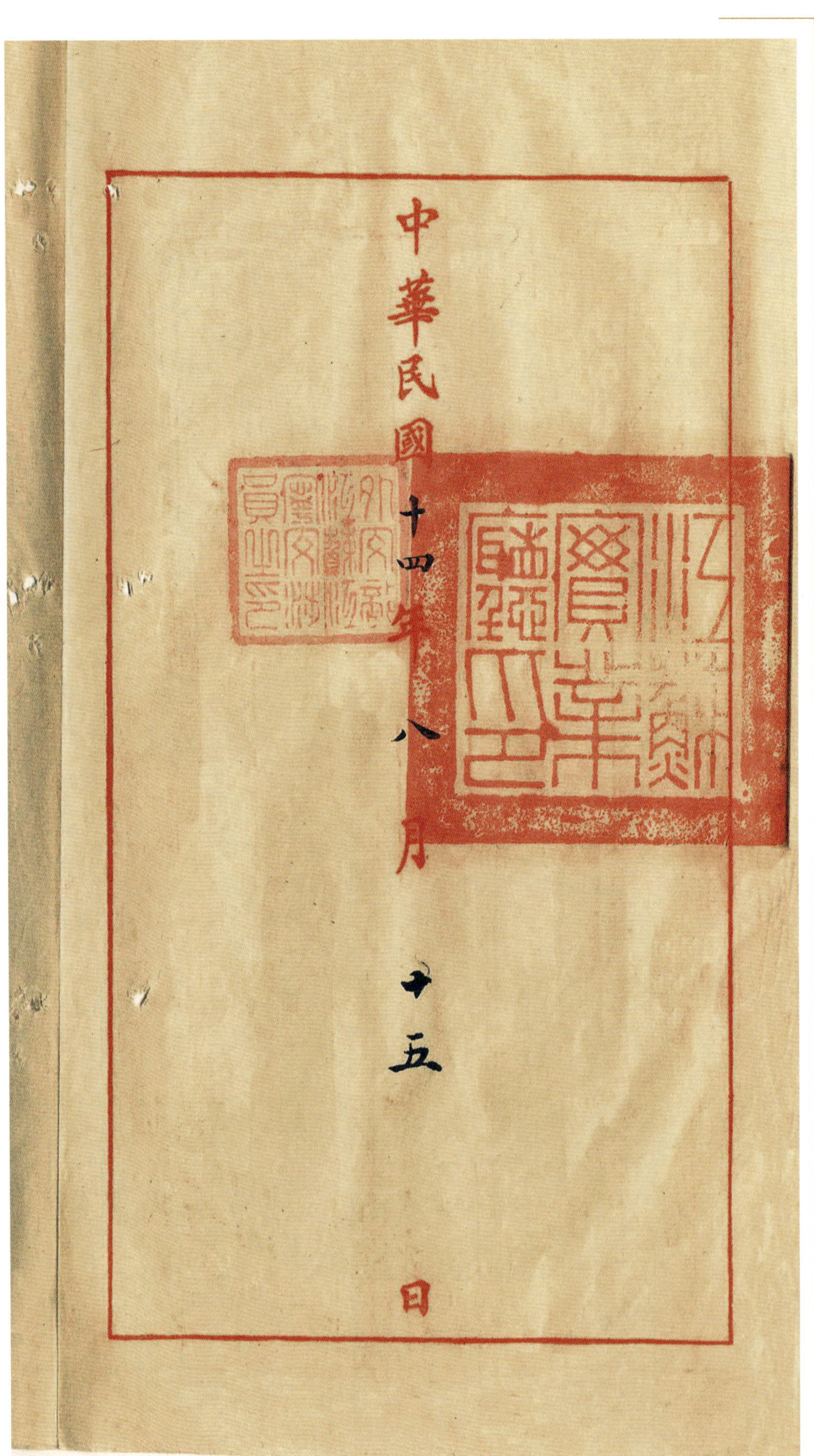

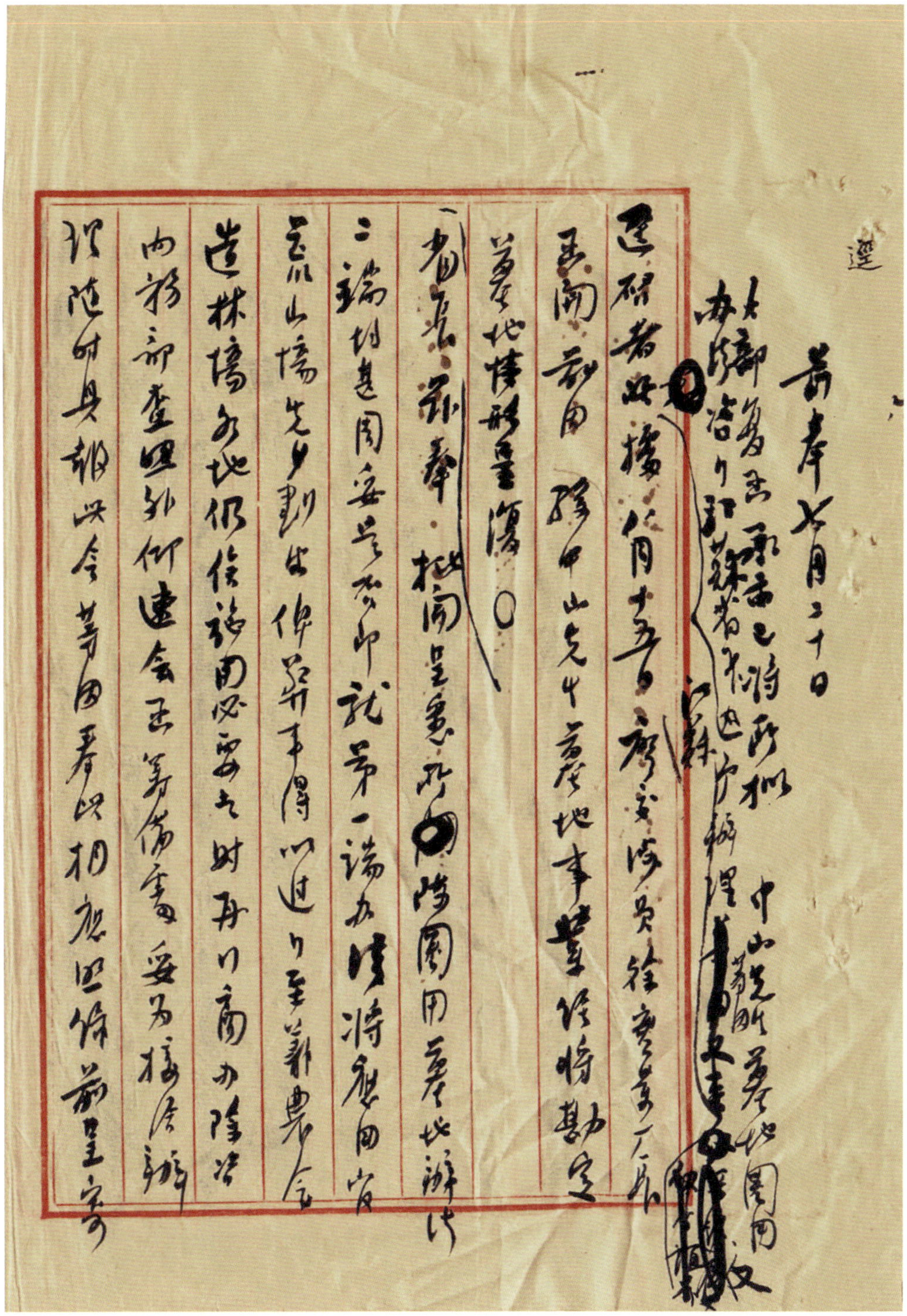

孫中山先生葬事籌備處關于圈購墓地致江蘇省長及內務部長函（一九二五年八月十九日）

檔號：1005-1-278

逕啟者：竊據省十五……

……墓地情形呈復。……

……省墓地事業修將勘定……

……孫中山先生墓地事業修將勘定……

……墓園用……墓地游……

……第一端為……游應偏……

……先夕劃此俾罪事得以進行至籌款……

……二端均甚周妥至於印說……

……造林橋為地仍俟議而必要之時再以高辦陰法……

……內務部查照知何連會至等備會要另擇處辦……

……理陜何身報與會等因奉此相應照復前呈等

請貴籌備委員會查照見復以便辦理。
者。呈奉 密核批示擬具等因前來，即由籌備處
於前月十六日召集 葬事籌備委員
會議決 中山先生墓地園用地既經核准
省長批示，擬將所有紫金山墳先行劃出作葬事
得以進行，其餘應用部份俟需用必要之時再行商辦
自當遵照辦理，惟原圖圍定範圍既經指定作為
中山先生墓地及陵園之用，仍應就原定範圍劃
立界石，由籌備處以為將來商撥需用之根據

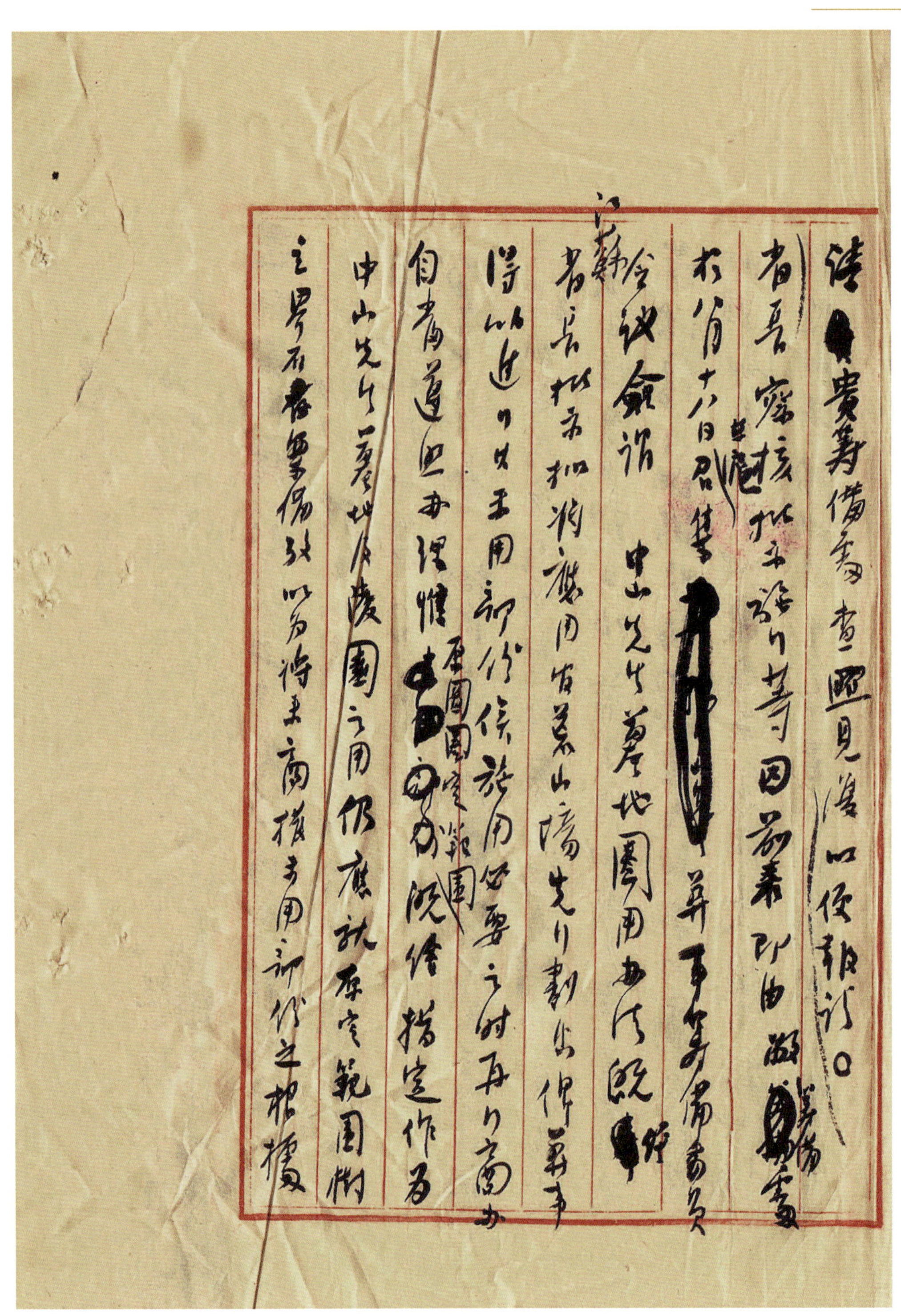

因一致設法請

大部知及。

前來陵園之範圍指定作為　中山先生墓

地及陵園之用並樹立界石存案備查外，茲將

建築築路及所需建築需用之地先行指用作

築事務以甚至本國部代價待來需用必要

之時再向原有機關商定撥用手續。除函復

江蘇省政府查照外，相應函復，即希查照為荷。此致

內政部

[redacted]

西達

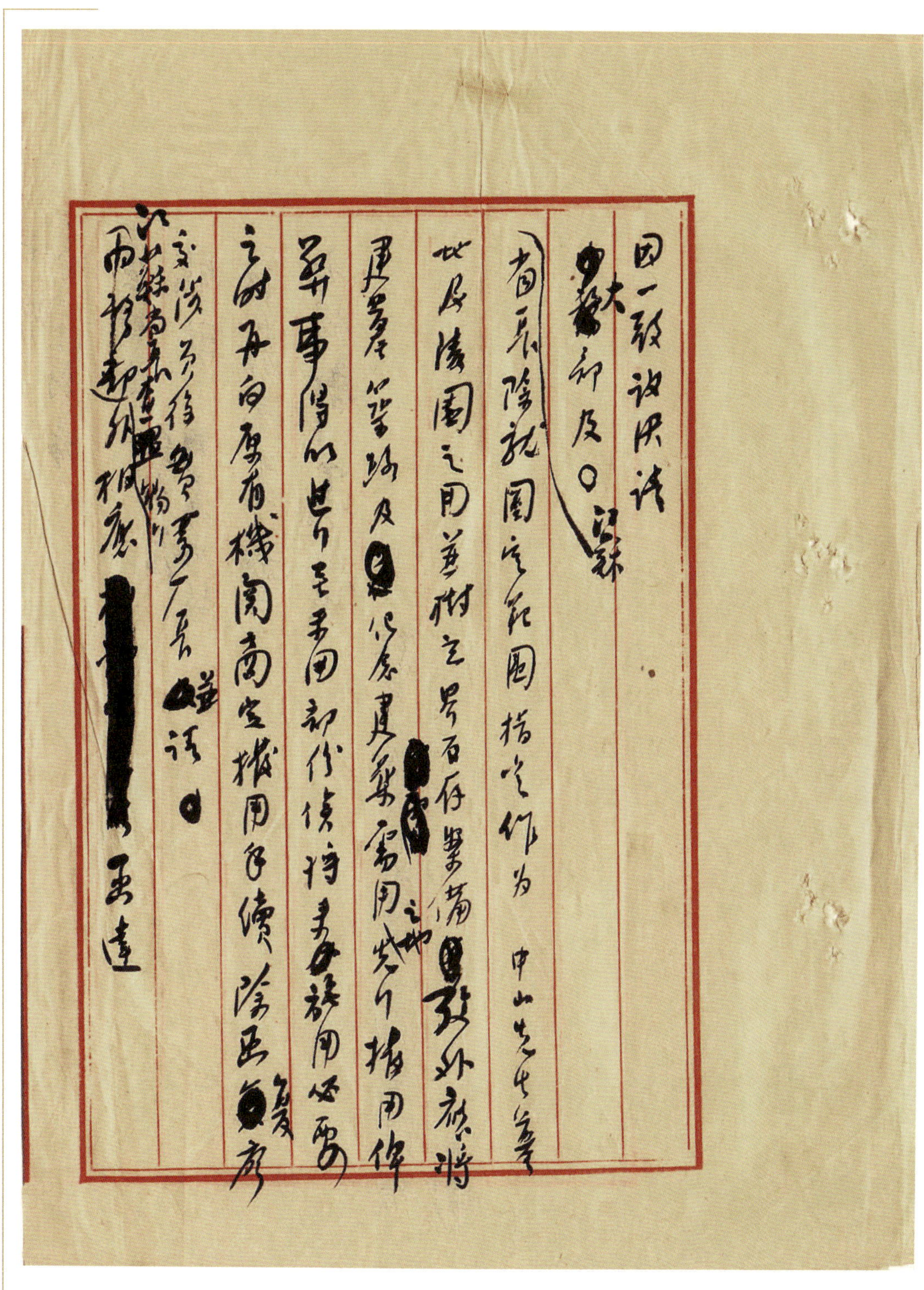

（省長）大部頒布

查照

飭施屬為一律照設

（江蘇省長鄭）

內務部長龔

孫中山先生葬事籌備處啓

八月廿九日

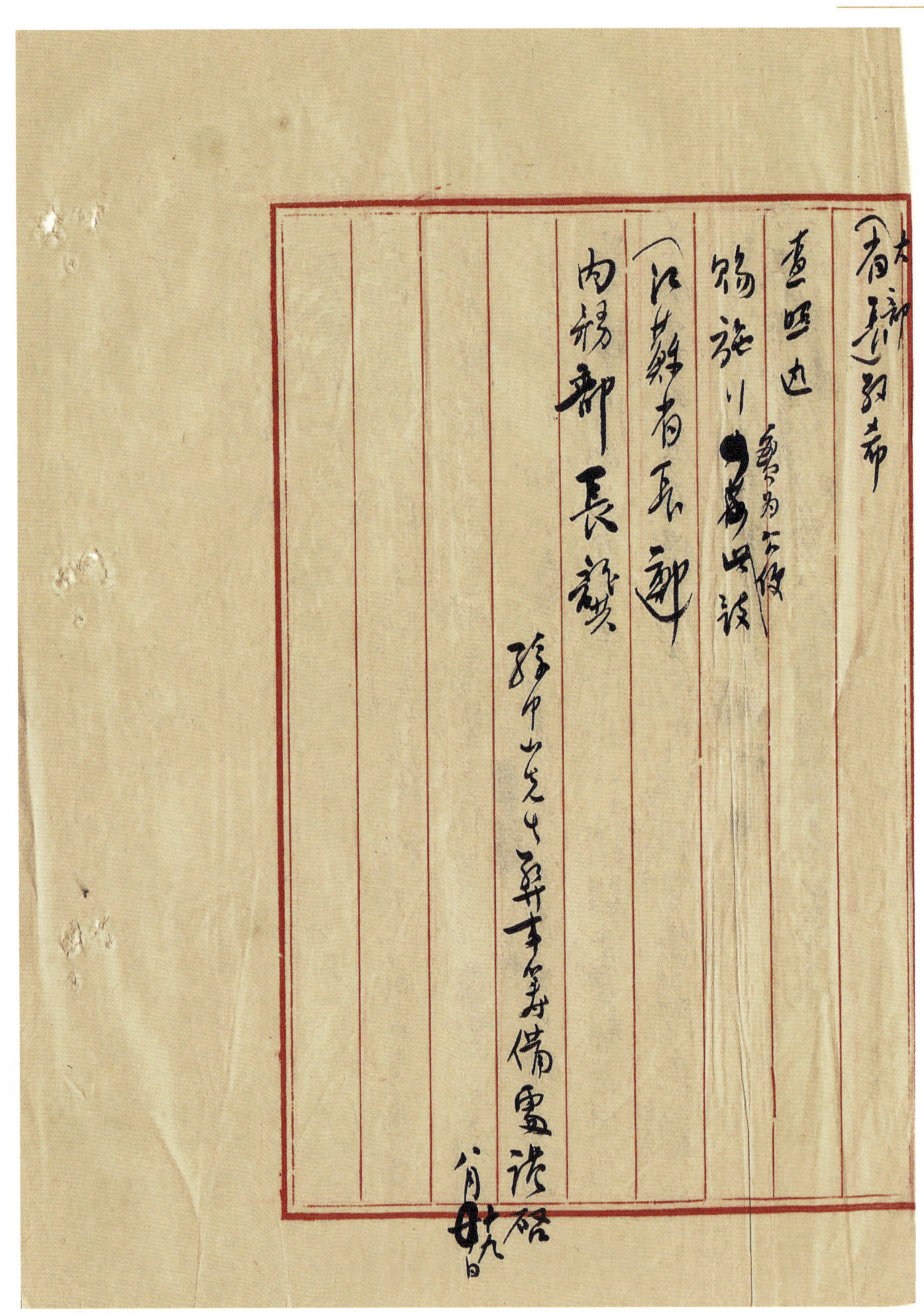

江蘇實業廳長徐蘭墅爲請速洽商應用官荒、圈撥民地收買辦法致孫中山先生葬事籌備處函（一九二五年八月二十七日）

檔號：1005-1-278

中山先生葬事籌備處諸先生公鑒頃奉
省長函開中山先生墓地既就前擬第一端辦法
將應用官荒山場先行劃出自應就應用之官荒山
場掛立界石未便按照原圖圈定範圍辦理致滋轇
轕又應用官荒山場究須幾何官荒如何圈撥民地
如何收買即希執事妥速籌議洽商辦法詳細
具復以便咨部定案等因奉此除分函廖交涉
員外相應函達即希

江蘇實業廳用箋

查照見復，以憑辦理。此頌
公綏
弟徐蘭墅謹啓
月廿七日

江蘇實業廳用箋

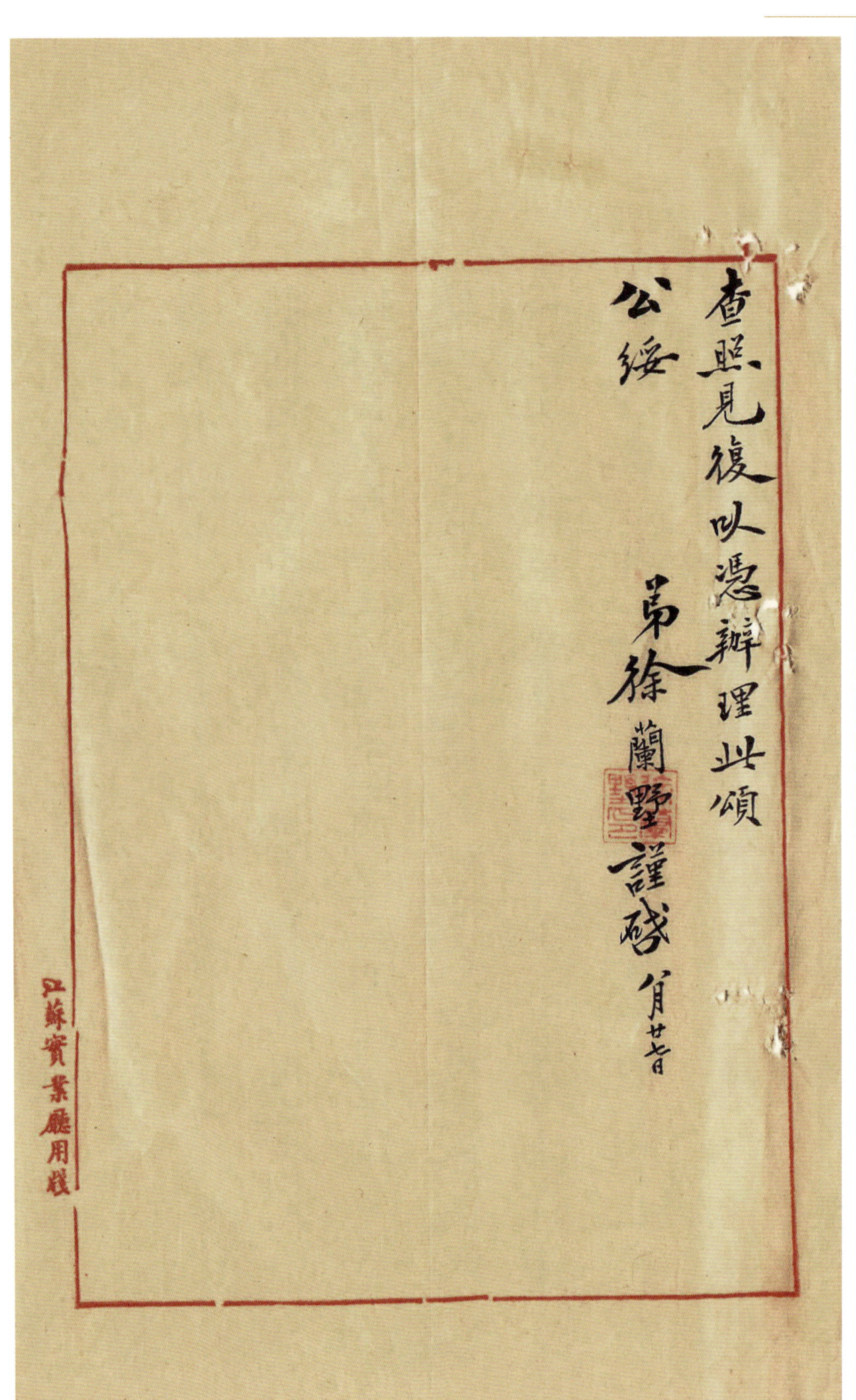

孫中山先生葬事籌備處關于圈徵墓地致江蘇實業廳長徐蘭墅復函（一九二五年八月二十七日）

檔號：1005-1-278

蘭墅先生台鑒：頃奉惠書，承示省長來函：

中山先生墓地既就前擬第一端辦法，將應用官荒

山場先行劃出，自應就應用之官荒山場樹之界

石，未便按照原圖圈定範圍辦理，致滋轇楷。又

應用官荒山場究竟幾何，官荒多何圈撥，

民地如何收買，將為查明以見覆等因。查敝

籌備處前致台端及省長、內務部

公函，本照原擬第一端辦法辦理，其原圖圍

定範圍中不用部份，俟將來施用必要之時

西向原有樹園之開擴六道 省長原令其按照
原圖圍定範圍樹立界石一節 省長既經核准
接轄但應節省經費 又 中山先生墓地在紫金山
中部（即中茅山）之南坡東西及南北各長兩華
里 定全為山場墓道馬路及道旁紀念建築
所用實需約貳萬畝 民地約一千二百畝其餘荒山場
擬請 省長令江寧縣吳縣長會同義農會
造林場辦理園撥民地則由敝籌備處按
照實價收買敷布特呈 省長迅賜認可並咨部
備案俾葬事得以進行而存此據 公真
孫中山先生葬事籌備處評議 肩 叩

內務部爲墓地圈用事宜致孫中山先生葬事籌備處公函（一九二五年八月三十一日）

檔號：1005-1-278

公函

内務部公函

逕啟者准

函開

孫中山先生墓地圈用一案據廖交涉員徐

實業廳長函擬定辦法業呈奉江蘇省長批

示函請查照見覆等因當在滬召集葬事籌備

委員會議一致議決請大部及江蘇省長除就
圈定範圍指定作爲
中山先生墓地及陵園之用並樹立界石存案
備攷外應將建墓築路及紀念建築需用之地
先行撥用俾葬事得以進行至未用部分俟將
來施用必要之時再向原有機關商定撥用

手續除函覆廖交涉員徐實業廳長並請江蘇省長查照賜行外函請查照迅賜施行等因除咨行江蘇省長查照轉飭辦理外相應函覆

查照此致

孫中山先生葬事籌備處

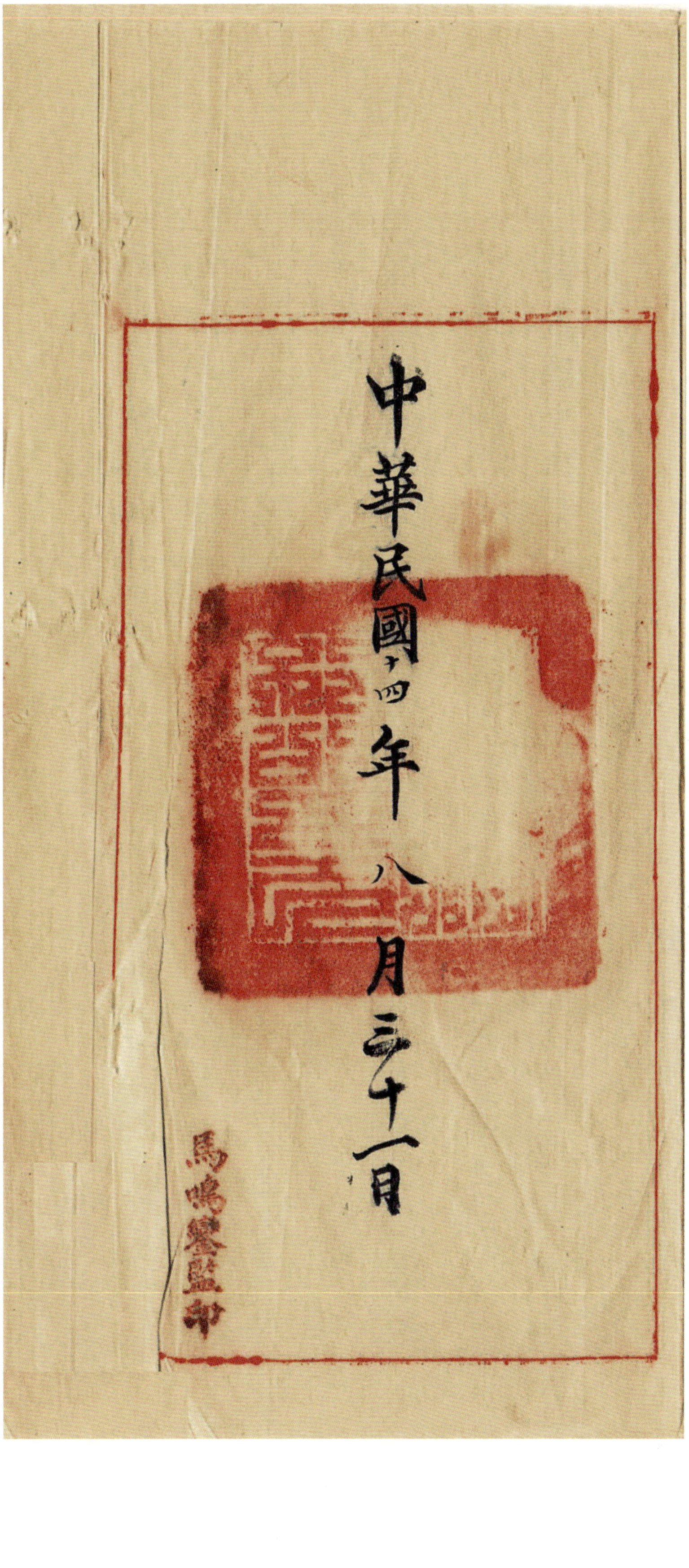

中華民國十四年八月三十一日

馬鳴鑾監印

徐蘭墅、廖恩燾爲孫中山先生墓地所圈義農會及江蘇省立第一造林場山林地畝的出讓辦法等致鄭省長呈（一九二五年八月）

檔號：1005-1-318

敬肅者案奉七月十五日

省長函開頃接孫中山先生葬事籌備處函稱孫中山先生墓地前經孫先生家屬及葬事籌備委員會遵孫先生遺囑擇定南京紫金山南坡並經家屬及委員會代表勘定墓地範圍計山地包括紫金山第一峰第二峰平地北以山脚為界南以鍾湯路為界東西以距墓基中心左右各一華里半之直綫為界（參看孫先生墓地形勢圖紅綫範圍）平地面積闊三華里長約四華里共約六千五百畝據各方估計內義農會地約四千餘畝（紫金山地不在內）造林場地約壹千餘畝民地約壹千餘畝以上僅為估計之數至墓地所佔各部份確實畝數及界綫已由敝

處函請江蘇陸軍測量局派員代為實測打樁作為正式根
據茲因建墓工程進行在即墓地範圍亟須圖定頃由七月十
二日葬事籌備處委員會議決所有墓地圖佔之義農會
造林場地原係公產擬請照土地公用徵收法撥用至所圖民
地擬請照公用徵收法飭令江寧縣委託該地鄉董按照實值
給價收買所需經費自當由敝處担任其所圖義農會造林
場地除現時建墓築路必需者外一切地上林木之柴草利益在
葬事籌備委員會未施用該地以前仍歸原有機關享受至林
木之管理事項在同一時期則由委員會與原有機關公同担負
以期無碍原有造林事業事關紀念創造民國元勛想荷贊

同函達查照等因查此案前據函請按照圖定範圍圈撥即經函令查明接洽復奪在案茲據前情所有墓地圈佔之義農會造林場地或係省有或係地方公有究應如何妥定辦法之處除分函外即希執事會同廖交涉員迅速籌議洽商見復以憑核辦等因奉此并准該籌備處函同前因又據楊代表銓先後面告興義農會會長造林場場長接洽經過情形當經蘭墅 令飭造林場場長查復去後旋據該場場長呈稱查本案事關重大當即臨時召集職場全體職員會議僉謂中山先生係民國元勳關於陵寢地積自應寬大以壯觀瞻而資矜式惟職場地屬省有事歸公益對於國勳應用墓地如果主管權並無變更之處則需價

一節似無需亟急陳明之必要且界樁未定界線未清該價業
亦無從詳細估計至鈞會垂詢有無窒礙之處一節則亦全視
以後之主管權問題而定查職場被圈面積就圖約計有
千三百餘畝之多過半由荒瘠瓦礫之地墾墊平所費工
工程浩大內有苗圃三百餘畝曾經去石篩土費工更鉅歷年
藉以播種養苗以供全省造林之用此外有標本林雜樹林外國
樹林及試驗區等均為提倡之資料指導之模範已栽植成林
者不久且有收入更有歷年清明植樹林地記共七屆當留作永久紀
念毋為保管又圈地範圍內有氣象台農藝室畜舍林具室
等重要之建築物約計肆拾間左右綜上數項論之如中山先生墓

地圖用職場部份其主權仍為職場所有並能永久保障得照職
場原定計劃依次進行則似無何項窒礙之可言設或不然則職場
財產上收入上計劃上及提倡指導上均受莫大影響間接即蘇
省人民共受損失且鈞署及職場原定提倡林業之計劃及已往
十年之心血與成績未免大受打擊斷非旦夕所能恢復豈僅所謂窒
礙而已哉竊謂被圈之地其主管權是否能永久保障殊屬疑問
實與省有性質既屬不同似宜及早劃清界限以免將來之糾紛
且造林計劃原非隨時可以更變與其動用於將來孰若固定
於今日顧此顧彼為一勞永逸之計莫若以職場之東天然之溝為
界按之原定界綫所差不過三十餘丈之譜而職場被圈之地藉

可減少四分之三僅溝東苗圃三百畝左右而已則在此犧牲較少而在彼以三華里之廣僅差三十餘丈之地似無關得失且更可以三十餘丈之地向東變移以保原定三華里之距離如此則於將來辦事既免紛爭復無拘束儘可自由動用任意計劃者即日後許多交涉手續一舉數得彼此有益無損敢陳愚見所冀以供採納究應如何辦理之處自應聽候廳去鈞旨飭奪場長不敢擅專等情嗣復據該場場長呈稱茲准據中山先生葬事籌備處函計圈用職場地壹千餘畝據查等因細玩函中辭意被圈區域一經徵用即屬該會自由支配所謂無條件圈用者是而乃美其名曰未徵用以前利益原主享受管理公同擔負此乃緩兵之計敷衍之辭要

之其主權不得永存於職場也明甚查該項被圈區域在昔以荒烟蔓
草磽瘠崎嶇之地瀝血經營經十載苦工始有今日之成績回溯
開創之初開墾施肥篩土撇石土壤之改良也鏟高補低鑿溝築
路地勢之改良也其他如苗圃規劃房屋之建築心血幾何耗款幾何而
今忽遭無條件之圈劃將何以慰前任勤勞之偉功更將何以對吾
人委托之至意且被圈之後非另將地畝立籌鉅款不足以言救濟
而丁茲庫藏艱難之秋鉅款何來縱令款有成數地亦易收而開
墾規劃無異重起爐灶尤非旦夕所能竣工種種窒碍難以指
屈即令被圈之地暫時儘可施用其如將來何林務非若農業
之年可收利時可變更且此間大都石礫崎嶇之地斷非一時所能墾熟

改良其為害礙也更甚抑更有說也中山先生為創造民國元勳其誰曰不然是為我中華民國全國之元勳非僅我蘇省之元勳則籌備葬事理應全國人民之負擔不能偏重於我蘇省也明甚圈用民地民產既應貼費而蘇省人民公有之產業公有之事業可不問其利害何若任意圈用乎竊意職場主管區域能免圈劃最為上策萬不得已則以東溝為界凡被圈之地須經職場認為相當之地以資換易貼恩費所有林木建築及苗木運搬等費理應貼補以資補救是否有當伏乞鈞鑒裁並乞鈞長俯念實礙情形所有中山先生墓地圈及職場重要部分懇請轉商免予圈用等情據此蘭豐因爲再四籌商以此事既據造林場場

長復稱窒礙情形揆諸事實不爲無因而義農會地被圈入範圍內者廣至四千餘畝民地亦有壹千餘畝雖據揚代表聲稱在葬事委員會未徵用該地以前仍歸原有機關公同担負以期無礙造林事業等語倘即按照所繪地圖由官遽行指定圈出樹立界址事後設或發生糾葛補算甚難然而事關國葬用地其勢又不能因噎廢食致令遷延以蘭塋愚慮管見所及辦法祇有二端一則僅就中山先生築墓應用官荒山場先行劃出俾葬事得以立即進行至於圈內所圈義農會造林場各地既據聲稱暫時尚未徵用應俟徵用必要之時與該農会林場商洽或由官撥用或補價相讓均無不可一則先行徵求義農會意見並核實

造林場應能讓出地畝若干俾具體解決並務將地劃定至
民地一節更應由該籌備處自行酌辦未便由官廳率行指
定也為此呈復是否有當伏乞
鑒核示遵謹呈
省長 鄭

江蘇實業廳廳長徐蘭墅（章）
金陵關監督兼交涉員廖恩燾（章）

徐蘭墅、廖恩燾關于圈用墓地致江蘇省長呈（一九二五年八月）

檔號：1005-1-278

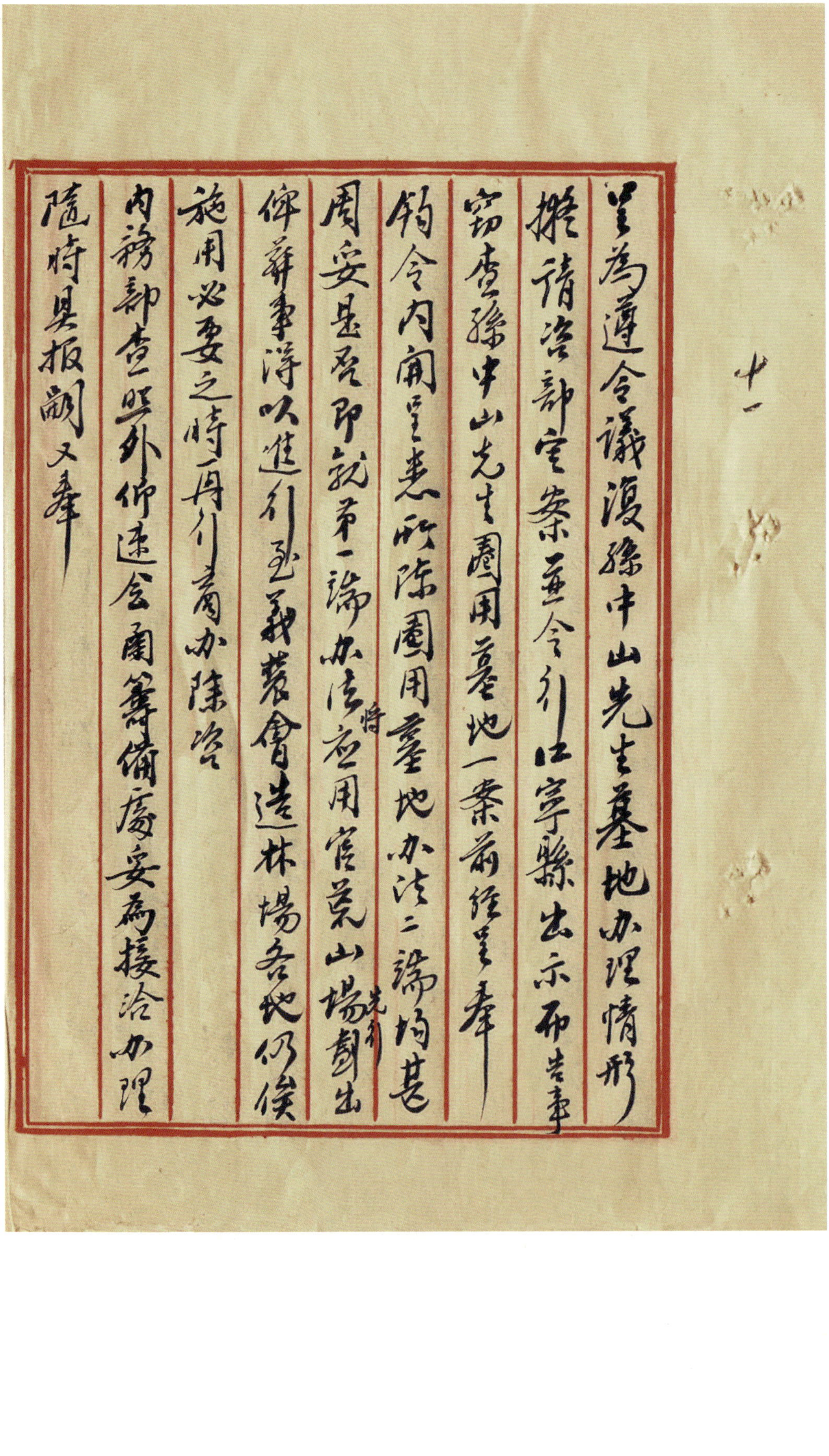

十一

呈為遵令議復孫中山先生墓地辦理情形擬請咨部呈案並令行江寧縣出示布告事竊查孫中山先生圈用墓地一案前經呈奉鈞令內開呈悉所陳圈用墓地辦法二端均甚周妥甚是即就第一端辦法將應用官荒山場劃出先行俾葬事得以進行至義農會造林場各地仍俟施用必要之時再行商辦除咨內務部查照外仰速會同籌備處妥為接洽辦理隨時具報關 又奉

钧函以中山先生葬事筹备处请定、叙原定範
围树立界石，存案备考，以为将来商拨未用部份
之根据。奉开此项墓地既就前拟第一端办法，特应
用官荒山场树立界石，未便援照原函圈定範围（先行划出，自应就所圈之官荒山场）
办理，致涉轇轕。又应用官荒山场究须几何，官荒以
何处拨区地，以何收买，嘱即妥商，亦请详细具复，以便
答部定案。各等因。奉此，遵经先后函致孙中山
先生葬事筹备处去后，兹准函称：敝筹备处前后
各端及　部长呈　内务部公函本照原拟第一端

辦法辦理其原園圍之範圍中不用部份俟將來
施用必要時再向本省有機關商撥為適
省長原令至按照原園圍之範圍將之界石一部
省長既經致函撥歸自應從緩又中山先生墓地在
紫金山中部（即中茅山）之南坡東西及南北各長兩
華里完全為山場墓道馬路及道旁紀念建築
所用官荒山場約八百畝民地約一千二百畝其官荒山
山場擬請　省長令江寧縣吳縣長會同第一農
會造林場辦理圍撥至民地則由敝籌備處按照

實價收買相應一併函復敬希鑒呈　省長迅賜
施行並請飭部備案俾葬事得以進行等語准此查
中山先生墓地現就第一端如依將應用官荒山場樹
三畝及草坪請籌備處表示同意就中除民地一千
二百畝應按照實價收買外至墓地兩翼及墓
道馬路道旁紀念建築所用官荒山場約八百畝似應由
行劃出以重國葬是否有當理合據情呈請鑒核伏乞
省長鑒核批示施行再該籌備處原呈圖內所規定
界線係就圍有關于第一農會造林場地畝及民地一節

应准如原函所称俟施用必要时随时由该筹备处与原有机关接洽商酌办理合併陈明请鉴

江苏省长郑

江苏实业厅厅长徐○○

江宁交涉员廖○○

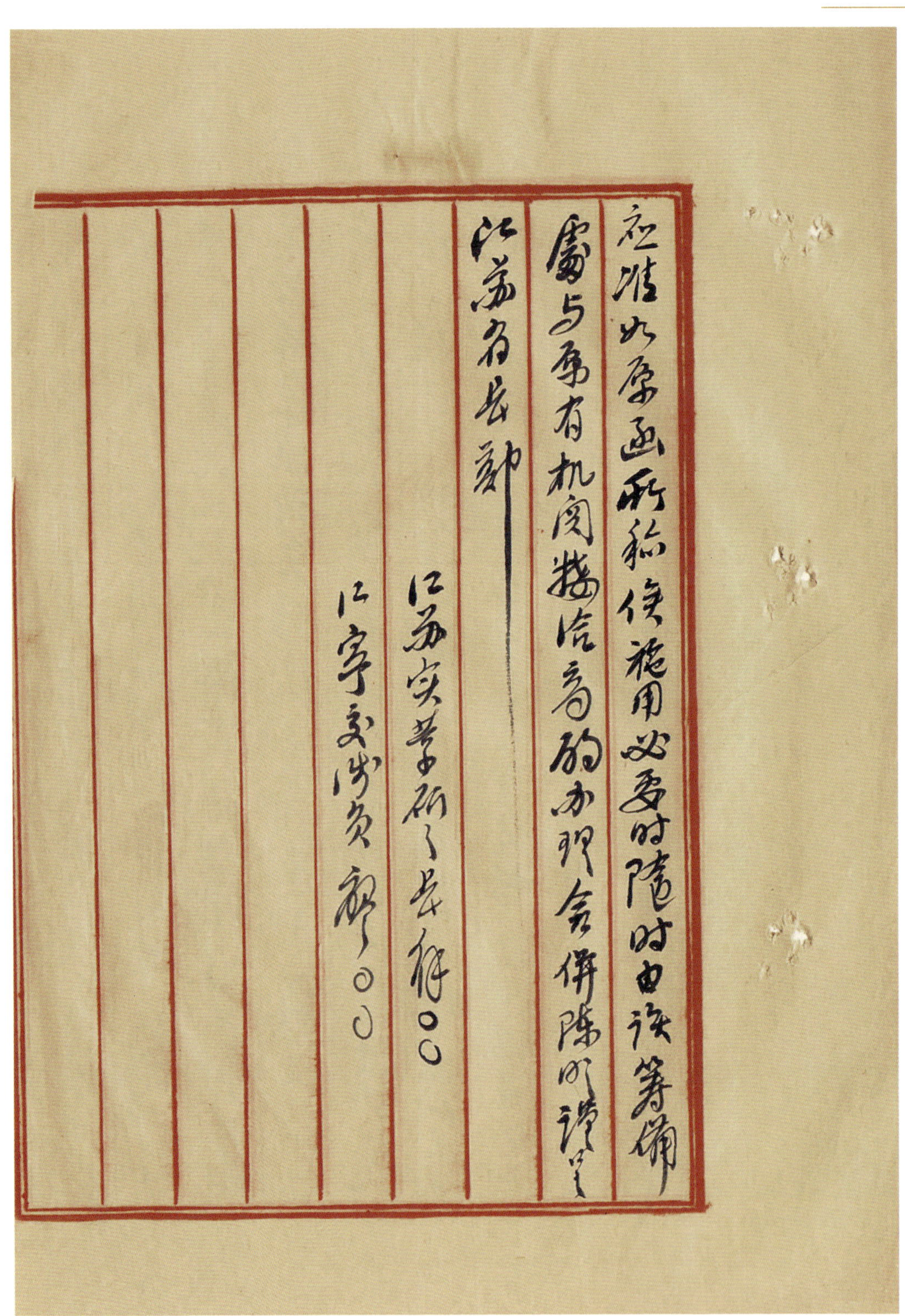

江寧縣知事吴耀椿關于徵地中勿聽謡言之布告（一九二五年九月一日）

檔號：1005-1-129

江寧縣知事公署佈告第　號

為佈告事案照前臨時孫大總統中山先生坟墓葬於江寧鍾山地方現由省軍兩署派員測勘將來如需收用民地必由有適當辦法或由縣派員會同地方紳董分別籌議接洽妥辦乃日內訪聞有人造謡言謂此次收用地畝必須強佔民地挖坟掘墓毀拆民房此種無稽之談適足淆亂觀聽極應明白佈告以免誤會為此仰該處

諸色人等一体知悉務各安分守業毋得誤
聽謠言自取咎戾倘有不法之徒藉此斂
錢滋事查出定予依法嚴懲其各凜遵
勿違此佈

民國十四年九月一日

知事吳耀楷

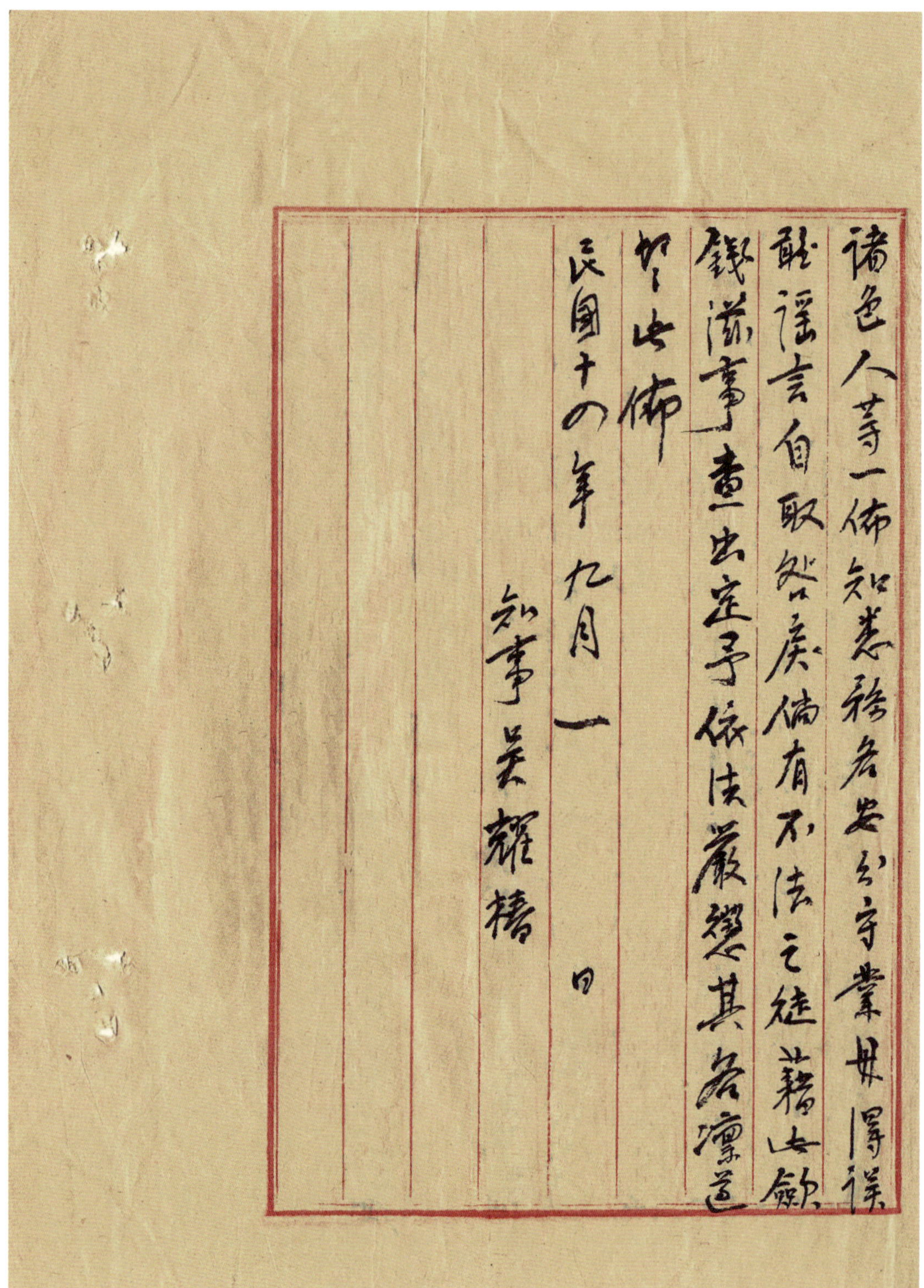

江蘇實業廳長徐蘭墅爲收買民地、劃撥官荒等情致孫中山先生葬事籌備處公函（一九二五年九月五日）

檔號：1005-1-278

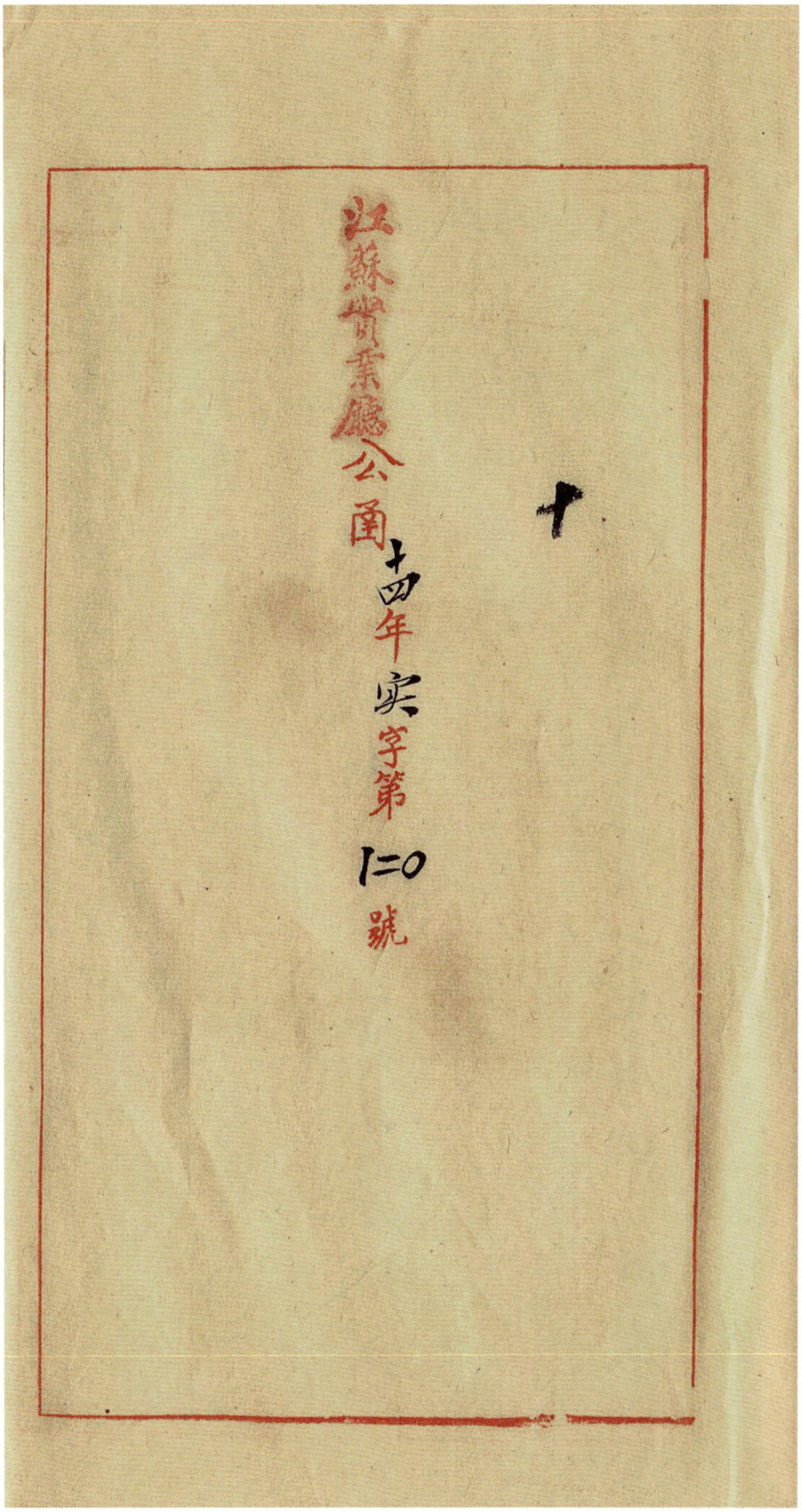

籌備處諸君台鑒逕啓者前與
廖交涉員會同呈復
省長公署遵令議復孫中山先生墓地辦
理情形擬請洽
部定案並令行江甯縣出示布告由一件本

日奉
省長公署第一三零六五號指令內開呈悉中山
先生墓地據稱應用官荒山場約八百畝民地
一千二百畝所有民地既由籌備處給價收買其
官荒山場應即如擬先行劃出以重國葬仰即

分別行知妥速接洽辦理再昨准
內務部咨派汪僉事兆鸞來寧辦理此事業
經另文令知並即查照協同商辦具報以
憑咨復此令等因奉此相應抄錄原呈
函達

貴處即希
察收查照办理是荷此頌
公綏
徐蘭墅謹啓
附抄原呈一件（見下）

中華民國十四年九月五日

監印袁慶熙

校對趙元[illegible]

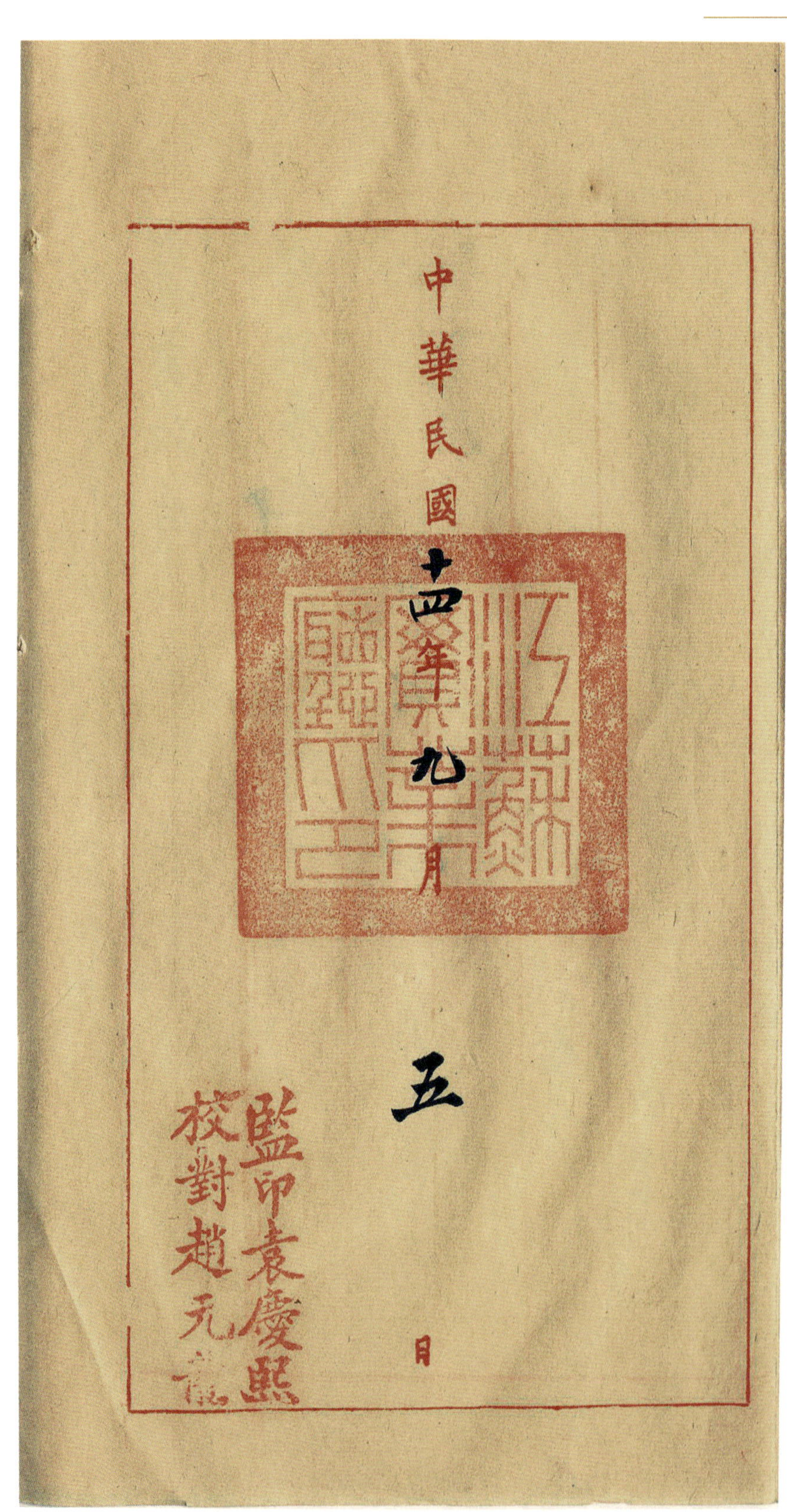

江寧縣知事吳耀椿關于靈谷寺廟産致中山公園事務所公函（一九二五年九月十四日）

檔號：1005-1-129

公函

第[illegible]號

逕啓者案據靈谷寺僧源浩呈稱竊敝寺自六朝創建
以來古跡名勝載在寺志洪楊一劫殿宇爲墟今所存
者僅龍王殿及天王殿大佛殿誌公殿四處而均建修於光緒
年向所有寺田多被侵占所存者亦僅山崖一千餘畝而
而已刻因中山公園事務所派員測繪釘立木樁十九根

占地八百餘畝爰請測繪員就敝寺現存殿宇廟基及四至山界精測一圖共計面積二千零三十八畝東至馬鞍山西至霹靂溝（即神宮監）南至官路北至鍾山宮墻有楚剎誌府誌寺誌可考是敝寺名山古蹟與地方名勝有關風景天然任人遊覽如果中山公園得以成立則敝寺為名

勝之一亦足以點綴風景何必劃界立樁啟人疑竇用特繪圖陳
明下情仰祈縣長力予保存維持名勝函知中山公園事務所改
繪界綫繳寺只求保守舊址而以霹靂溝為界所有釘入寺界
木樁一律撤去以保寺産而重古蹟不勝迫切悚惶待命之至除呈
省長外謹呈等情到縣據此除批呈圖均悉查中山公園收用地畝

本公署尚未奉到 省令據呈前情候轉函
中山公園事務所查照核復仍候
省長核示遵行此批圖存送揭示外相應轉函並將原圖一併送請
查照見復並將圖擲還備案爲荷此致
中山公園事務所
計送圖一紙

義農會南京分會關于圈撥墓地涉及該會不能移種樹木如何補償致孫中山先生葬事籌備處函（一九二五年九月二十一日）

檔號：1005-1-129

敬啓者日昨敝會孫張黃葉四君會同
貴籌備處主任楊杏佛先生到紫金山履勘葬
址曾經雙方口頭商定地址之廣狹以墓穴中心
點計算後面留一百丈墓之左右各留四十丈墓
之前面亦留一百丈此中基址撥為
中山先生墓地之用其馬路以四丈為標準直
向西山取用馬路兩旁設有必需建築時應隨
時就商本會雙方允協方能有效惟

楊先生旋又面商後面基址可縮短四十丈移在
前面擴充四十丈等語敝會孫張葉黃四君當
將履勘及口頭交涉情形報告到會旋經開
會集議結果以為墓之後面縮短四十丈前面
擴充四十丈未為不可但後面無樹之地前面
種樹及馬路所用界內有樹數萬株之多敝會
自種植以來所費不貲現既不能移種他處應
如何計值補償之處請由

貴籌備處酌定答復後以便開會報告茲將
會議情形專函奉達即希
查照見復爲荷此致
中山先生葬事籌備處
義農會南京分會公啓
九月廿一日

徐蘭墅、廖恩燾爲鄉民呈請保留墓地所圈民地請洽辦致孫中山先生葬事籌備處函（一九二五年九月二十六日）

檔號：1005-1-278

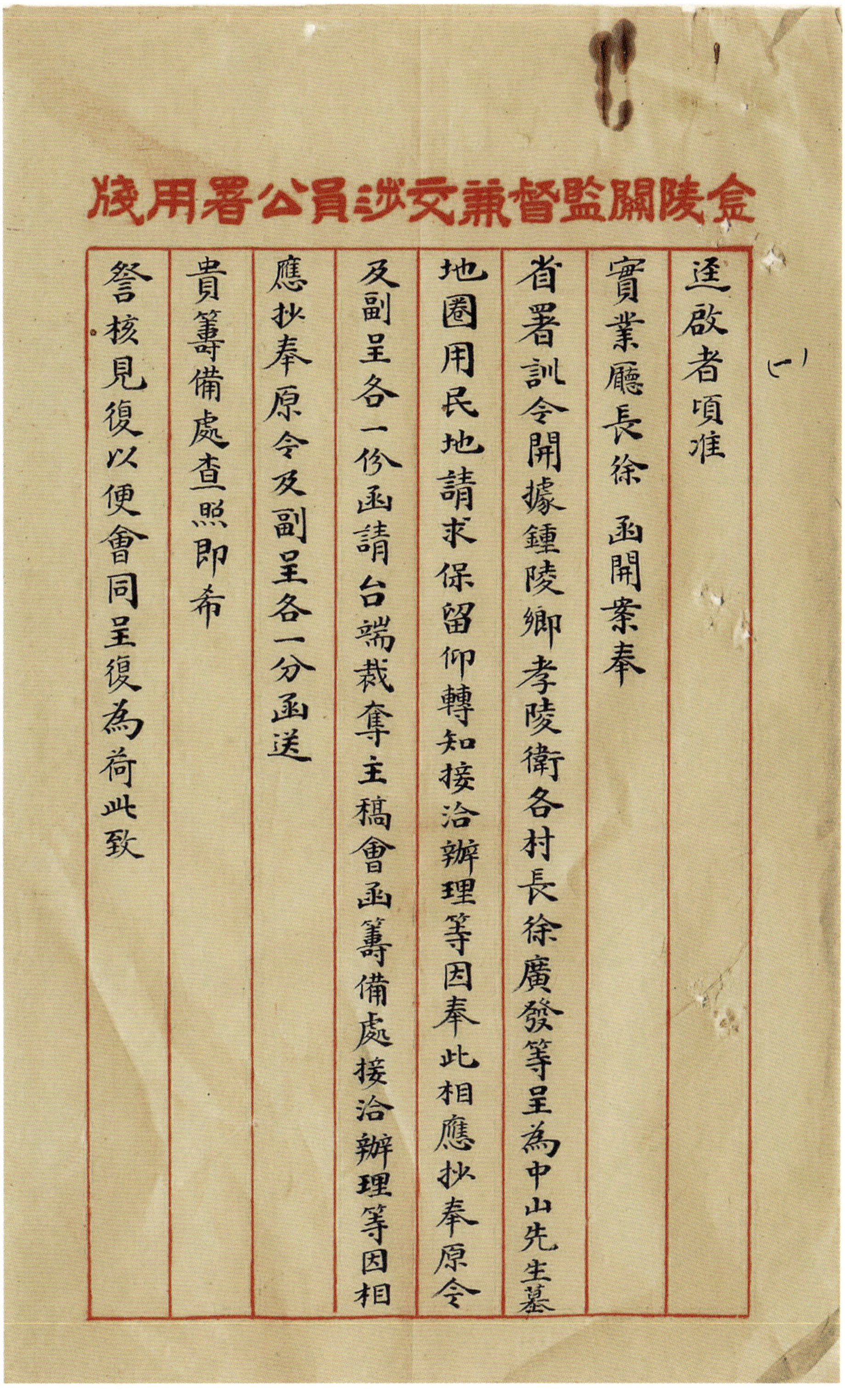

金陵關監督兼交涉員公署用牋

（一）

逕啟者頃准

實業廳長徐　函開案奉

省署訓令開據鍾陵鄉孝陵衛各村長徐廣發等呈為中山先生墓地圈用民地請求保留仰轉知接洽辦理等因奉此相應抄奉原令及副呈各一份函請台端裁奪主稿會函籌備處接洽辦理等因相應抄奉原令及副呈各一分函送

貴籌備處查照即希

詧核見復以便會同呈復為荷此致

金陵關監督兼交涉員公署用箋

中山先生葬事籌備處

附抄件

徐蘭墅

廖恩燾

九月二十六日

爲鄭省長批令江寧縣知事出示布告給價收買孫中山先生墓地及墓道所用民地等致楊杏佛函

檔號：1005–1–129

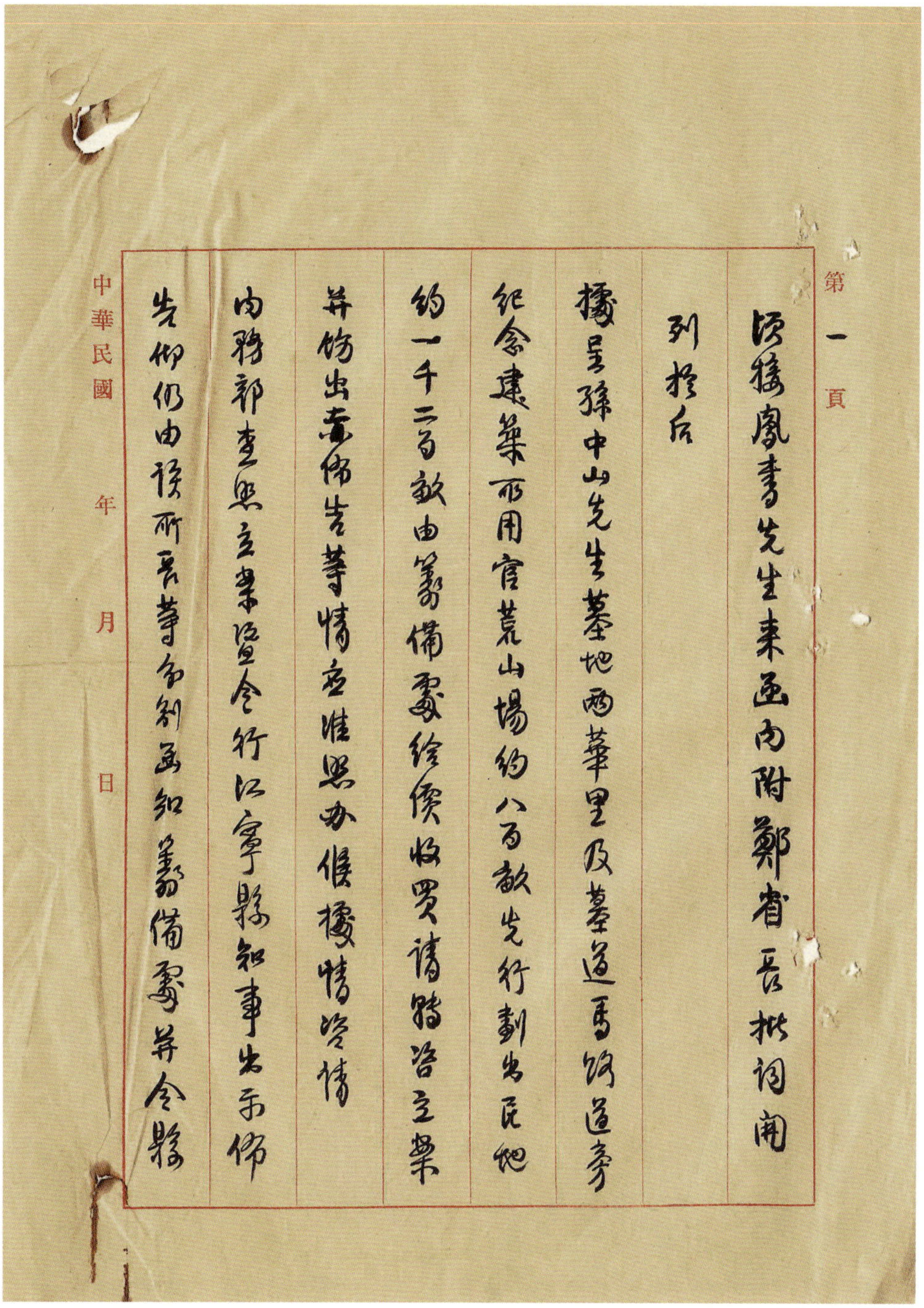
第一頁
逕啓者頃接鳳書先生來函内附鄭省長批詞開
列於后
據呈孫中山先生墓地西華里及墓道兩旁
紀念建築所用官荒山場約八百畝先行劃出民地
約一千二百畝由籌備處給價收買請轉咨立案
並飭出示佈告等情應准照辦候據情咨請
内務部查照立案並令行江寧縣知事出示佈
告仰仍由該所長等分别函知籌備處並令縣
中華民國　年　月　日

第二頁

道力可也此令

此致

李佛先生台鑒

中華民國　年　月　日

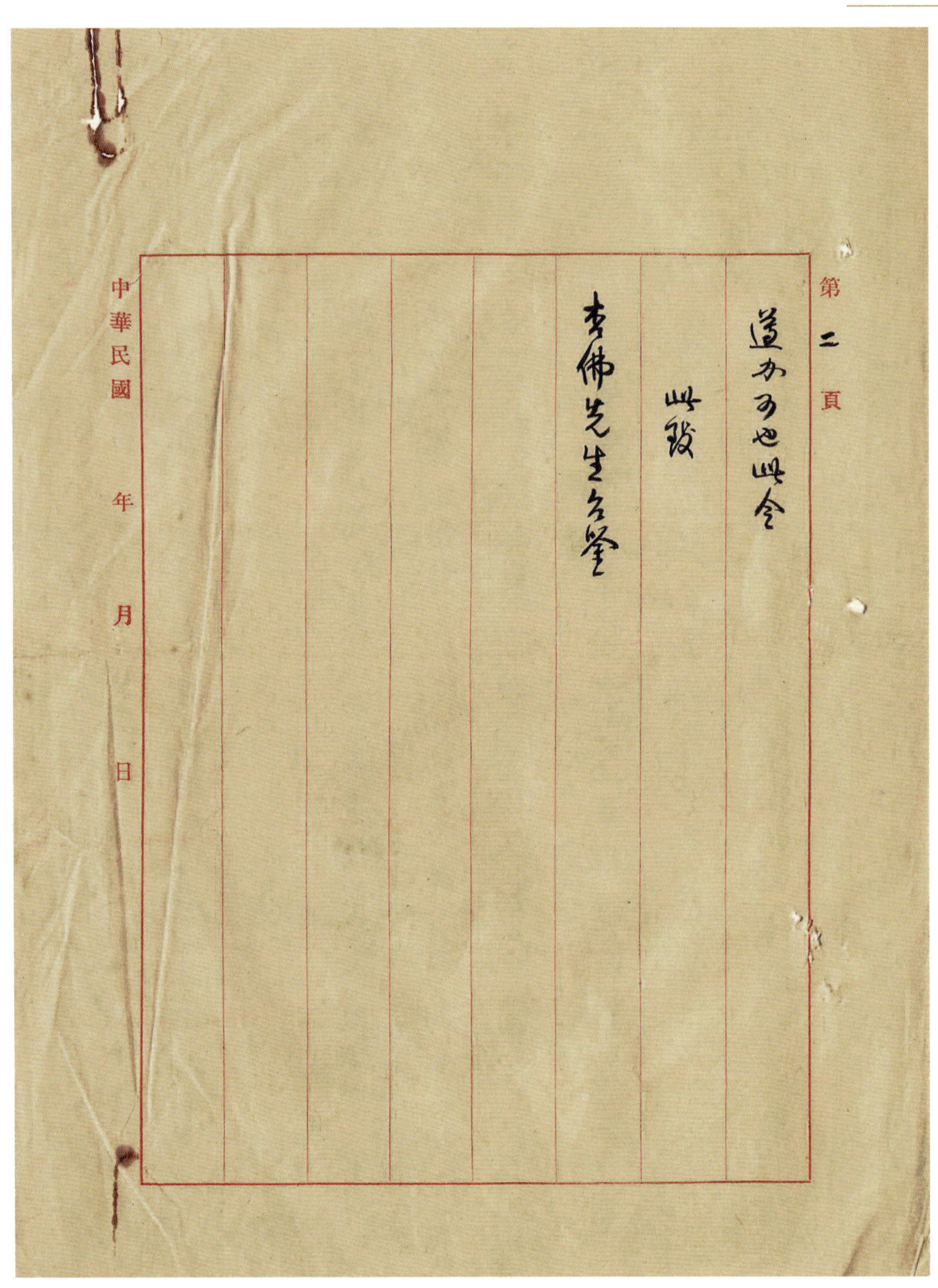

江寧縣公署關于圈購官荒山場及民地之布告（一九二五年十月五日）

檔號：1005-1-129

佈告

本年九月廿八日奉 省長訓令據孫所長廖
交涉員呈復會同中山先生葬事籌備處遵
照前擬第一種辦法將應用官荒山場先行劃出
樹立界石墓地在紫金山中部即中茅山之南坡
東西及南北各長約華里完全為山場墓道馬路
及道旁紀念建築所用官荒山場約八百畝民地
約一千二百畝其官荒山場擬請令飭會同文農會
造林場辦理民地則由籌備處按照實價收買並

拟另文呈请钧院立案声明与汪鱼事当面接洽对于办理情形极表同意各等情拟令除指令拟称中山先生墓地并华里及墓道马路旁纪念建筑所用官荒山场约八百亩先行划出民地一千二百亩由筹备处给价收买请钧院立案并饬出示布告等情应准照办候拟情咨请内务部立案暨令江宁县知事出示布告仰仍由该所长等分别函知筹备处并令江宁县知遵办可也此令印发咨请内务部立案外会行令仰遵照办理具复此令等因奉此除呈复外会行布告仰知属诸色人等一体知悉此布

十四年十月五日布告

徐蘭墅、廖恩燾關于徵用墓地致孫中山先生葬事籌備處函（一九二五年十月六日）

檔號：1005-1-278

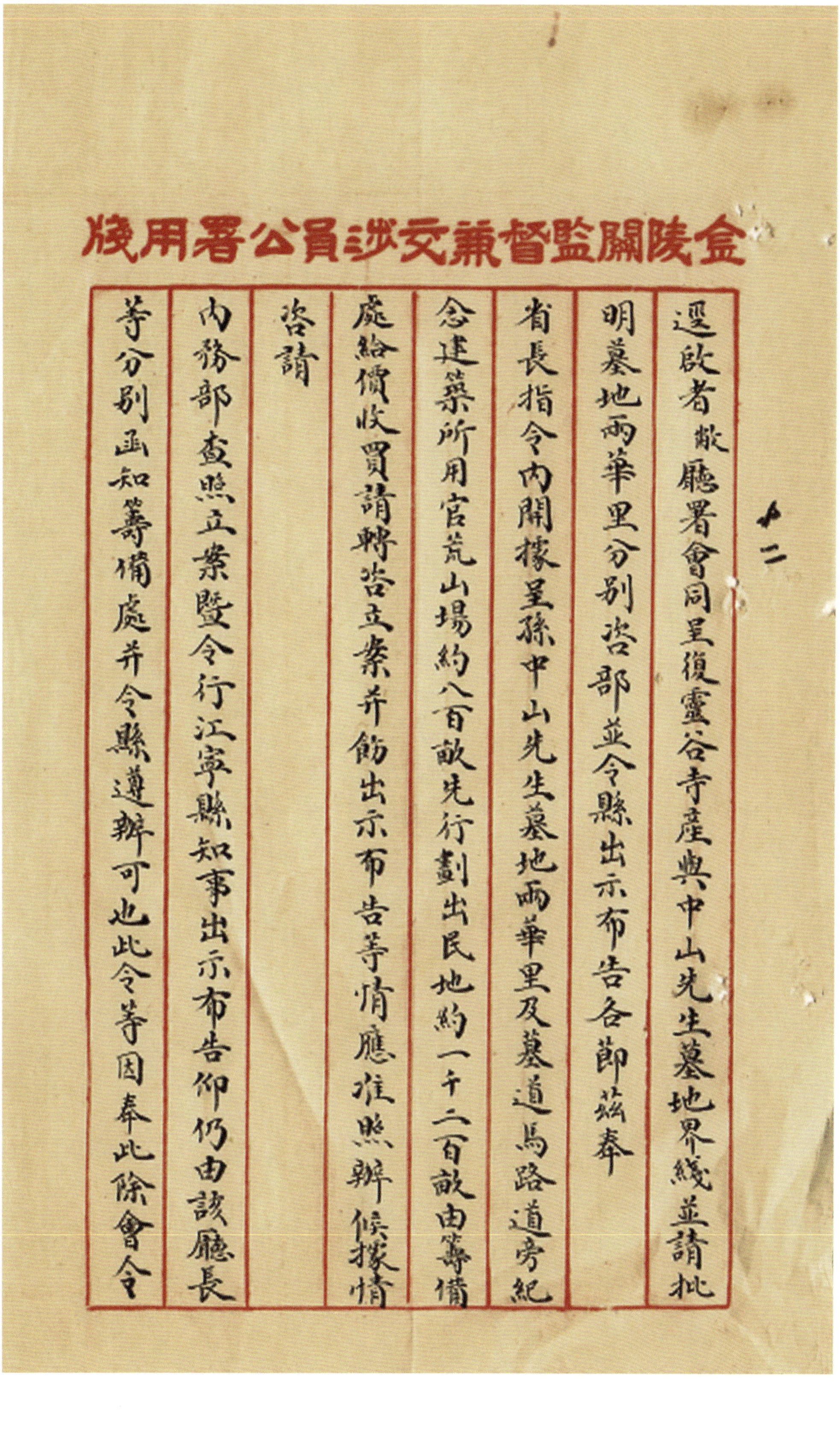

金陵關監督兼交涉員公署用牋

十二

逕啟者敝廳署會同呈復靈谷寺產與中山先生墓地界綫並請批

明墓地兩華里分別咨部並令縣出示布告各節茲奉

省長指令內開據呈孫中山先生墓地兩華里及墓道馬路道旁紀

念建築所用官荒山場約八百畝先行劃出民地約一千二百畝由籌備

處給價收買請轉咨立案并飭出示布告等情應准照辦候據情

咨請

內務部查照立案暨令行江寧縣知事出示布告仰仍由該廳長

等分別函知籌備處并令縣遵辦可也此令等因奉此除會令

金陵關監督兼交涉員公署用牋

江寧縣知事遵辦外相應函達
貴處即布查照為荷此頌
公綏

徐蘭墅
廖恩燾 謹啓

十月六日

內務部爲圈用墓地、收買民地等致孫中山先生葬事籌備處公函（一九二五年十月二十日）

檔號：1005-1-278

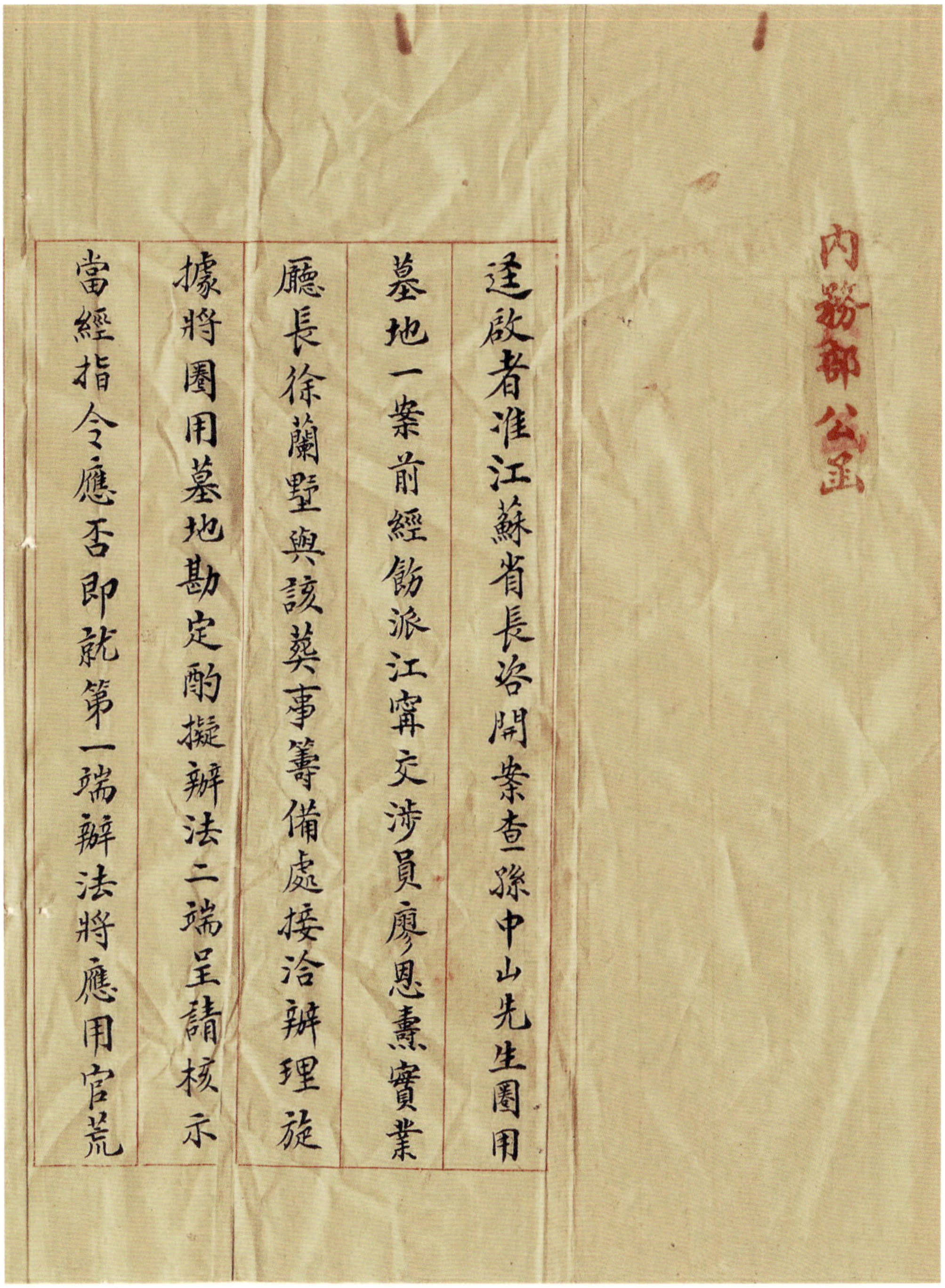

內務部公函

逕啟者准江蘇省長咨開案查孫中山先生圈用墓地一案前經飭派江寧交涉員廖恩燾實業廳長徐蘭墅與該葬事籌備處接洽辦理旋據將圈用墓地勘定酌擬辦法二端呈請核示當經指令應否即就第一端辦法將應用官荒

山場先行劃出並咨達貴部由部令派汪僉事兆
鸞來蘇並經轉飭隨時接洽嗣據籌備處函報樹
立界石復經轉函各在案茲據徐廳長廖交涉員呈稱
竊查孫中山先生圈用墓地一案前經呈奉鈞令內開呈
悉所陳圈用墓地辦法二端均甚周妥是否即就第一端

辦法將應用官荒山場先行劃出俾葬事得以
進行至義農會造林場各地仍俟施用必要之
時再行商辦除咨內務部查照外仰速會函
籌備處妥為接洽辦理隨時具報嗣又奉鈞函
以中山先生葬事籌備處請就原定範圍樹立

界石存案備考以為將來商撥承用部分之根據奉開此項墓地既就前擬第一端辦法將應用官荒山場先行劃出自應就應用之官荒山場樹立界石未便按照原圖圈定範圍辦理致滋轇轕又應用官荒山場究須幾何官荒如何圈撥民

地如何收買囑即妥商辦法詳細具覆以便洽
部定案各等因奉此遵經先後函致孫中山先生
葬事籌備處去後茲准函稱敝籌備處前复台
端及省長與內務部公函本照原擬第一端辦法
辦理其原圖圈定範圍中不用部分俟將來施

用必要之時再向原有機關商撥亦遵省長原
令至按照原圖圈定範圍樹立界石一節省長既
恐致滋轇轕自應從緩又孫中山先生墓地在紫
金山中部即中茅山之南坡東西及南北各長兩
華里完全為山場墓道馬路及道旁紀念建築

所用官荒山場約八百畝民地約一千二百畝其官
荒山場擬請省長令江寧縣吳縣長會同義農
會造林場辦理圈撥至民地則由敝籌備處按
照實價收買相應一併函復敬希轉呈省長迅
賜施行並咨部備案俾葬事得以進行等語准

此是中山先生墓地現就第一端辦法將應用官荒
山場樹立界石業准該籌備處表示同意就中除
民地一千二百畝應按照實價收買外至墓地兩華
里及墓道馬路道旁紀念建築所用官荒山場
約八百畝似應先行劃出以重國葬是否有當理

合據情呈复伏乞
鈞長鑒核批示施行再該籌備
處原呈圖內所規定界綫範圍有關於義莊會
造木場地畝及民地一節應准如原函所稱俟施用
必要時隨時由該籌備處與原有機關接洽商
辦理合併呈明並據另呈請轉咨五案聲明與

汪簽事當面接洽對於辦理情形極表同意各等
情據此除指令據稱中山先生墓地兩華里及墓
道馬路道旁紀念建築所用官荒山場約八百畝
先行劃出民地約一千二百畝由籌備處給價收
買請轉咨立案並飭出示布告等情應准照辦

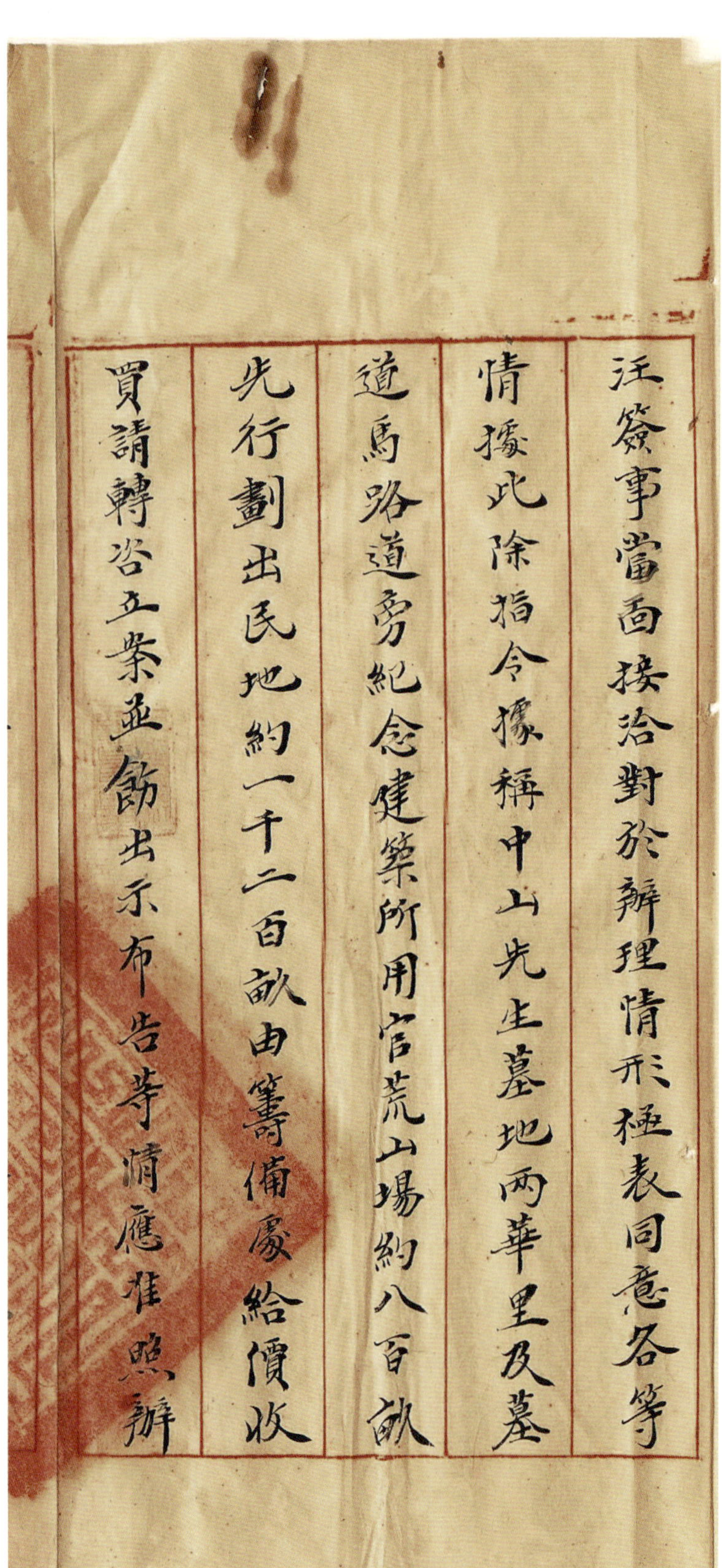

候據情咨請內務部查照立案暨令行江寧縣
知事出示佈告仰仍由該廳長等分別函知籌
備處並令縣遵辦可也此令印發並令行江寧縣知
事遵照外相應咨請貴部查照立案等因到部除由
部立案並咨覆外相應函達

直照此致

孫中山先生葬事籌備處

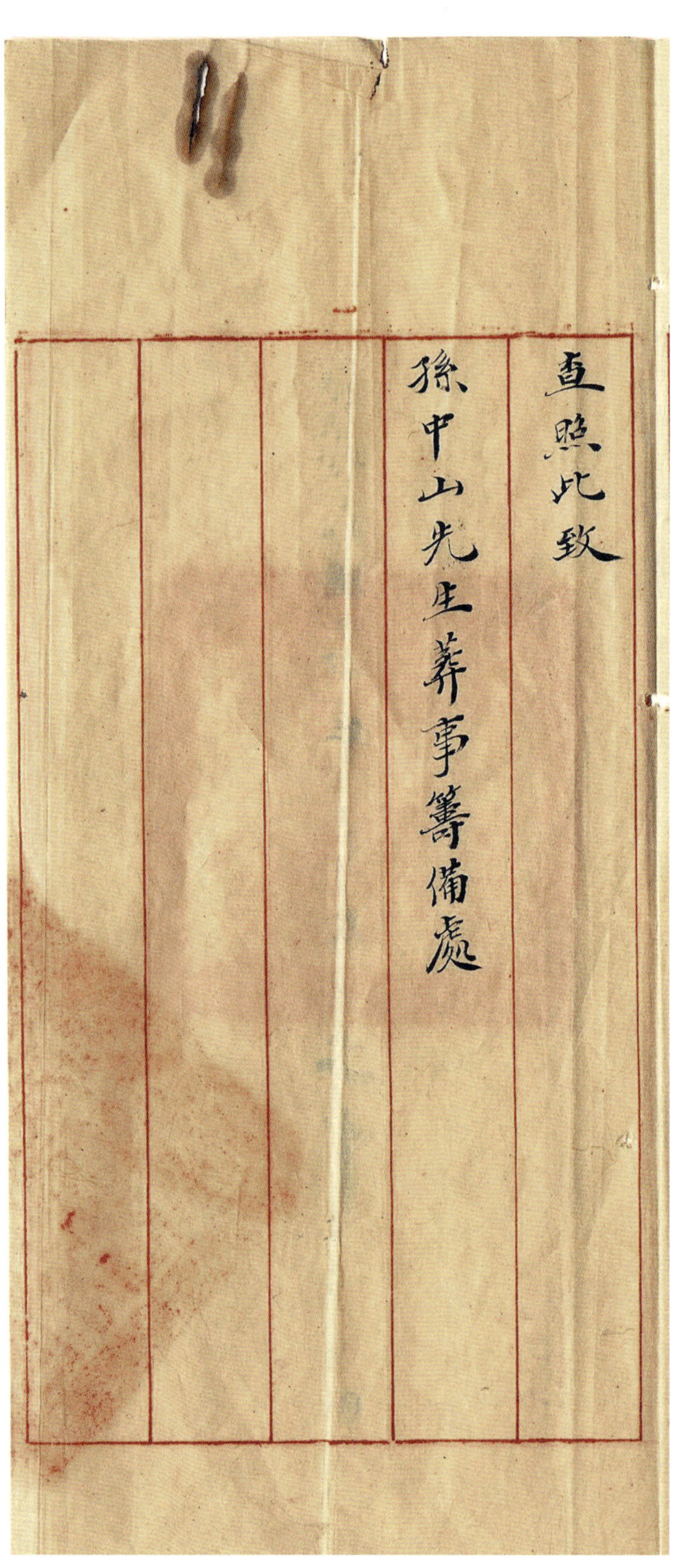

中華民國十四年十月二十日

張度霖監印

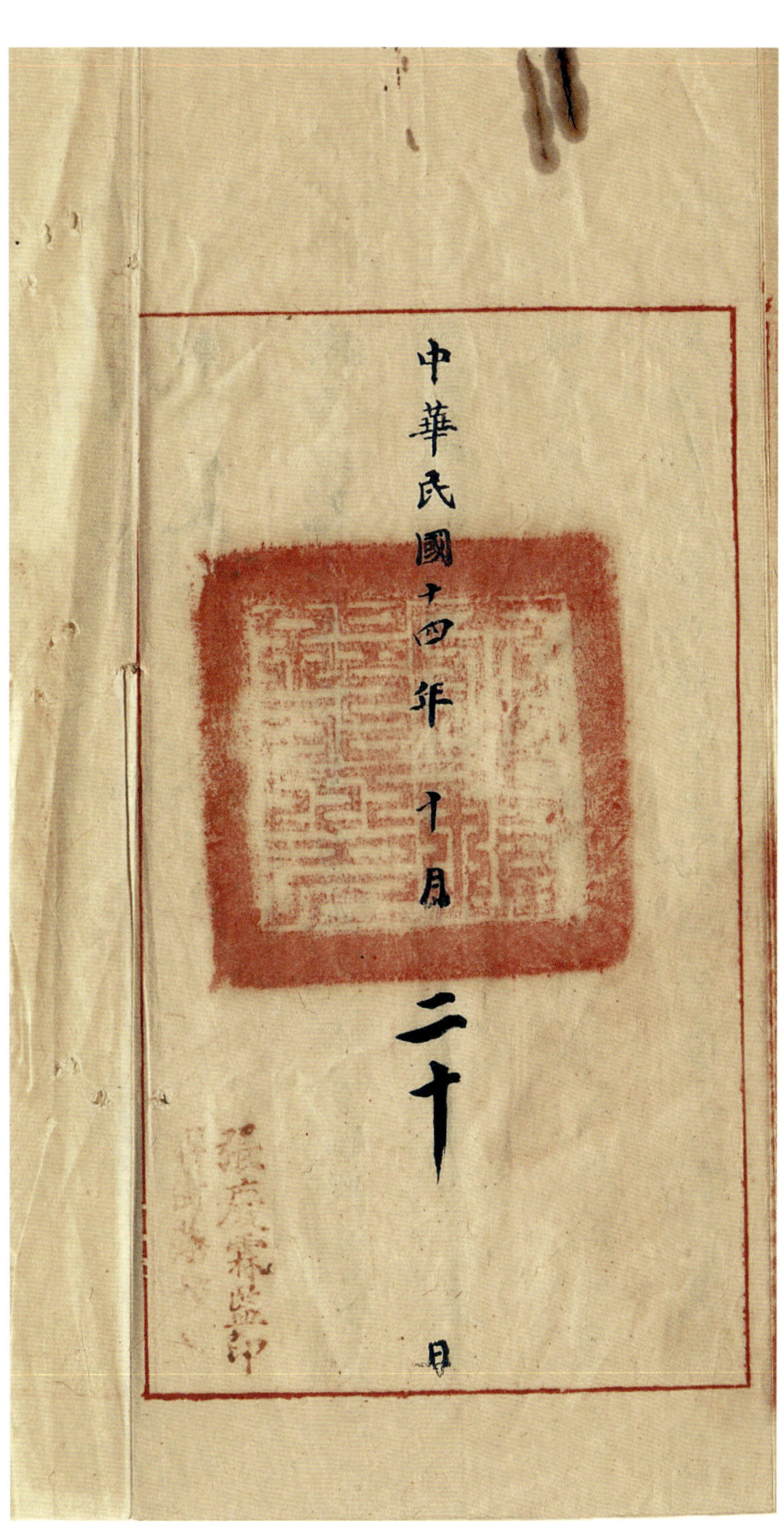

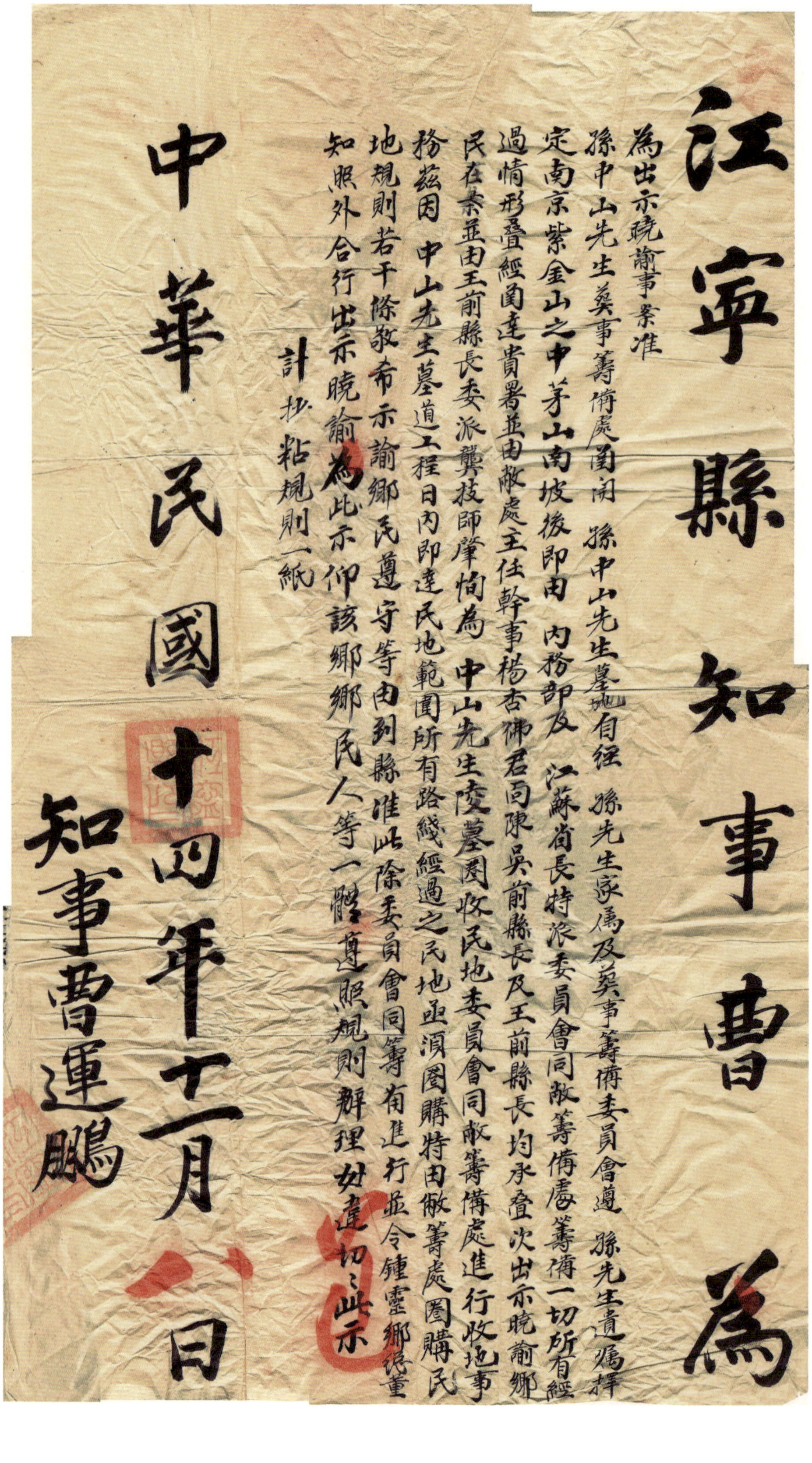

江寧縣知事曹　為

為出示曉諭事案准

孫中山先生葬事籌備處函開　孫中山先生墓地自經　孫先生家屬及葬事籌備委員會遵　孫先生遺囑擇定南京紫金山之中茅山南坡後即由　內務部及　江蘇省長特派委員會同敝籌備處籌備一切所有經過情形疊經函達貴署並由敝處主任幹事楊杏佛君同陳吳前縣長及王前縣長均承迭次出示曉諭鄉民在案並由王前縣長委派龔技師肇恂為　中山先生陵墓圈收民地委員會同敝籌備處進行收地事務茲因　中山先生墓道工程日內即達民地範圍所有路綫經過之民地亟須圈購特由敝籌處圈購民地規則若干條敘希示諭鄉民遵守等由到縣准此除委員會同籌備處進行並令鍾靈鄉鄉董知照外合行出示曉諭為此示仰該鄉鄉民人等一體遵照規則辦理毋違切切此示

計抄粘規則一紙

中華民國十四年十一月八日

知事曹運鵬

江寧縣知事曹運鵬發布的圈購民地布告（一九二五年十一月八日）

檔號：1005-1-129

孫中山先生陵墓圈購民地規則

(一)此次圈購民地專為中山先生墓道及沿墓紀念建築之用

(二)照中山先生葬事籌備委員會預定計劃擬圈購之民地面積總數約共一千二百畝惟此次必須收買者僅為墓道馬路經過之地共約四拾餘畝其餘民地俟施用必要之時再向業主商購

(三)凡墓道路綫經過之民地及樹木均按官紳公評之價格由葬事籌備處會同縣派收地委員地方紳董給價收買業主不得藉故居奇或抗不出售致妨礙國葬工程

(四)此次圈收之民地及地上之樹木價格由孫中山先生葬事籌備處圈購民地委員會會同地方官紳決定如下

熟地每畝由二十元至三十元視土質及種植物而定

生地平山地每畝八十元至十五十元視地勢及土質而定

桑樹每株由大洋一角至八角視樹木之大小而定

草屋遷讓費每間由十元至二十元視屋之大小而定

雜樹及青苗由收地員按照實值給價

（五）凡孫先生墓道路綫經過之民墳除墳主自願遷讓或無法避免者外均

由孫先生葬事籌備處設法保護

（六）所有上項地畝一俟價格評定面積丈量之後業主即須於限定時期之內

至孫先生葬事籌備處指定地點本人親到繳契取款並填三聯收據

（七）上述收買民地款項支付及各業主所得之價格俟墓道用地圈購結

束以後由葬事籌備處編印報告公佈以示大公

（八）左列規則於　月　日議決施行

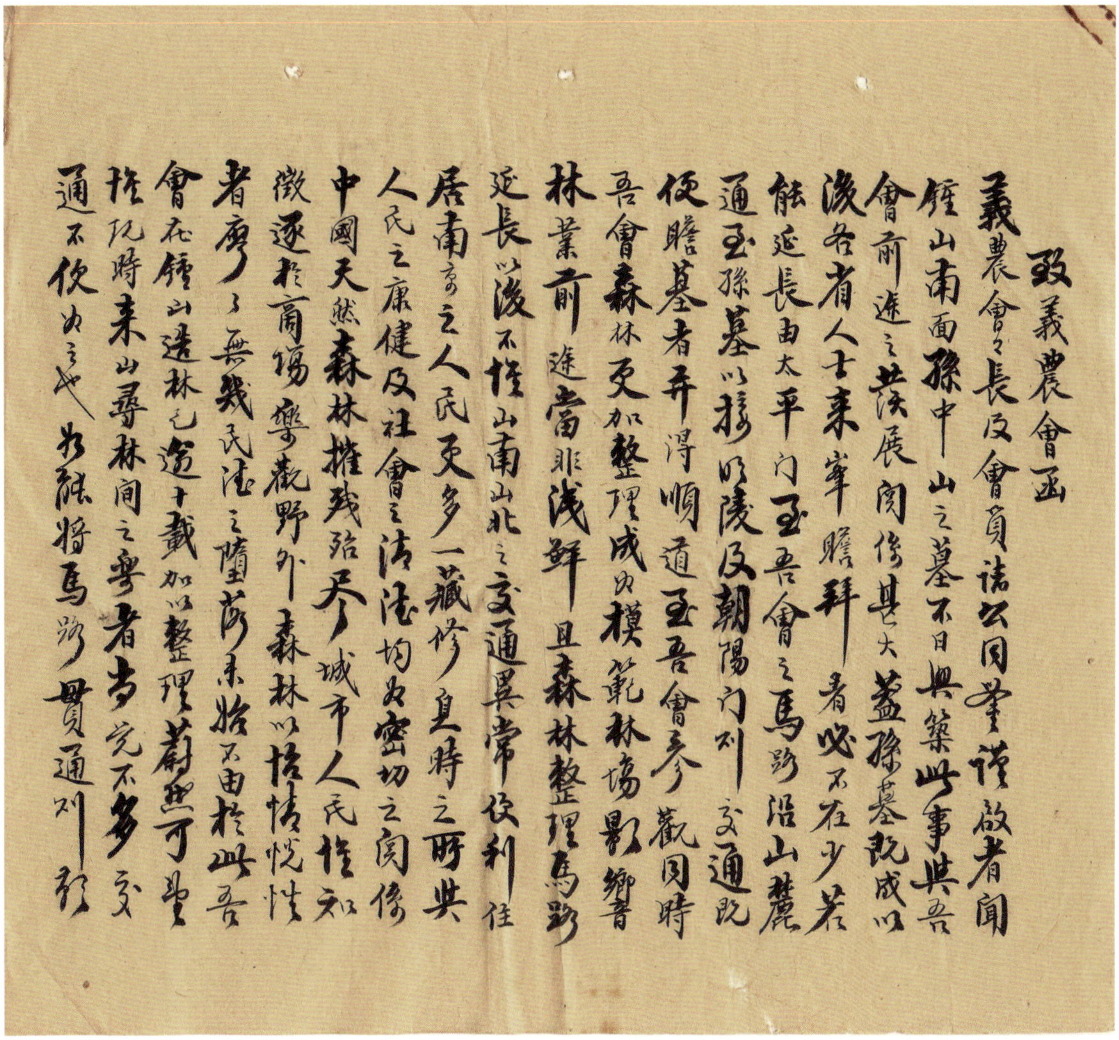
致義農會函

義農會會長及會員諸公同鑒：謹啟者，聞鍾山南面孫中山之墓不日興築，此事與吾會前途之發展關係甚大。蓋孫墓既成以後，各省人士來寧瞻拜者，必不在少。若能延長由太平門至吾會之馬路，沿山麓通至孫墓，以接明陵及朝陽門之交通，既便瞻墓者，并得順道至吾會參觀，同時吾會森林更加整理，成為模範林場，影響林業前途當非淺鮮。且森林整理，馬路延長以後，不但山南山北之交通異常便利，住居南京之人民更多一藏修息時之所。與人民之康健及社會之清潔均有密切之關係。中國天然森林摧殘殆盡，城市人民惟知徵逐於商場，樂觀野外森林，以恬情悅性者，寥寥無幾。民德之墮落，未始不由於此。吾會在鍾山造林已逾十載，加以整理，蔚然可觀，惟現時來山尋林間之樂者，尚究不多，交通不便為之也。故擬將馬路貫通，以一新

裴義理爲中山陵墓建成後對該會前途的影響等致義農會函（一九二五年十二月二十七日）
檔號：1005-1-210

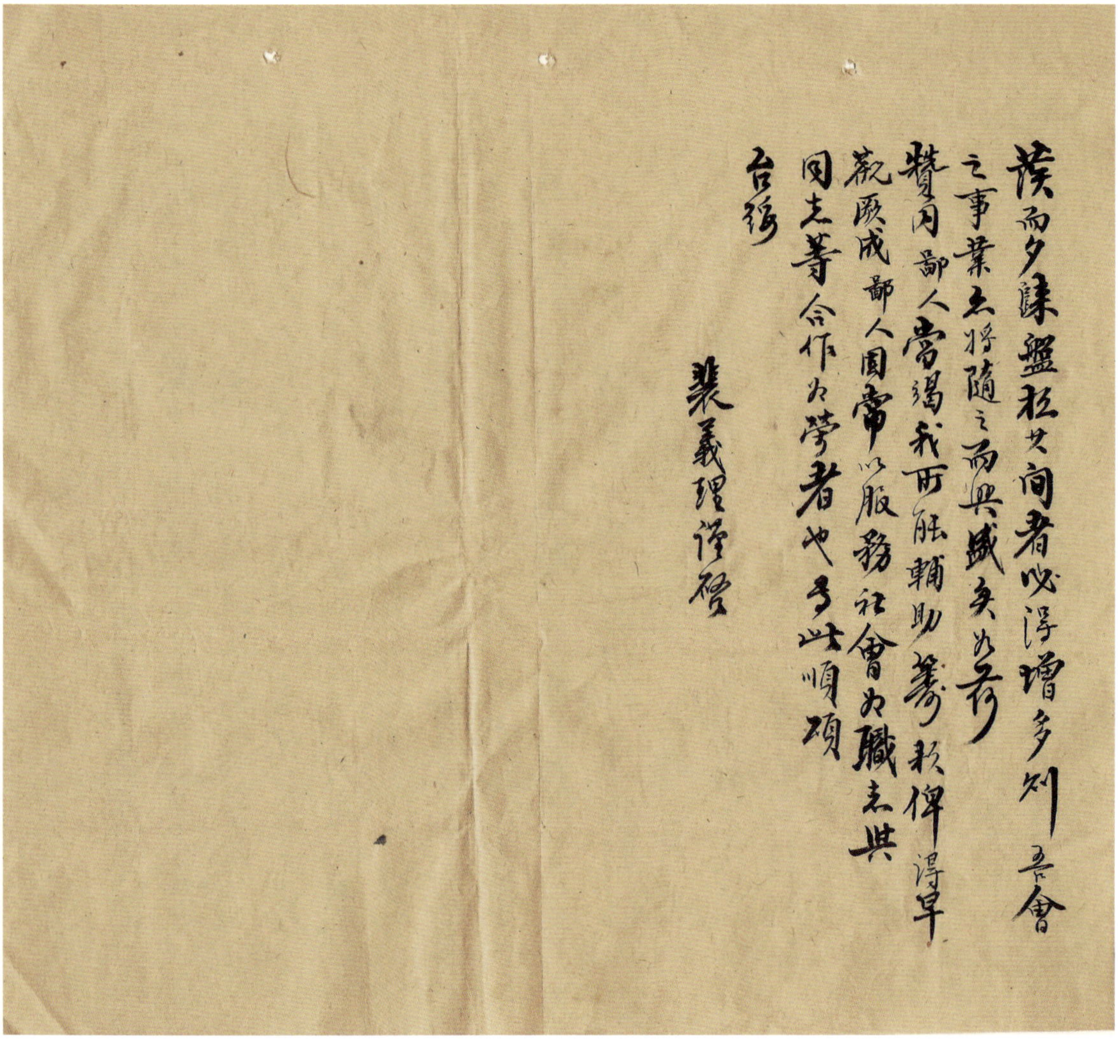
澳而夕隸盟社共同者必得增多則吾會之事業亦將隨之而興盛矣此爲吾行贊同鄙人嘗竭我所能輔助籌款俾得早觀厥成鄙人固常以服務社會爲職志與同志等合作之學者也專此順頌
台綏
裴義理謹啟

封面請 張靜江先生寫

孫中山先生陵墓工程報告第一册目録

一、緣起

二、插畫

一、孫先生在南京就總統任時之遺像

二、孫先生陵墓模型攝影 三月十二日

三、孫先生陵墓奠基禮攝影兩種 四月十五日

四、祭堂圓柱鋼條攝影 八月十一日

五、墓壁鋼條攝影 九月十日

六、墓頂鋼條攝影 十月十三日

七、陵墓東面石鼓攝影 十月十三日

孫中山先生陵墓工程報告第一册目録

檔號：1005-1-278

三、籌備處報告

四、建築師報告

五、墓地圖購之案文件

甲、向於園購墓地案　十三件（十四年七月至十月）

一、籌備處致內務部請將園定墓地之案函

（致江蘇省長及通告義農會函內容相同）　十四年七月十三日

二、義農會覆函　七月十五日

三、內務部復函　七月廿日

四、江寧實業廳江寧交涉公署來函　八月十五日

五、江蘇實業廳江寧交涉公署呈省長文　同上

六、籌備委致內務部請照墓地應用部份立案函

（致有長函稿因從略） 八月十九日

七、徐實業廳長來函 八月廿七日

八、籌備委復徐實業廳長函 八月廿七日

九、內務部復函 八月卅一日

十、徐實業廳長來函 九月五日

十一、徐實業廳長廖交涉員會函 呈有長文 十月六日

十二、徐實業廳長廖交涉員來函 十月六日

十三、內務部允照墓地應用部份立案函 十月廿日

乙、關於鄉民控辭請求保留圈用民地案 共四件 （十四年九月至十月）

一、徐實業廳長廖交涉員來函

二、江蘇省長公署訓令　第八五八七號

三、孝陵衛各村長徐廣茂等呈文

四、籌備處覆徐實業廳長及廖交涉員函

丙、關於鄉民將墓地內官荒山場認報民地案　三件（十五年十二月）

一、籌備處致江寧縣函　其一

二、籌備處致江寧縣函　其二

三、江寧縣佈告　第二百二十三號

六、孫中山先生陵墓祭堂工程說明書（譯文）

七、每週工程報告表

八　孫中山先生葬事籌備委員會細則草案

九　本會委員及辦事部職員一覽表

孫中山先生陵墓圈購民地規則

檔號：1005-1-129

孫中山先生陵墓圈購民地規則

(一)此次圈購民地專為 中山先生墓道及沿墓道紀念建築之用

(二)照 中山先生葬事籌備委員會預定計劃擬圈購之民地面積總數約共一千二百畝惟此次必須收買者僅為墓道馬路經過之地共約四十餘畝其餘民地俟施用必要之時再向業主商購

(三)凡墓道路綫經過之民地及樹木均按官紳公評之價格收買由葬事籌備處會同縣派收地委員地方紳董給價業主不得藉故居奇或抗不出售致妨礙國葬工程

(四)此次圈收之民地及地上樹木價格由 孫中山先生葬事籌備處圈購民

地委員會會同地方官紳決定如下

熟地每畝由二十元至三十元視土質及種植物而定

生地（平地／山地）每畝（十／八）元至（十五／十）元　視地勢及土質而定

桑樹每株由大洋壹角至[redacted]（捌）角　視樹之大小而定[redacted]

草屋遷讓費每所（間）由[redacted]（十）元至十[redacted]（二）元　視屋之大小而定

雜樹及青苗由收地員按照實值給價

（五）凡　孫先生墓道路綫經過之民墳除墳主自願遷讓者（及無法避免）外（一律）由　孫先生

葬事籌備處設法保存

（六）所有上項地畝一俟價格評定面積丈量之後業主即須於限定時期之內

至　孫先生葬事籌備處指定地點本人親到繳契取欵並填具三聯收據

(七)上述收買民地欵項支付及各業主所得之價格俟墓道用地圈購結束以後由葬事籌備處編印報告公佈以示大公

(八)左列規則於　月　　日議決施行

孫科簽字

張曾矩
封于山地樹木須俟調查現時價值後擬辦法呈

陳蘭簽

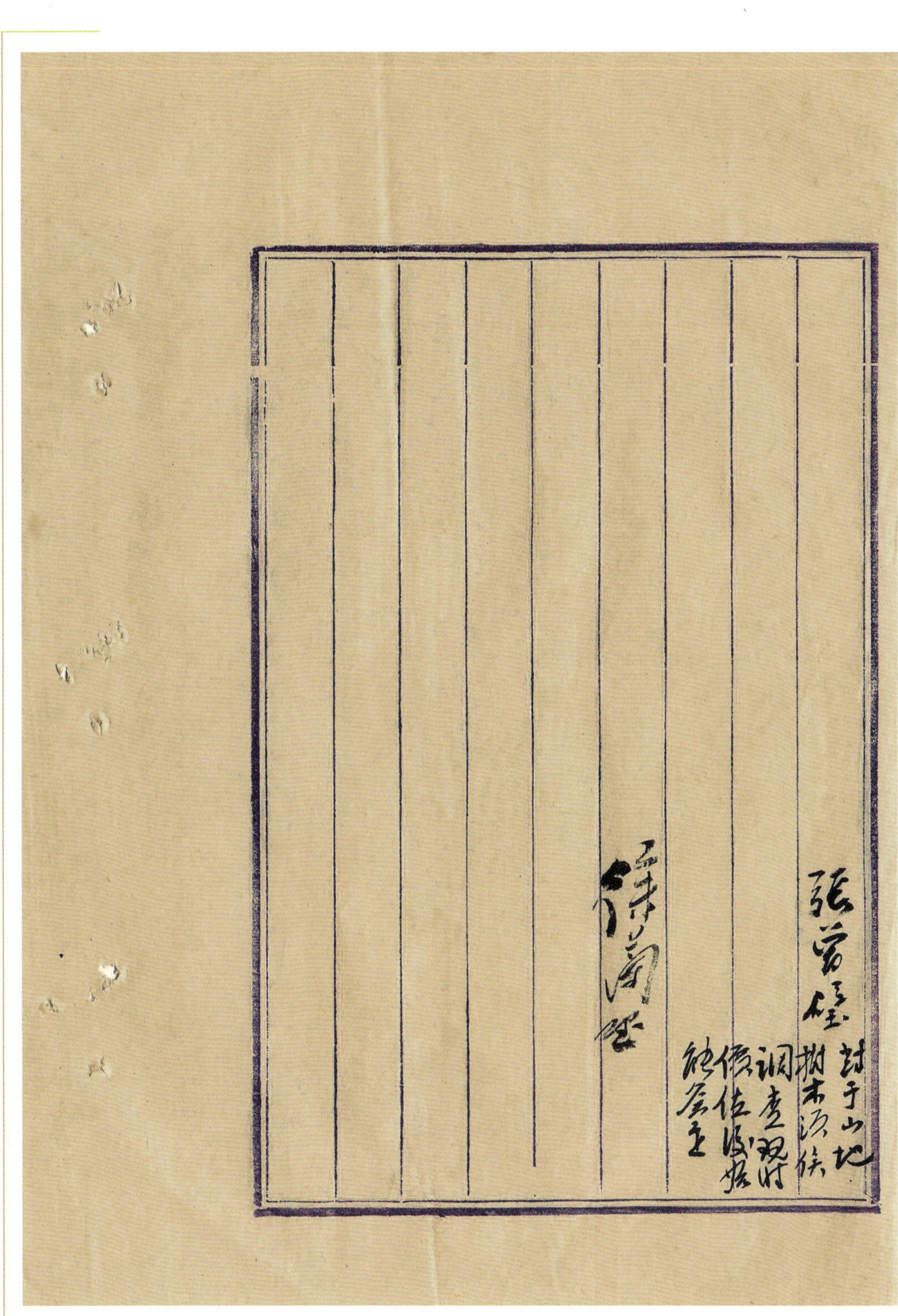

叄

葬事籌備會議記録

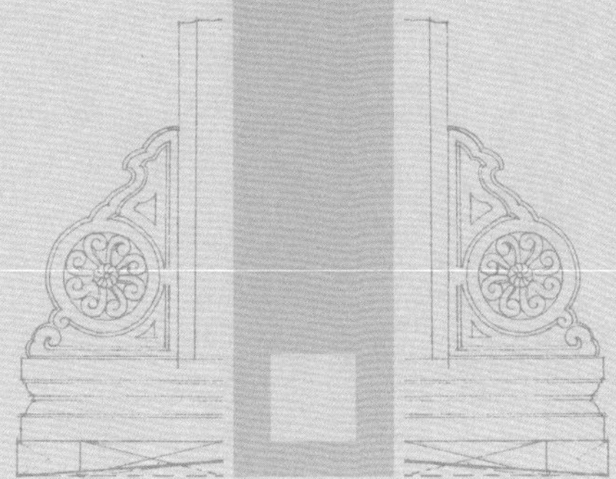

孫中山先生葬事籌備處會議記録第一册（第一次至第三十八次）

檔號：1005-3-1381

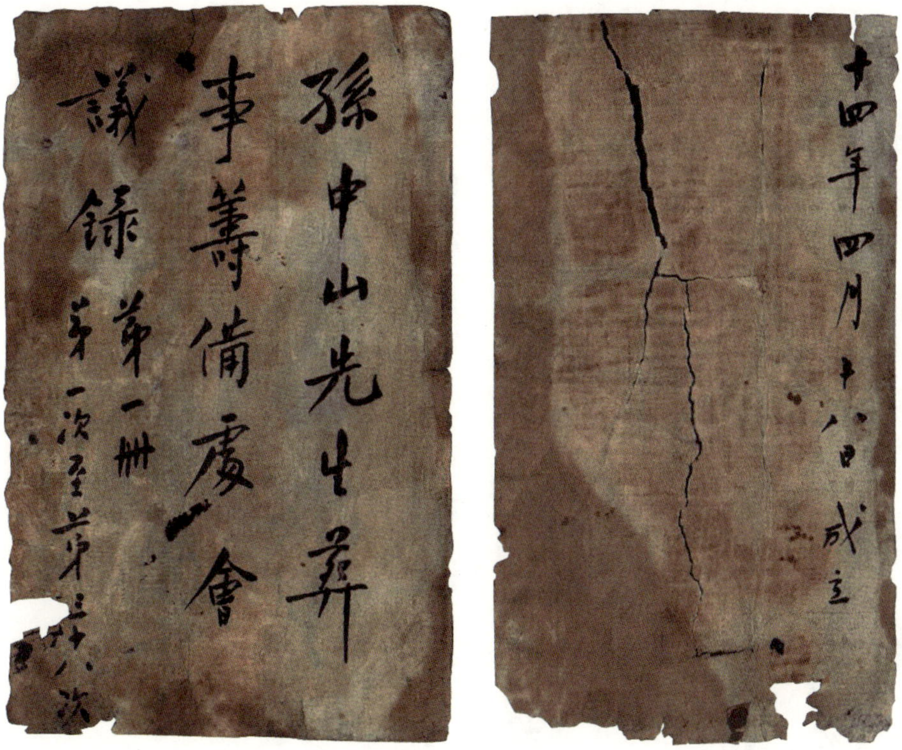

第一次會議

總理葬事籌備處委員共十

二人於四月四日由執行中央推定委員全

體會議推定蔣草以下

汪精衛　林煥廷　宋子文　葉楚

傖　邵仲輝　林業明　楊滄白　于

右任　戴季陶　張靜江　陳去病

孔庸之

四月十八日下午三時三十分在上海拉都路廣成路四三〇號

張靜江先生宅開第一次會議

到者　孫哲生　孔庸　宋子文　葉楚傖　楊滄伯

邵力子　林煥廷　張靜江　因病早退　楊杏佛　沿秀会　秘書

沈卓吾　彥說　大人

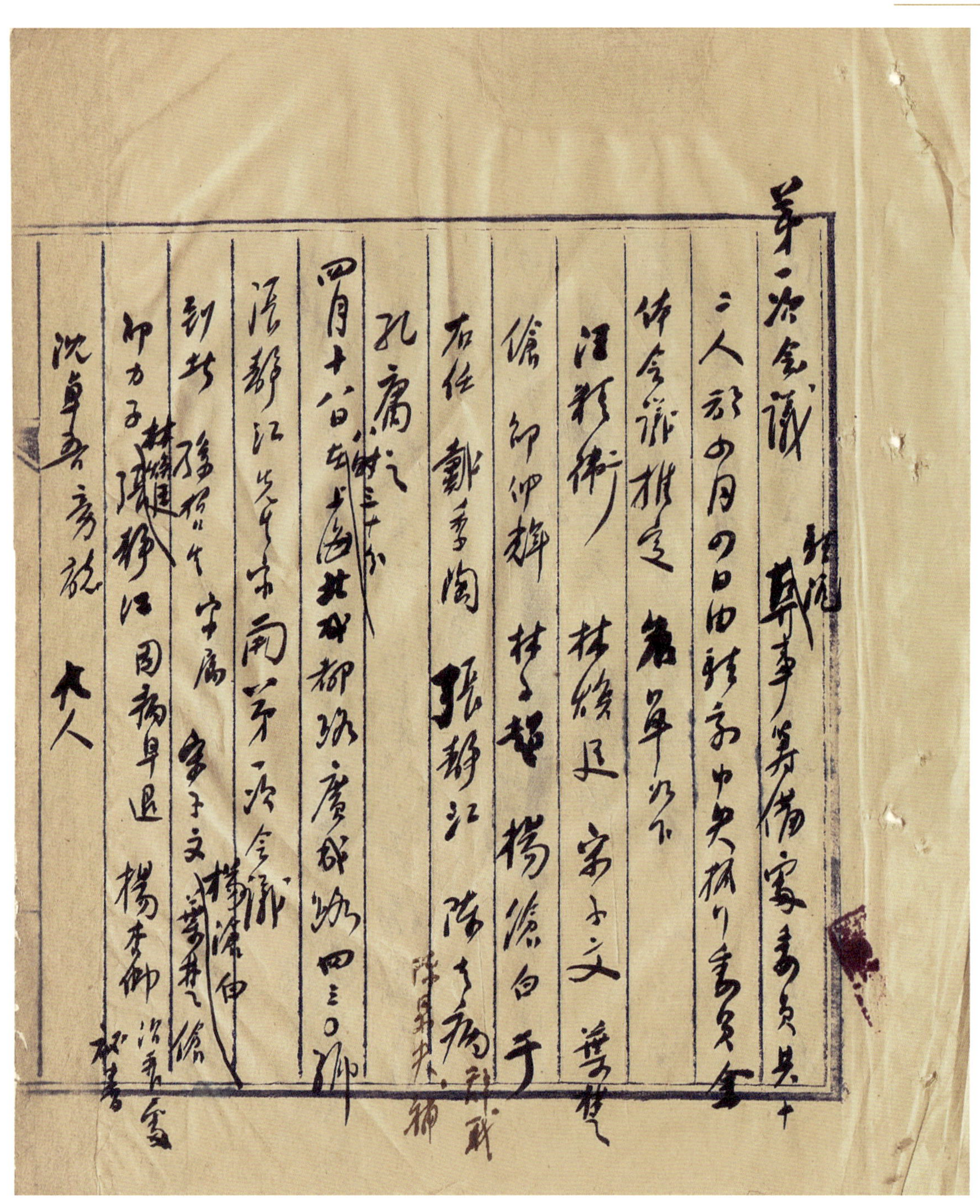

議決事項如下

(一)推定　宋子文　林森及葉楚傖三君為常務委員分別主持工程會計及文牘三部事務

(二)籌備處主任名稱易混淆改稱總幹事

(三)推定楊杏佛為葬事籌備處主任幹事負執行責任

(四)葬事經費[redacted]議定請由廣州政府月撥大洋五萬元存儲備用

(五)由籌備處名義電廣州政府交涉上述諸案

(六)推定宋子文代表全體委員赴粵接洽

洽

(七)籌備處辦事經費月定一千元

開辦費及特別費提出委員會

另議

(八)進行手續分為甲.決定地點　乙.測量

丙.定材料式樣　丁.徵求圖案

(九)進行日期定為

從五月十五至八月十五　徵求圖案

八月十五至九月十五　決定

九月十五日　動工

以一年為期

(十)消息報告及哀思錄由籌辦事務備

處員責編纂以三個月內編竣為限

（十）呈部徵求各地抗戰追悼紀念文獻事及相片等

筆記者　楊杏佛

出席者　楊庶堪

邵力子

林業明

葉楚傖

宋子文

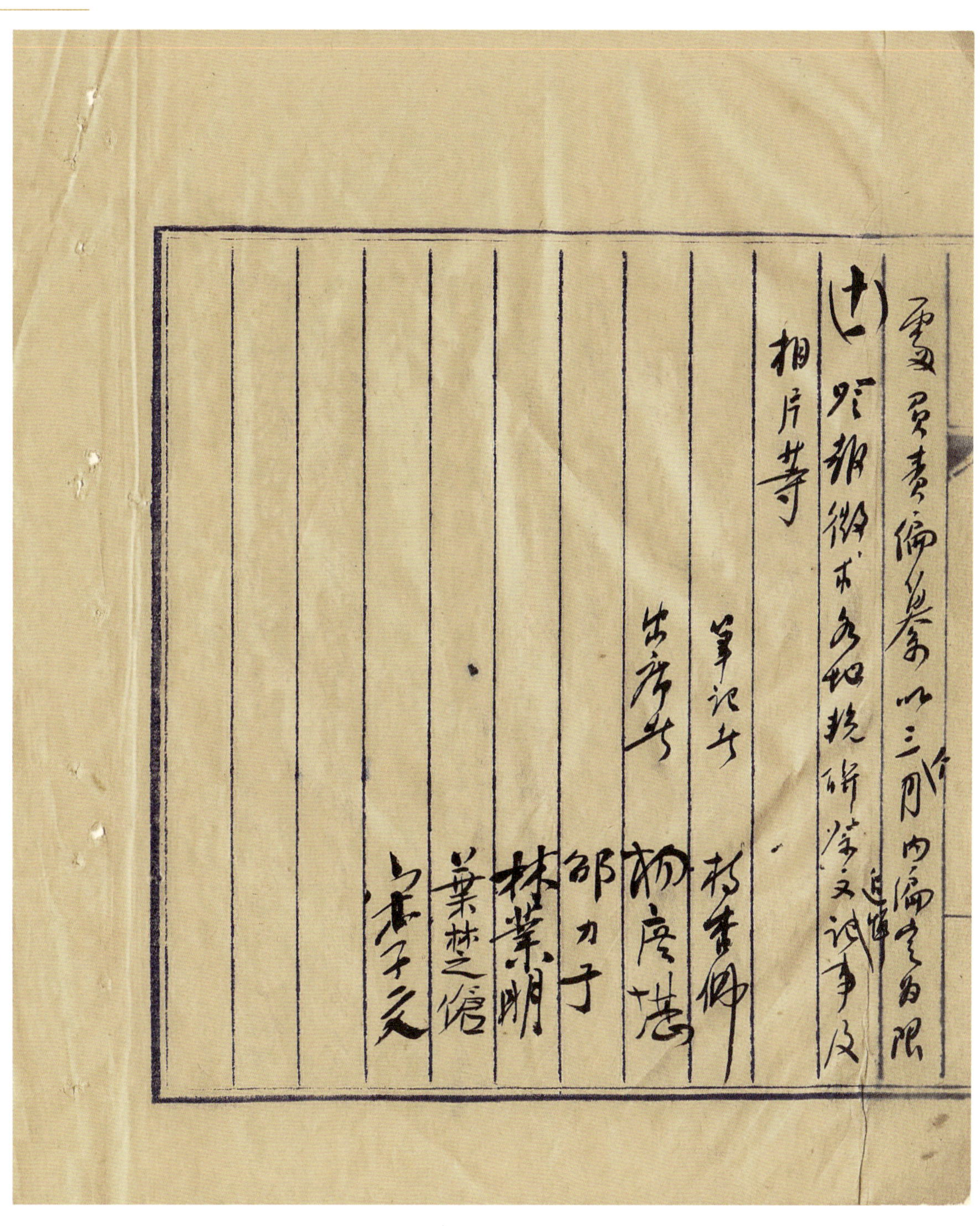

葬事籌備處第三次會議　四月廿六日晚八時三十分在華

剎愛路廿九號　出席者　楊滄白　宋子文　葉楚傖
偕　林煥廷　邵力子　孫哲生　楊杏佛

公推楊滄白先生為會議主席

（一）葉楚傖先生報告調查墓地經過　略

謂　先生擬葬紫金山消息即有孫姓來書

自云為廟山主人　願以山指出為葬地　後至南

京乃知廟山在明孝陵之西　且該孫並無所有權

亦有□□繼之　小茅山山半有兩山坡皆屬於

明陵　皆有林樹　个人之意以為墓應在山南公園

則宜包全山與後湖

孫哲生先生發言謂擇墓地有~~兩~~三點　（一）以安全

（二）交通便利為市民來祭之便　（三）墓之附近

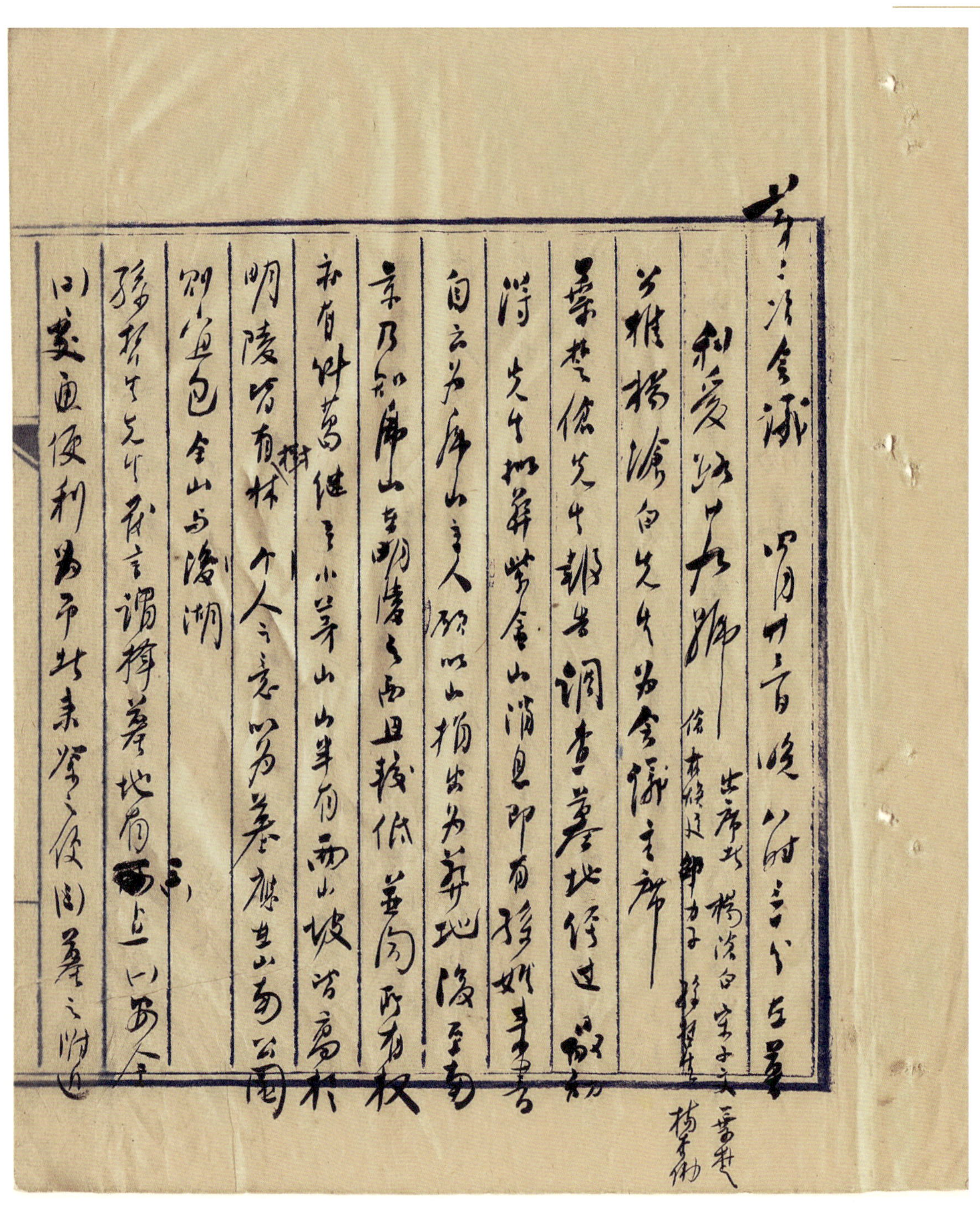

应有地数百亩以为建筑纪念品之用
林焕廷先生报告勘定左面东南地之经过谓
一日夫人与孙先生登小茅山夫人觉太低次
日更往山北由山顶至小茅山万福寺左山顶
曾见紫霞洞上有一平台以上只似颇可用
惟以山下望往路崎岖不易且面积太少
故不合用又云廖凤书君云先生从前曾
山头时必在明陵时指示在山角
孙哲生君谓葬处夫人谈为小茅山对
面今甚好惟觉太低最好择地在小茅山顶
但山顶在军事上有危险且为直捷要隘计
宜在近平阳处

葉楚傖先生言 夫人之意亦無須考慮不可使人
生疑更處建墓
孫哲生先生云前擇地宜派人向政府交涉
林煥廷先生謂可派廖鳳書[illegible]云得
去政府方面似不便出言 孫哲生先生云可由中[illegible]
備處函請特別市長協助
楊杏佛先生謂圈地宜包括紫金山全部山下則
以靈谷寺孝陵及城湯山大路[illegible]為界
衆同意 [illegible]
楊杏佛先生於接洽楊杏佛接洽圈地
事及測量繪圖等事 衆同意
楊滄白先生謂可請張靜江先生請集委員

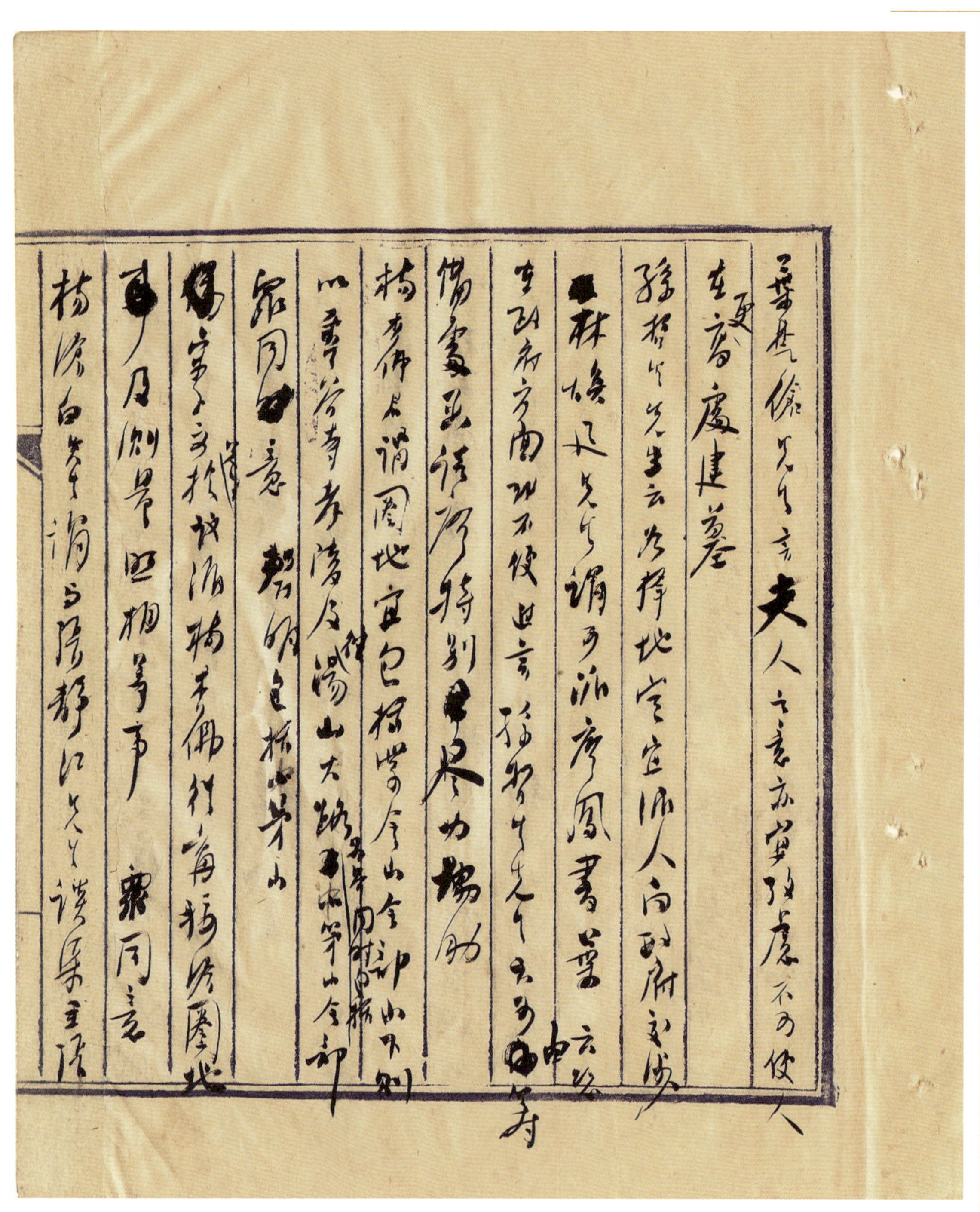

筹款购地定修纪念碑坊事由国府备
不特能愈早愈好　宋子文君云需钱至多八十万
捐措未足之数可以设法垫支迟日报答友
邦义举赞书告详后人　●
又以此上陈述及抄宋子文来电等情电覆
州政府并加详查
电报政府外省长官外机关　内务部通外
部及江苏省民政长赵县知事备案俾
立

算你好　林森佛

告诉人　杨寿措
宋子文

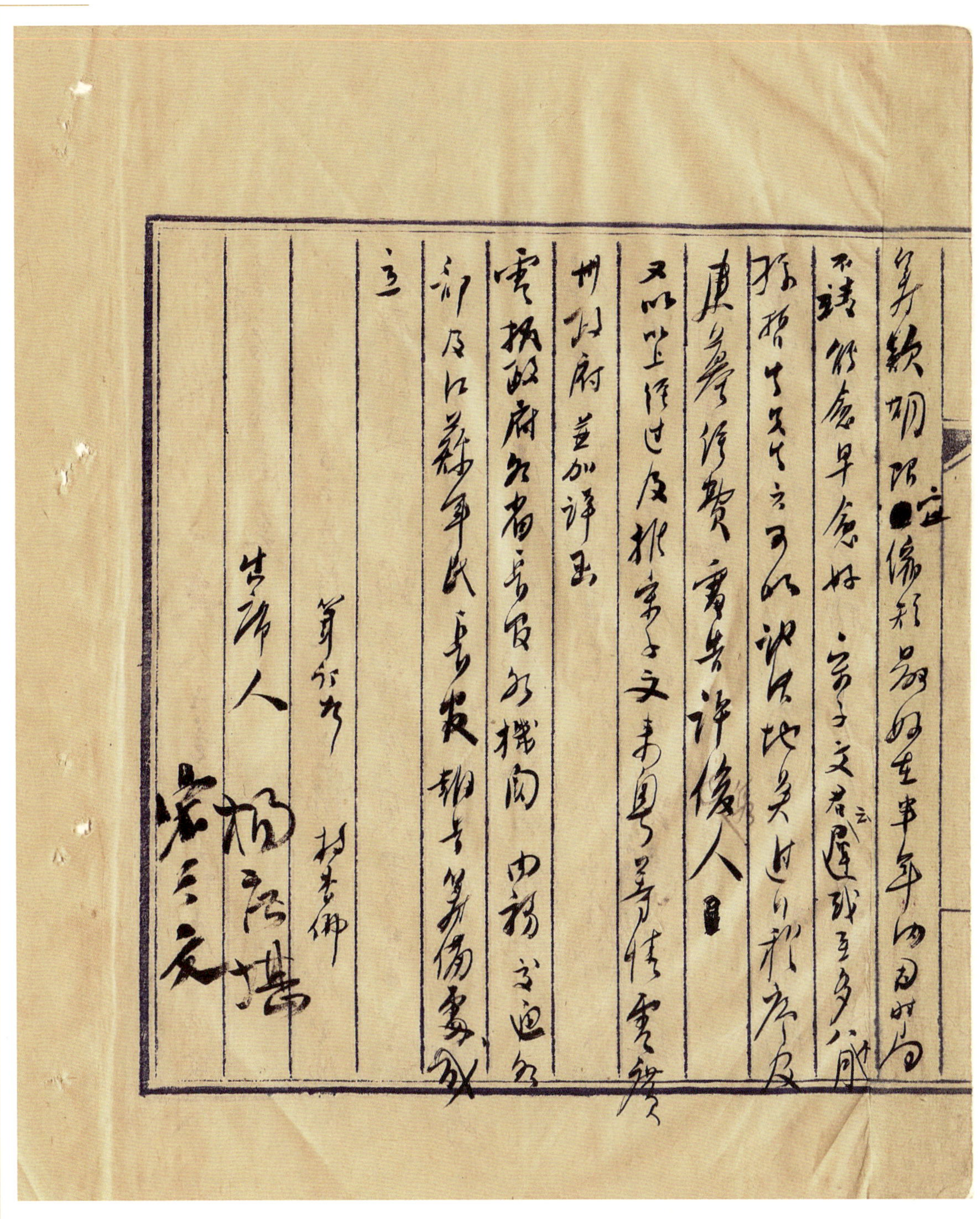

葉楚傖
林業明
邵力子

第三次會議記錄　四月三十下午八時至十二時一刻會於二十九號開會

出席者　楊庶堪　汪精衛　林業明　葉楚傖

孫哲生　家屬

公推楊滄白先生主席

林煥廷先生提出今日會議有二事應行討論

(一)現在籌備處已成立辦事處各職員薪水請酌定　(二)葬費保管問題擬請永安公司郭標君代管葬事存款所有籌得之款用葬事籌備處名義存放該公司需用款項時應

由本處委員一人家屬[族]代表一人共同簽字方能提
取以昭慎重
閱提第一案楊滄白先生謂職員薪水應以已經
規定籌備處每月經常費為支付標準
孫哲生先生略述現在籌備處各職員在京[津]館
支薪情形[redacted]
汪精衛先生謂前在京支薪原是津貼性質
並照定額支付
葉楚傖先生謂不要因加薪致超過原定之
預算 查照職員亦無支高額薪金者
討論結果決照各職員在北京時原額支薪
閱提第二案　衆贊成鄧標君代為保管存

款同時議定將來提款簽字時委員方面由
林煥廷君代表宗族方面由孫哲生君代表如
林孫二君有事故時得各自擇人代理但須同
時報告本委員會
上述第二案決定除應由會函致郭標君懇請
担任保管存款之責及說明提存款項辦
法另專函粵政府當局胡展堂許汝為廖
仲凱古湘芹鄧澤如諸先生報告存款提
款手續
衆議現在籌事已着手進行應定之各種辦事
規則如委員會組織規則幹事辦事細則等
推定葉楚傖先生起草交委員會通過

汪精卫先生提议委员会开会时以留沪委员过半数得举行之藉以救济流会之弊

众赞成

又委员可否派人代表议决 常务委员得派他委员代理职务

孙哲生先生提议 汪先生日间赴粤请汪先生抵粤后向当局接洽 切实筹款拟请粤政府指定每月收入确定之税款划充葬费务请能于短期内拨妥的款俾便动工

汪先生允回粤后极力设法

临时笔记者 陈紐永

楊庶堪

汪精衛

戴季陶

林業明

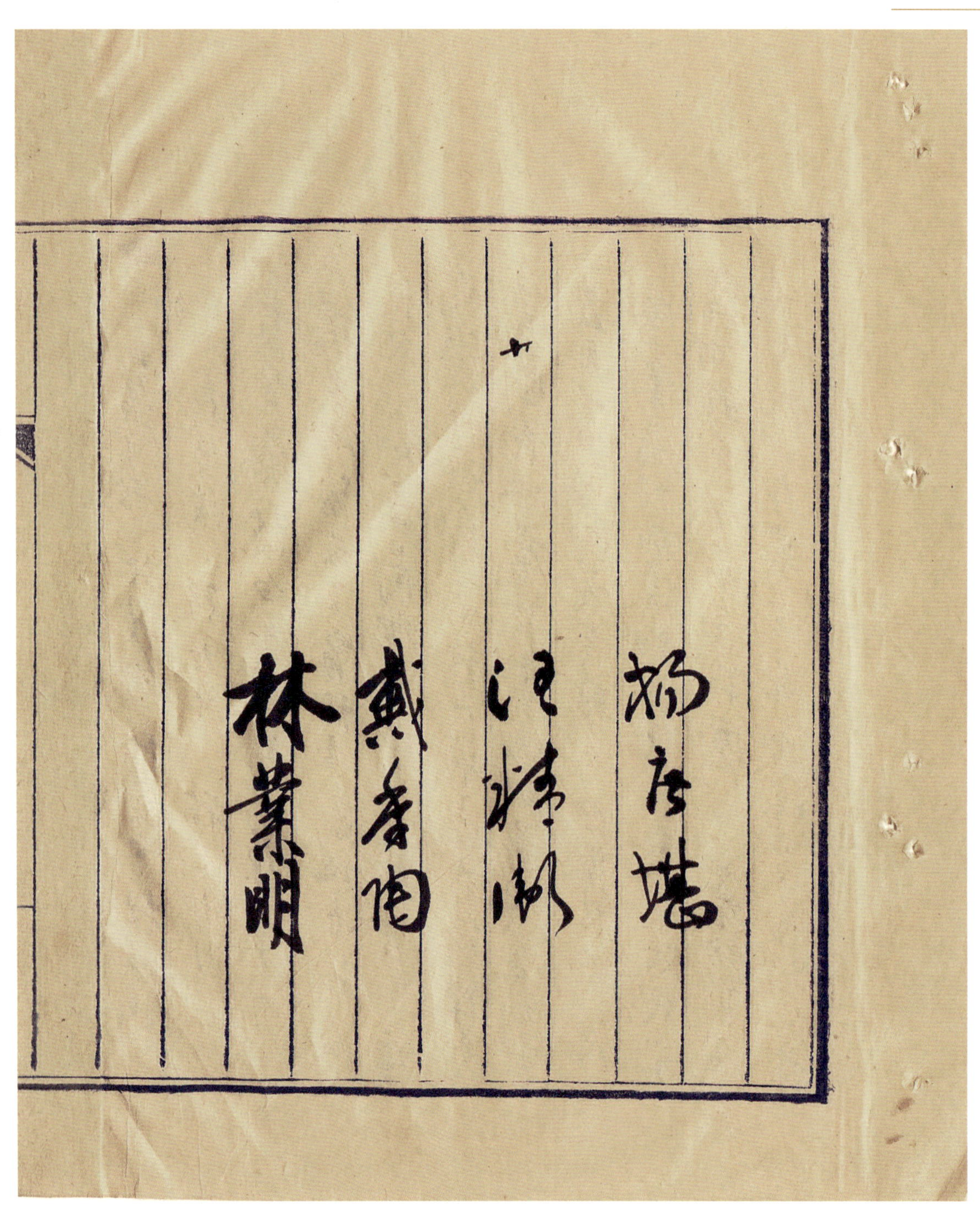

第四次會議　共和客棧廿九號
五月初二日晚前半

一、出席者　汪精衛　楊滄白　林煥廷
邵元冲
戴季陶　孫哲生　楊杏佛

（一）推定楊滄白先生為主席

（二）楊杏佛報告至寧調查園地情形及
範圍　廿三十日同許委員光擇看廬
措辦情形，韓該路特造林場除外
及其圍民地，盧縣長力協助並派局測量
五月一日同測量員魏君與傳技師及
實業廳特派員劉君同觀察墓地並
畫新及宜測量範圍　墓地範圍
內包括農會造林場及民地三種

收買圍地須候浙省長來擬請推定專員辦理

（三）推定孫哲生先生代表家屬陳佩忍先生代表委員會担任圍地事務

（四）孫哲生先生發言謂將來徵求墓式圖案須有獎金宋子文君曾請赫門担任建築顧問張生鼓獎五百元似太少宋子文之原頭獎三仟元須精術業獎[redacted]之獎金全額五千元只分配為

頭獎　二千元至三千元

二獎　一千元至一千五百元

三獎　五百元至一千元

照同意

孫哲生謂赫門之居應徵者不必限定建築

昨審查美術家參加應徵[illegible]

筆記者 楊杏佛

出席人

柳[illegible]堪

戴季陶

汪精衛

邵力子

林業明

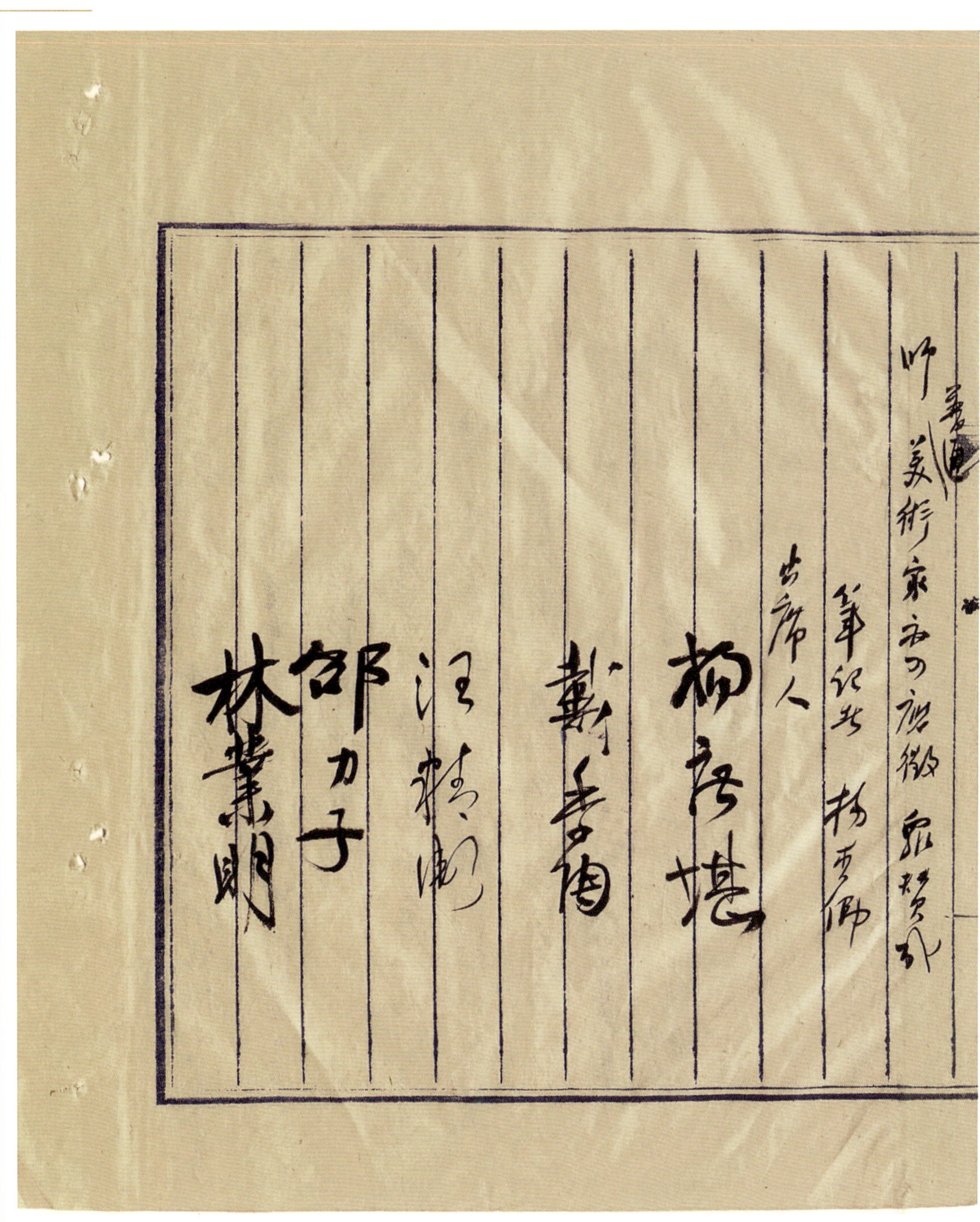

第五次會議　在成都路廣仁里張靜江先生寓

五月十三日晚八時半

出席者　張靜江　林煥廷　鄧力子

孫哲生　楊杏佛

(一) 推定鄧力子先生主席

(二) 議定用陵墓及祭堂兩名稱

(三) 通過[redacted]徵求陵墓圖案條例

(四) 加請獎之應徵者在實際上如無需用時得不採

概任監工者委員會自由決定（十條）又如需採用（雖封）

(五) 請孫哲生先生將所得獎金五千元撥

存銀行以昭大信　該款由委員會函

託新衡先生轉撥川委員會請先匯出

千元來滬備獎金用

(六)通過廣告稿
(七)墓地測繪費三百六十元議決
即日匯寄
(八)孫哲生先生緝昔電分鄭省長
針對秀商園地事先決定界
稍自晚車赴寧先至鄭省長處
(九)陳佩忍先生來函請楊杏佛答復

筆錄　楊杏佛

出席人　邵力子
張人傑
林業明

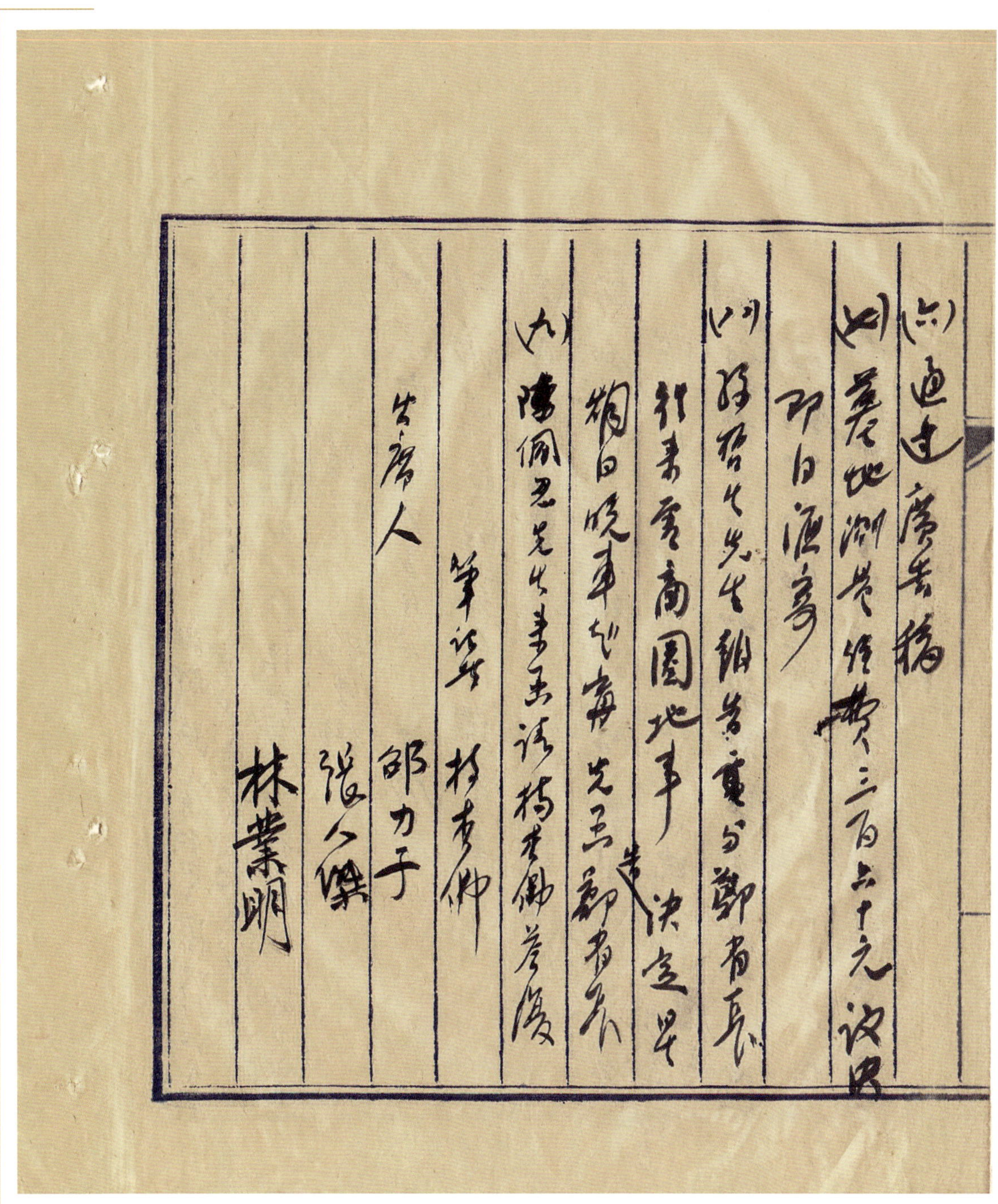

第六次會議 四五號

七月十二日下午六時

到者 戴季陶 葉楚傖 林業明 楊杏佛

記錄 楊杏佛

出席人 戴季陶 葉楚傖 林業明

主席 葉楚傖先生

(一)由楊杏佛報告出席[illegible]代表[illegible]

(二)討論關收農業會造林場地條件

議決

(一)地上林木等件利益原屬于農業會及造林場者自本會未領用該地以前一切[illegible]照舊

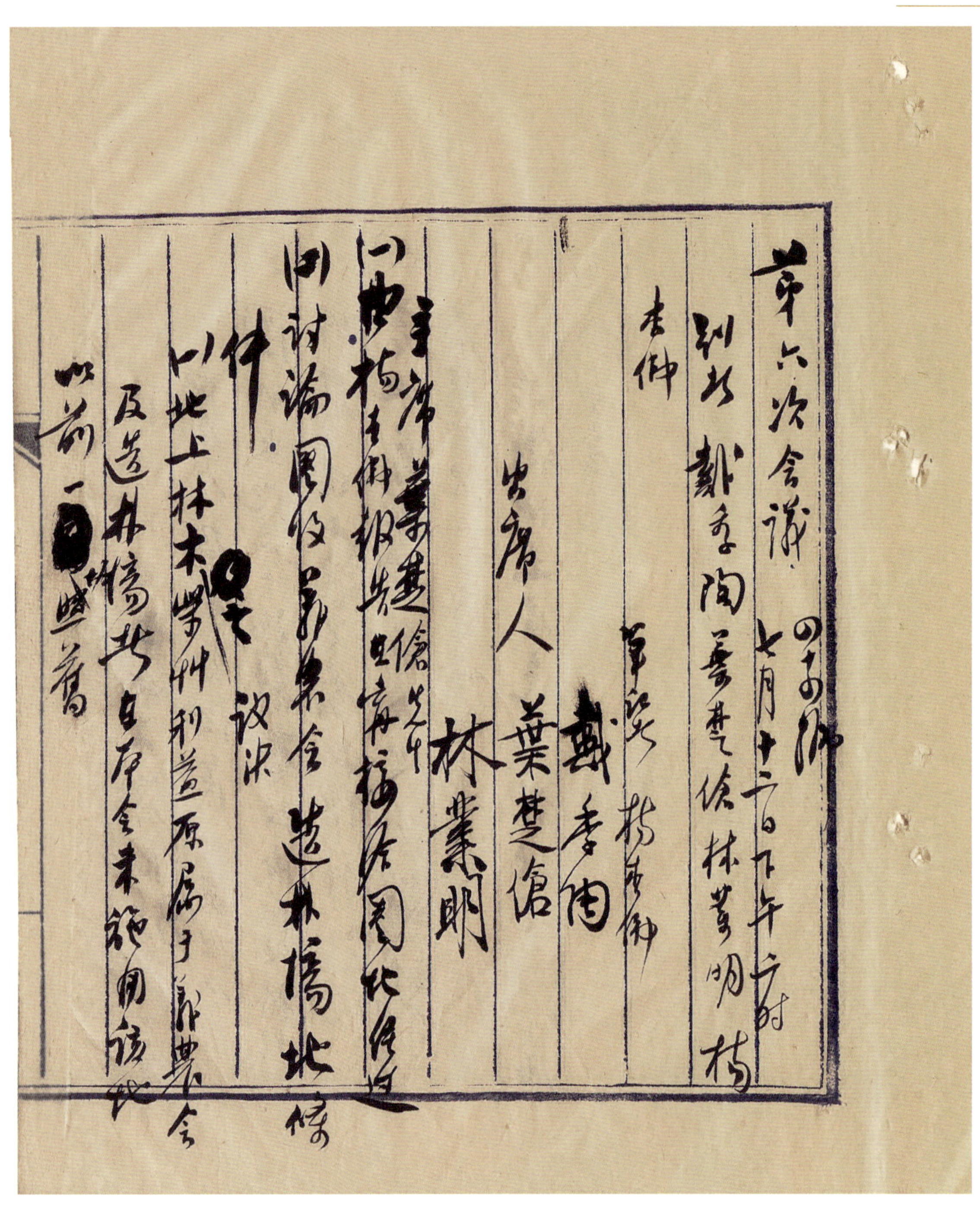

（二）園于園地範圍內之林木管
理事項在本會未徵用後代以前
由本會及原有律園公共担負
（三）園內民地請江蘇省政府担任執行
經費由籌委會撥付
（四）墓地葬樣劃分陵墓之計劃
俟下次會議再定辦法
五、遞送職仲之居先術保證金分入廠
擬者年

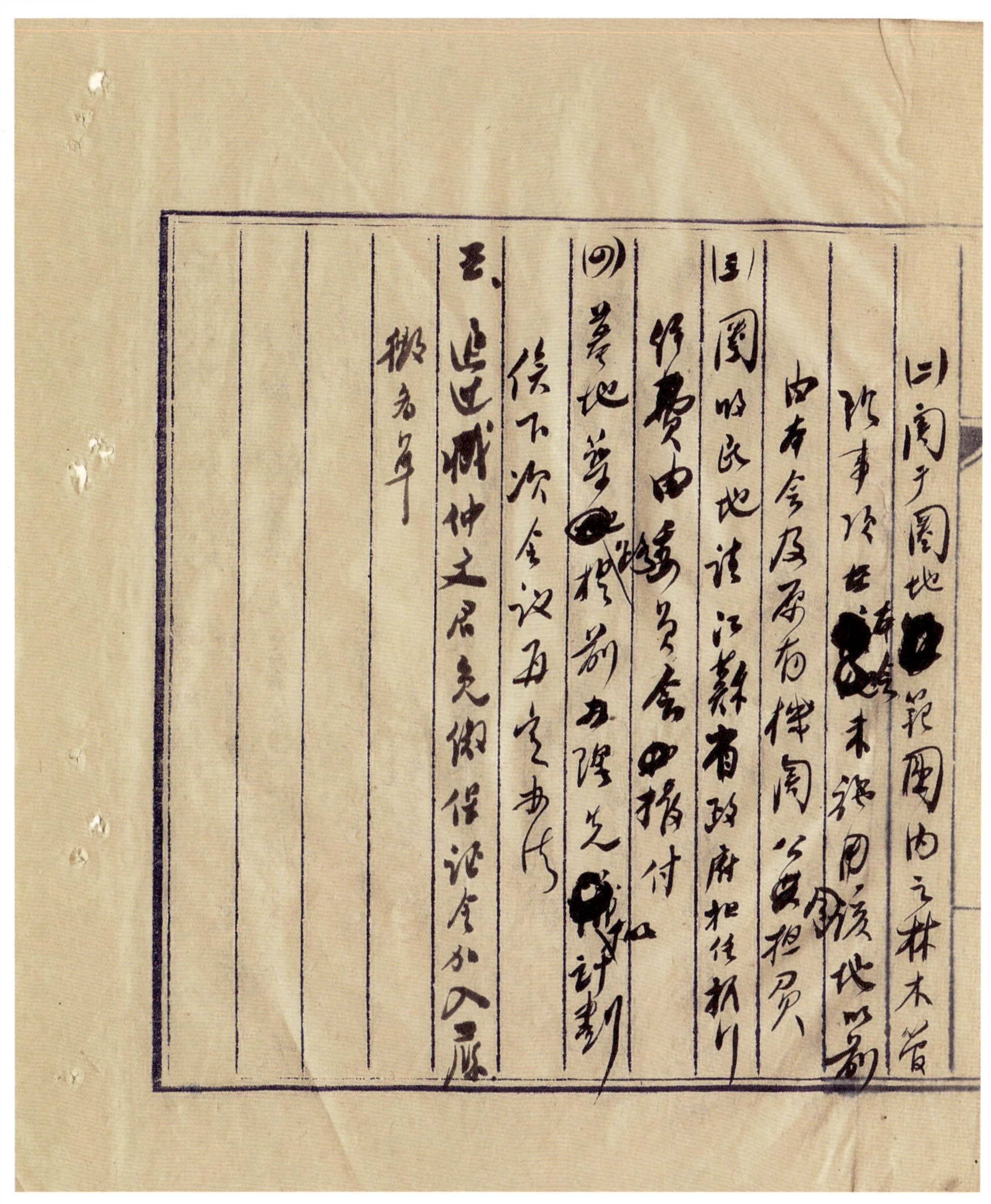

第七次會議　張定　七月廿九日

出席人　張靜江

葉楚傖

林業明

孫哲生先生報告七月二十五止已收大洋十萬五千元已匯滬者一萬元之餘款存粵中央銀行隨時可提

用匯滬之一萬元應如何支付

決定　交郭標保存依原議案由委員會代表家族代表各一人簽支

孫哲生先生續報告所少三十九萬五千元已由政府指定每月印花

税收入項內撥付，自大約八个月可

撥齊」。圖案徵集，掛号應徵

共已有十餘人，八月底截止。

決定　就南京找從築馬延俊工程師前

始建築路，王委托[redacted]主任在寧

辦理測量佈綫等事。

決定　委員辦公時間下午二時至

一　三時。

孫哲生先生報告總理銅像事，有捷

克斯拉夫人高紀願以全力担任

此事，惟先須赴北京摹石膏

像，務月內當可成完，即祭堂內

並擬造一大理石造像

決定　請楊杏佛先生專辦總葬

事委開東大章二麻煩事

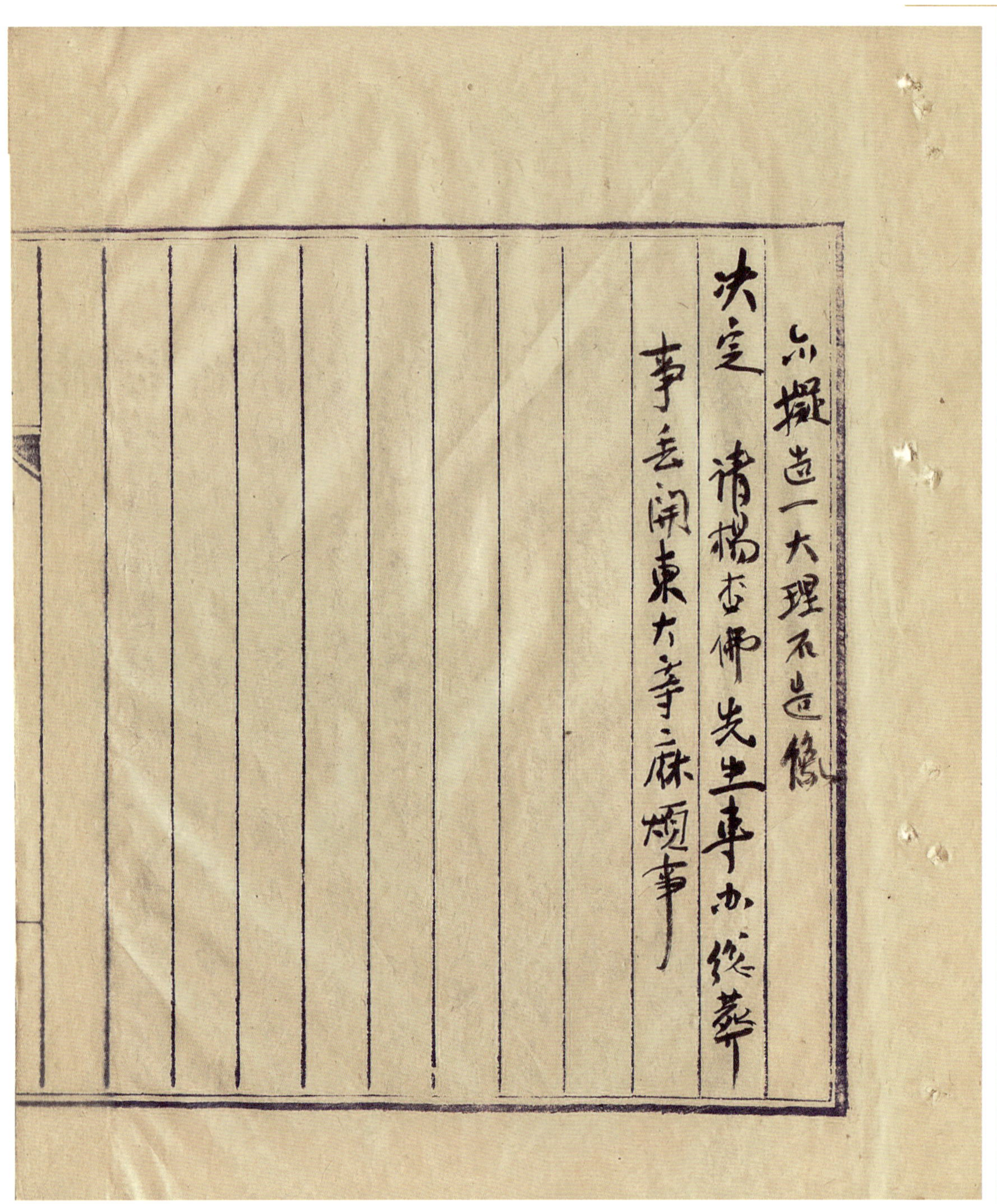

第八次會議　十月十六日下午四時

到者　陳佩忍　林煥廷　葉楚傖

以楊杏佛翔書　林煥廷　者分擔

[redacted]行　即用公款　即用此項款用於將來

商[redacted]　委員會決定答復如下

陳請國府[redacted]由內政部及省

長指定辦爲中山先生墓地及陵園

之用　並樹之界石　並[redacted]妥備存　政外慮

將建墓墓路需用之地　故先行

指用　俾易于措以進行　至未用部份

候總用必要之時再[redacted]由原有機關[redacted]商

定指用[redacted]續辦法

(二)圍牆瓦地等總由該會與亞土坊
承做今江寧縣知事辦理由委
員會備價(B)請廖鳳書儲蘭
暨孫理楷吳蔭曾田緯甫耕仍繼之
為圍牆瓦地委員由黃事
委員與亞土坊委員會商定
(三)預備界碑青石料每塊一元五角用
作為三合土每塊二元五角
(四)馬路工程現由工程局估價
(五)中山先生名作商標於啟明報
啟明書局及委員無涉

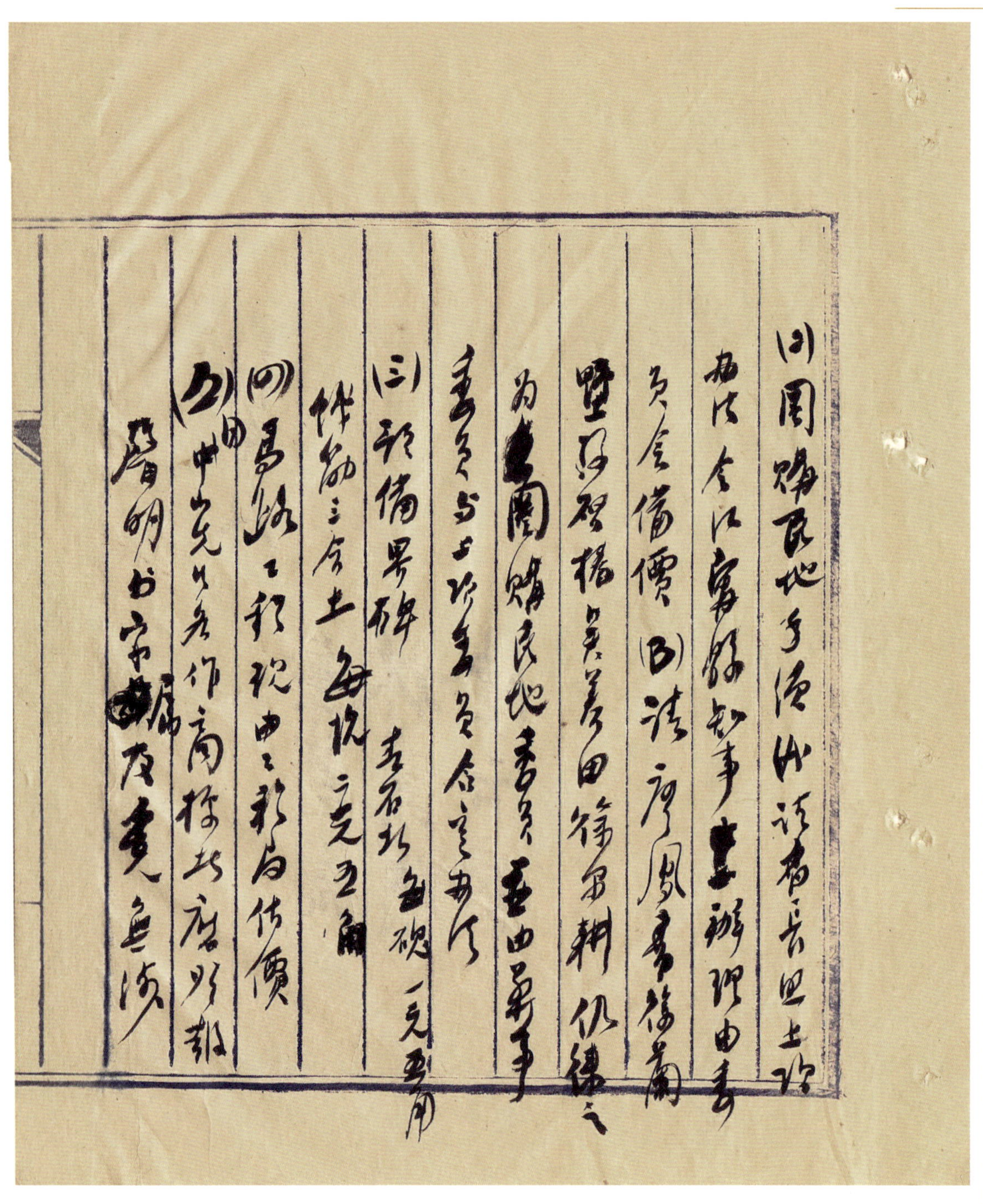

筆記者　楊杏佛

列席人

葉楚傖

林業明

陳去病

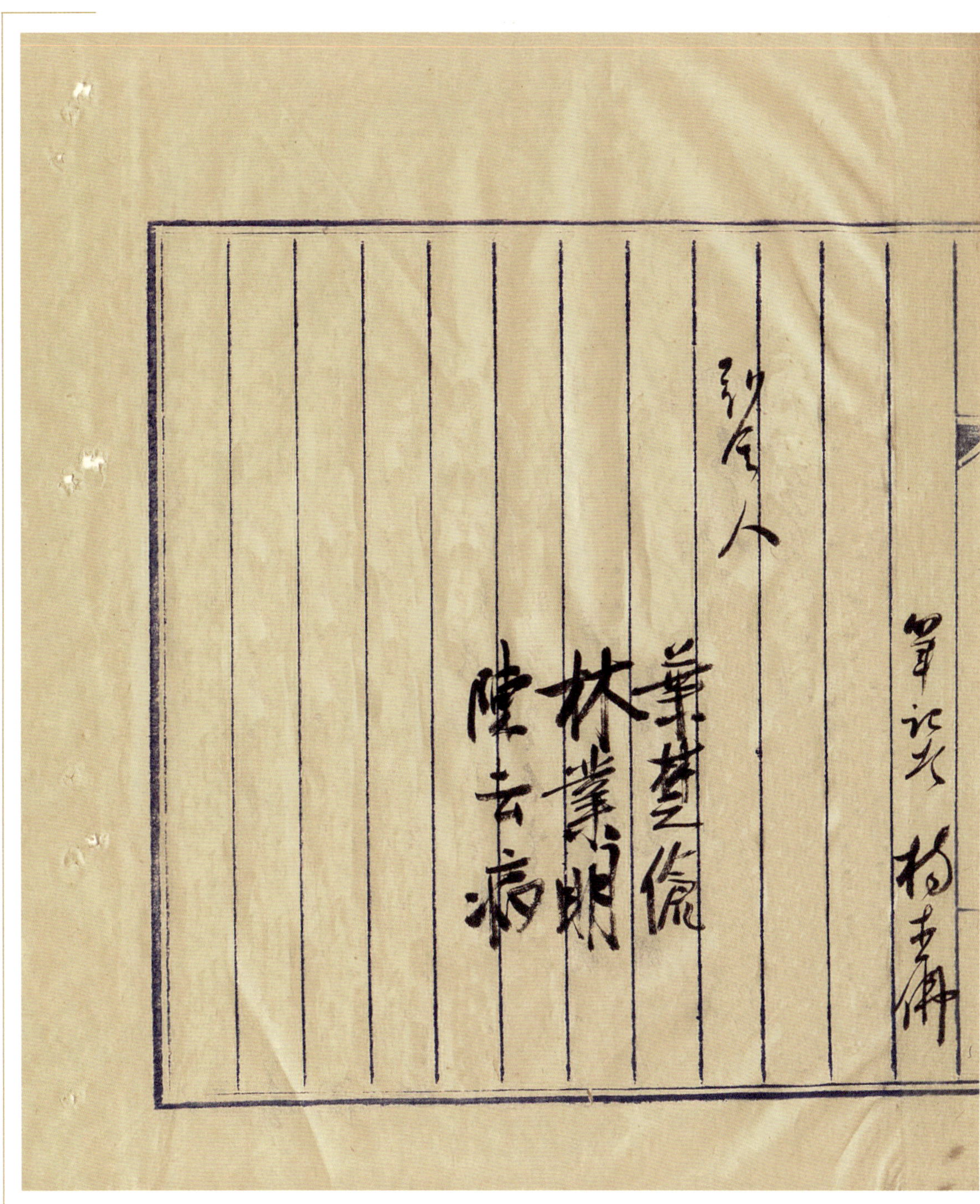

十四年八月二十四日第九次委員会

到會人　張靜江　陳去病　葉楚傖　林業明

書記　葉楚傖

一、孫哲生先生提議（一）滙一萬元交孔庸之清理北京喪事中欠款，内欠款約六七千元，衛士等欠薪（已由中法大学墊出）約一千元，其他需要約一萬元；（二）銅棺已由美商運到，前三星期看过，夫人頗合意，該棺價一萬五千兩，此款須即支出。以上兩項請委員会通过。

一、林委員煥庭主張函宋子文委員（原存中央銀行九萬五千元現收海外捐廣東款十萬元）擬將該款扣兑兩方抵賬，免多滙兑周折、[redacted]

一、林委員提議加聘陳佩忍委員擔任編輯總理言思錄，月薪照陳劍如，並請其兼任常務委員

一、大洲公司報告應繳入要求圖案截止揭曉展期一月或半月事

決議

一、決滙一萬元交孔庸之先生清理喪事及衛霦用費

一、撥一萬五千兩購美商運來之

銅柩

一、依照提議函宋委員由塘生先生回粵辦理

一、照原提議通過月薪弍百元並添一常務委員額請陳委員兼任

一、函如日決展兩星期

一、由沪執行部函北京執行部告知華僑同志黃伯耀等募捐建築　總理銅像於北京事請其就近接洽指導並説明同志募捐應經党部稽核覈助之必要（其建築程式等須經　總理

家族及葬事筹备处之同意

一、函请中央核准在永久纪念委员会未成立以前其职权交由葬事筹备处暂代

第十次会议　九月初八日　在莫利爱路廿九号

到者　孔庸之　叶楚伧　林焕廷

孙哲生　戴季陶　邵力子

主席　叶楚伧先生

(一)报告

杨杏佛报告筹备葬事经过

甲(1)墓地测量　九月初三日测完十五日成图(2)公地圈椿者今已下令十五日会同县知事主管在

(3)圈划民地已经部委员会将来拟请县知事作为造册委员会办理(4)等第等年洲马路钱已定

(二)議案

估價由萬元至七千元 大約六千元可敷

1. 測量製圖費加一百七十八元 通過

2. 十三首至公地界石由籌備處代表會同古應及機關辦理

3. 圍牆民地擬由揚委會籌備 先收馬路經過必要之地
等第分四等 一、三十餘元 二、廿餘元 三、十餘元 四、十元
共約一千畝 價約二萬元

4. 鄰近陵墓擬設立民地徵價以後由籌備處核價通知民代補金以二成為限(至相當時機再發表)
凡當之先行代議飭民眾聯絡感情 均通過

5. 墓界內之民墳 擬統籌辦移留

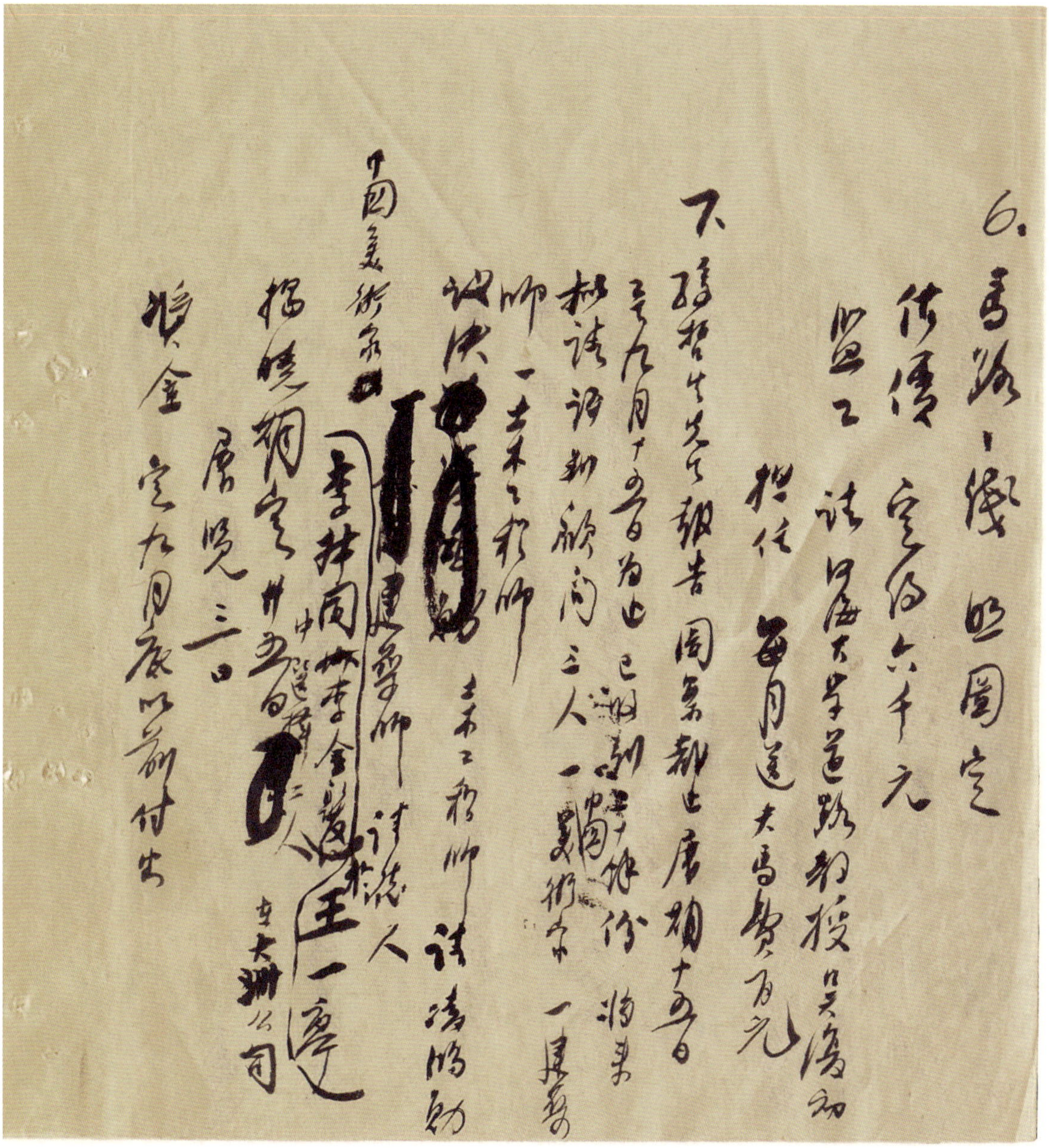

6. 青路、墩 照图定
付价 定洋六千元
监工 请上海大学道路教授吴[illegible]初担任 每月送夫马费[illegible]百元
丁 请哲生先生报告 图案都由唐桐十五日
至九月十五日为止 已收到[illegible]件 将来
拟请评判顾问三人 一中国美术家 一建筑
师 一土木工程师
决议 聘 建筑师 [illegible]
土木工程师 请凌鸿勋
中国美术家 李[illegible] 林风眠 李金发 王一亭
中选者二人 [illegible]大洲公司
[illegible] 定廿五日
展览三日
奖金 定九月底以前付出

8、決定設葬事籌備處南京事務所

其公費共約每月壹佰元

9、總理哀思錄內各目錄照抄寄北

筆記者 楊杏佛

列席人

孔祥熙

葉楚傖

邵力子

林業明

戴季陶

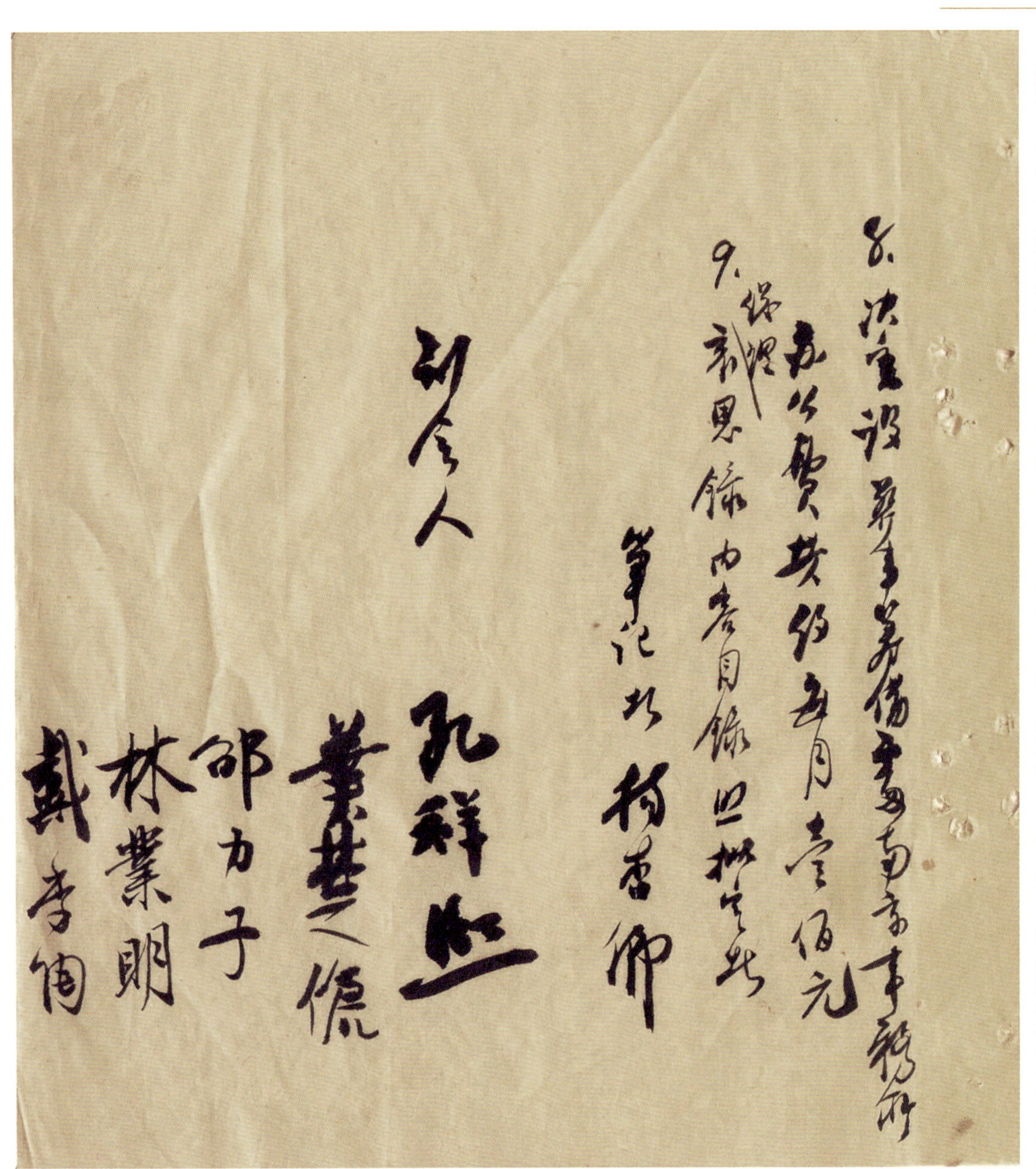

第十一次會議 九月二十日 下午二時 在四川路[redacted]

到會者 孫家夫人 孫哲生及夫人[redacted]

林業明 葉楚傖 孫[illegible] 陳佩忍

主席 孫哲生先生

（一）楊杏佛報告評判顧問之評判結果

附

（二）孫哲生先生說明各圖案之意見 附

亞之缺點 墓在堂之后向後 光線

不足 頂太華麗 其次近于宮殿式

卍 對于萬歲之地位極佳 Liberty 完全中

國式無新意

（三）討論 獎項第一二兩獎似皆一致 將第三

獎有五 Liberty 有五 博愛宗有五 天下大同亦有

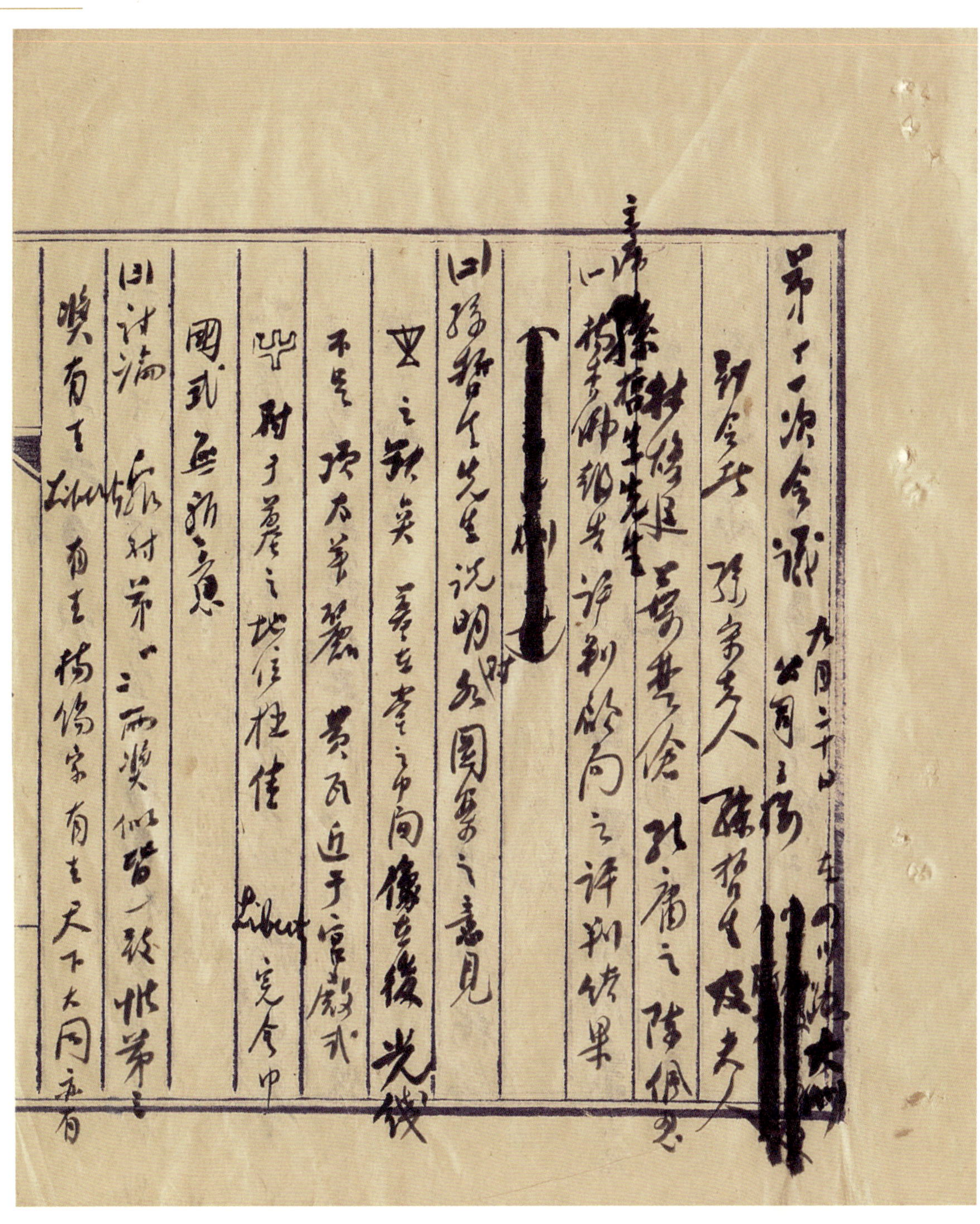

主席 [illegible] 書 [illegible] 去解決定

孫哲生先生謂：款不宜專用於陵墓，當用於

紀念圖書館 [illegible] 式由太平 [illegible]

孔庸之先生 [illegible] 向南方募捐建築

以紀念建築于國人，以共同紀念館

理之機會

葉楚傖先生提議第三費歸楊錦

宋君 陳佩忍君附議 衆贊成

決議 [illegible] 湯資格 中 [illegible] 楊錦家 [illegible]

參考資格 [illegible] 南恩忻 天下大同

(四) (二) [illegible]

(四) 討論 [illegible] 前 [illegible] 期 [illegible]

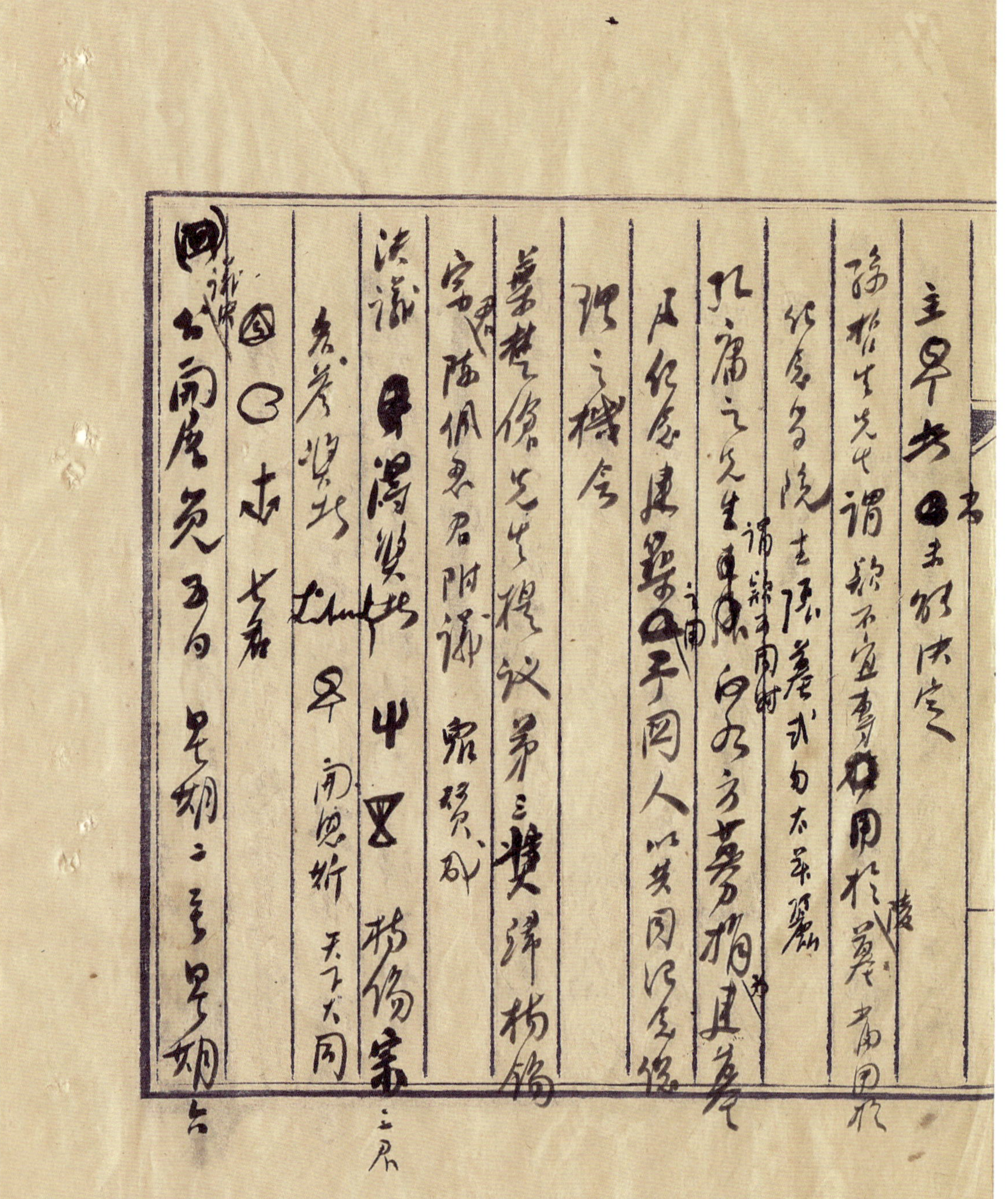

每日下午二时至六时　廣告中行
　民國　商务報

函孙哲生先生提议征印陵墓图案
　小册

又按议关于征求图案等事由赫
司君协助极多应由委员会去函
道谢　中文信附简单译文　并致送

少領　看秘书处批
大洲公司借陈等事如何办

谢商询赫司君　均通过

得奖者均用函通知　通过

未得奖者送缮理遗稿及工作

男不加运费照办

墓赐民地委员会加请陵墓两君为

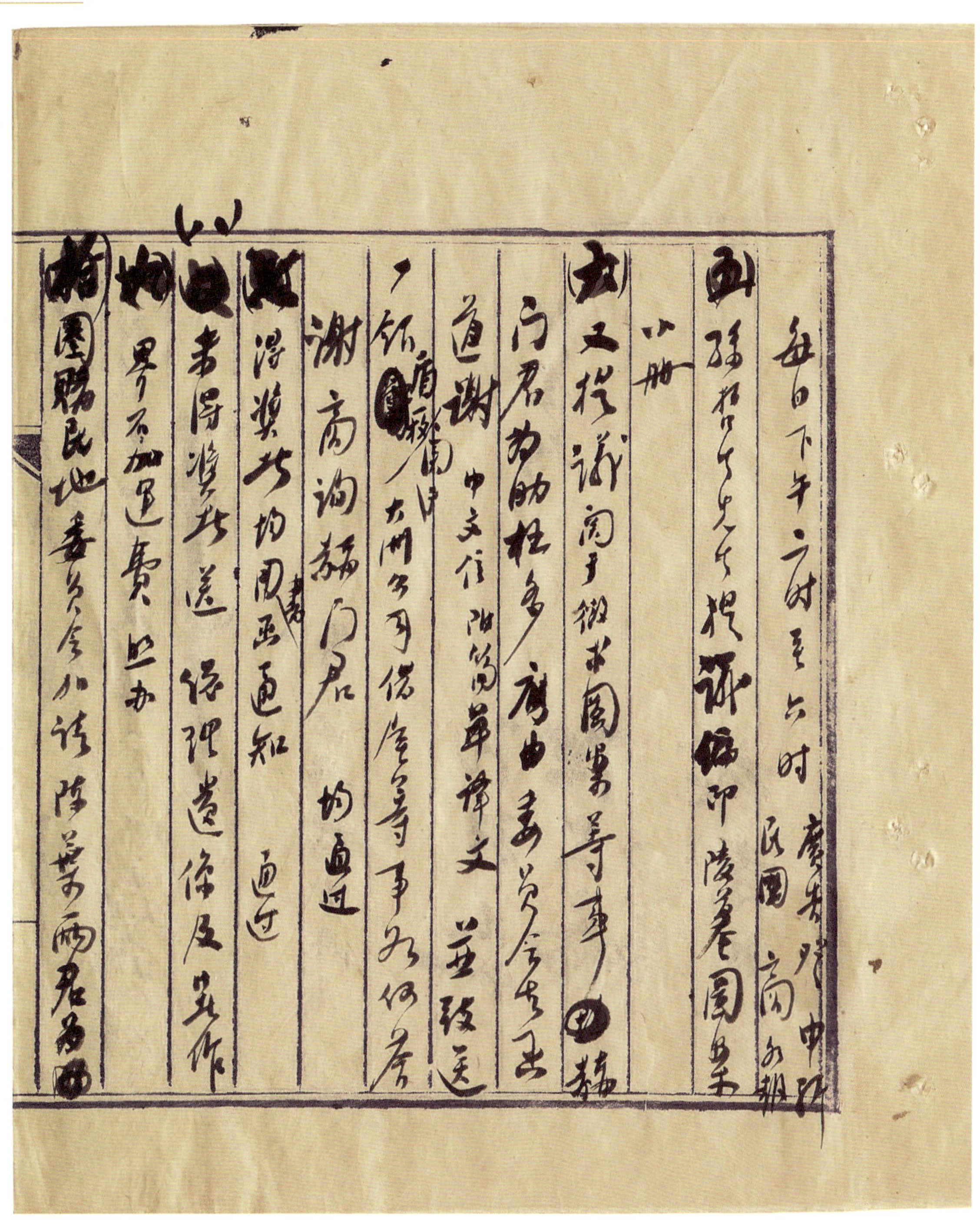

只調查員及助理月送車馬費三十元

改請王知事及張曾馨為委員（周陽民也）

[illegible]

籌議共 楊杏佛

孔祥熙

陳去病

葉楚傖

林業明

劉念北

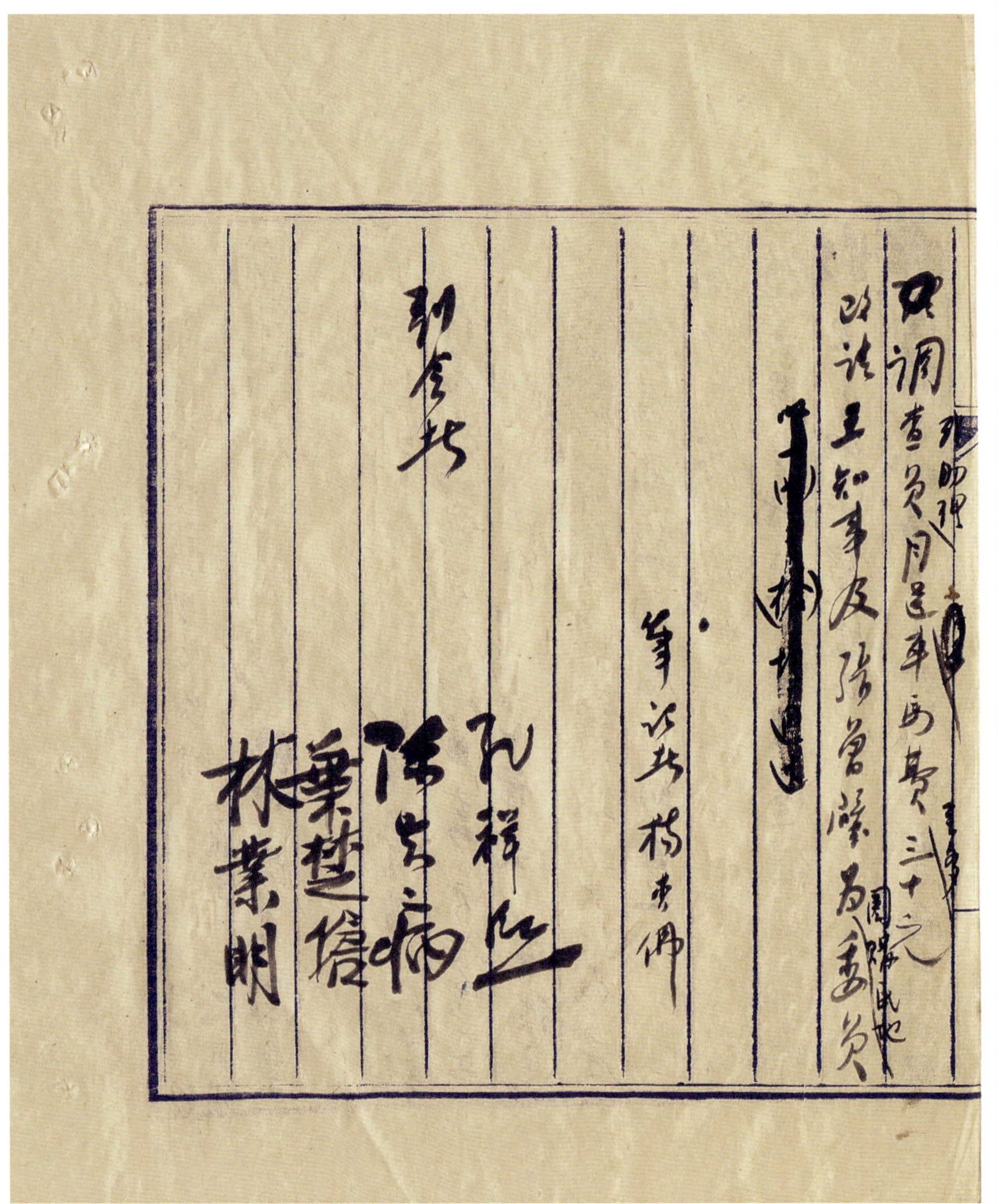

第十二次会议 在[illegible]路静江先生宅 九月廿七日下午四时

到者 张静江 孔庸之 叶楚伧 林焕廷

邓泽如 林子超 孙哲生

(一)由到会人详细审查第一、二奖图案

(二)推定张静江先生主席

(三)采用何种图案 静江先生提议采用

第一奖图案 邓赞成

(四)建筑师问题 孙哲生先生说明设有两 建筑师对于程

办法(一)监工(二)包工 据吕君意见由建筑师

包工 讨论结果张静江孔庸之孙哲生先生

等均主张监工与包工应分开 林子超先生

主张投标时得标者不必定归当价最廉

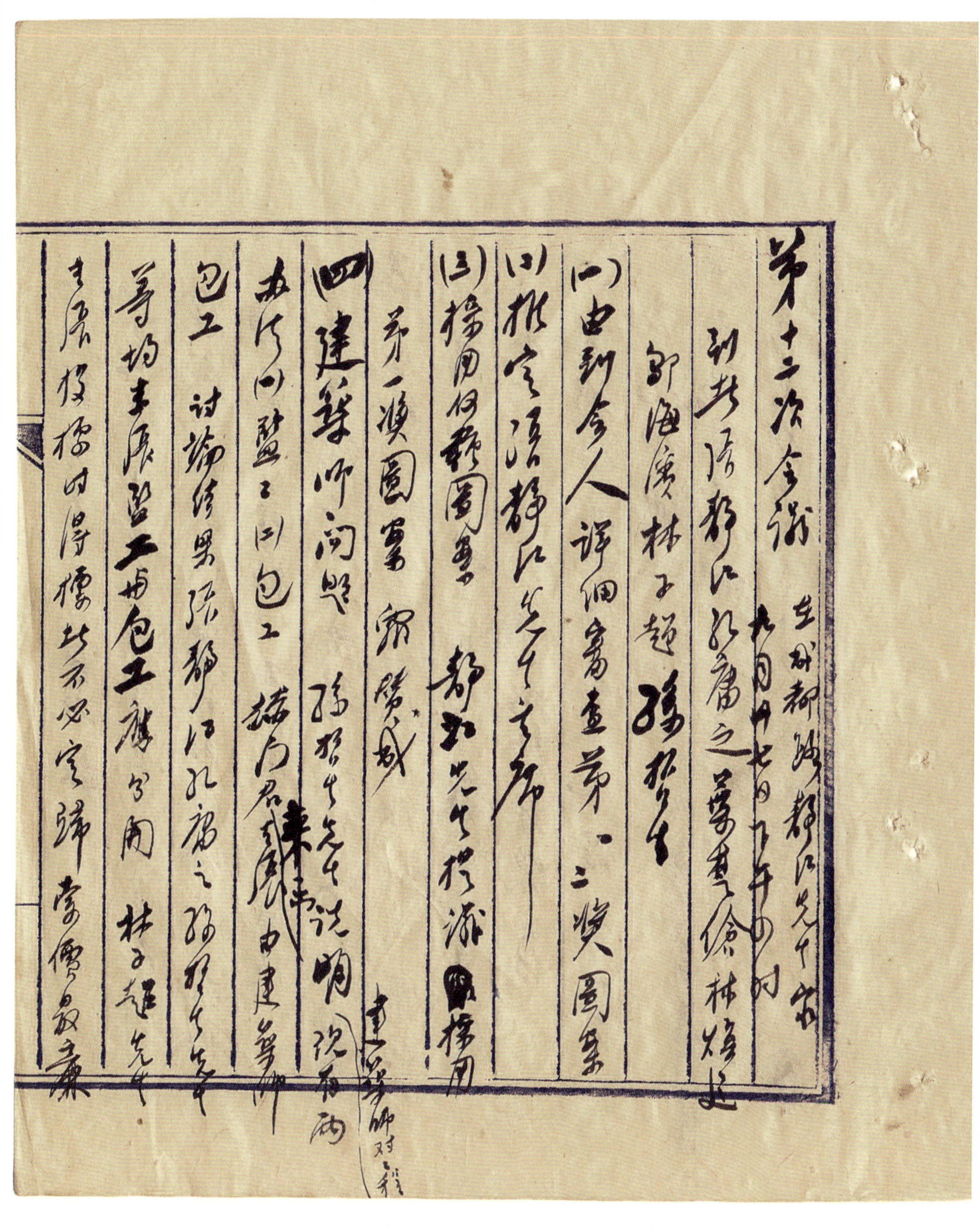

者以防资本小之工厂投机
决定得有资之吕彦直君为建筑师
且用工程兼请广州政府派一工程师
为监工工程师 工程则用投标法
叶楚伧先生谓工程应保险 众同意
(五)马路工程合同由杨杏佛相当众照
原议通过 林子超先生提议将来须
用水门汀路 众赞成 拨款即后支付
(六)事务所开办费三百元 经常费每月
百元均通过 杨杏佛相当[redacted]
(七)马路监工员拟请附近村长数人担任
月送夫马六元至十元 张经地方政府

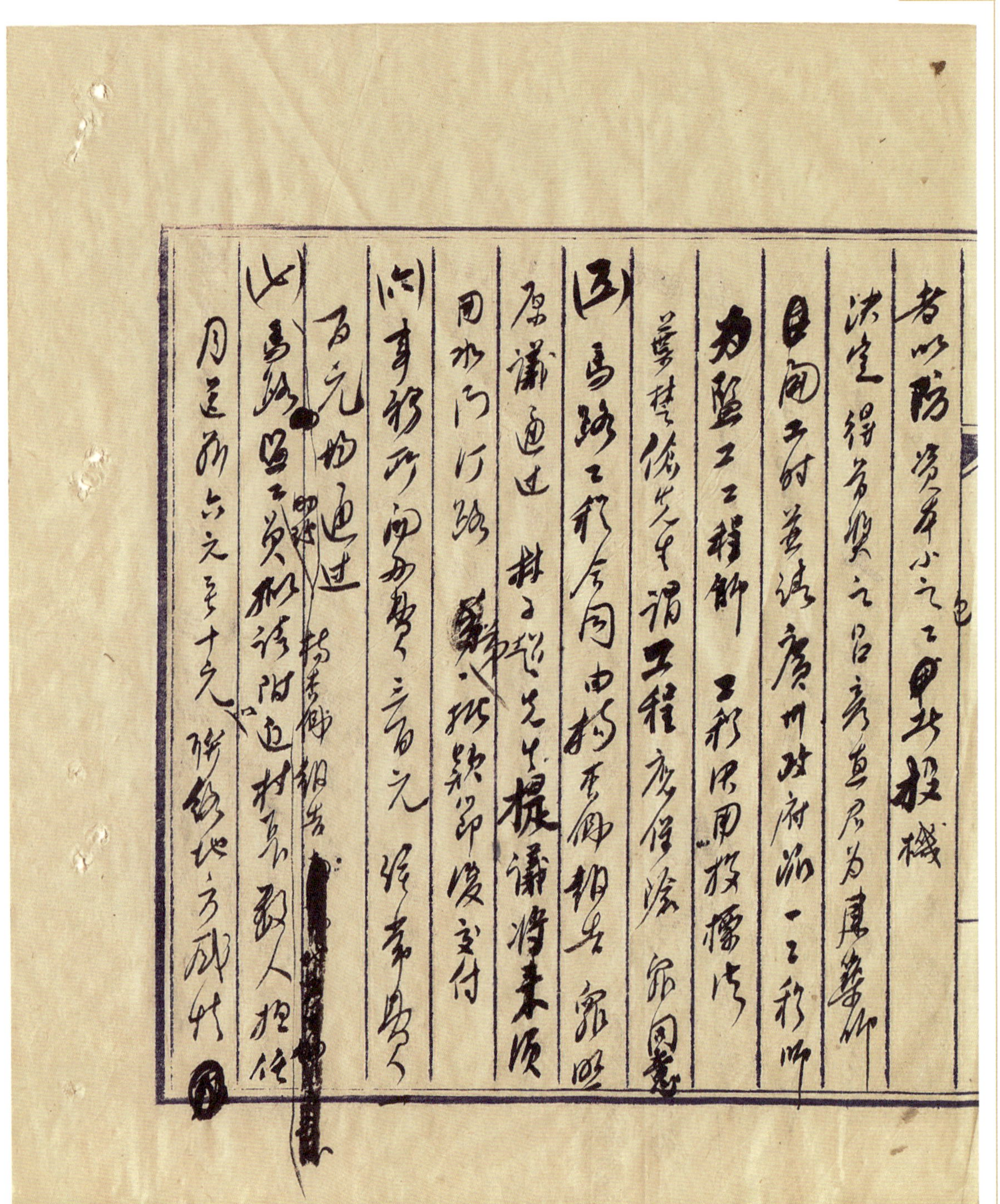

通过

以该砂费买树之存余款共约百元

[illegible]通过

笔记者 杨春卿

出席人

林森

孔祥熙

叶楚伧

孙科

林业明

陈佩忍 楚伧代

第十三次会议　十月十三日晚八时半

莫刘芦隐　杨杏佛

到者　孙哲生　叶楚伧　林焕廷　陈

佩忍

主席　推定叶楚伧君

（一）建筑师及建筑费预算

孙哲生君报告建筑师吕君预算

分祭堂及墓屋与围墙及石级两大

部份　第一部份三十四万一千两

第二部份十三万余

大门一万余两

总数约五十余万两　[illegible]

建筑期　第一部份十四个月　[illegible]约[illegible]十分之

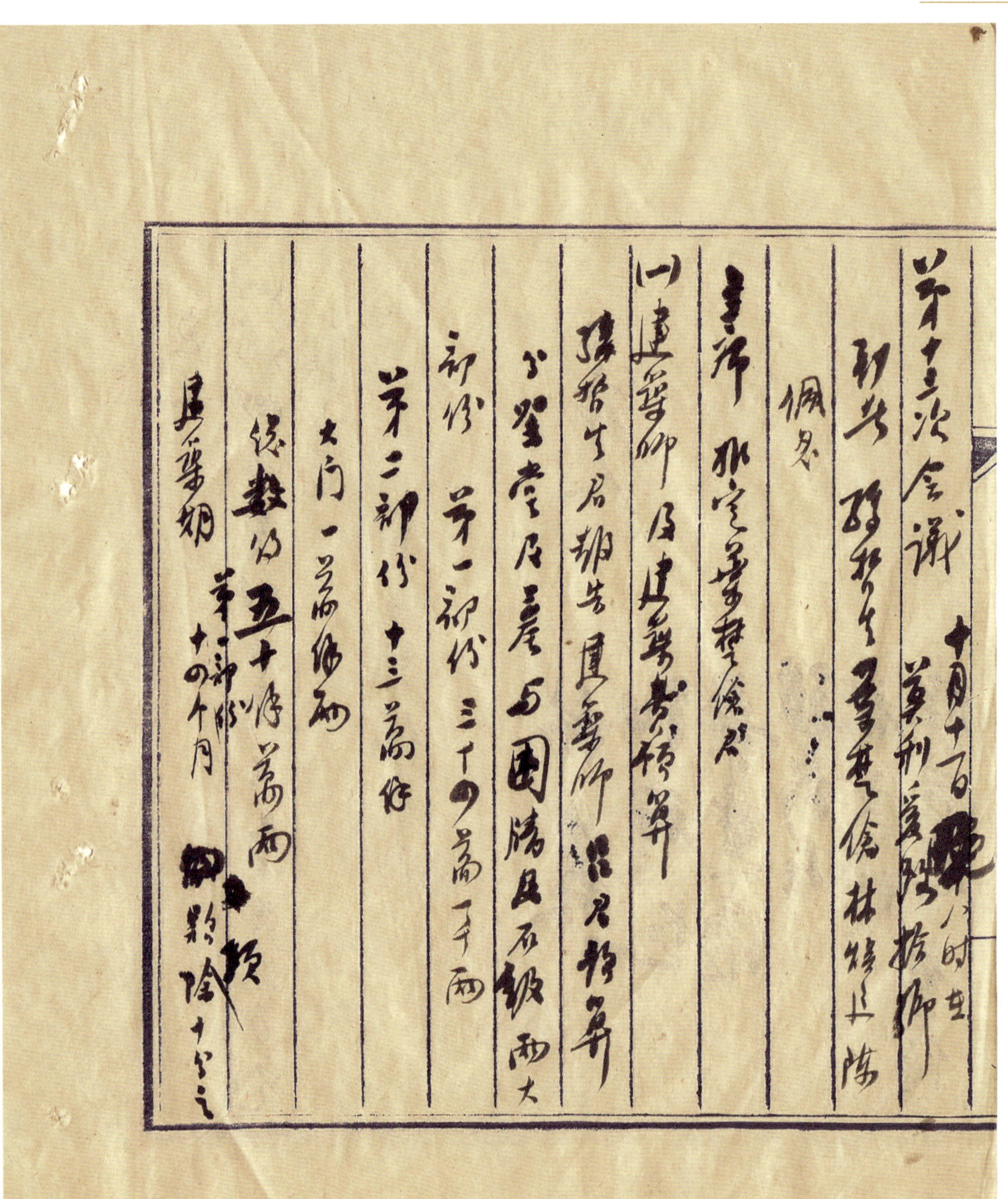

二、保修漆期六个月后每两个月去一次 每次三万两作两

第三部份建筑期五个月　分款分四次

每次三万两付两（四）

预算表纸供校核参考　今日不讨论

建筑师职务（一）计划设图（二）监督工程　路工

公费分于总数算　[日]报酬　百分之三五

（四）文契期　分拟另包工者同办法

众决定调查合同格式　再（一）正式

订立　由　本会代表及　签字
承包人签字

（三）造像雕刻师

请专家报告雕刻所需模型选件费

约过　预算　石像　十万两元　铜像　十万两元

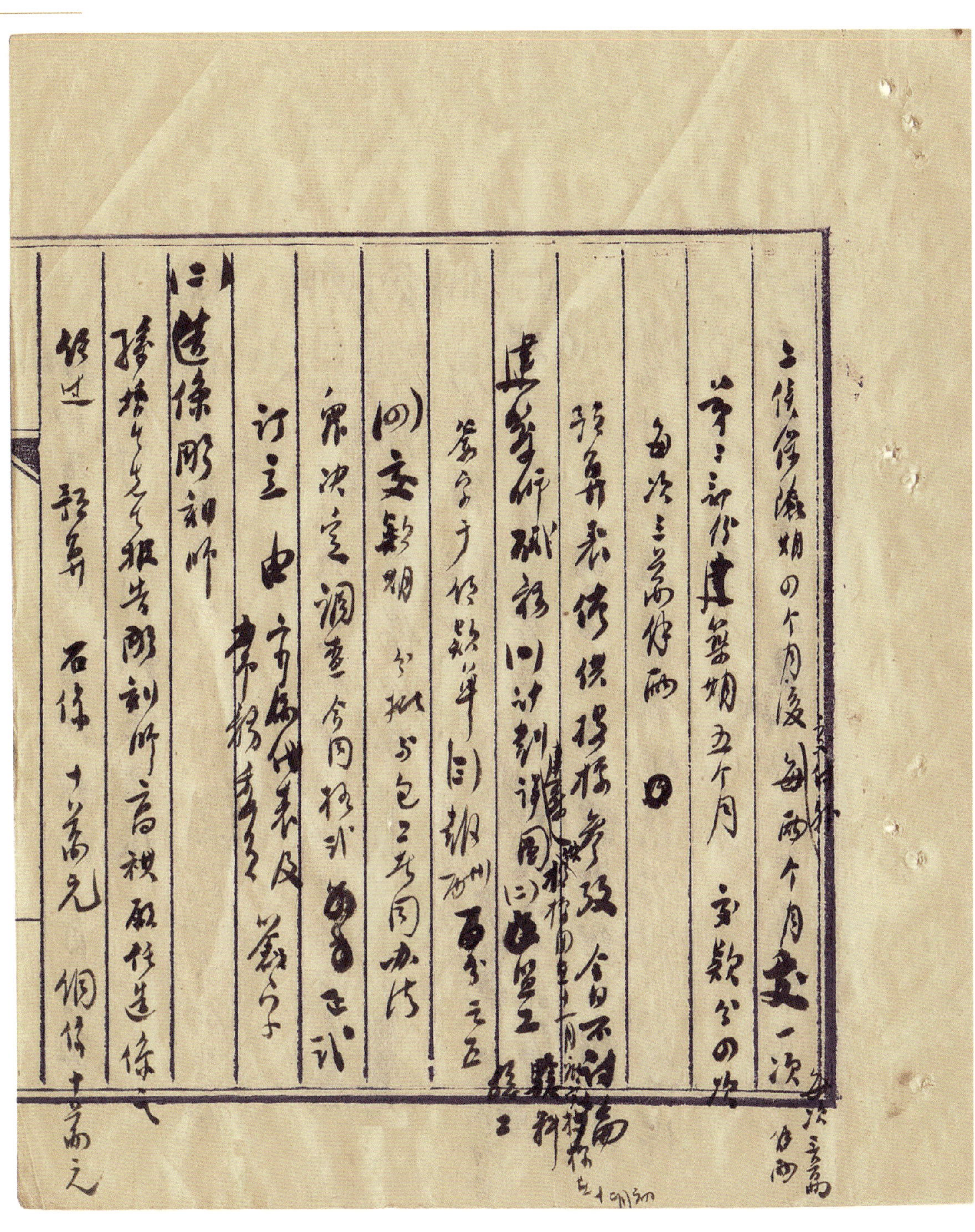

批以后係歸商祇收版稅一月後五

商訂合同決定價格

(三) 陵墓圖案影印 五千冊 印刷費約

七百元

(四) 民地 南京市報告 交還收地即以收付款項了案

(五) 事務所 籌備經過 [redacted]

(六) 哀思錄 第一冊定十月底編竟 第二冊定十一月底編竟 十二月底出版

(七) 北京華僑紀念銅像 建築 請此事 諸

由華僑請主之事務所擬作推進

籌計劃及 銅像模型須得

本處及委員會同意

(八) 雲室王文 高 民 補之千須購民地

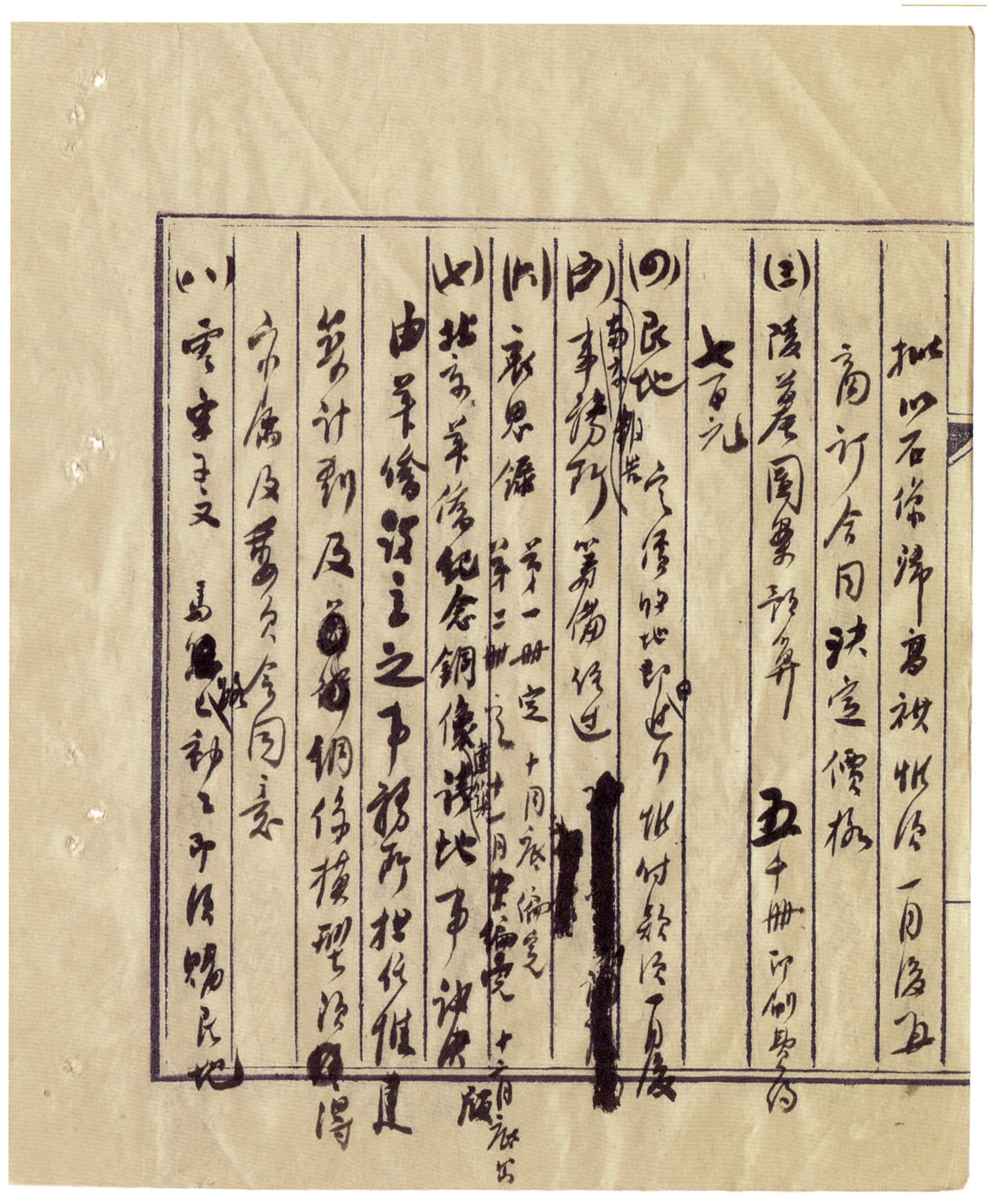

請即派工籌備完来用孫哲生先生名義

筆記者 楊杏佛

出席人

陳佩忍

葉楚傖

林業明

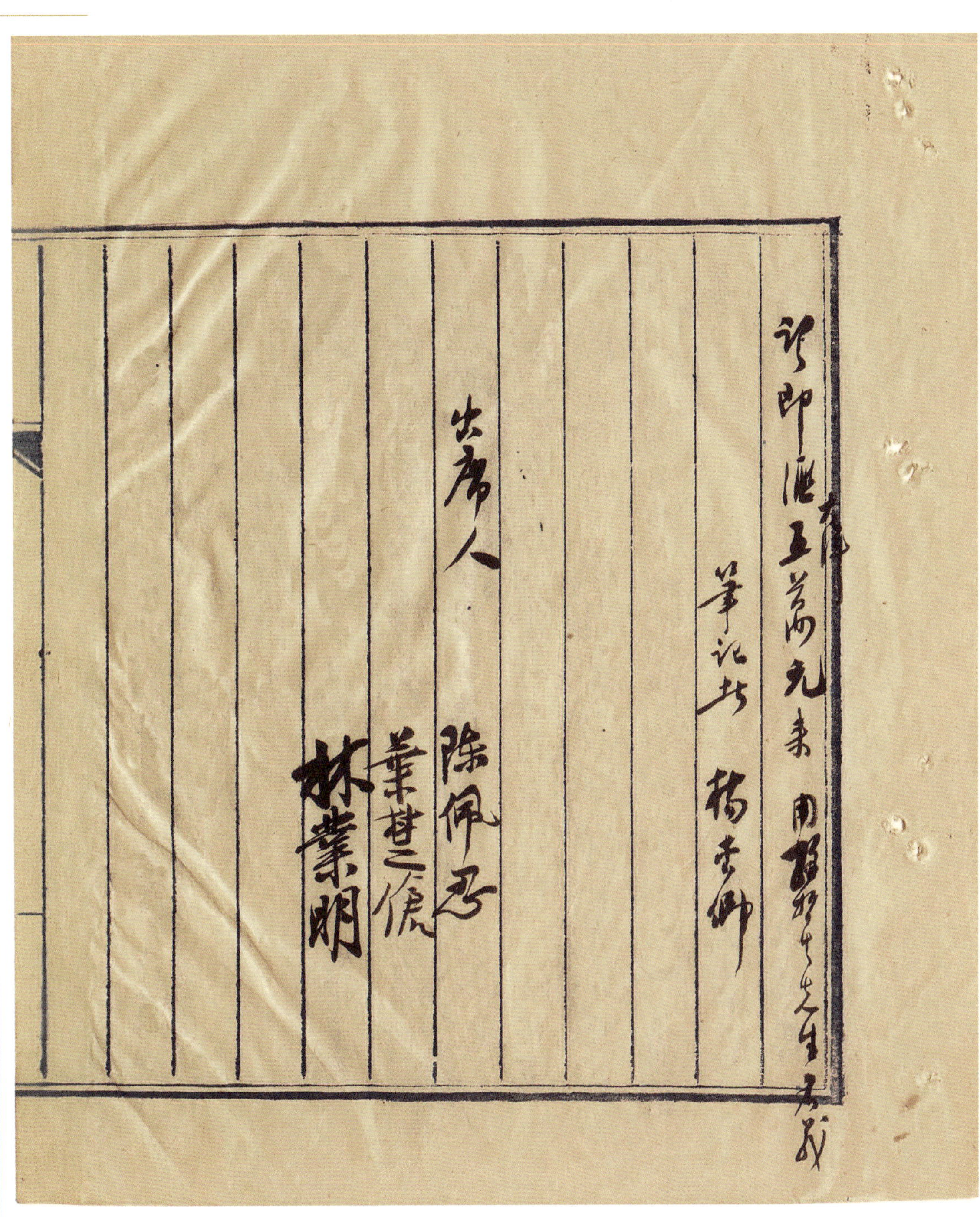

第十四次会议　十月卅一号晚八时　成都路廖仲恺宅

到者　张静江　孙哲生　宋子文　叶楚伧　林森　[illegible]
林焕廷　陈佩忍　杨杏佛

主席　张静江先生

（一）建筑师合同　由叶楚伧先生宣读

读合同稿译文

（四）报酬　[illegible]　百分之五　张先生提议　通过

第一条　[illegible]

（五）[illegible]　须先生提议更改政权归第五条内　通过

第二条　译文中加[illegible]　通过

第三条　原文通过

第四条　原文通过

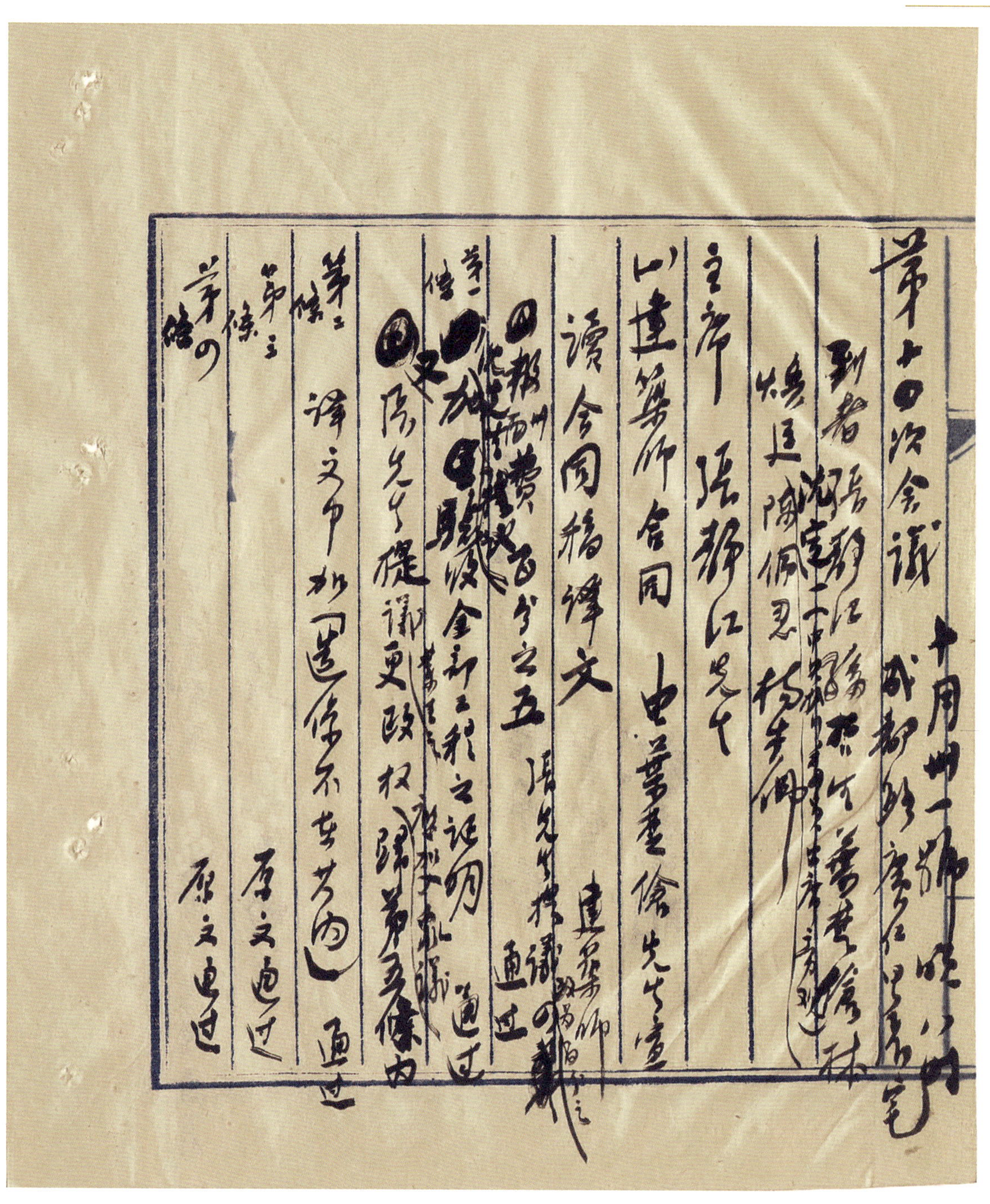

第五條　原文通過

張先生對于委員權自動放棄（主張）

第六條　原文通過

第七條　原文通過

第八條　原文通過

第九條　原文通過

以上合同全文一致通過

（追認）委員會推定張靜江先生代表簽字

（二）圈購民地款額　全文通過　通過

（三）自南京至陵墓築路費（[illegible]）及馬路算工[illegible]

收地人員薪水表　通過

（四）圖案印刷費　約一千元　通過

（五）廖仲愷先生附葬紫金山案函

八、議決接受中央執行委員會委託本部，將廖仲愷先生移葬本會紫金山事務所。於陵園地之外另購墓地，請核（中央執行委員會）定數項 ~~推[illegible]~~ ~~添建[illegible]辦理~~

六、（議決）紀念委員會辦法 推定沈定一先生起草

筆錄 楊杏佛

張靜江

葉楚傖

列會人

（沈定一）

陳去病
林業明

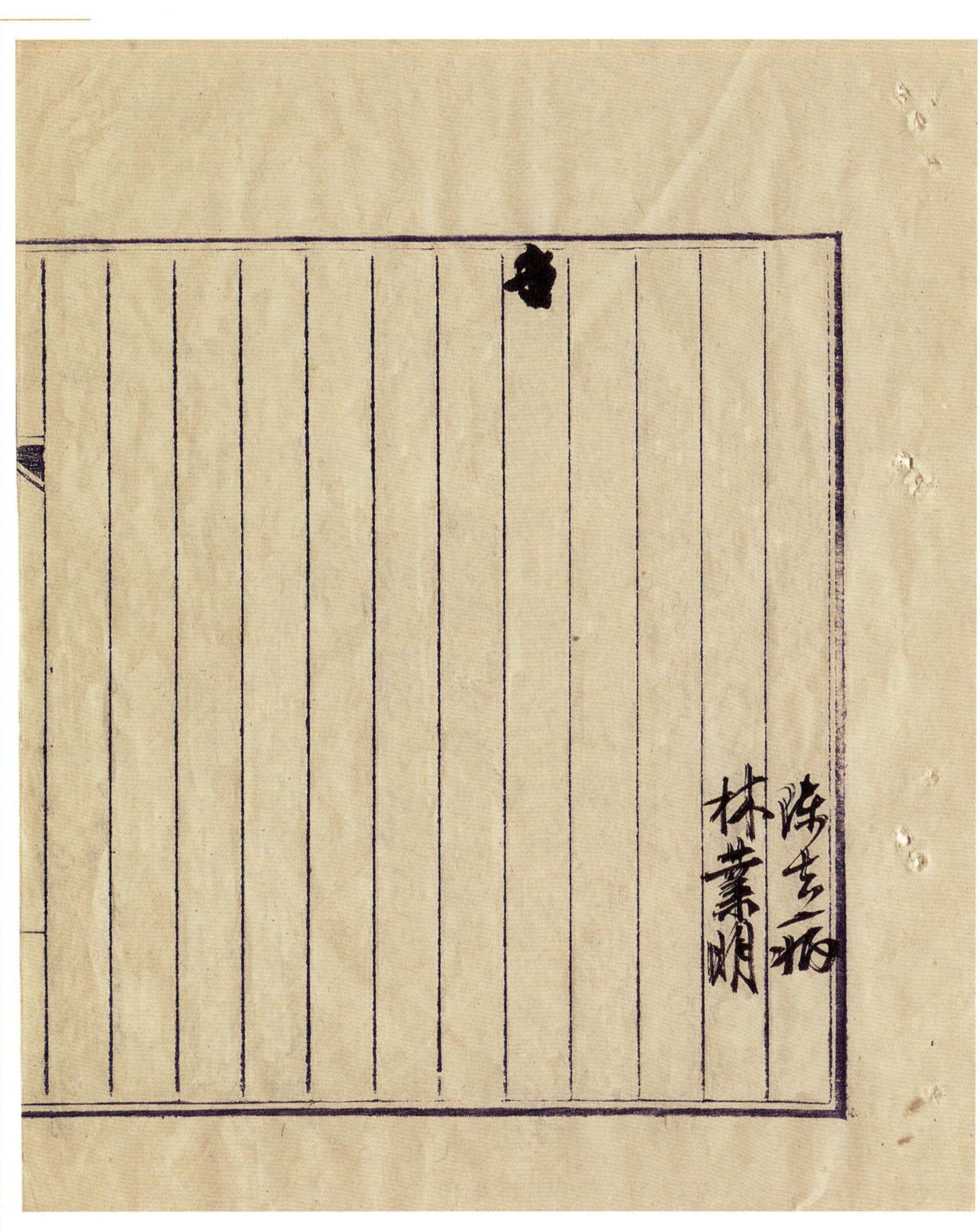

第十五次會議 十一月廿八日下午四時在戈登路張宅

到者 張靜江 孫哲生 陳佩忍 林煥廷 戴季陶（因事早退） 楊杏佛

主席 張靜江先生

（一）楊杏佛報告如何修道

（二）陵墓工程投標情形及廣告

張靜江先生提出陵工投標者由五十萬兩建築費改為二十萬兩

眾議請該建築師酌為

餘均通過 廣告於廿日

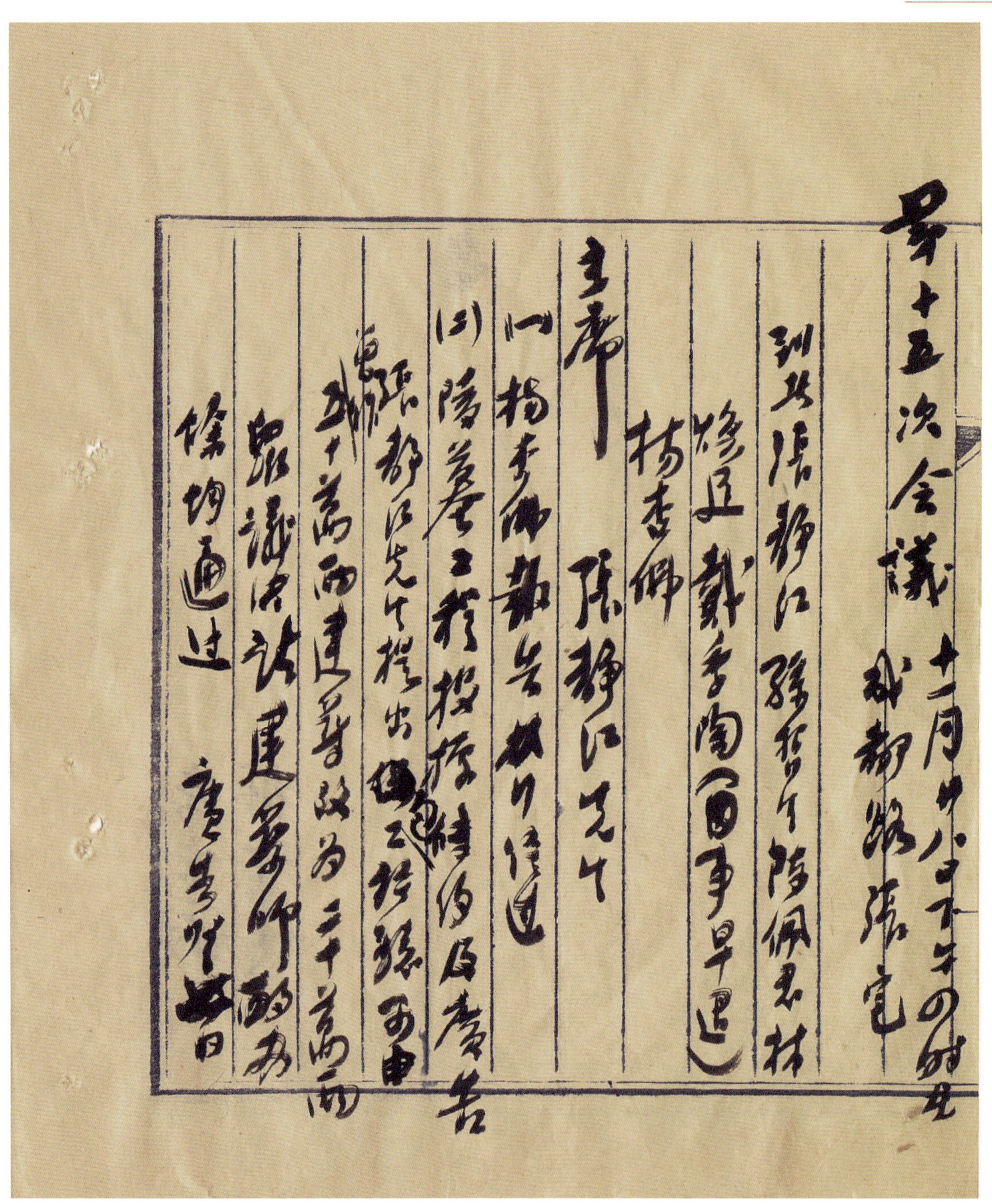

（三）葬事經費問題　由孫哲生
先生提出，照原定五十萬元，應
改為五十六萬兩，請廣州政府修
改，並分期每月應籌照下列
之表：今年十二月（起至四月止）籌四萬兩，明
年十二月止每月籌四萬兩
兩，收足後，凡一切碑記雕刻
移靈安葬等費（猶未）另列預
算，不在上述經費之內，（如此項預算）由委員會另籌
時須詳述），另請內中出之
孫哲生先生建議根據以上計算
由委員會經理執行，當可完成

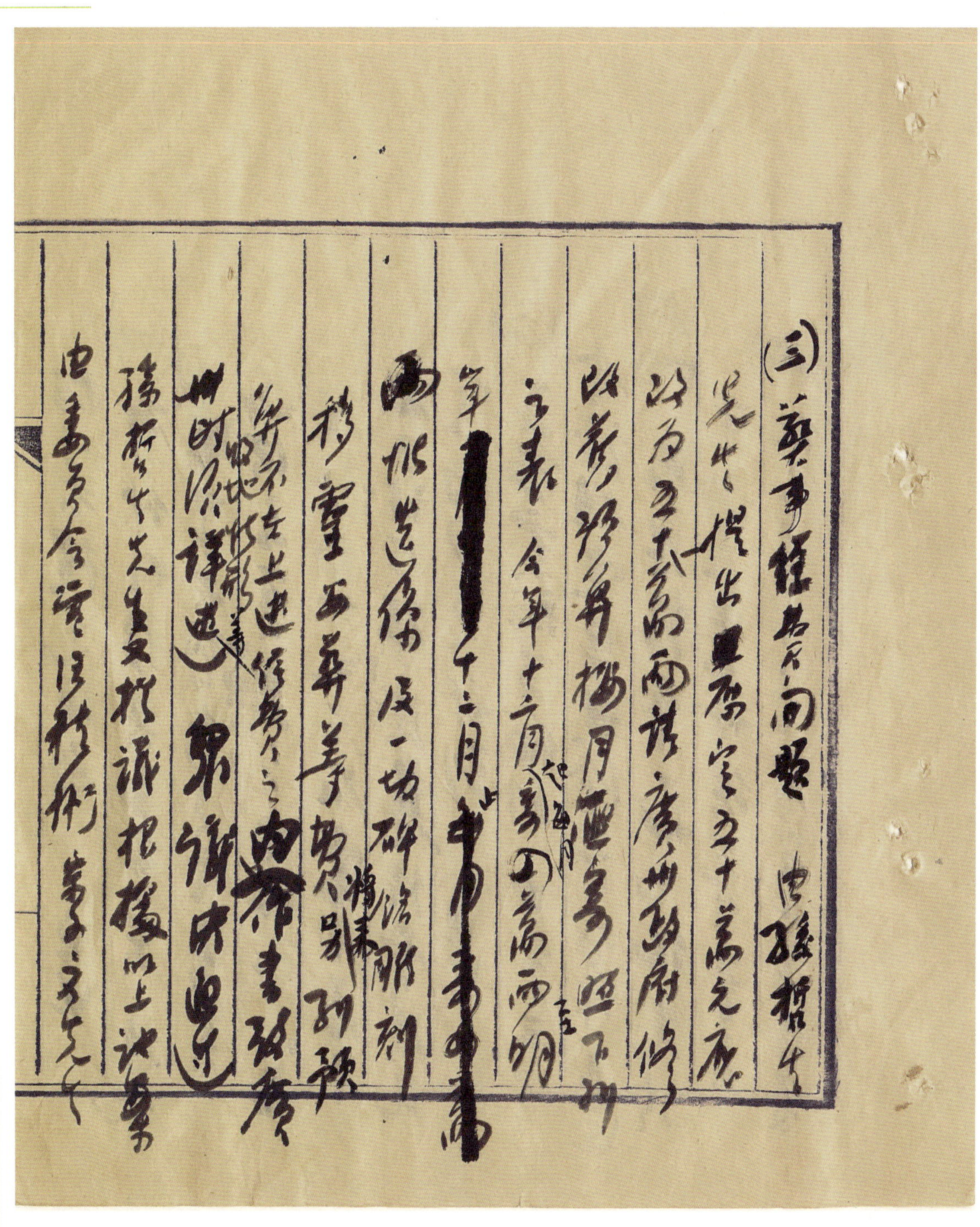

擬上表撥充匯款　通過
（四）廖仲愷移葬事務案　待議
費由中央撥以委員會籌畫
請決于葬款之會以地價償（中央撥付）
償該約廿元左右需用若干
該另請行轄區長經費償先
定數目方可計劃　通過
（五）籌備處辦事細則由第三次
會議推定葉楚傖先生起草　通過
（六）哀思錄第一冊已編竣請
張靜江葉楚傖先生審查
（七）紀念委員會廖先生由籌備處

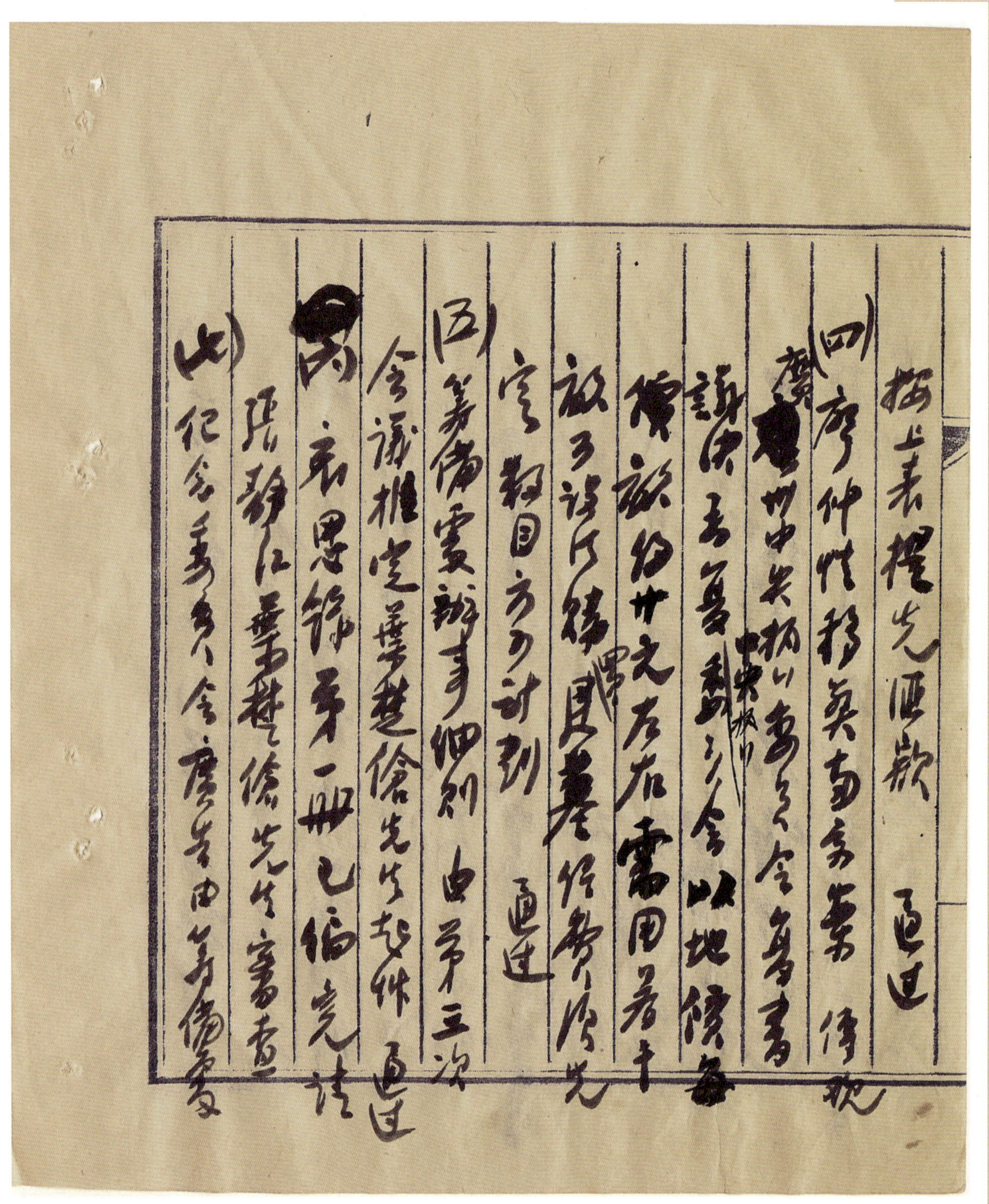

擬俟下次提出 又黃伯樵
已函接洽向海外募捐[illegible][illegible]備案
函告中央黨部請指定海外捐
款直寄籌備處（以代辦名義

通過

筆記者 楊杏佛

張靜江

出席人 陳佩忍

林業明

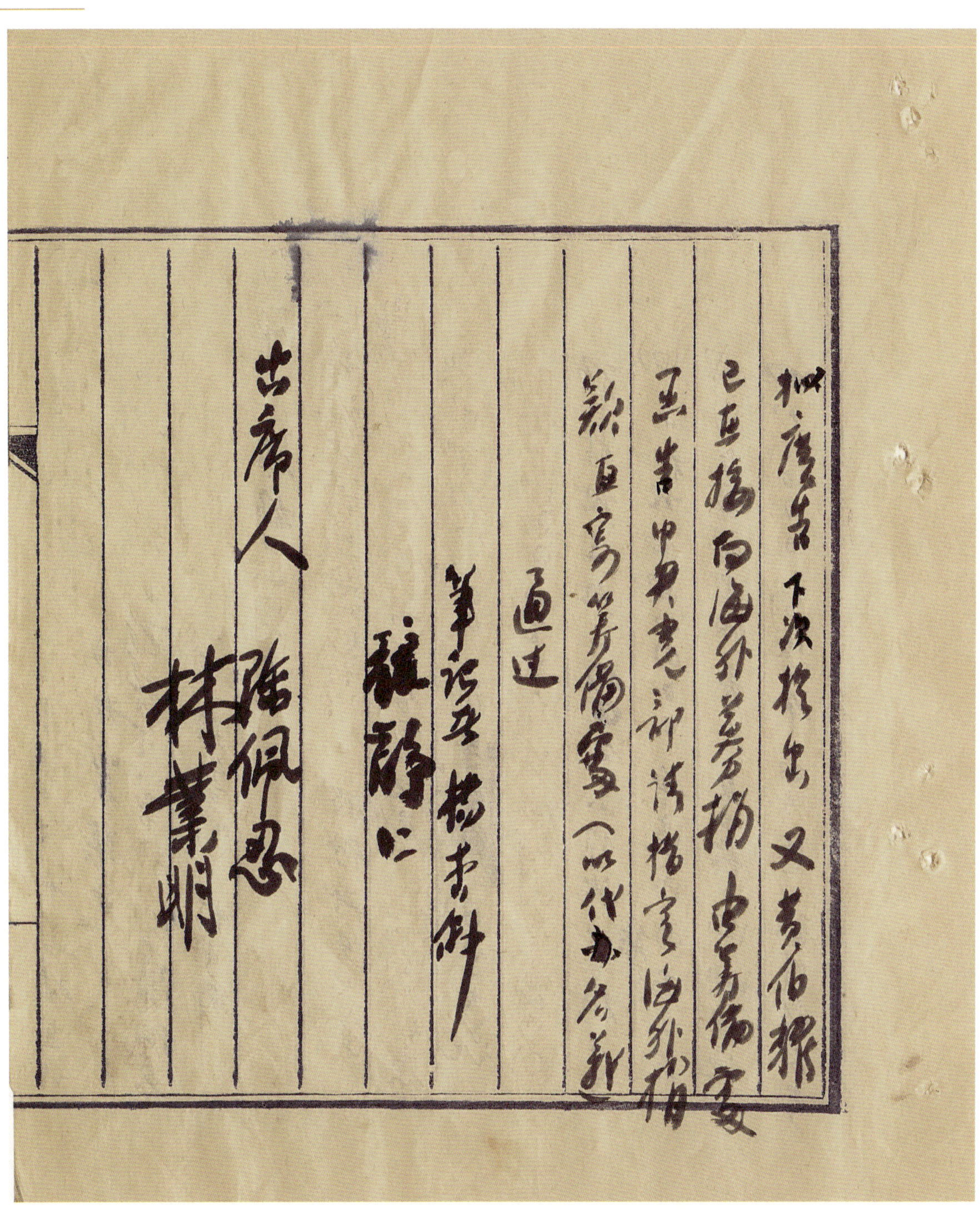

第十六次會議　十二月廿日下午三时在北成都路張宅

到者　張靜江　孫哲生　葉楚傖　陳佩忍

林煥廷　呂彥直（康晉卿）　楊杏佛

主席　張靜江先生

（一）討論墓工投標問題　投標者共七家

由呂彥直君報告各公司之底價（A）新金記康

號　四九八八〇〇　曾造中山（B）竺芝記

四三八五〇〇　曾為南京和記造貨棧（C）

新蓀記　三九三〇〇〇　小作洪濟橋不足

（D）辛和記　四四八〇〇〇　曾造南京英

威國書院　奉天兵工廠　（E）姚新記

四八三〇〇〇　問資本最大　造工廠經驗最多

(F)金洪記 六四六〇〇〇 造新路局及跑馬廳 (G)周瑞記(三)

四七六〇〇〇(不詳) 討論結果最低標額之

新義記 竺芝記 辛和記 因資格及資本 標額資格

不足除外 決定與資本較實之姚新記

議價以三十九萬兩至四十三萬兩為限

周新調查 至成〇辛和記與姚新記 如未成再與辛和記 合議 標額 侯有結

果再行討論

(二)徵辦永久紀念委員會事務廣告

通過於申新商民國日報

(三)決定邀僱譯孫先生遺後報告者

酬金三十元 後因字數在七千字以上由楊杏佛先生改為五十元

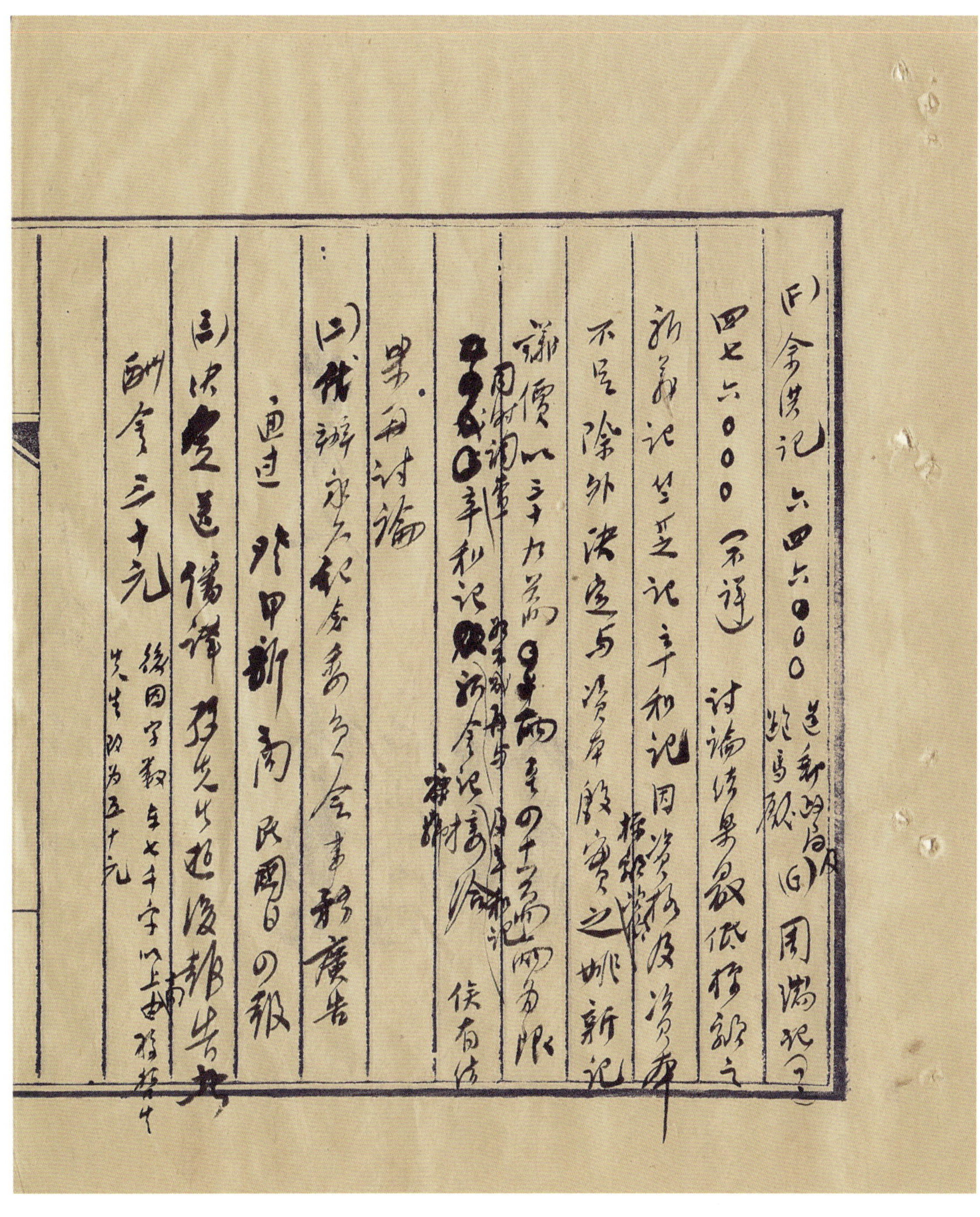

筆記者 楊秀卿

出席人

張靜江

葉楚傖

陳去病

林業明

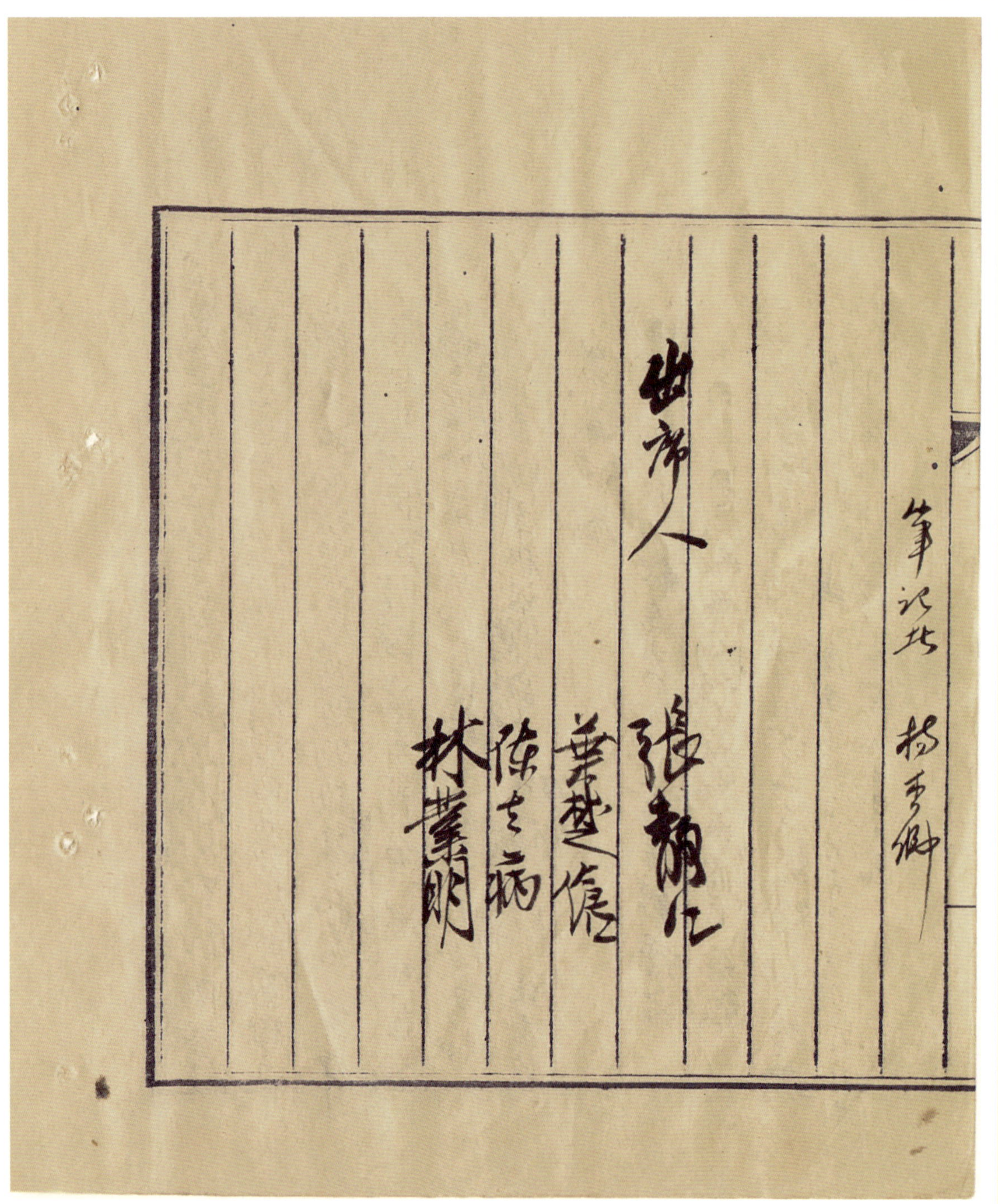

第十七次会议　十二月廿四日下午三时在[illegible]宅

到者　张静江　孙哲生　叶楚伧　林焕庭

及陈佩忍　吕彦直　林逸民

主席　张静江先生

(一) 墓工投标问题　新义记来函谓张福记不出面担任　孙哲生先生提议如张福记肯出面可由彼担任否则由姚新记　众通过

(二) 叶楚伧先生提议关于陵墓工程一切经手事件凡委员会及筹备处职员皆须抱持极端廉洁态度不得有以受回扣及行使贿赂之事　众通过

(三) 造像模型悬赏征求问题　[illegible]先生

報告與審查人商議造價模型以懸獎徵求為宜 原提案通過 獎金定為頭獎二千元 二獎一千元 三獎五佰元 以五月底截止 限日本外[illegible]上海申新民國及商四報 通過

筆記者 楊杏佛

出席人
張靜江
葉楚傖
陳去病
林業明

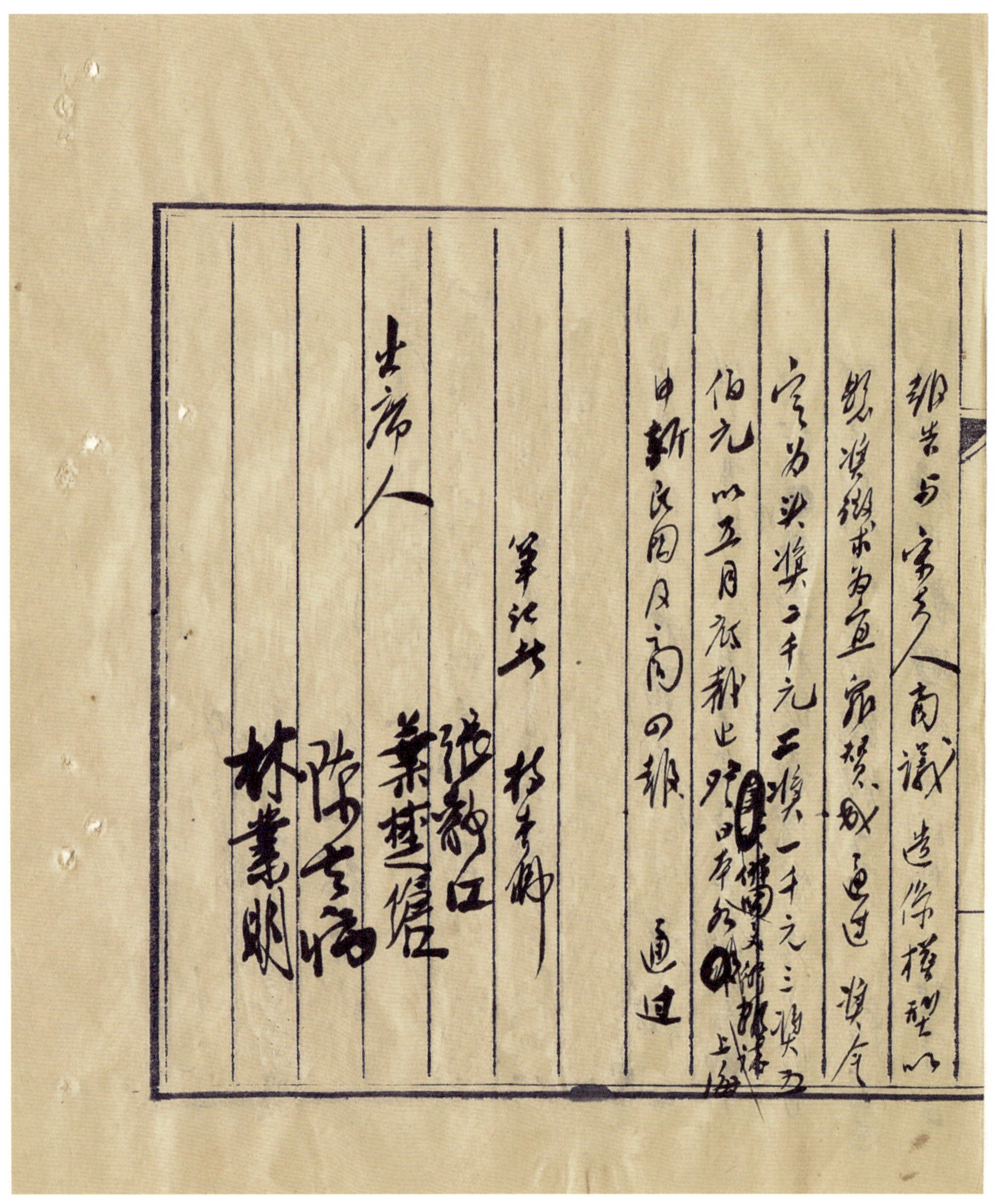

第十八次會議　十二月廿八日下午六時　[illegible]　廣仁里張宅

到者　張靜江　孫哲生　葉楚傖　林煥廷

陳佩忍　呂彥直　楊杏佛

主席　張靜江先生

(一)投標問題　孫哲生先生提議

姚新記能減至與[illegible]福記之投標四十四萬三千四百兩則歸

姚新記擔任如不能則歸[illegible]福記擔

任　通過

(二)合同條件　(一)擔保金以總包價之二十

內現金百分之十道契百分之十交由委

員會保管　(二)付款照總額除百分之二

十後分六期交付　(三)完工時期以一年

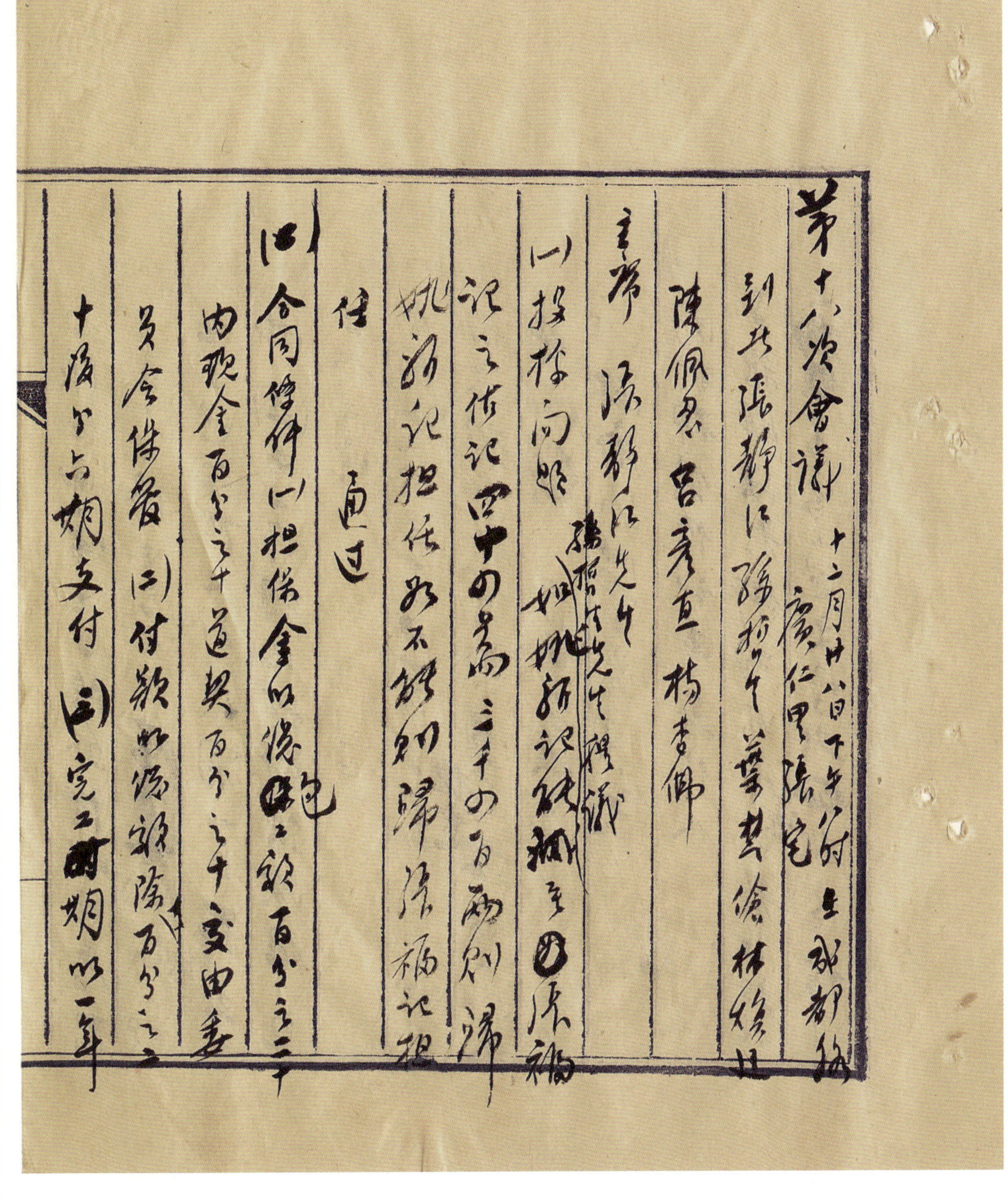

為限，但雨雪之日除外，惟此項展限
至多不得過三十日。(四)罰款
在上述期限之外，逾期一日罰銀五十
兩。(五)在工作期內材料保險歸包
工人自理。　通過
合同定於三十一日簽字，委員會代表
因張靜江先生赴粵，推定林煥廷先
生簽字，簽字後正式寄請廣
州政府派監工員來寧。　議決
(三)關於碑銘傳記等著作人　擬推定
吳稚暉、汪精衛、胡展堂、張靜江擔任
書寫上述文字者，推定譚

继续于右任孙科担任　由筹备处

函达该人徵询意见

(四)全部预算陵建经费总数四十五万

1、[illegible]外大牌坊工费预算如下
铜瓦铜门铜窗约十三万两

2、造像　约五万两

3、头门　约三万两

4、碑亭　约一万两

5、三合土马路　约三万两

6、卫室　约一万两

7、石碑及雕刻　约一万两

8、全部围墙　约五万两

9. 購地種樹（民地約一千二百畝）約二萬兩

10. 籌備處一年經費　約一萬兩

以上自(1)至(9)項共三十五萬兩　合建築費

總費共約八十萬兩（其實約一百五十萬）

擬呈請國民政府核准照撥

用籌備處名義出函

（五）墓地種樹事務擬俟江蘇省立

第一造林場擔任

（六）葬事籌備處結束後所有職工人員一律

裁去，惟墓地之職員、警衛、守墓等人由葬事

察令所有人員仍從優續聘

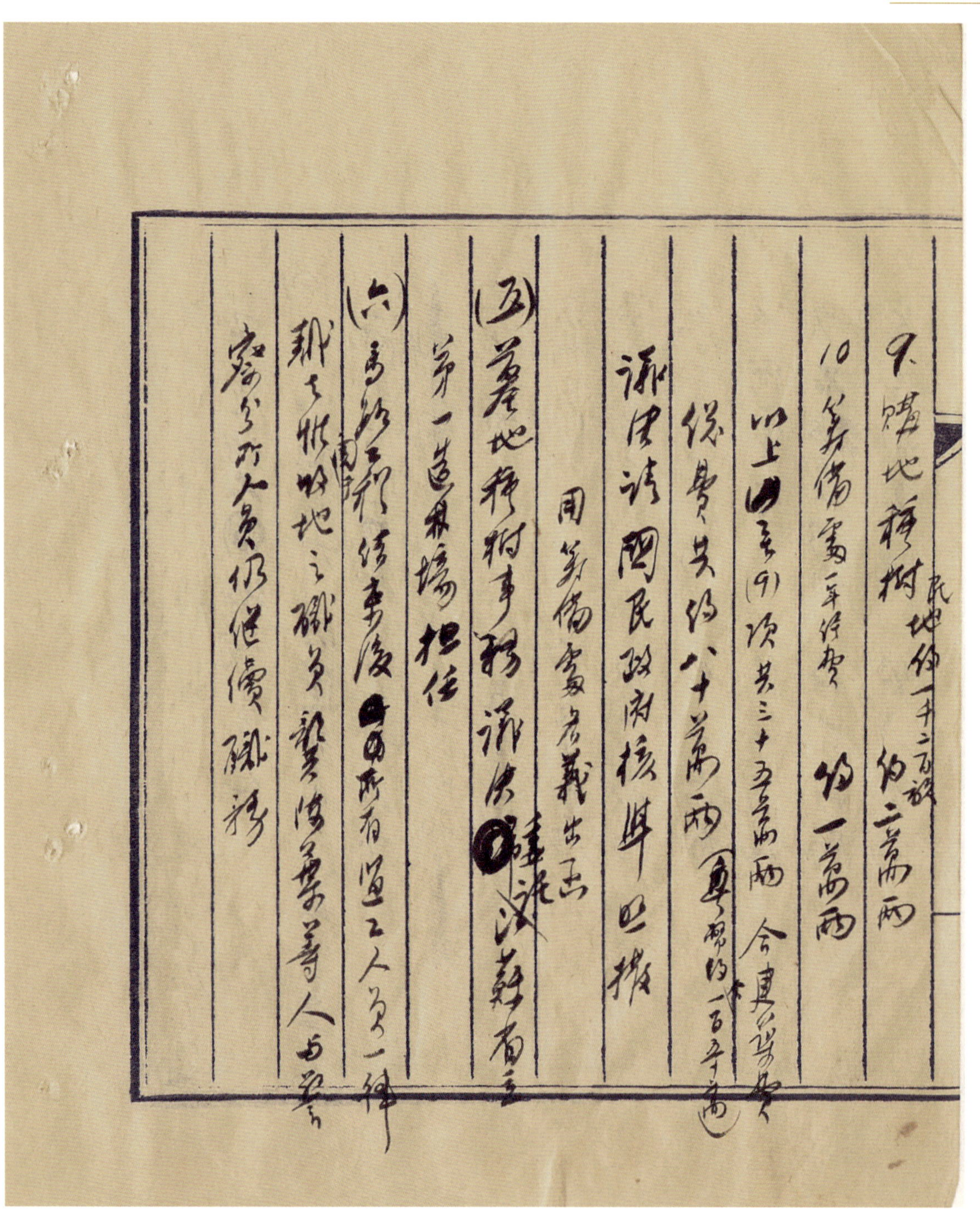

筆記者 楊杏佛

張靜江

出席人

葉楚傖

林業明

陳去病

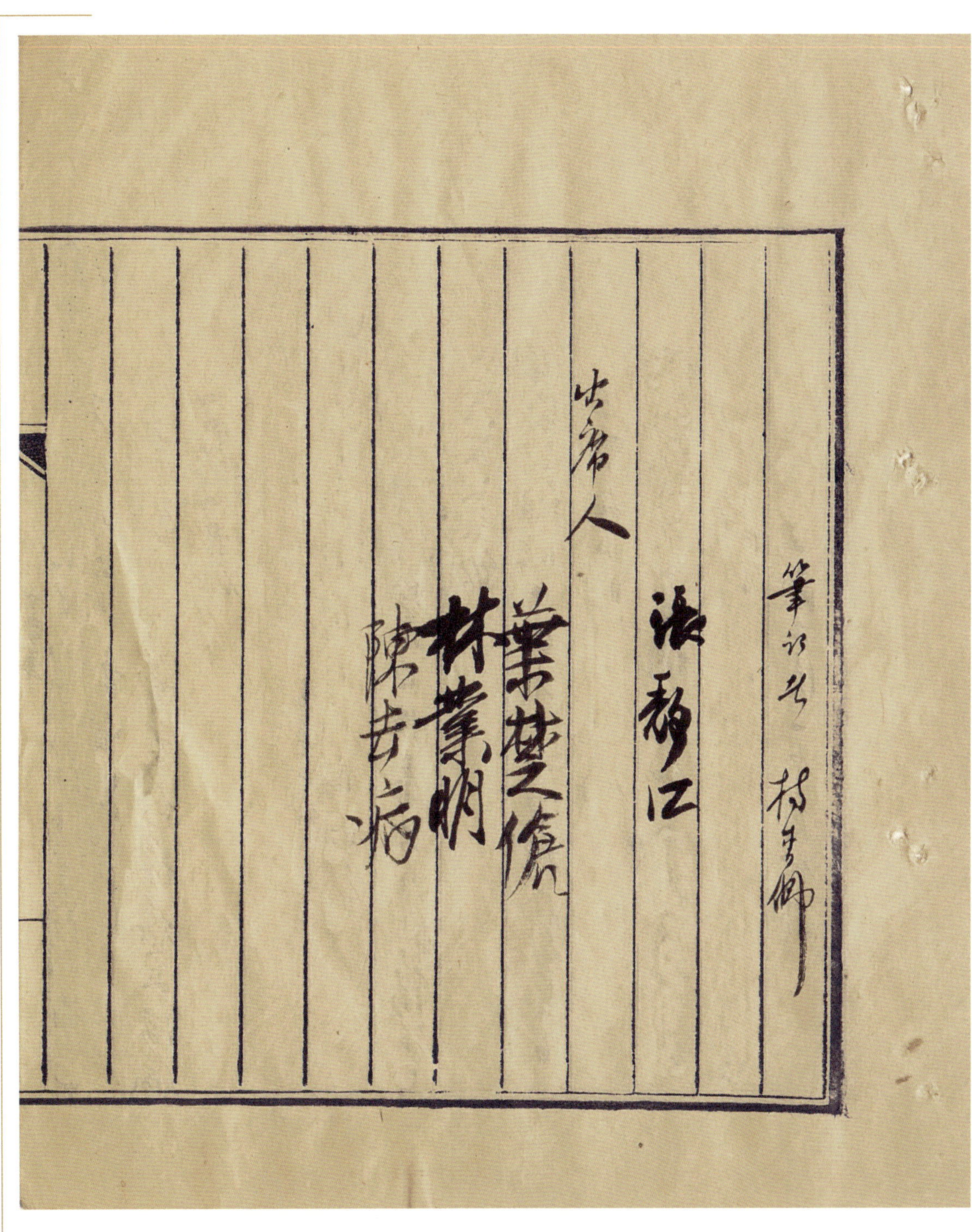

第十九次會議　十五年一月四日下午五時在英租界利愛路十號

到者　孫哲生　葉楚傖　林煥廷　陳佩忍　楊杏佛

主席　陳佩忍先生

（一）追認與姚新記訂立合同條件 [illegible]

（甲）保[illegible]金姚新記由順泰木行担保以十分之一以上為額 [illegible]

（乙）完工期以十四个月包括雨雪之日

过期每日罚款五十兩

（丙）付款分十五期最初十四期每期十八四五〇〇兩第十五期四四三〇〇　第一期款在開工後一个月付款

(丁)加 委员会及筹备处职员不得收受回扣及佣钱赠品之事一条

十七年十二月卅日签字之合同及图画一份

卑令新追认　通过

(二)定陵墓祭堂地点　(A)方向决定

正南　(B)地位较于已建之墓所原定

地点前后移动不可东西移　(C)原有

之万寿寺山道应由筹备处另筑其路

(D)委员会定本月七号往实地察定

会同建筑委员会会勘地观察决定

墓址比矣

(三)追认垫付　总理指[illegible]青年会款三千

元（由民國十三、四共三十年）議決

請廣州政府撥還

（四）崇明之總理紀念碑建築地其決

定在公園門外之社稷壇

筆記者　程去卿

出席人　葉楚傖

陳去病

林業明

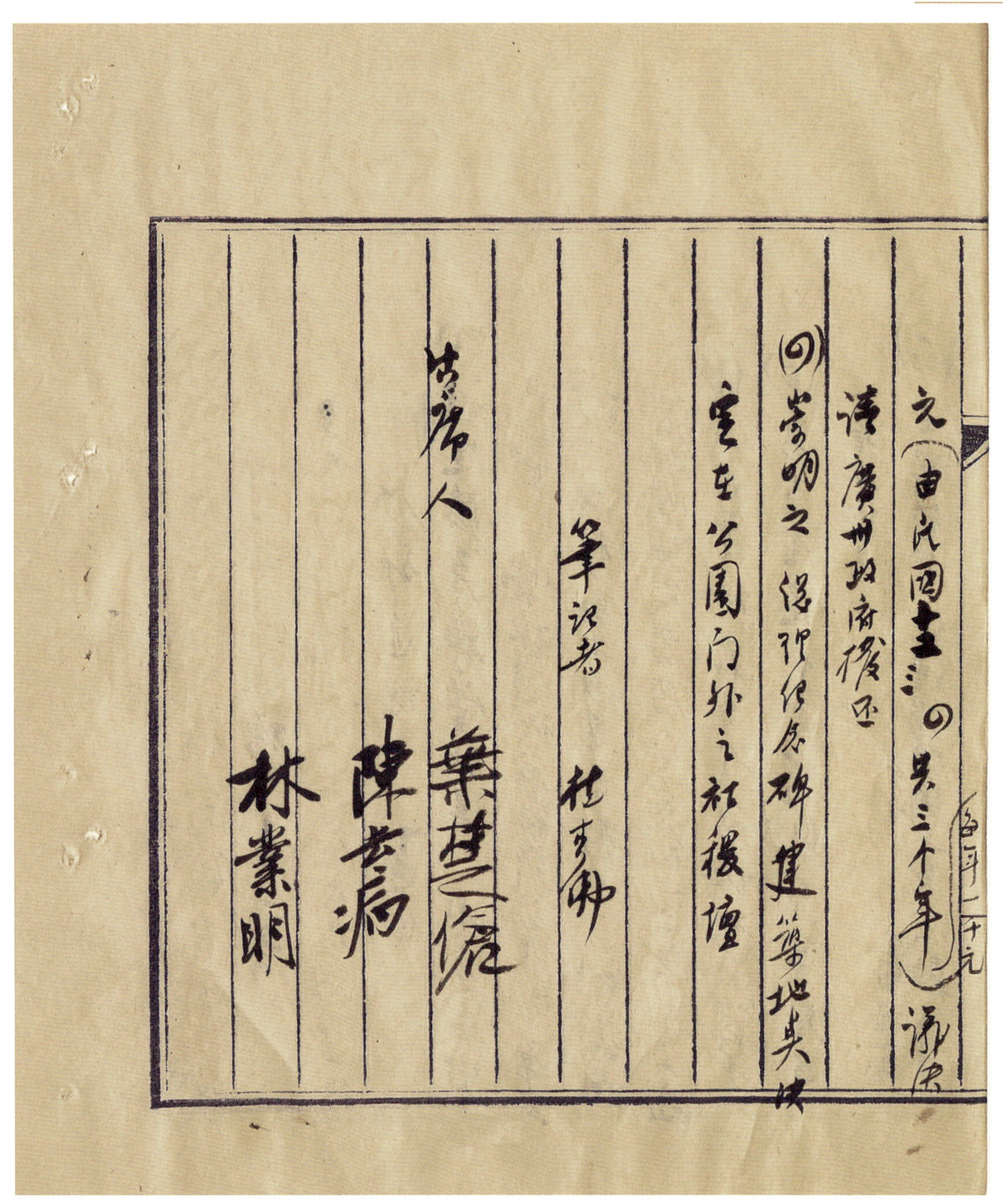

第二十次會議　十五年一月八日十二时十分在中茅山坡墓地

到者　葉楚傖　林焕廷　陳佩忍　呂彥直

楊杏佛

(一)陵墓及祭堂地点

(甲)方向　正南（通过）　俟炸去二十尺外

用六分儀測定正南方

(乙)墓及祭堂地点照建筑师原定

计划（通过）

(二)馬路工程　葉楚傖先生提議下列兩條

(甲)填造橋樑兩座路二十二丈應估價

照給但須待全路接收时支付

(乙)接收該馬路时應一一按照合同规

定

以上均通過　筆錄楊杏佛

葉楚傖

陳去病

林業明

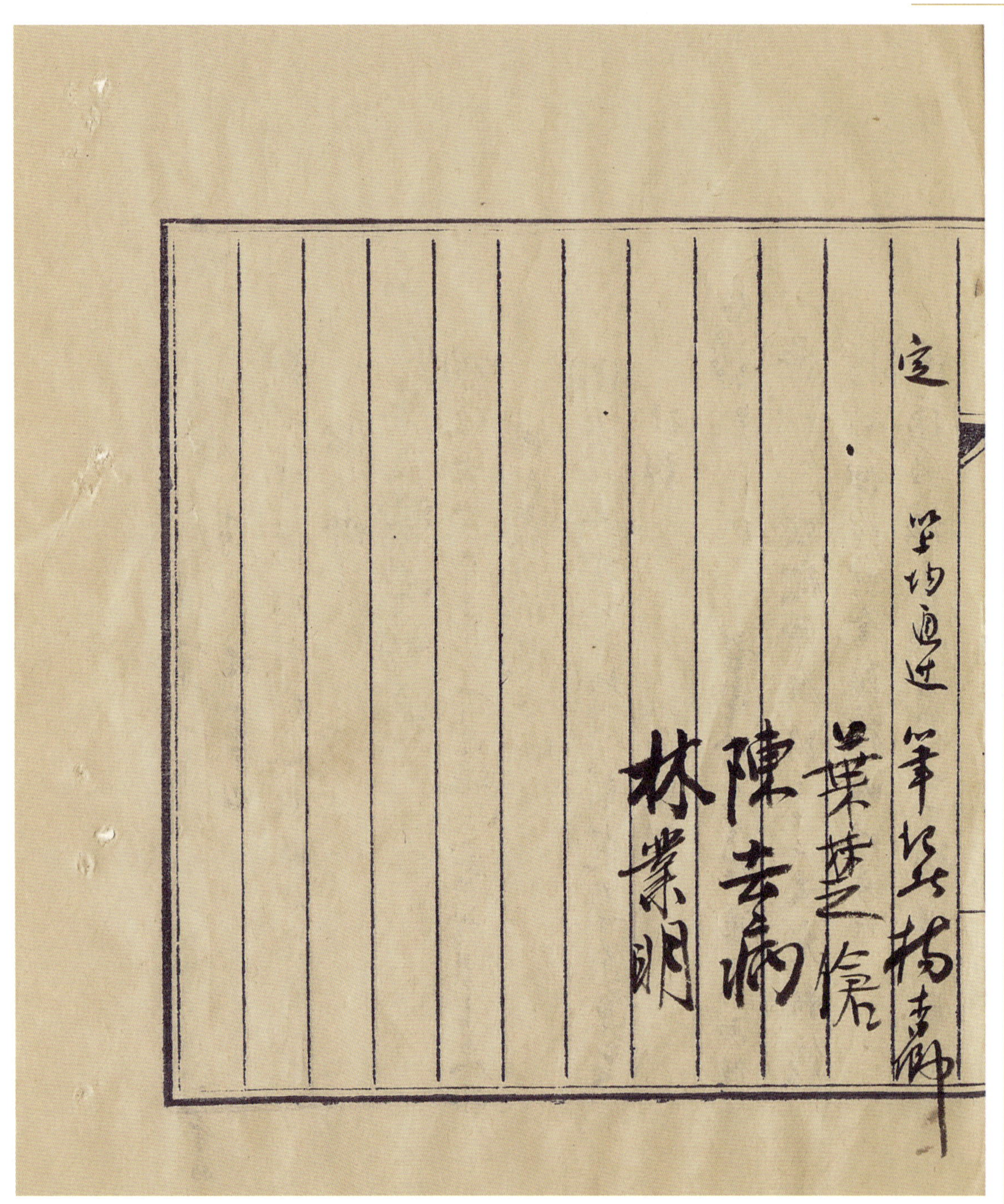

第二十一次會議　十五年一月廿日下午三時在事務所

到者　葉楚傖　林煥廷　陳佩忍　楊杏佛

主席　林煥廷先生

(一)路工添改工程估價問題　添改工程估價四千姚師等估價減去一百十五元實為八百元(已發去五佰元工完再付三百元)其餘另鐵條三尺添價不得過一百五十元　通過

(二)赴寧旅費　委員及籌備處人員赴寧以三等車為限伙食每人每日一元　通過

筆記者　楊杏佛

出席人

葉楚傖

林業明
陳去病

第二十二次會　十七年二月三日上午十二時　東四馬　妙香花樓

列席　林煥廷　葉楚傖　陳佩忍　楊杏佛

主席　葉楚傖先生

（一）顧君送條模型給伊付廣告　通過

（二）姚新記請為要求運孫材料免稅案

議決　一面向市政府要求免稅

一面向姚新記言明所有市運費總

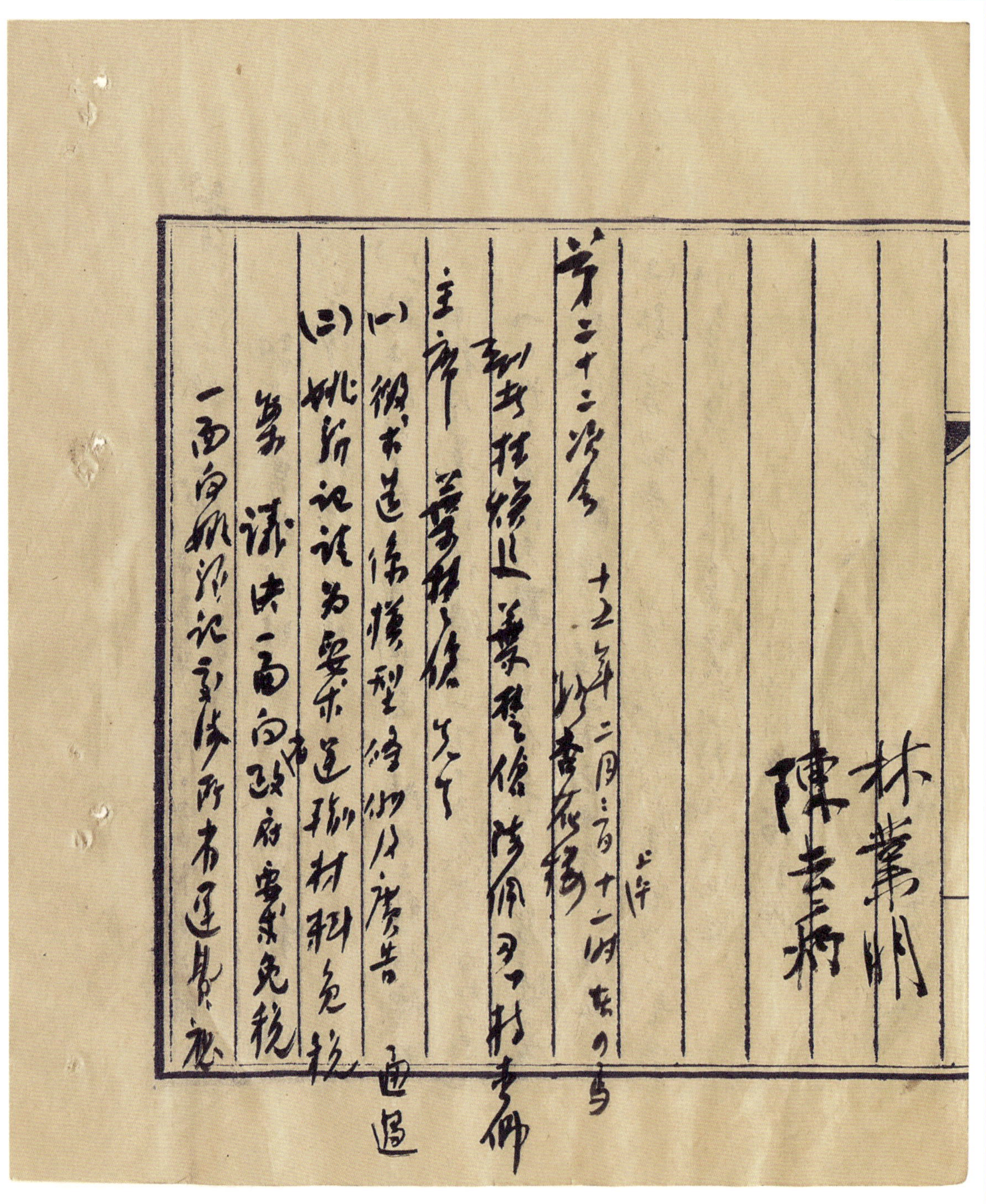

由工務處負担之

（三）南京市党部要求指撥三千元

為紀念會費用案 議決由于

黃埔社以籌備及黨費用錦幕等備

于右任因紀念堂需錦幕及贈卸

自理

（四）總理照片墓門基礎 請派

趙令務三月廿日赴廣州務擇

先生選擇

（五）黃毅每月請撥五百兩負 由

林森先生轉出席過法委孫科

先生再查詳

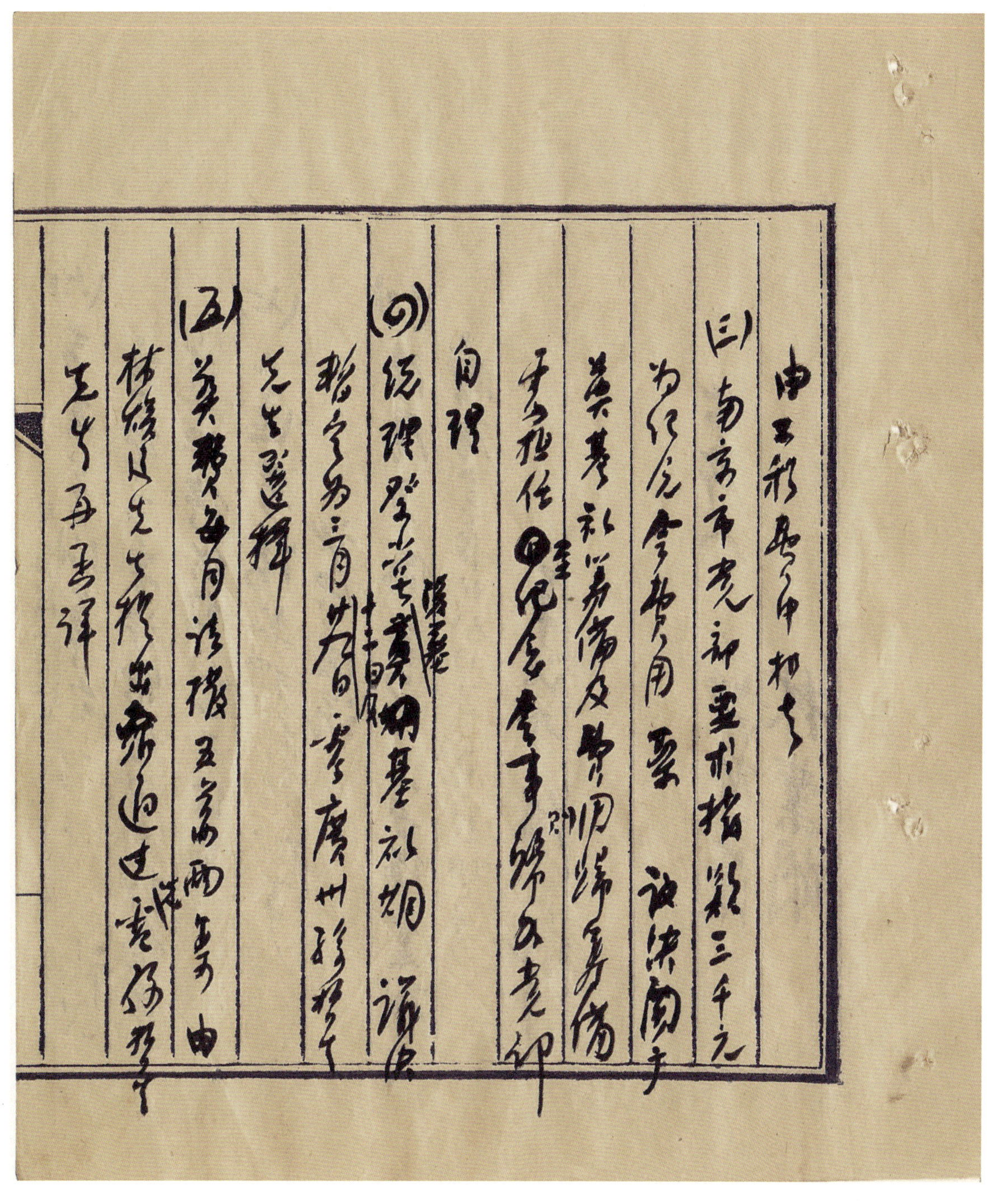

（六）本案照審查意見（俟第六件案）議決
審查可否准許俟由會核備呈申
述但修理費不給存

（七）山邊農場駐理經種樹事
議決後議

（八）陰曆年假案　籌備處建議
陰曆十二月廿八日至正月初五日

筆記者　楊華卿

出席人　葉楚傖
林業明

陳去病

第二十三次會議　十五年二月十九日下午五時

到者　張静江　葉楚傖　林煥廷　楊杏佛　廣仁里張宅

主席　張静江先生

（一）祭堂銅瓦由張静江先生提議以為琉璃瓦同銅瓦值昂即寫信與彥直

通過　函廣州方面詢問琉璃瓦價目（函孫哲生）（函呂彥直）同時請上海方面估價

（二）奠基禮節目由葉楚傖先生提議先發詢問國民政府由中央推派要員蒞奠

事務員擬四條候電覆再決定

（三）奠基禮預算暫定約三千元

由葉楚傖先生提議 通过

（四）墓蓋及主旗杆均請姚新記担任

臨时房屋備作見用照估價由其与姚新記商定價目再議 通过

（五）奠基石刻字請唐君担任

由張靜江先生提議 通过

筆記者 楊杏佛

出席人 張靜江

葉楚傖

林業明

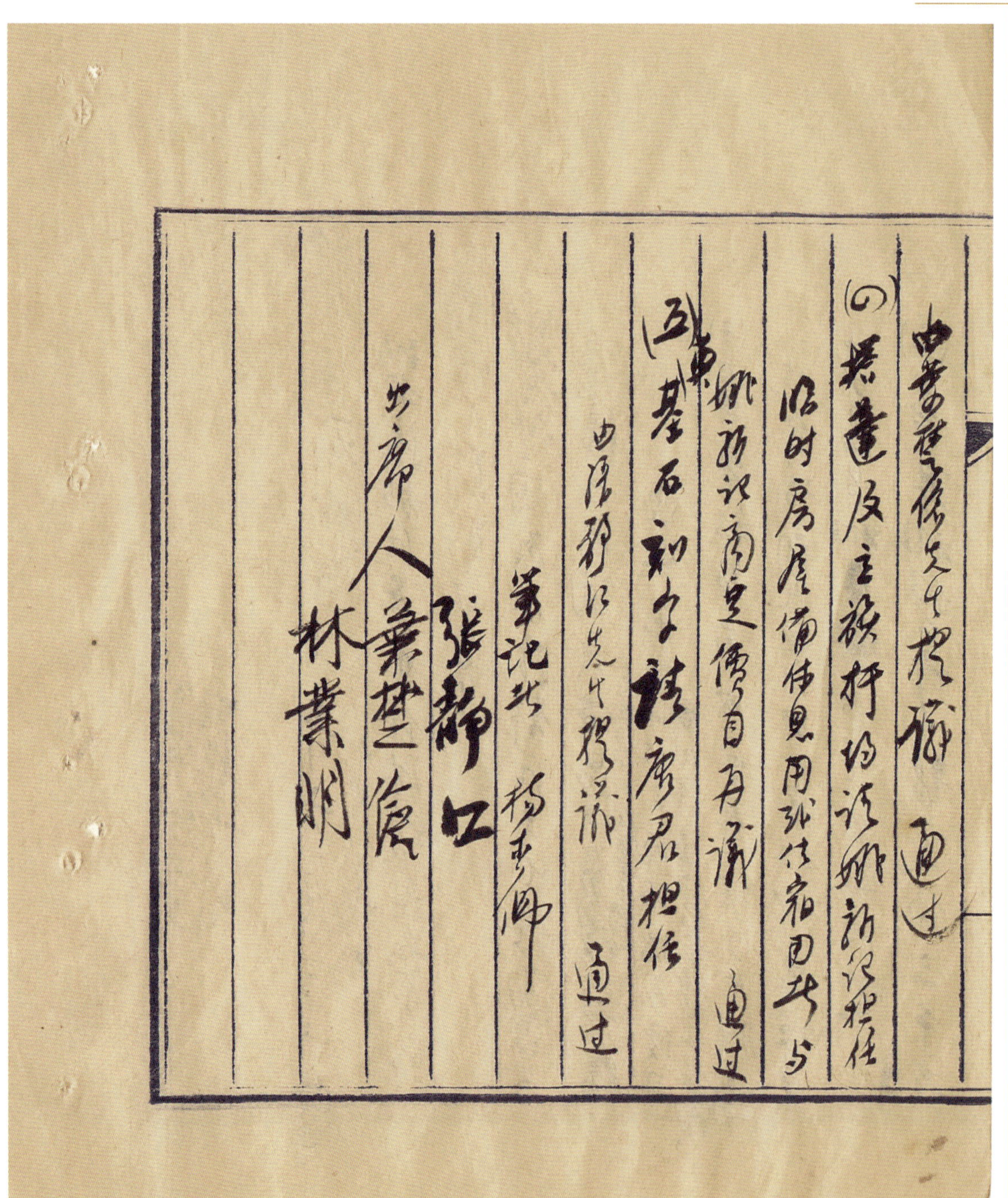

第三十四次會議 三月廿日下午六時在
廣[illegible]張宅

到者 張靜江 葉楚傖 林煥廷
陳佩忍 楊杏佛

主席 張靜江先生

報告
(一)楊杏佛先生報告祀節與靜公商定 通
曾決由廣州中央黨部辦理
葉[illegible]南京市黨部[illegible]

(二)追認葬墓社[illegible]通電及請
[illegible] 通過

(三)議決以葬事籌備處名義電北京政府[redacted]同時說與南京
鎮司令陸省長報告葬墓期 通過

(四)議決為先代表及辦事人開會

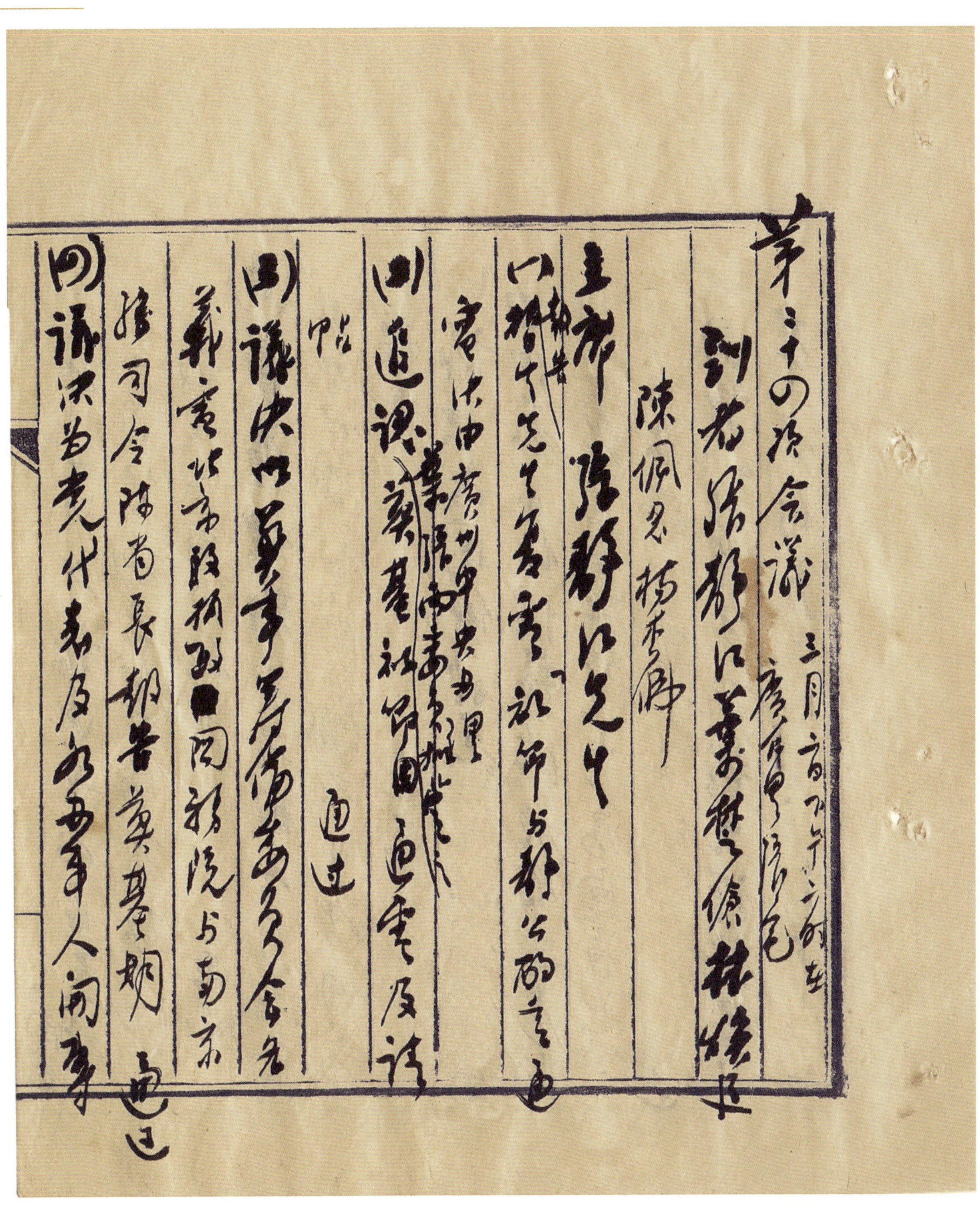

再一項登報通告各區黨部

三、關於前來籌備處接洽並

預告人數及姓名　通過

（五）奠基禮新穿石因原有花崗

石不合用改用太湖石由虞仲為

接洽　通過

（六）議決各國代表之旅館費用

由代表自任惟接洽旅館定房間

歸本籌備處擔任已定房間不用者之

費用亦歸本籌備處擔任　通過

（七）新聞片公司請允許攝奠

基禮新聞片議決凡新聞片公司

敬擬要求將片存陵以留
紀念以兩種影片須經籌備處
交中宣部審查許可以免錯誤
影片須造四份由籌備處兩份歸
市局一份歸國民政府一份歸中央黨部
以後將片經籌備處出售派員
部令經此項照定價五折 通過
等語 楊杏佛

提議人 張靜江
葉楚傖

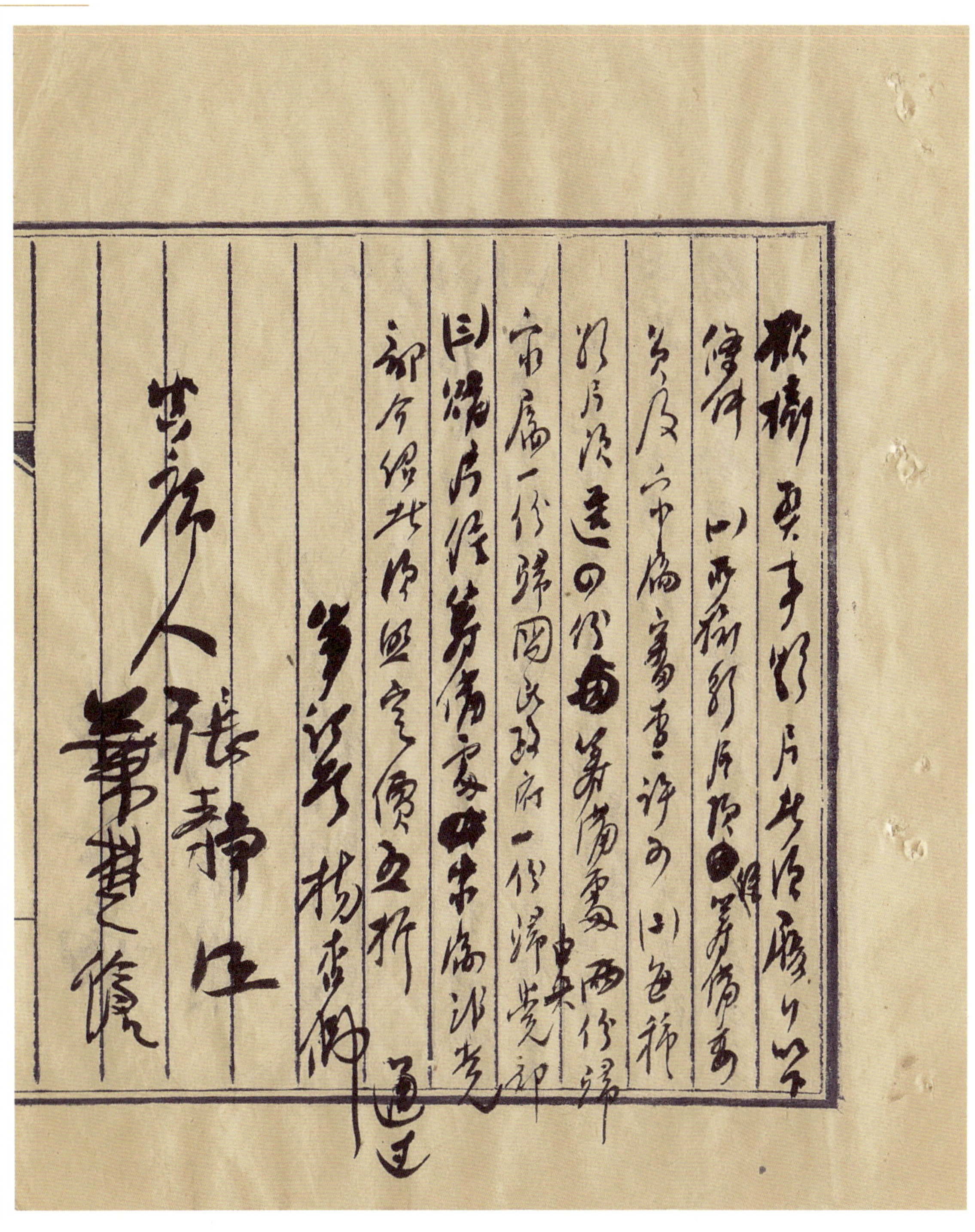

陳去病
林業明

第二十五次會議 三月四日下午六時 廣仁里 張宅

主席 張靜江先生

（一）報告 財政部函為書籍免稅令該照

（二）議決 所刷紀念遺墨五萬份價貳百三十元 由中華書局承印 初九送一半 十日送一半

（三）專集事議決 請沈卑吾先生主編

（四）呈布劉針、請林煥廷先生向粵安籌

散會

（四）戲片特許問題　議決如公司可自由攝影，[illegible]須籌備處查合格者給予特許，並將以上各議決之三條件

（五）議決總理紀念遺墨一篇，係交民國日報[illegible]刊送

（六）奠基禮用之放大像片已由中華照像館擔任，八輯可速即製成

筆記者　楊杏佛

出席人

張靜江

陳去病

林業明

[illegible]葉楚傖

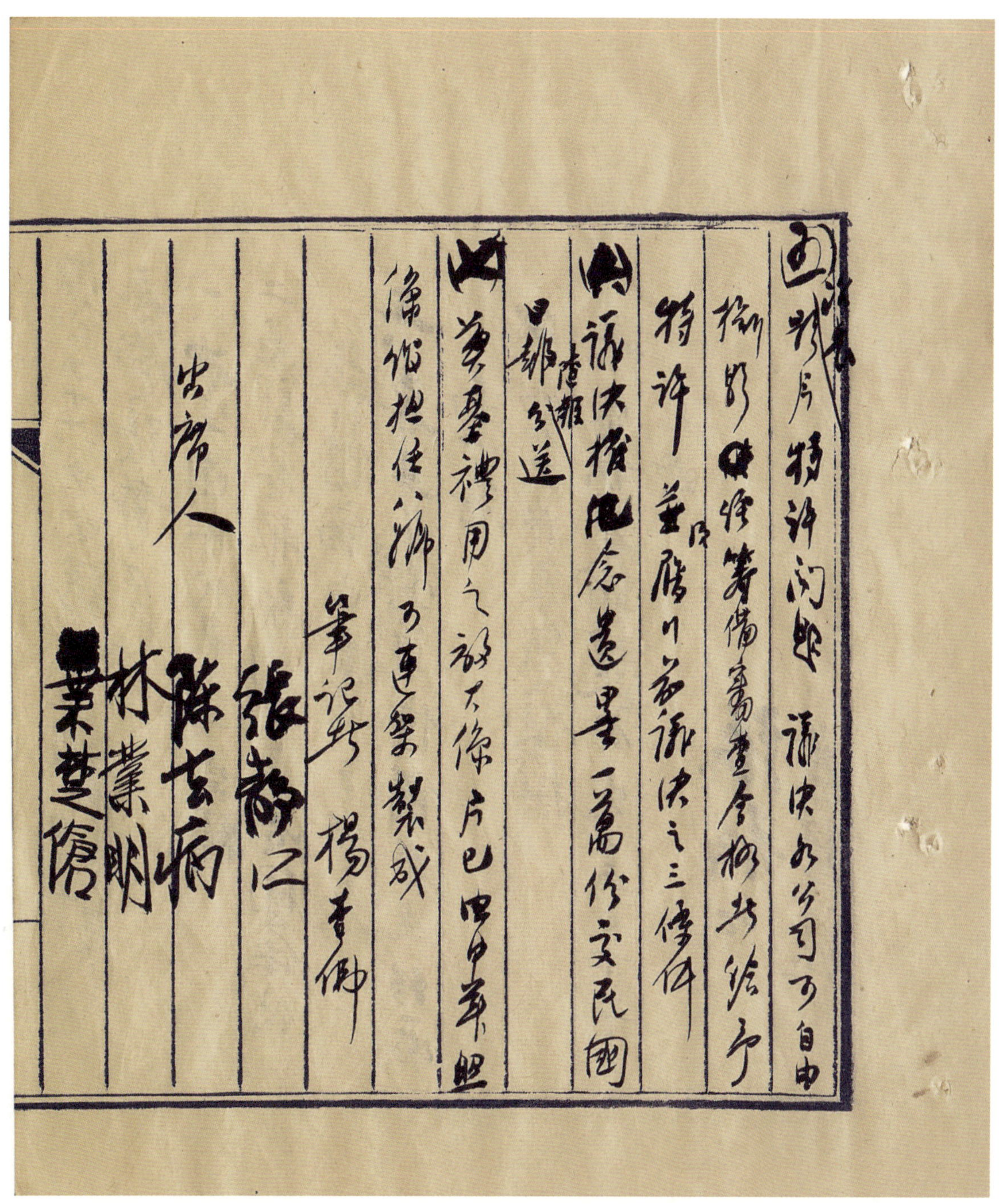

第二十六次會議 • 三月六日下午　廖仁星　張毛

主席張靜江先生

一、決定團体代表亦須定額

二、決定各報新聞記者、各團体代表膳宿由委員会供应之

三、專車上黨員僅備茶点，給兩毛一巻

四、祭文由楚傖擬撰

五、家族答謝筵席定十三日下午七時

張靜江

葉楚傖

陳去病
林業明

第二十七次會議　十一月廿八日下午二時在孫哲生宅

出席孫哲生　張靜江　吳稚暉　列席夏光宇　鄭洪年　陳佈雷　林煥廷　及葉楚傖　徐　張靜江

(一)造像圖樣求模型修例未定價格及質料無從度徵議決定為銅係便適而雅一切由吳兩歸

四得獎之圖樣字樣任取造大小高度另議

(二)營業之民擬用某色瓷磚與建築師商定再定

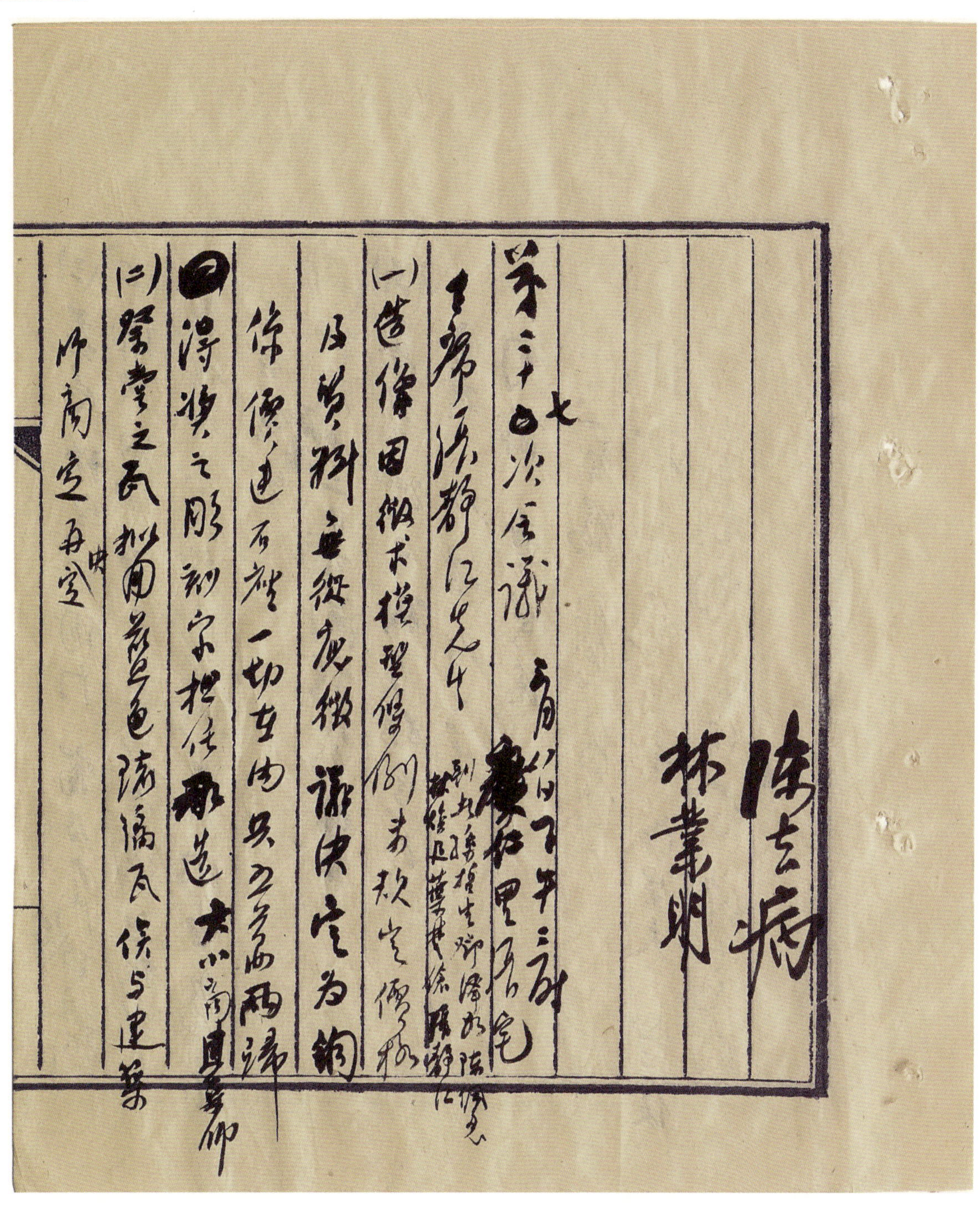

(三)享堂決定用銅門，窗及大門均用銅

(四)議決關於第二十六次會議之推派各團體代表及新聞記者案，仍由各代表自任膳宿

(五)議決加請十三日公開談話會

(六)奠基禮之職員推定如下

主禮　鄧澤如先生

司儀　葉恭綽

讀遺囑　葉楚傖

糾察主任　沈卓吾　陳果夫　馬超俊

朱季恂　侯紹裘　韓覺民

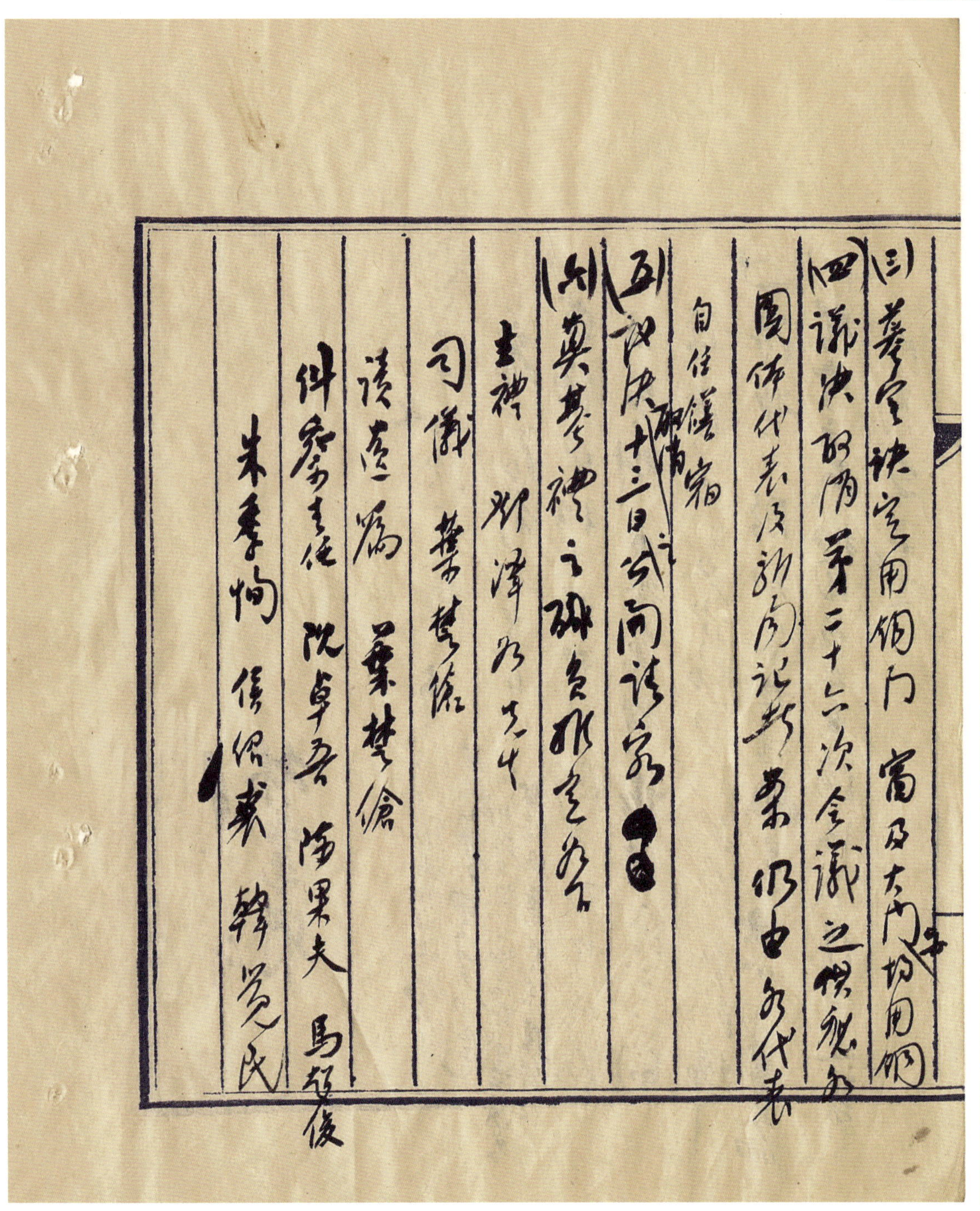

筆記者

張靜江

出席人　林業明

葉楚傖

陳去病

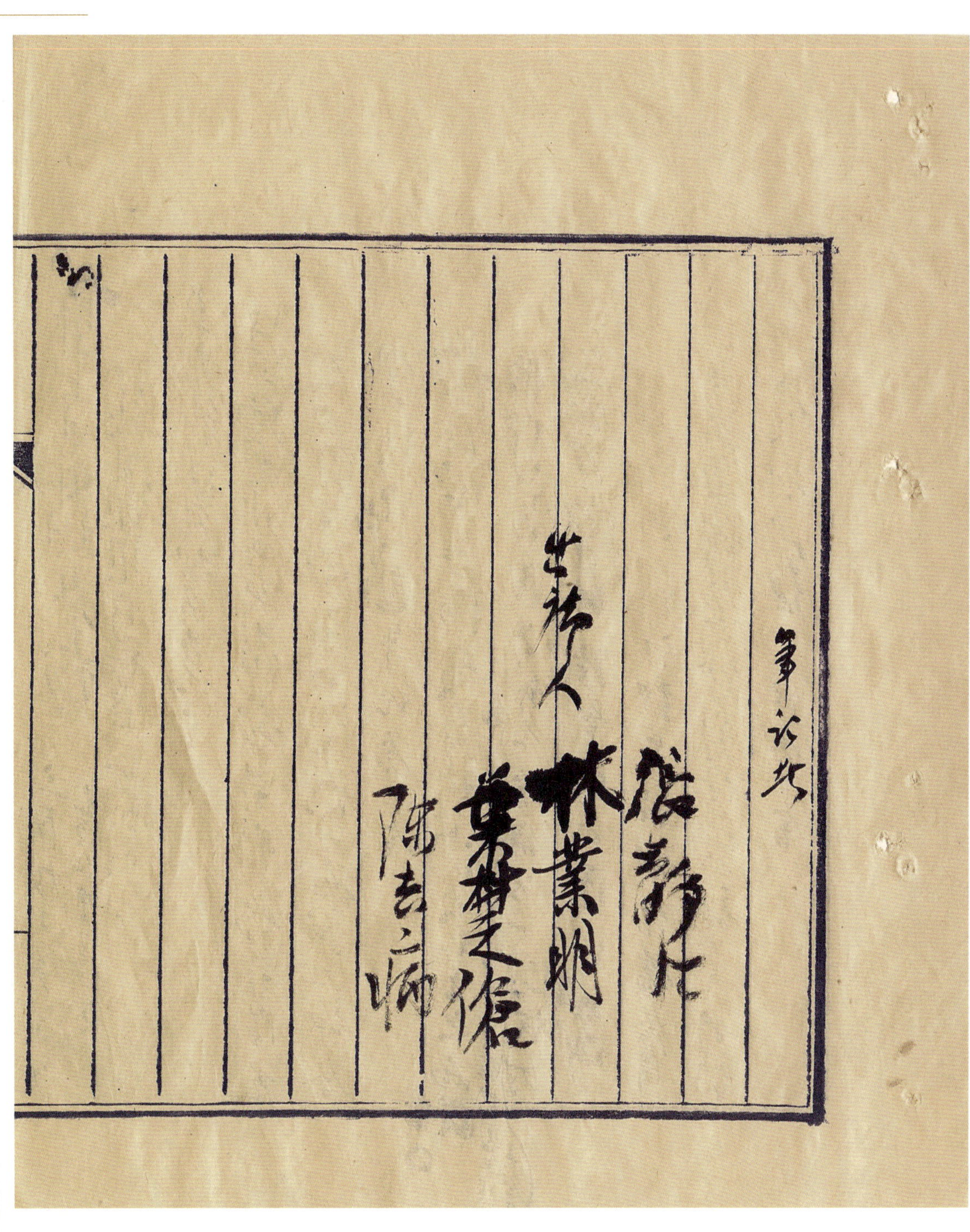

第二十七次会议　三月九日晚九时

到者　张静江　林焕廷　陈佩忍　广仁里张宅

主席　张静江先生

一、讨论广州中央党部来电嘱筹备处加入江苏省党部及当地各级党部合组之总理逝世一周年纪念大会

议决（1）由筹备处发起请已成立之两[illegible]总理逝世周年纪念会合并为一，并同时[illegible]中央党部总理逝世一周年纪念大会加入为一，[illegible]经费照各团体[illegible]分摊

（2）如上项计划失败，则另信覆广州中央来电加入江苏省党部及各级党部合组之纪念大会

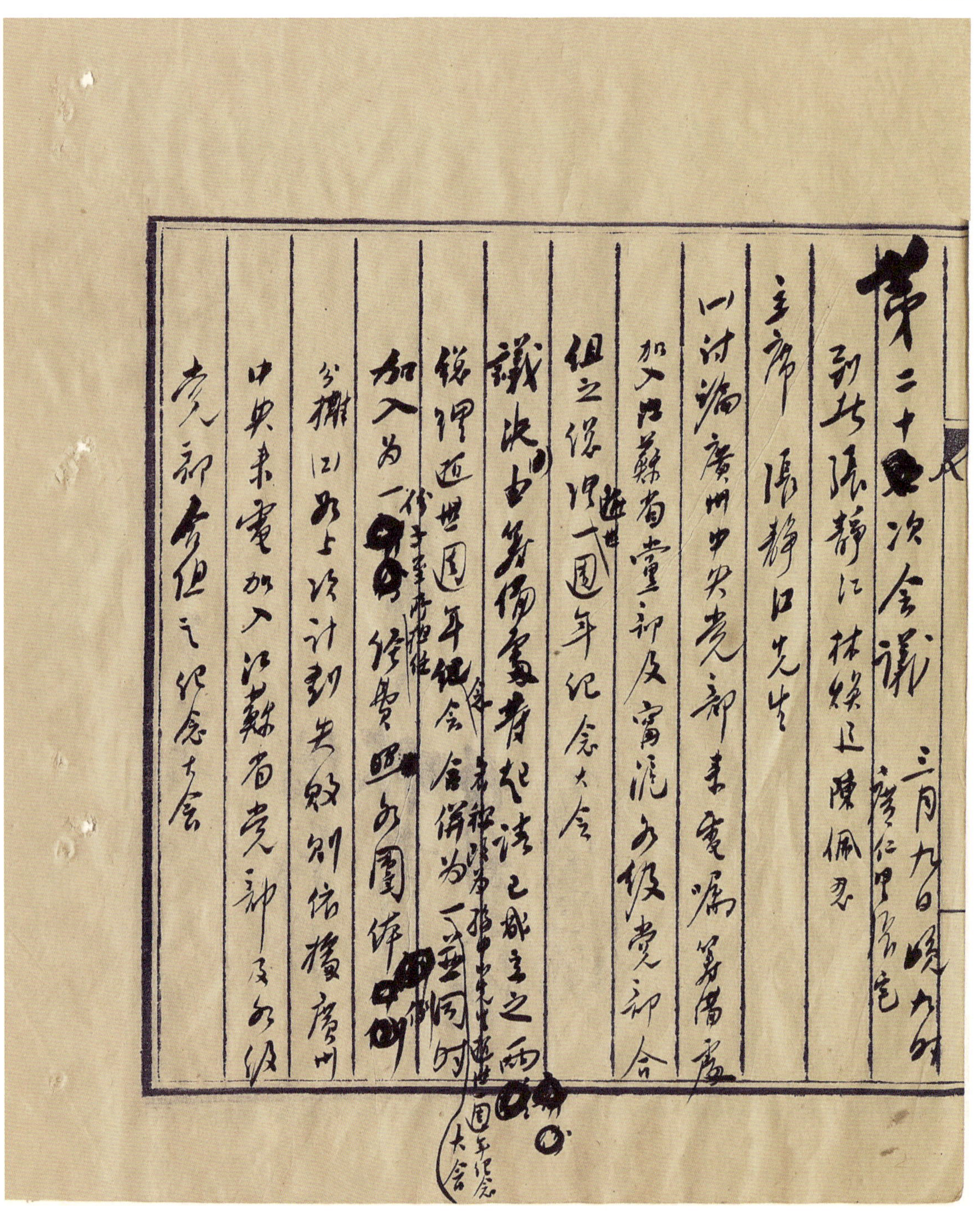

筆記者楊秀卿

張靜江

林業明

陳去病

出席人

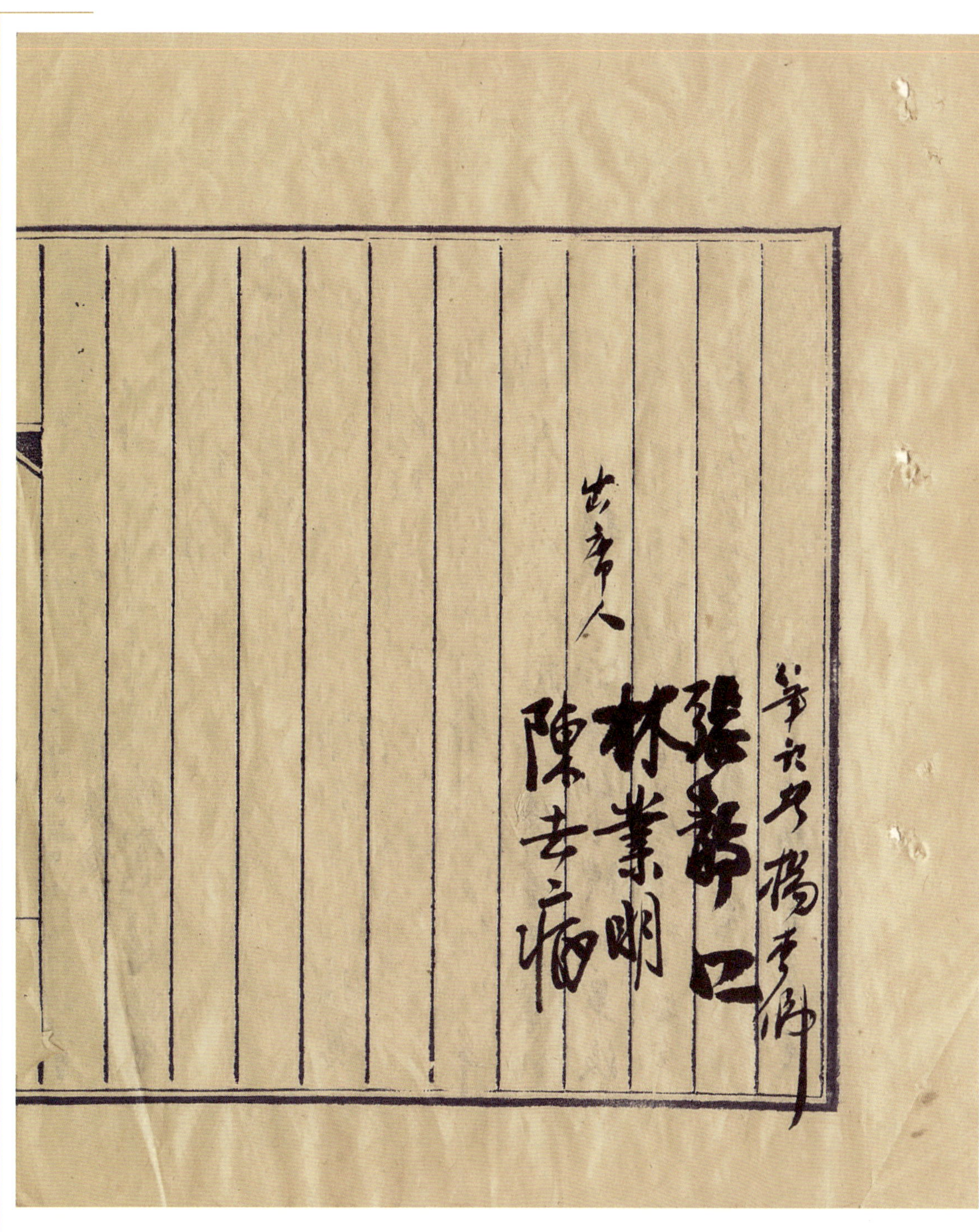

第三十九次會議　三月十三日下午六時在惠龍飯店

到者　林煥廷　葉楚傖　鄧澤如　孫哲生　楊杏佛

主席　葉楚傖先生

(一)議決　總理陵墓奠基禮後應通電致各報館　電稿如下

急　上海申報商報轉各報館　本日下午三時在紫金山舉行孫先生陵墓奠基禮冒雨到數千人　鄧澤如主禮　禮畢後羣衆同往參觀矣　但奠基禮已安全完成　孫中山先生葬事籌備處　文

(二)又議決　報告廣州中央執行委員會

文如下　廣州汪精衛先生並轉中央執
行委員會本日下午三時在紫金山行總
理陵墓奠基禮冒雨到數千人鄧
代表主禮禮畢後摩羅因他相衛宴
惜奠基記已照全完成孫中山先生葬事
籌備委員會文

筆記北　楊杏佛
葉楚傖
林業明

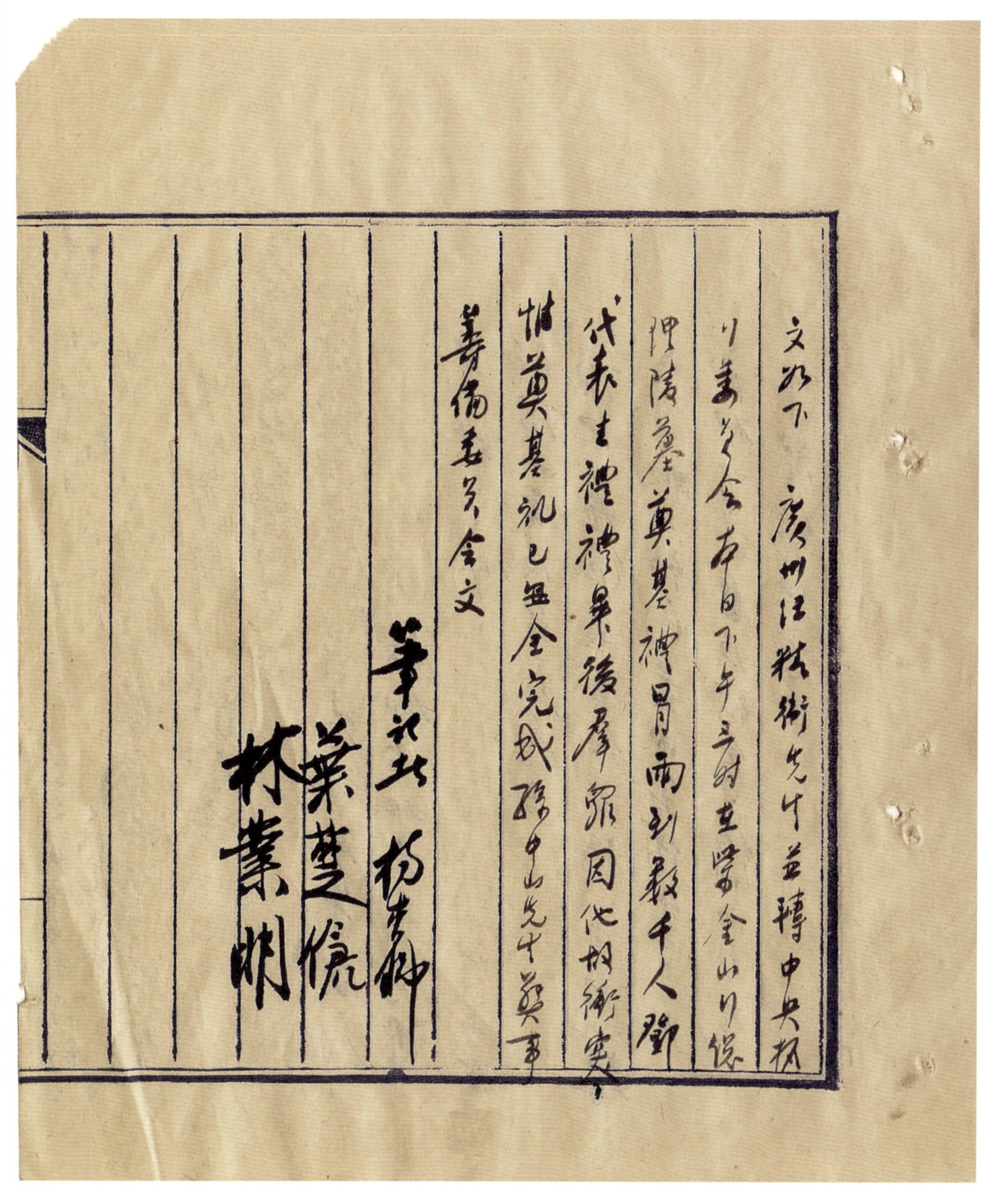

第三十九次會議　三月十三日下午七時二十分　在靜江先生家

到者　張靜江　葉楚傖　林煥廷　孫哲生　楊杏佛　陳佩忍

主席　張靜江先生

（一）討論三月十二日奠基禮祕書處後屬孫哲生、衛挺生、宋淵源、鄧澤如、朱季恂、柳亞子、林業明四先生發起用籌備處名義致廣州電及墨寶啟事

議決　籌備處專任葬務，葬務以外之事概不預問，並由籌備處去函報告事由，及請電廣州中央黨部聲明此意

筆記者　楊杏佛

出席人

張靜江

葉楚傖

陳去病

林業明

第三十次會議　三月十四日下午五時二十分　廣仁里張宅

到者　張靜江　孫哲生　葉楚傖　陳去病　林煥廷　楊杏佛

主席　張靜江先生

（一）孫哲生先生提議為避免糾紛及維持葬事籌備處專任葬事地位起見應正式確定籌備處人員地位特提出下列五條四意見

1、在總理之葬事籌備處常務委員不得兼負黨務如現任黨務不能擺脫者應辭去葬事籌備委員職

2、籌備處職員不准干預黨務及職權以外事務並不得兼任其他職務

3、凡用葬事筹备处名义发出之重要文件均须先经委员会议决否则无效

4、葬事筹备处不得借用为他项事务之会议或办事机关

5、凡遇重要事件须经家属代表同意者方能执行

以上五条均经全体同意通过

（二）葬事筹备处事务所由林焕廷先生提议迁移代书避免误会

议决即日执行迁地

（三）林焕廷先生提议保管银钱宜属

代表出孙哲生先生不克莅时由孙家大
人代表家属　　照通过
（四）孙哲生先生提议关于总理遗编印书
有借来转来须移归总理永久纪念
会所有编辑费及印刷费均应由
列预算请由中央执行委员会通
过并另行拨款　　通过
（五）孙哲生先生报告孔庸之先生来书
西山护灵经费已经请续汇款
议决先汇二千元并请孔先生将前
汇去之一万元报销寄交筹备处
以便核报又护灵费以后每月报

算若干並請函告以便撥同匯款

（六）議決監工員鄭校之人地與職務均不相宜請國民政府另派人來甯

（七）議決馬路不加價收保證費全不扣留

會記錄　秘書卿

出席人　張靜江　葉楚傖　陳去病　林業明

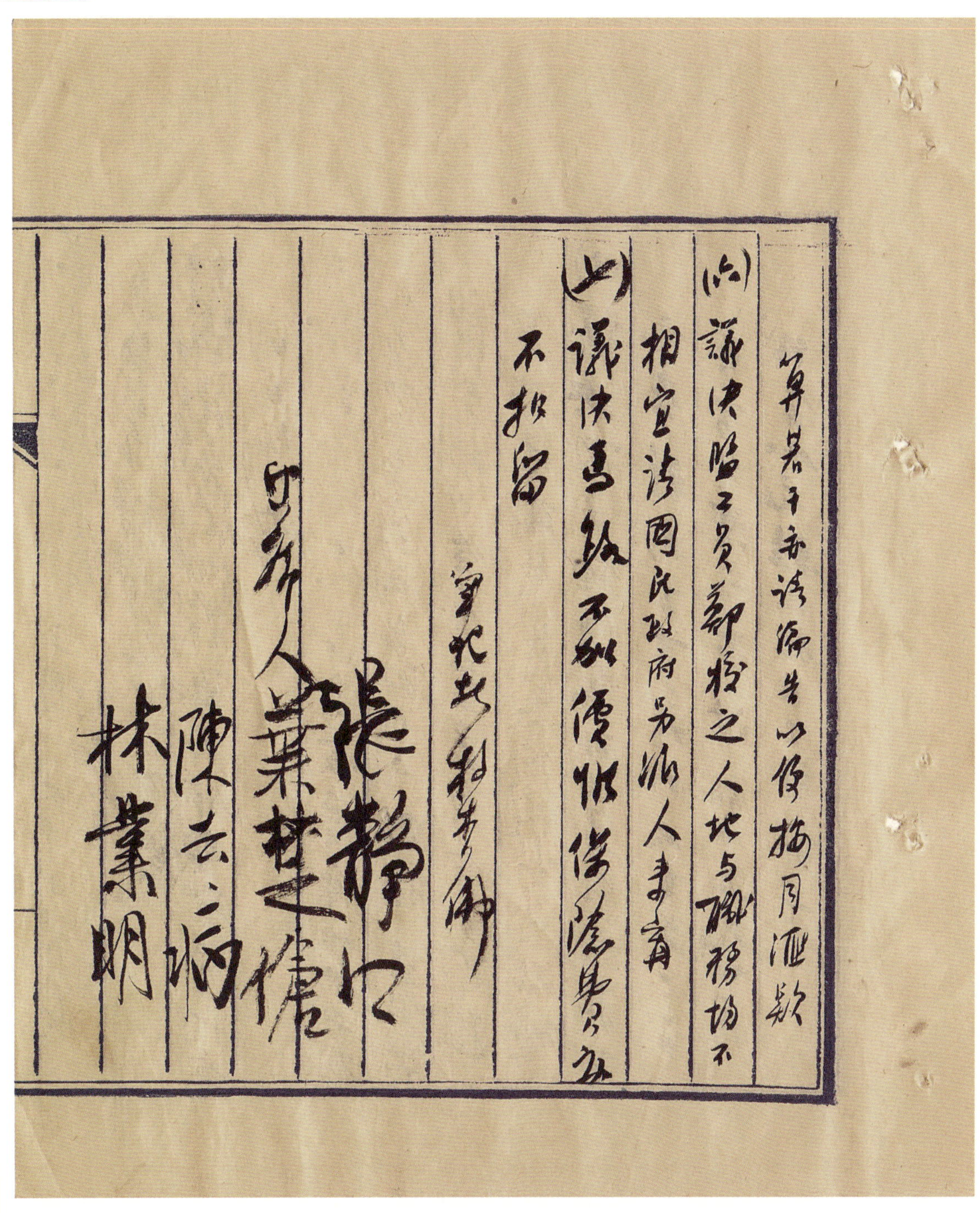

第三十一次會議　三月十七日下午六時於環龍路張宅

主席　張靜江先生　鄒海濱　孫哲生　葉楚傖　林煥廷　陳佩忍　紀錄　楊杏佛

(一)議決墓門兩道用銅製，祭堂門窗均用鋼製

(二)議決籌備處委員會受廣州中央執行委員會與國民政府之指揮，主任幹事受執行全責，受委員會之指揮，籌備處職員受主任幹事之指揮

(三)議決職員鈕仲慈改為專任，月薪百元，常駐南京事務所，又東南大學苦學生陸希平津貼十五元一月，另月給八元，駐山担任工程報告

（四）議决哀思録二部，限三月底編完，可刊費計算第一冊，共洋二千六百四十六元，鈔録除徐張去以例外，論准共算[illegible]。

（五）議决墓道馬路工程中姚新記代作之工數，不必俟王才記察取。

（六）大中華百合影片公司之葉事，劉君侯女廢[illegible]修付給予以特許。

筆記者 楊杏佛

出席人
張靜江
陳去病

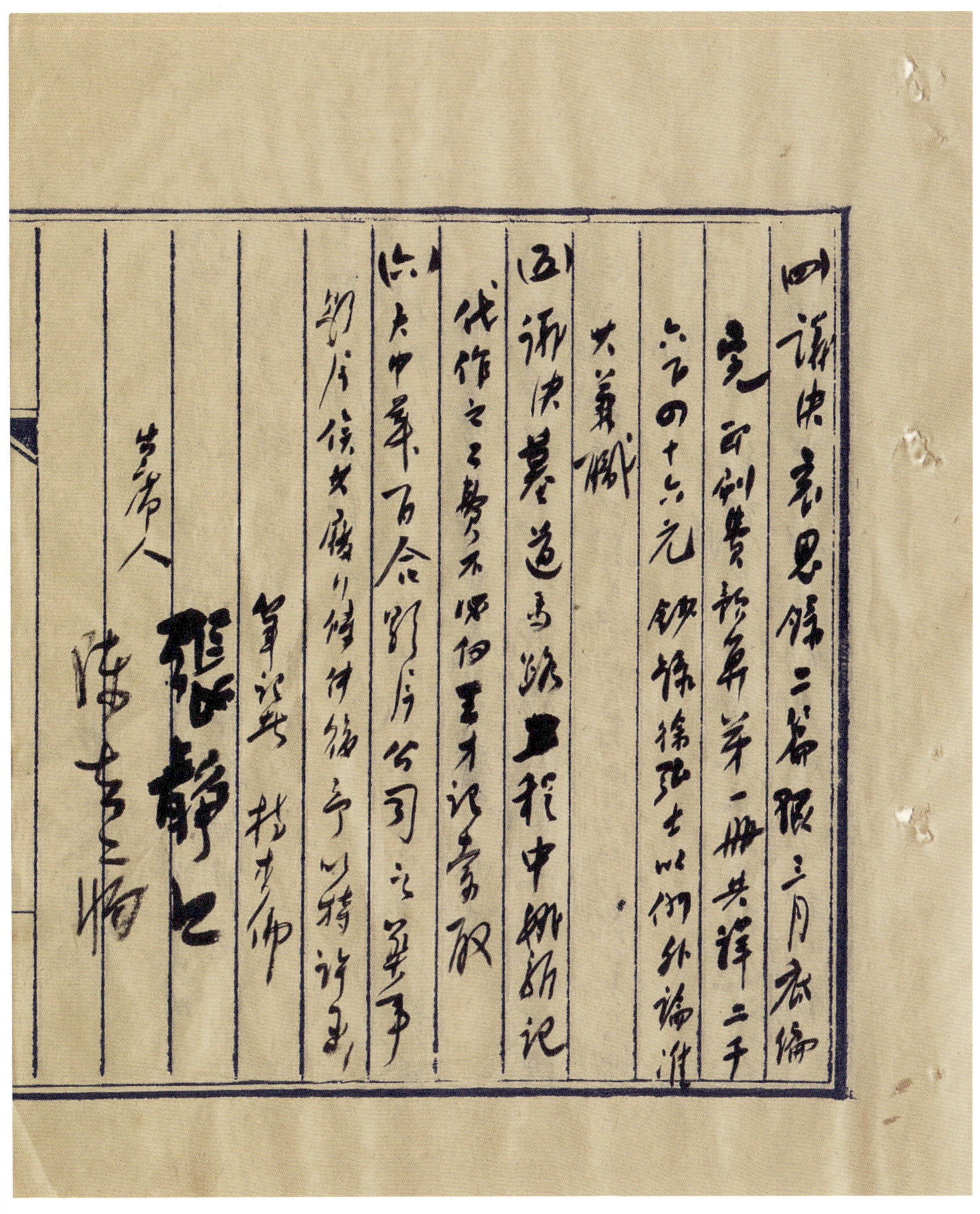

林業明

第三十三次会議　三月十八日下午六时　於柳路張宅

到者　張靜江　葉楚傖　孫哲生

主席　張靜江先生

（一）林焕廷先生報告陳佩忍先生來函辭職

[redacted]　通过

（二）張靜江先生提議請陳果夫先生代理　因赴粵辭職

（三）議決　哀思錄第二編由籌備處負責續編

（四）議決　總理陵墓應有之文字推定汪精衛先生担任碑文　胡展堂先生担任墓誌銘文

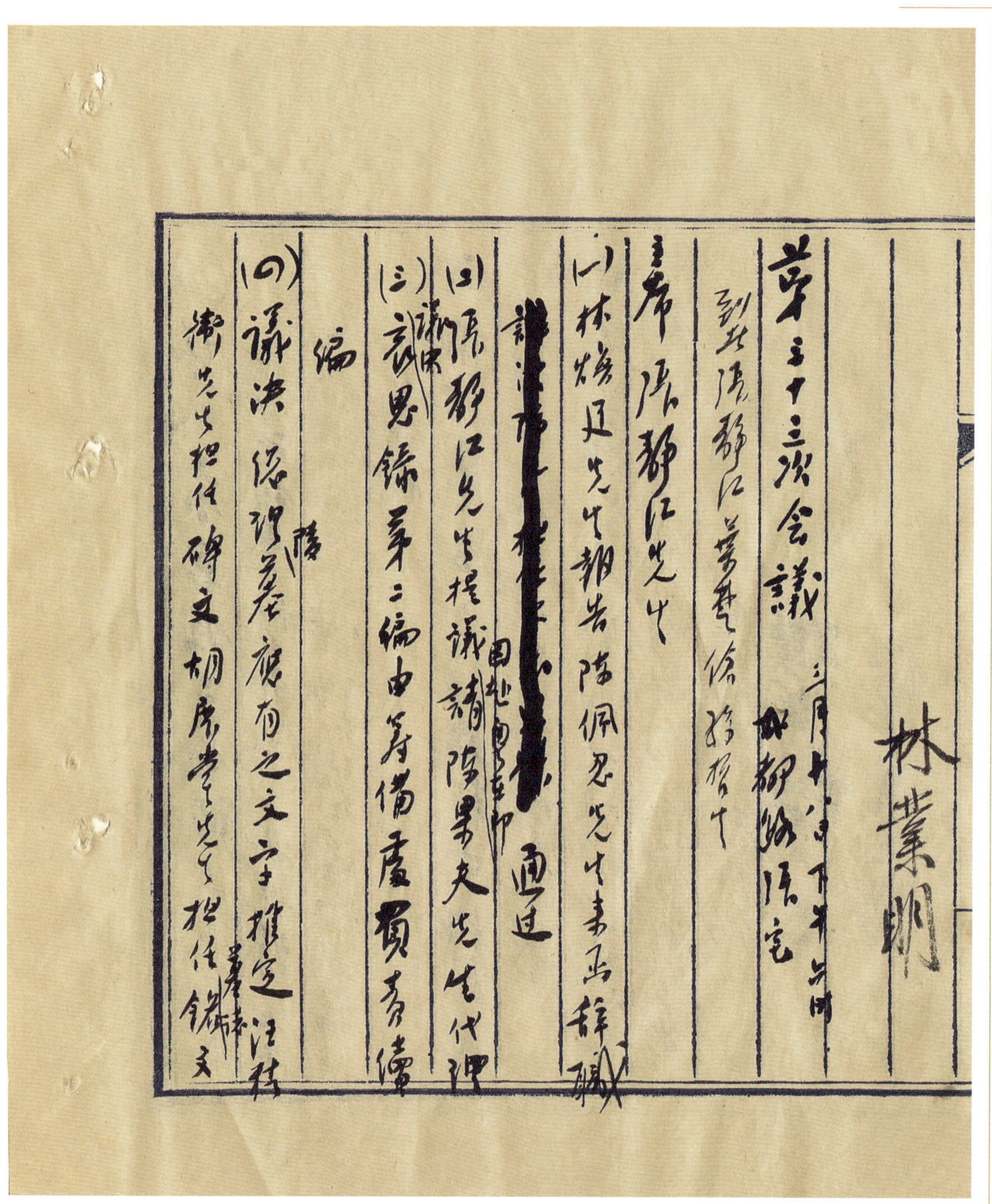

吳稚暉先生擔任傳文　張靜江先生擔任記文　以上碑銘傳三種文稿限於七月底交到　記文俟工程將完時撰文

（五）總理造像模型徵求期限至八月底

（六）議決墓堂內應刻文字應包括總理手書建國大綱遺囑傳與其他遺墨

筆記者　楊杏佛

出席人　張靜江

葉楚傖

林業明

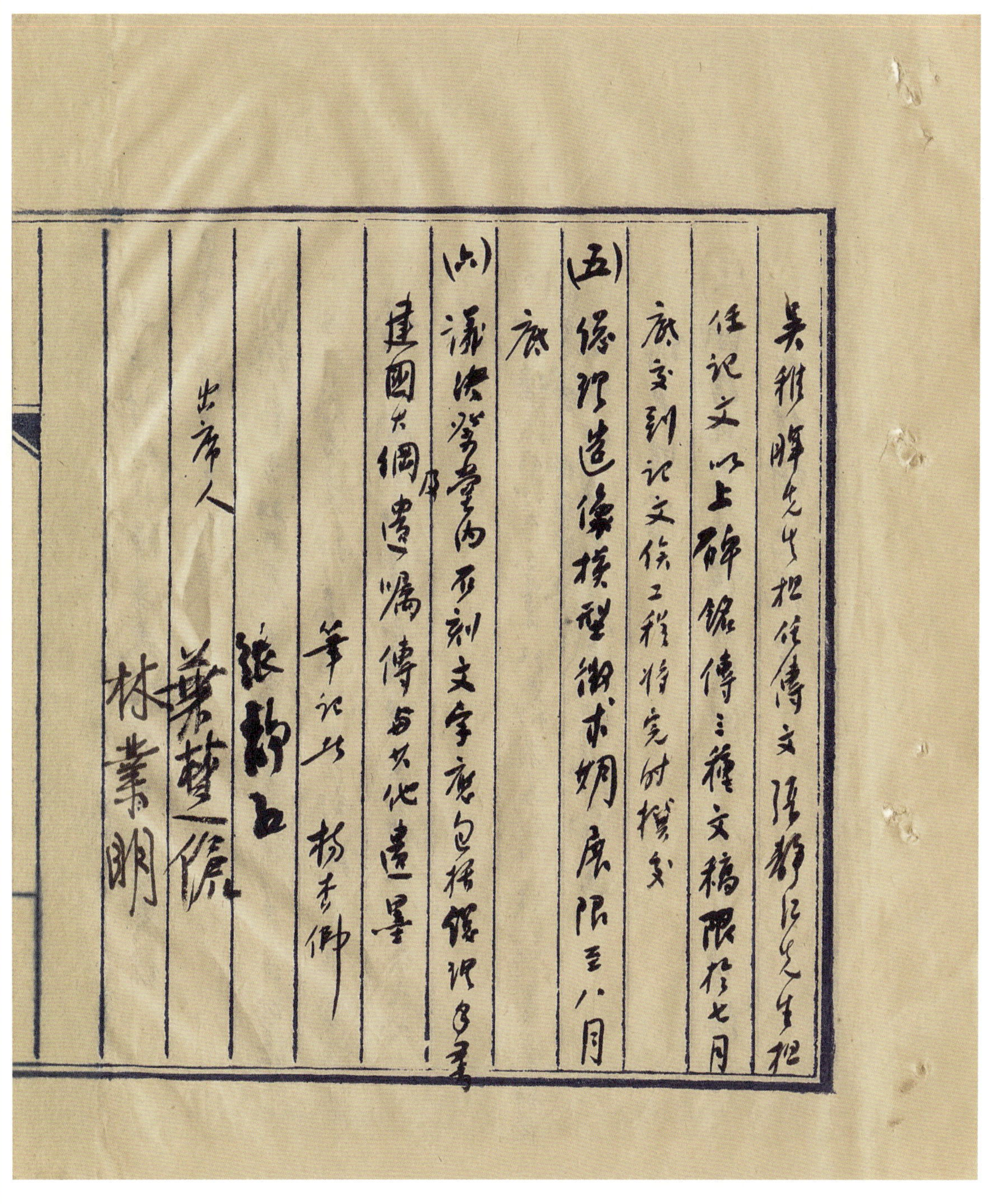

第三十四次会议　三月廿日晚八时　莫利爱路十号

到者　林焕廷　陈果夫　孙哲生　叶楚伧

主席　陈果夫先生

(一)讨论南京羽卅卷　南京市党部来函嘱同与江苏省党部南京市党部联名通电事

议决　关于此事已经结束无答复之必要

(二)林焕廷先生交来江苏省党部请补发党部四五两月费用　每月费壹佰玖拾元函

议决照拨

(三)姚新记来函请函财政部令海关对陵墓工程材料免税案

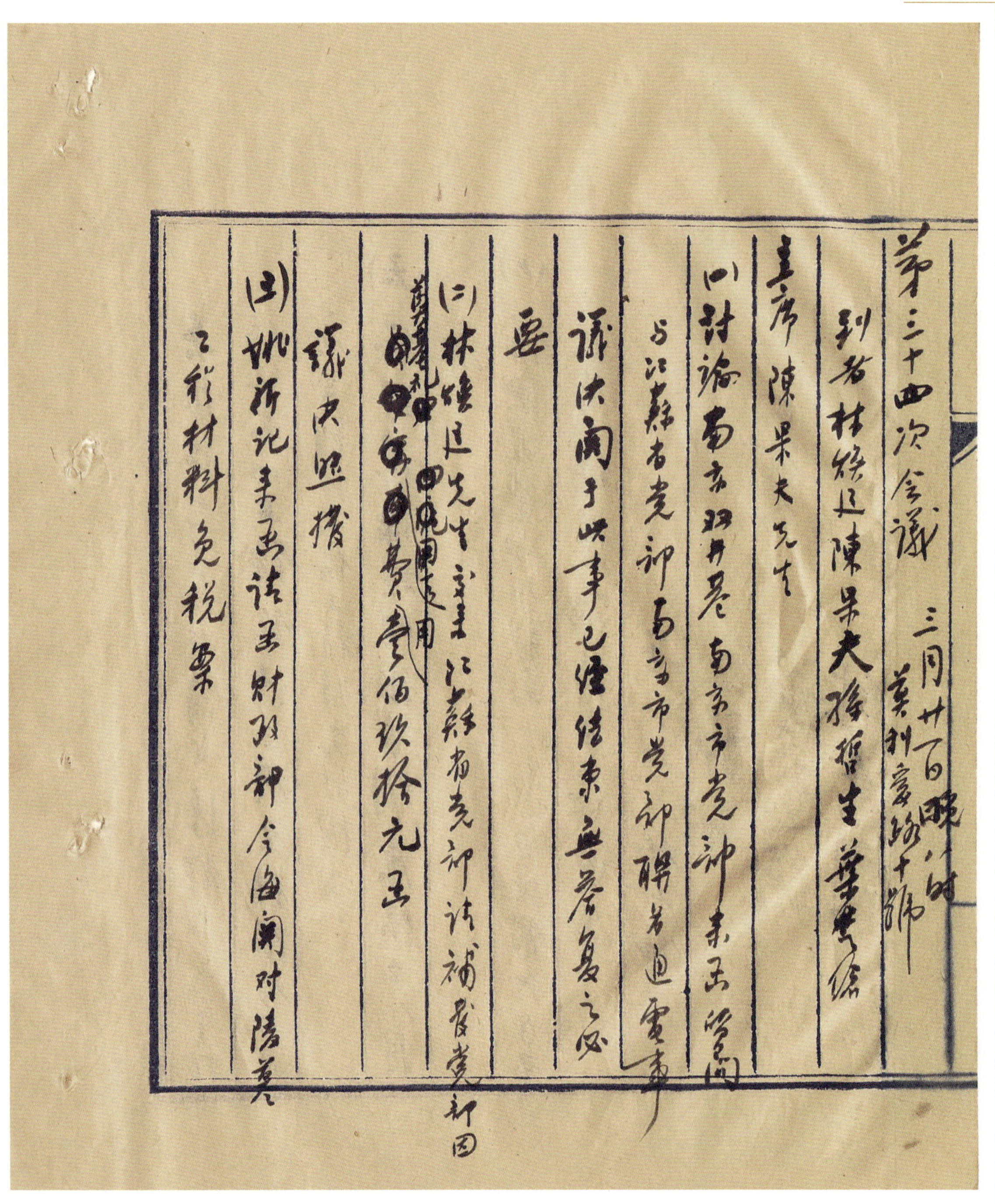

議決海關向例無免稅辦法故不能照辦

（四）議決前為姚新記向財政廳函請材料免稅所商之稅捐應由姚新記工程費中扣去

（五）議決哀思錄編撰及印刷費第一二冊共預算八千元應詳列預算請國民政府另撥

筆記者 楊杏佛

出席人 葉楚傖

陳果夫

林業明

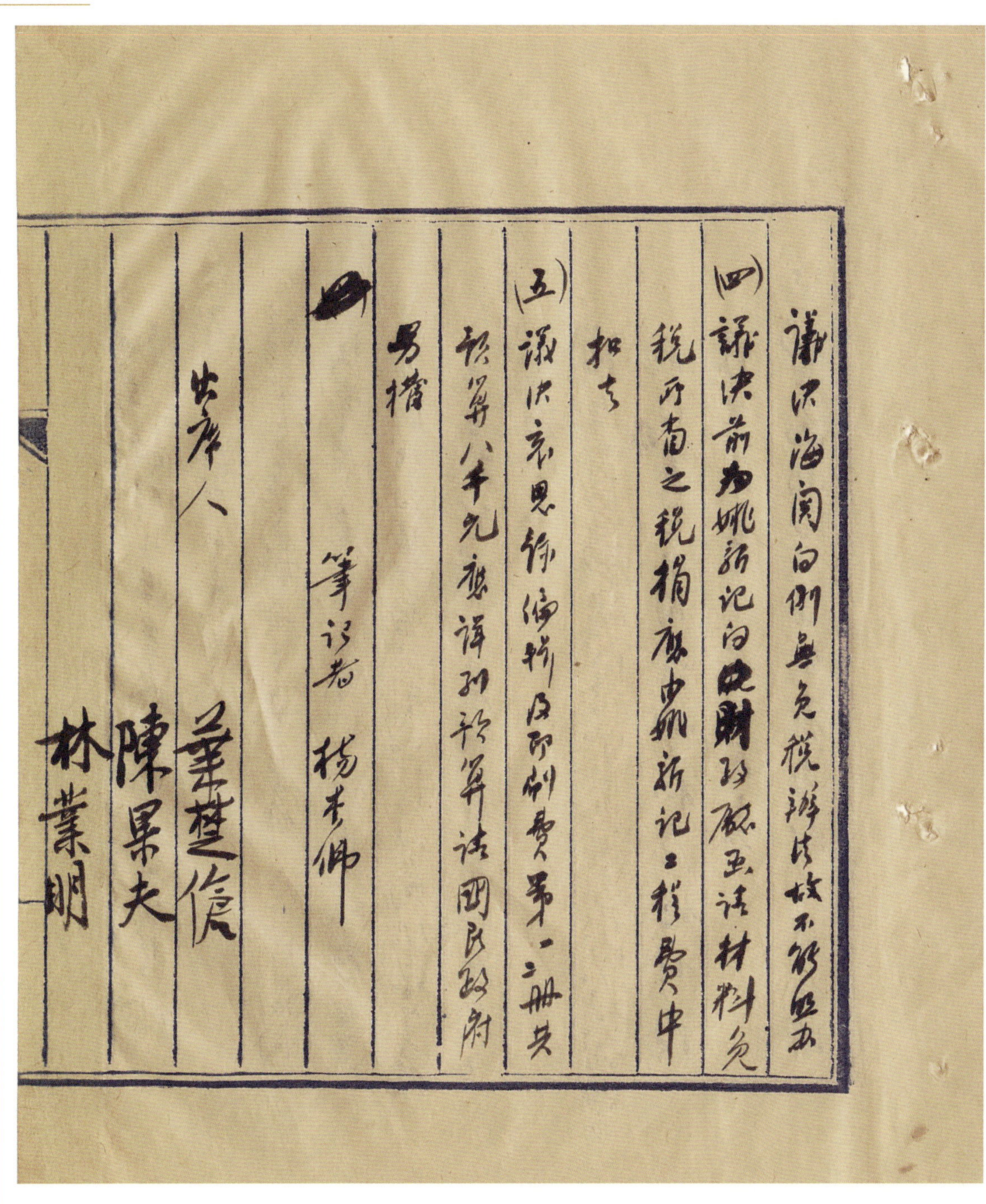

第三十五次会议 三月廿四日下午五时

列席 林逸民 陈果夫 孙哲生 叶楚伧 [illegible]

主席 孙哲生先生

(一)孙哲生先生报告吕建筑师函请询问陵堂及各处通门窗之铜门是否由建筑师代向美国公司订立合同抑由筹备处直接订购如委托建筑师须备具委任书

议决 由筹备处函托吕建筑师代订铜门窗 铜门窗之合同标价及条件须经筹备委员会之同意

(二)杨杏佛报告宗便函高献生汤仁溥

陈耀德、蒋希曾、谢君来事务所赁
向筹备处不多，南京羽扇巷市党部
理由。议决：函复宋君等，因筹备处
（二）议决：不问陵墓事以外事务，故不易答复。
（三）特支部报告：经理墓地对面之卯字山顶
地约六十亩，因地处中山墓道正面，
是否须购买，价若多每亩十元。
议决：若须购买时，须调查契据，
按照民地方式付价。
笔记者 杨孝卿
出席人 叶楚伧
陈果夫

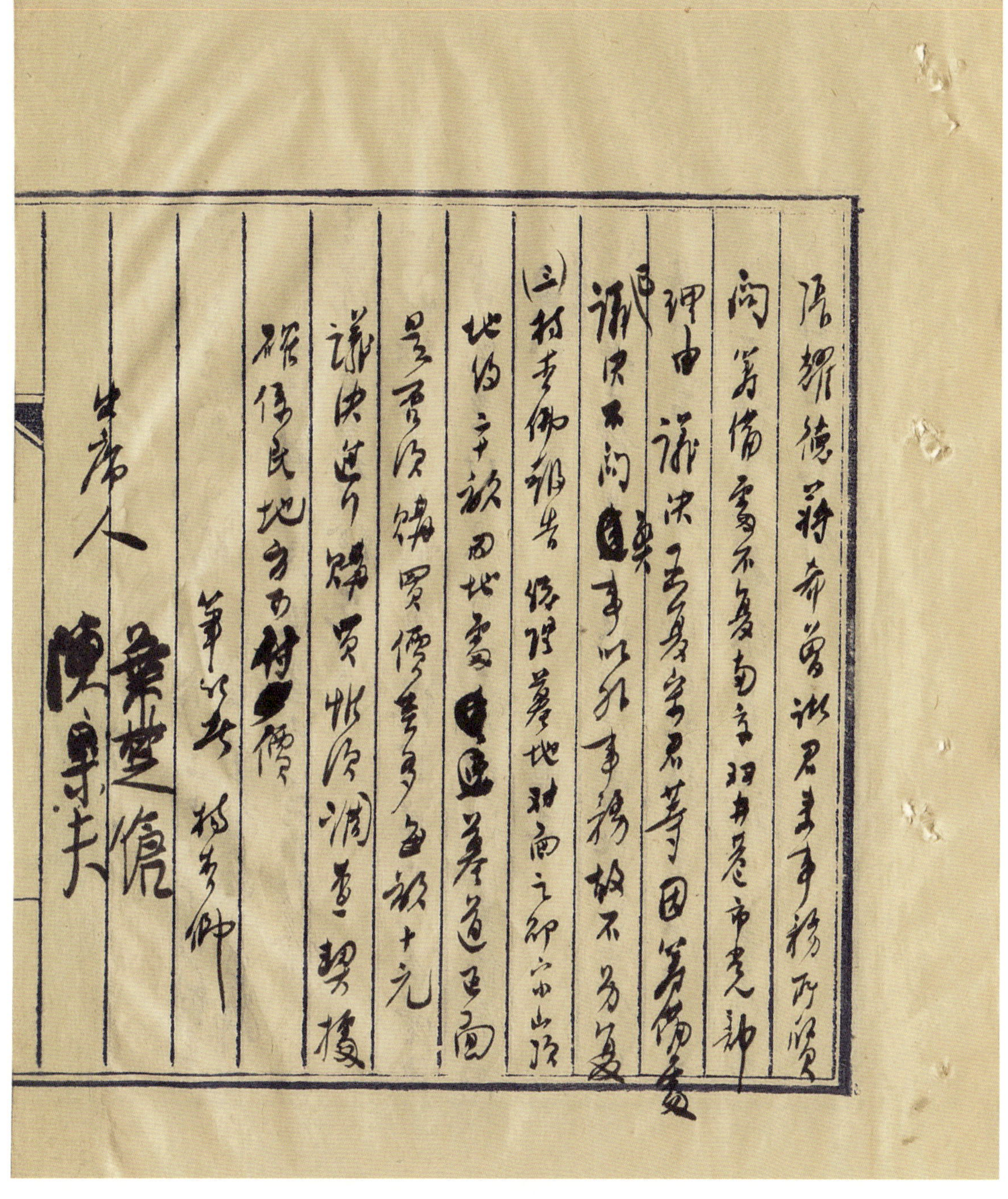

二、林業明

第三十六次会議　四月十二日下午四时至
陶君[illegible]司務長四鄰
到者林焕廷　陳果夫　葉楚傖
主席　葉楚傖先生
(一)林焕廷先生報告　總理廣州紀念堂徵
求圖案辦法代本會附設籌備處內
請追認　通過
(二)省黨部來函請指定地紀念會經
費六百餘元　議決根據來函及中央劃
定函請中央核撥　並以議決案答復
蘇省黨部

（五）議決電孫哲生先生轉宋部長從速匯本月薪費

（四）姚新記為函對未用扣除材料棧件免稅所有之款有所抗議

議決

擱置不發俟已未用付款再行办理

筆記　楊杏佛

出席人　陳果夫　葉楚傖　林業明

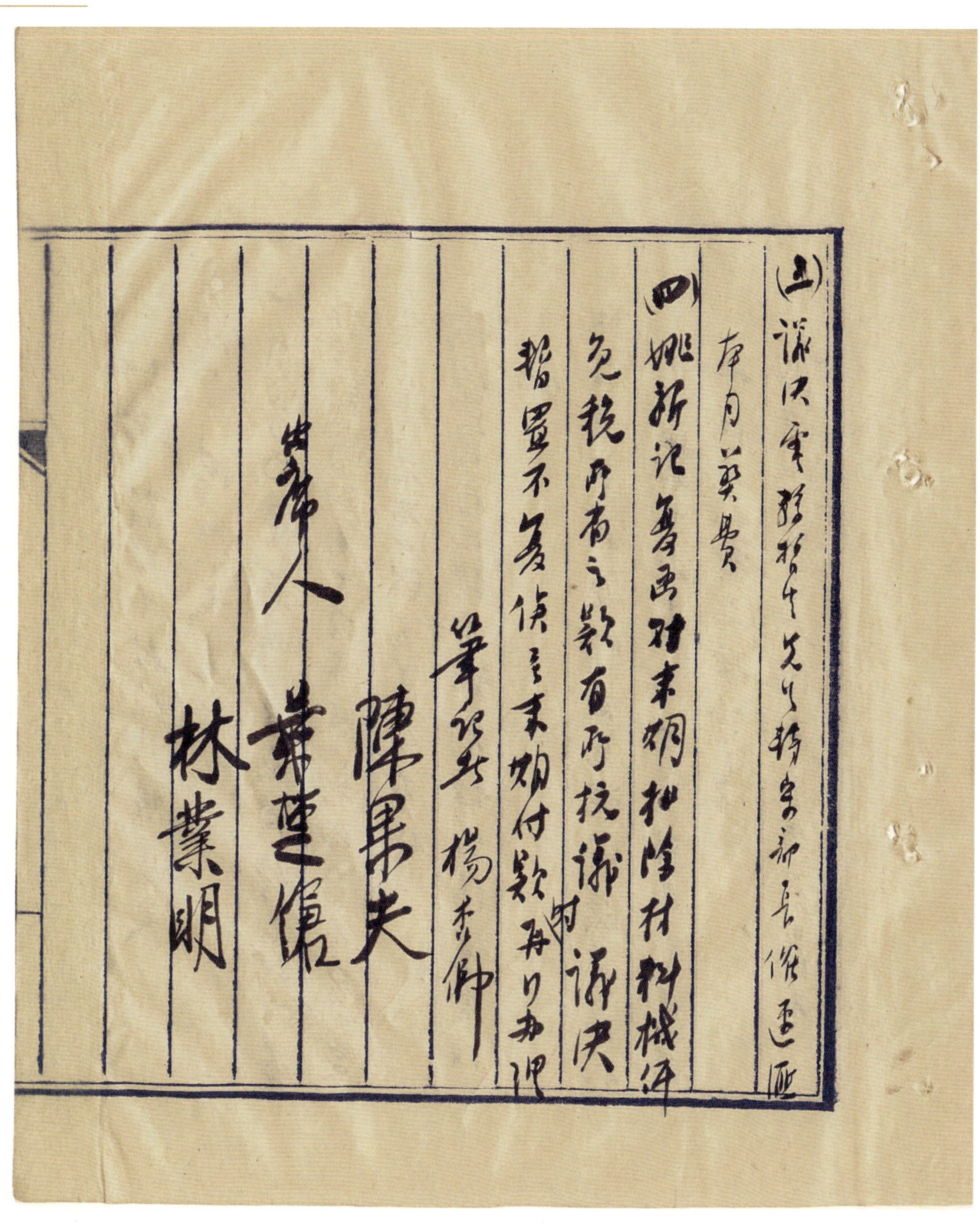

第三十七次会议　四月十九日下午三时
吴秀峰　刘士能

到者　孙哲生　林焕廷　陈果夫

主席　陈果夫先生

一、吕彦直建筑师来函请将已刻之墓基碑石改用大理石　来函因青石与原定之大理石不一致与美观有碍

议决　先用大理石试刻　俟成绩优良改换

四、吕彦直建筑师来函请将陵墓内部改用苏州花岗石　其质较原定香港花岗石略坚而价较廉

议决　仍照原合同用香港花岗石

（三）議決哀思錄第二冊刪去報章評論

（四）林逸民先生報告廣州紀念堂圖案之建築師請求以比例尺為十六分之一

又展限至七月底

議決由委員會代函紀念堂委員會陳述意見並要求照改

（五）祭堂之琉璃瓦價格及墓地議決

函請孔庸之先生調查

筆錄 楊杏佛

出席人 林業明 陳果夫

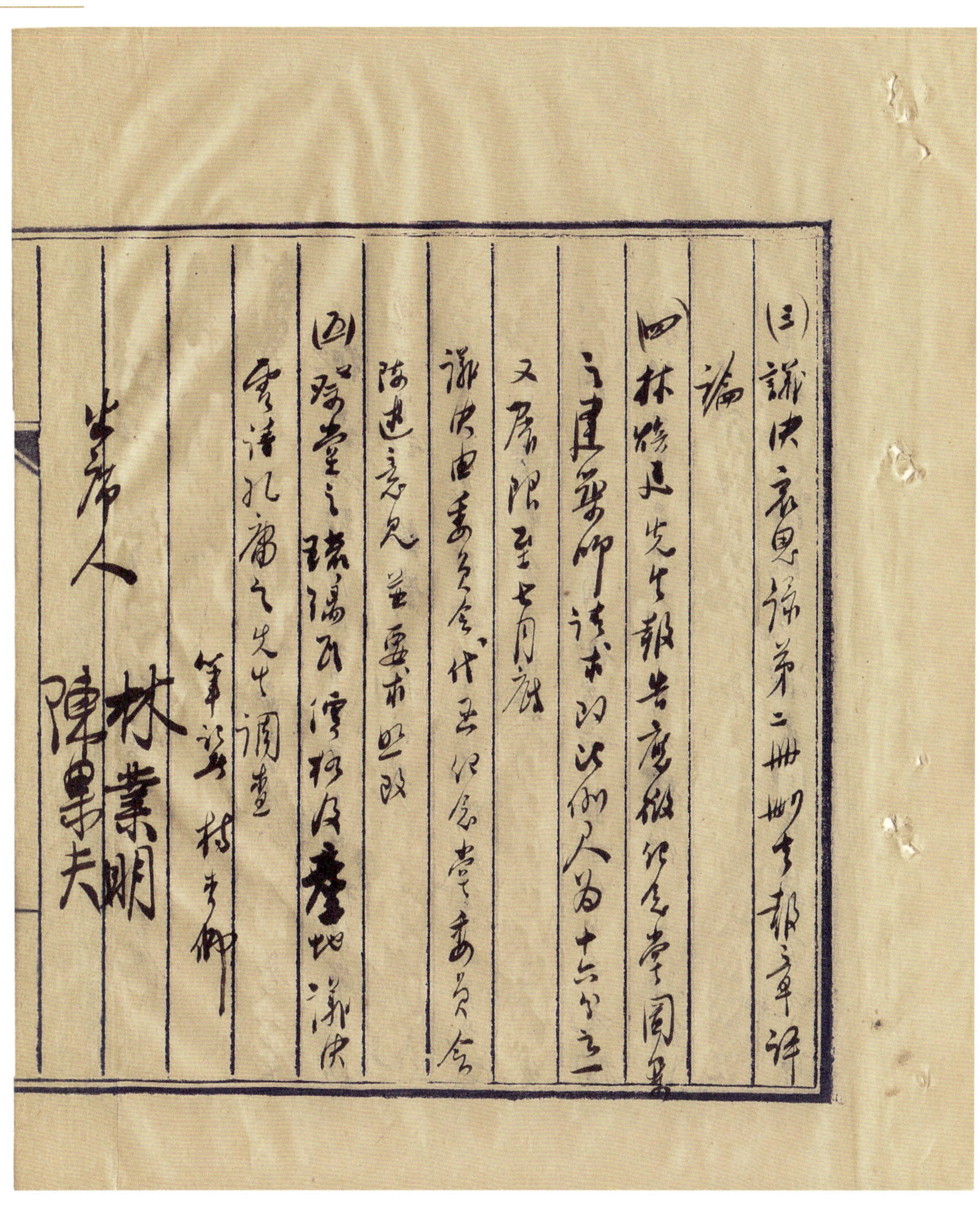

第三十八次會議 五月十九日上午十時

到者 孔庸之 林煥廷 楊杏佛 陶保晉 [illegible]

主席 林煥廷先生

一、孔庸之先生報告 西山碧雲寺經費收支

大概 最初數月由李石曾先生擔任，嗣後

李先生辭去，由鄉人楊佳興收一萬二千元

計付李先生墊款約三千元，換撥千四百元（本

只四百元）諸表寮未付款（同生堂傢俱）千餘元

由八月至今年六月衛士等薪水約七千元，相

抵約不足二千元，由鄉人楊付 又林煥廷

先生願與馬湘君談 將其夫人及林先

生函 議決先匯馬湘洋肆百元 詳

請俟哲生大局平定再編輯

（二）孫哲生先生報告中華書局印建國大綱墨跡二千七百兩　議決請國民政府即付　又孫先生墊款亦請即匯還

（三）議決用委員會名義函參謀部長保護陵園墓之移款

（四）孫哲生先生報告饒鑄氏信托攜調查本墓付款手續函件八角樓人士擬同謝不服氏

議決將各種調查材料表繳亦不去應之委員同意決定

（五）議決陵墓銅門合同由籌備處繳亦建築師意見由彼核之

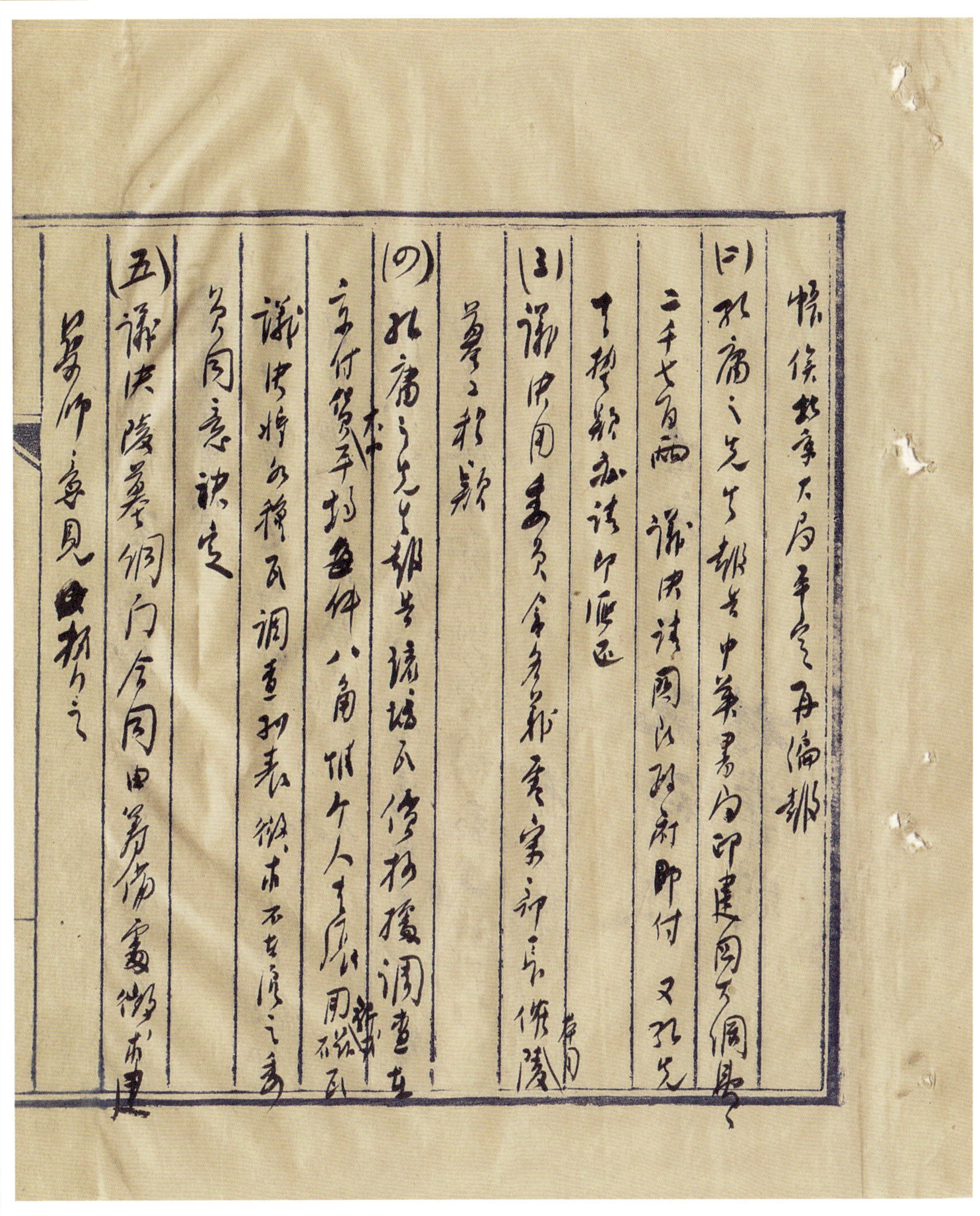

（六）議決南京粵軍烈士祠墓修理事
由籌備處商同陸陶委員進行
[redacted]
（七）議決墓道前部分山坨六十條修改即
進行購買價格不得過十元
（八）議決玄思碑修費條加畫選等類
的及設繪兩項經費詳數畢預算

筆記者　杜天卿

出席人　孔祥熙
林業明

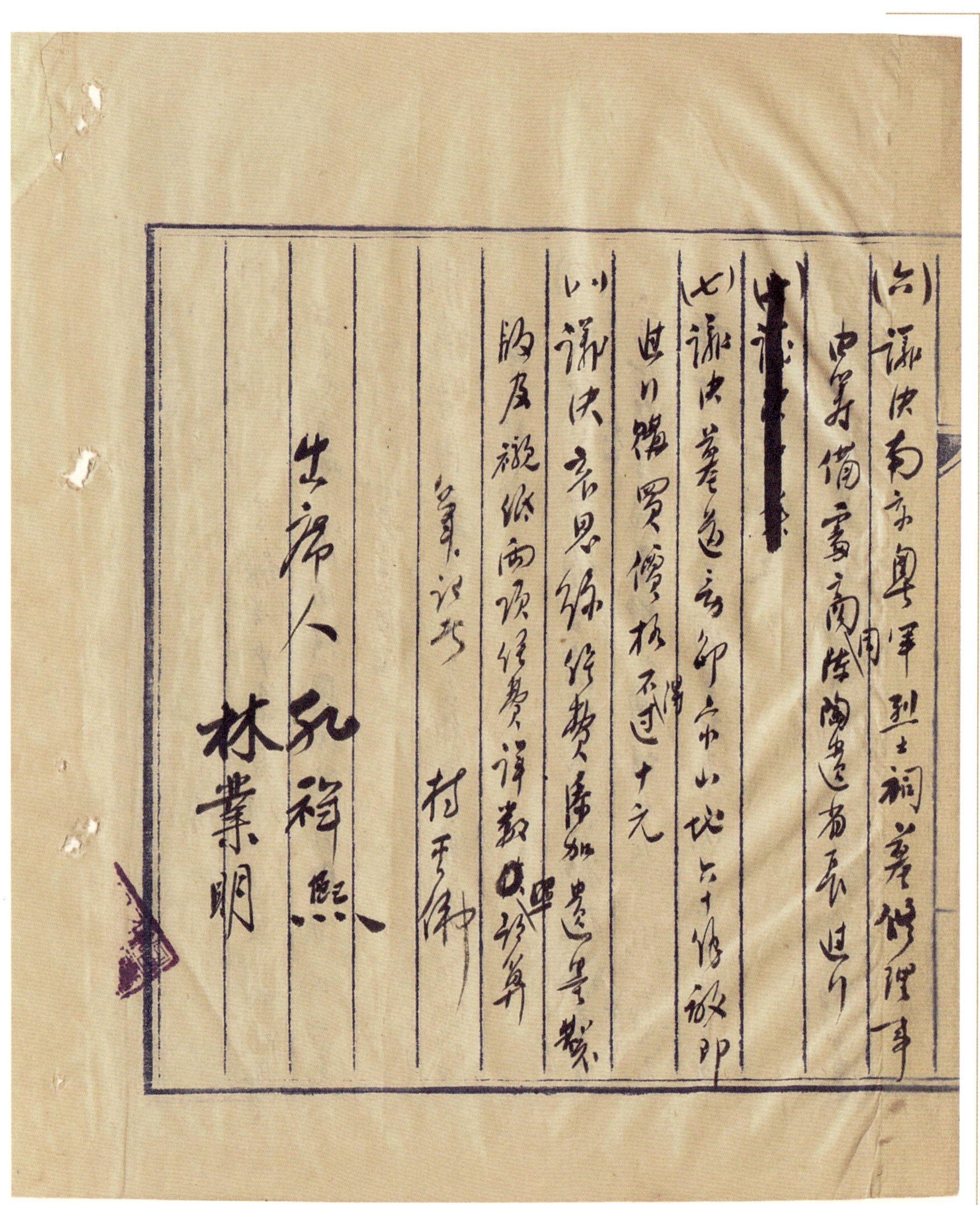

孫中山先生葬事籌備處會議記録第二册（第三十九次至第五十九次）

檔號：1005-3-1382

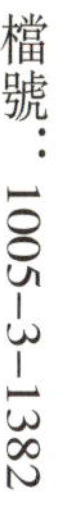

第三十九次會議　六月廿四日下午三時三十分　事務所

到者　于右任　林煥廷　楊杏佛

主席　于右任先生

（一）議決　關於姚新記在墓地範圍內取土及挖沙事由籌備處派員查看凡在範圍內者一概禁止其在附近與陵墓形勢甚礙無礙者由主任幹事就地察看斟酌辦理

（二）議決　靈谷寺地基即着手進行購買價目及詳數俟調查後再議

（三）議決　呂彥直建築師函請允許其製造出售銅質紀念模型一事關

作永久紀念甚大，應徵求寧滬及
廣州委員意見，妥訂辦法。
(四)議決：籌備處職員徐弘士改為專任（月薪五十元）
職，其上海執行部事，鈕師愈係
京見錄編務往來移京辦事。
(五)議決：留工員鄭楞之、陶積勳、葛雷臣
請國民政府改作專員一事，由[illegible]
[illegible]委員（全）與詢孫哲生先生[illegible]過，
另早日來理，以後來[illegible]案。
(六)于右任先生提議：關於同志附葬
總理墓地，應由中央黨部確定
標準與辦法及範圍。又林森先生

者。擬議關於此類問題應顧及總
理陵園全體結構及請地之建築原
文與面積大小等方面。以上兩類議
決由委員會函請中央黨部辦理，
由孫哲生先生轉告。

筆記者　楊杏佛

出席人

于右任

林業明

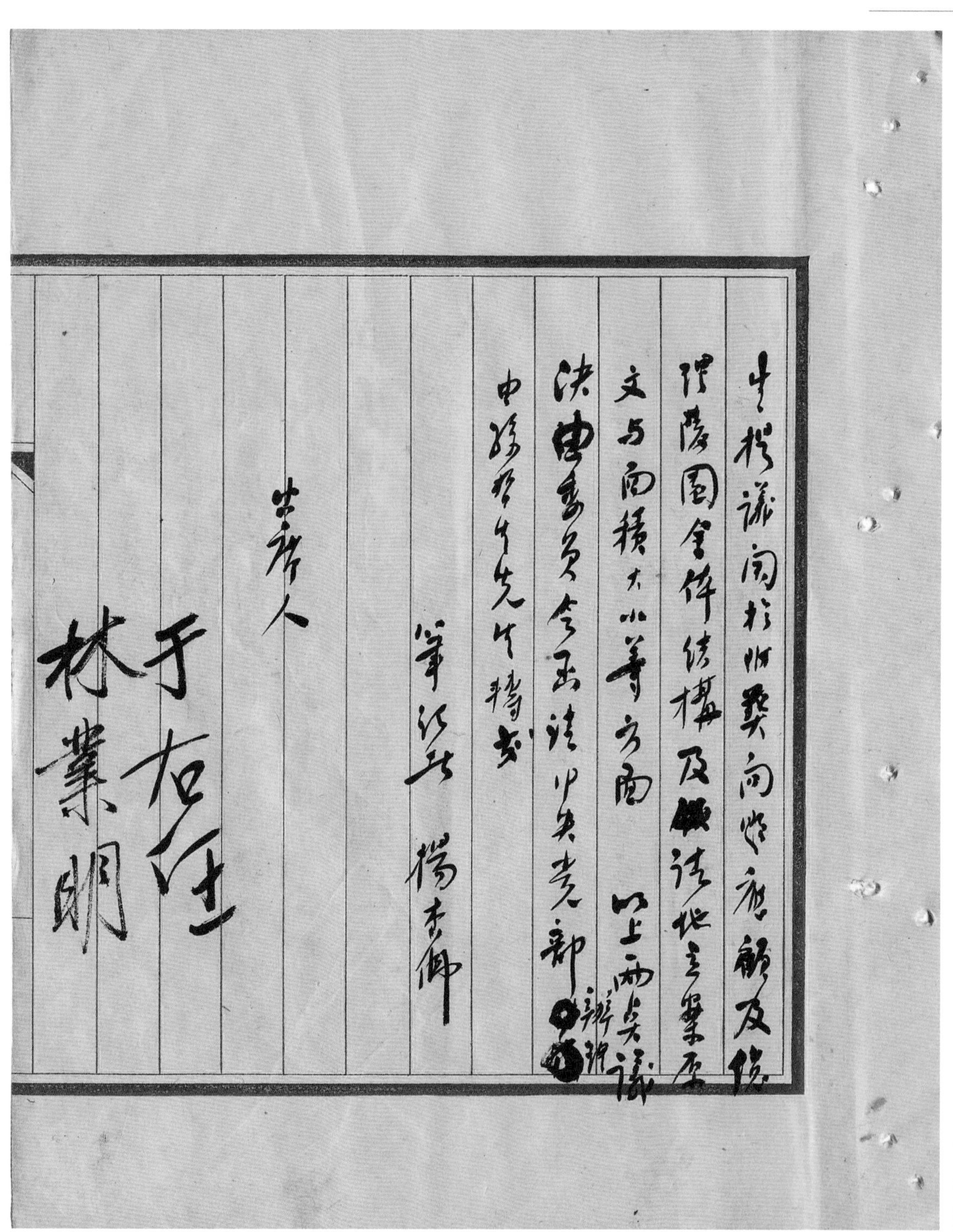

第四十次會議　七月十九日下午六時

到者　葉楚傖　林煥廷　事務所　楊杏佛

主席　葉楚傖先生

(一)鄧宗山地購買問題議決[redacted]六十六

該修全部購買不必將坟地除去惟須

註明遇有障礙時將[redacted]設法遷讓

地價照卅卅份每畝十元於本月廿四日成契

(二)孫宗夫人轉告協和醫院顧臨千品德

君函報告見總理棺上有係具摘置

及灰塵甚多等語議決函高劑

發囑其隨時將情總理靈劑心重中外視

瞻拜秩序隨時不得摘置儀具

（三）林煥廷先生提議陵口道門太偏應設法催促　議決由姚新記籌備處函呂建築師請其斟酌改造墓道並請加入唐騰佐之工程師代表赴山實行監工

（四）南京市黨部江蘇省黨部來函催款　議決復以款尚未到詳情請道報銷由三機關會同審查呈報中央黨部

（五）議決駐山實習生陳希平勤勞可嘉酌給薪水三十元伙食另給

（六）葉楚傖先生報告在廣州兩次邀張靜江孫哲生丁惟汾王法

勤卿、陳與葉楚傖等議決以總理葬事請林煥廷先生全權辦理。(二)請擔任撰述碑銘傳記文字之人選進行。

(七)議決總理紀念堂內外墓上應有各省同志紀念石,應先徵求各建築師之意見及計劃,再以所擬計劃呈請中央黨部核准,令各級黨部執行。

筆錄 楊杏佛

出席人 葉楚傖

林業明

第四十一次會議　七月廿七日上午十一時　在事務所

列席　葉楚傖　林煥廷　楊杏佛

主席　葉楚傖先生

（一）議決通過[illegible]中山購地契約

（二）議決關於[illegible]辦理來書[illegible]謝

惟涉及[illegible]會内部事不通過

（三）呂彥直建築師來函報告因水

泥[illegible]山[illegible]久用存山石子[illegible]增加土

[illegible]議決請呂建築師

詳[illegible]注意材料後另[illegible]

[illegible]鋼筋及石子等事均為事先疏

忽之結果以後須[illegible]避免此弊

本已裁并再函補叙之办法

（四）據朱先生為禁止商標公司用總理名為牌名者呈議決轉達上海市黨部

（五）呂彥直建築師函請許其繁造陵墓模型案議決俟陵工告成再擬辦法

（六）議決通過陵園內設中山植物園計劃並推傅先生主園事接

餘

（七）議決關於總理一週紀念會費用等項需費根據原案擔任宣傳部用

暫三號之一

筆記　楊熙績

出席人

葉楚傖

林業明

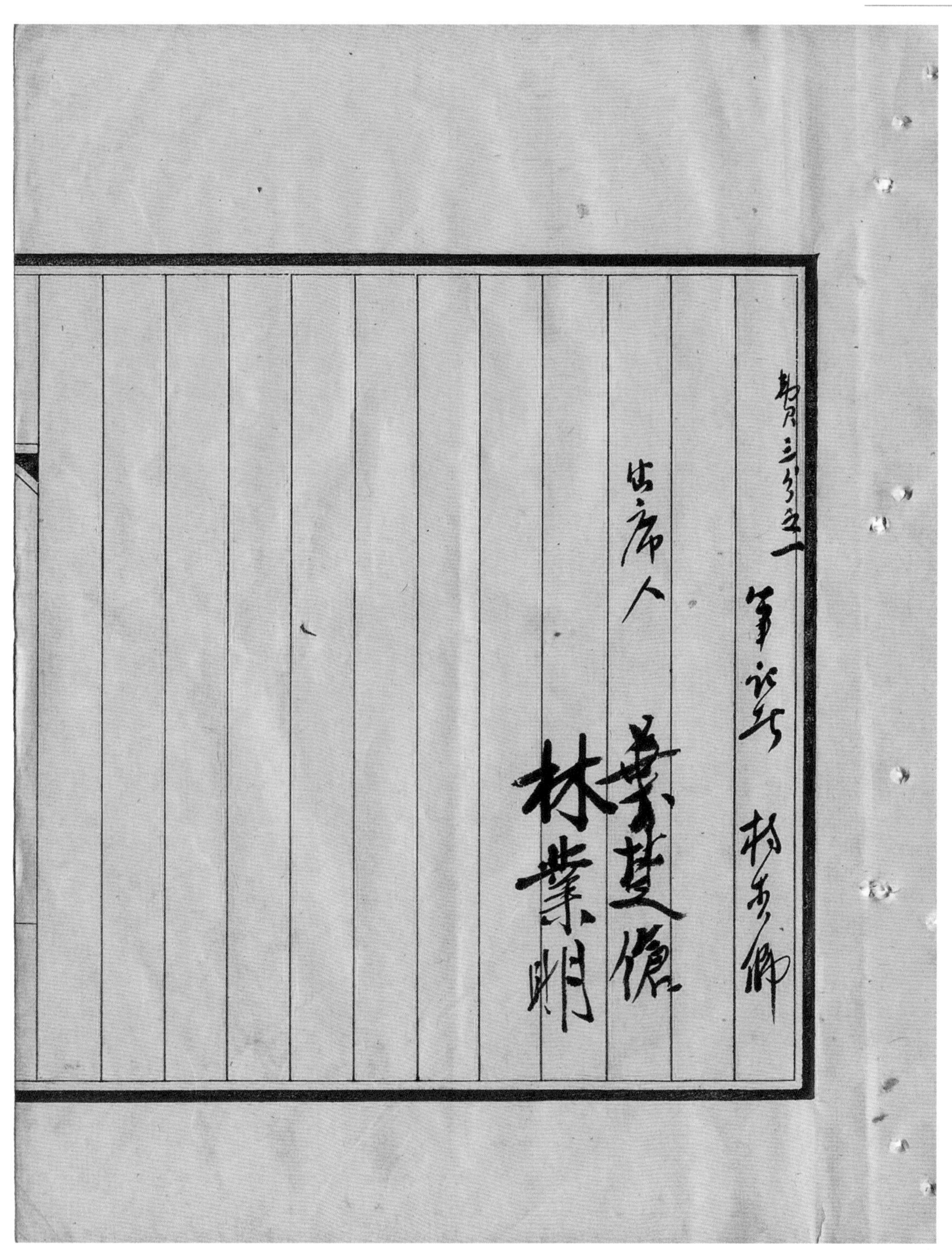

駐粵委員會議　九月五日在張宅

到者　張靜江　鄧澤如　葉楚傖　孫哲生　宋子文　陳果夫

主席　張靜江先生

[illegible]報告　本會議經過並議決

A. 萬壽寺地址　因價值買速建築約五仟元　建築費可代募捐　照此決定須由委員會核定

B. 呂彥直建築師要求　贈送銅質獎章模型　議決不作營利品　由籌備處

修理標誌以五千枚為限，價不過一元為之

C. 同志附葬案　中央黨部議決照附葬者，須附葬委員會議決附葬，面積不得過六十畝，地點在陵園孫公園界內，將委員會通過

D. 紀念品不要議決緩辦

E. 墓誌銘議決不用，碑傳文仍請汪委員長先生擔任，並由委員會意見徵

遺囑樣式　以簡樸莊嚴為主

(二)總理陵墓工程於三月開始破土，完工可酌量展限一、二月

萃經堂製

（三）祭堂陵墓内应用字

1.祭堂匾额 天下为公 询胡汉民先生 或借用总理手墨（可先人觅 如有可备择用）

2.民族 民权 民生 静江先生篆书

3.墓门题字 用总理手书浩气长存（因缩放大小）

4.碑阁门上篆文 书孙中山先生之墓 静江先生书

5.碑石大小 参孝陵圣功碑 请定补拟式（高约五丈余）

（四）第二部工程约十四万两 自十月起每月须拨四万两毫洋 以六个月计 计划由

萃經堂製

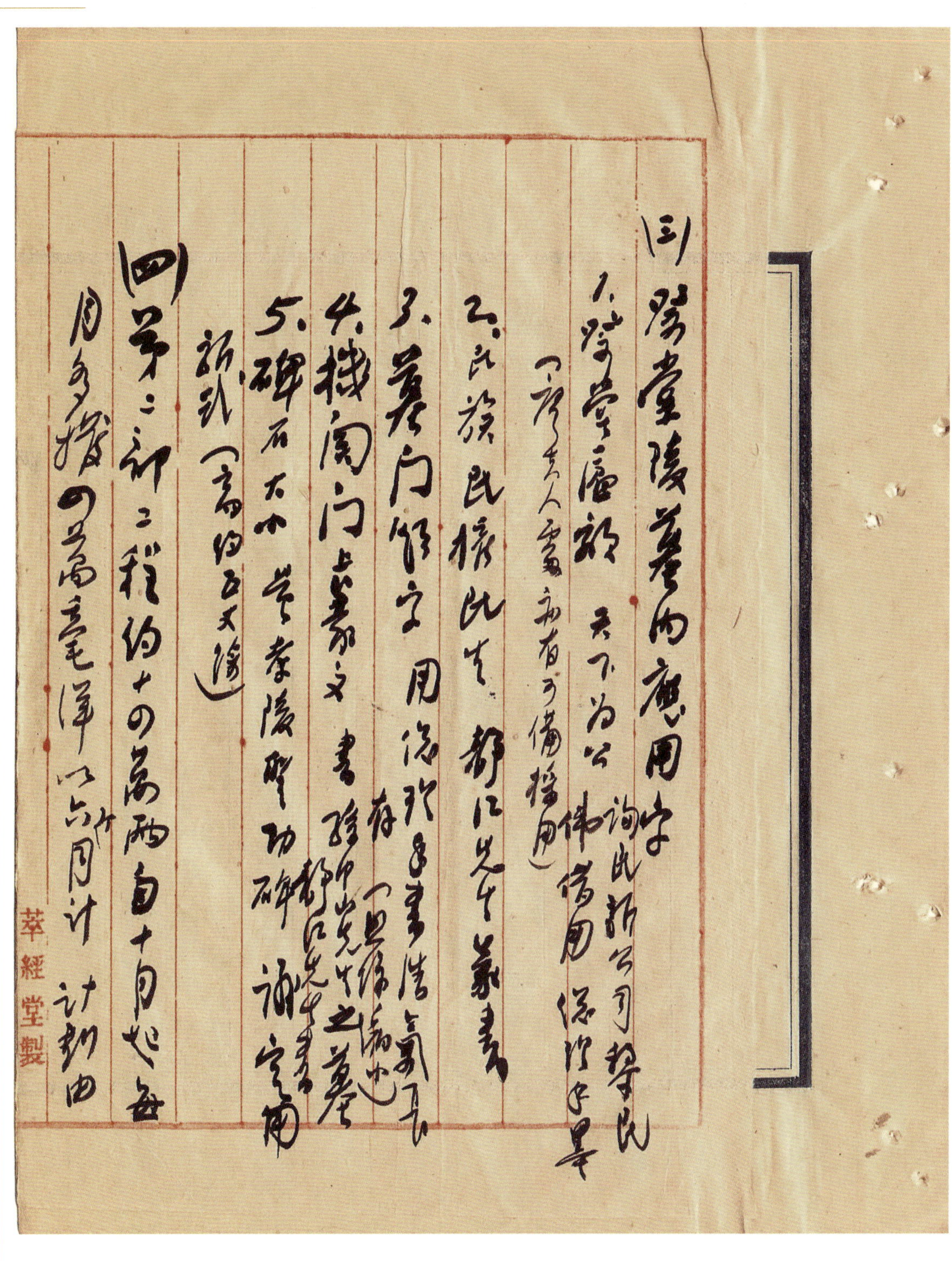

建筑师当定由委员会通过

（四）铜像模型须求本国雕刻[illegible]不佳决展期至十五年底止（由[illegible]部[illegible]国外[illegible]传[illegible]知 [illegible]季陶[illegible]价 [illegible]国[illegible]）

（五）墓园计划指定[illegible]负责[illegible]经常费由[illegible]什之

[illegible]陈家一杨杏佛

（六）廖先生墓地请决定在[illegible]盘山

[illegible]墓式由吕建筑师计划之到（另有一地[illegible]）简单隆固

另有当墓庐一所约二万千元

及[illegible]三万元以之

杨铨 月 日

同绥好

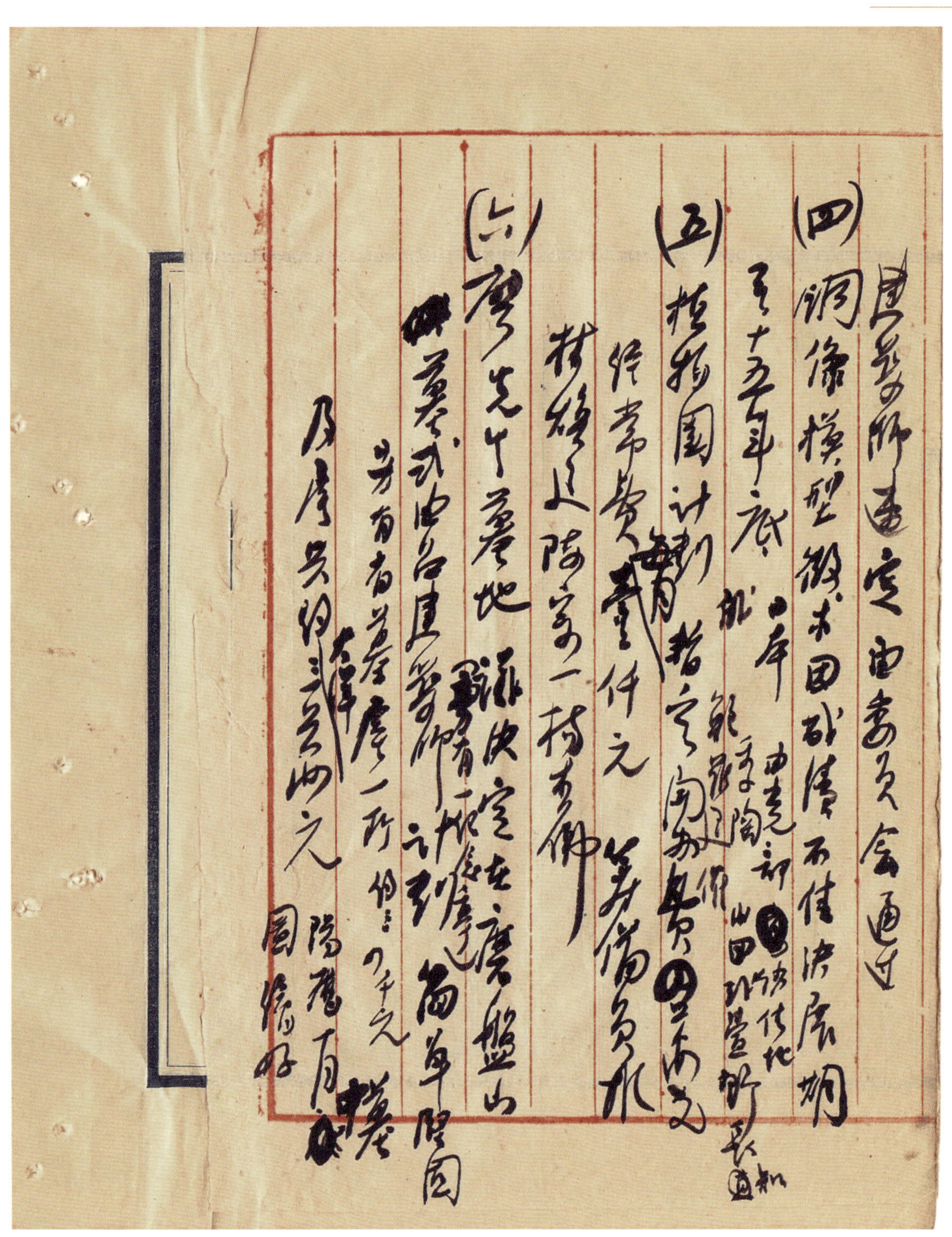

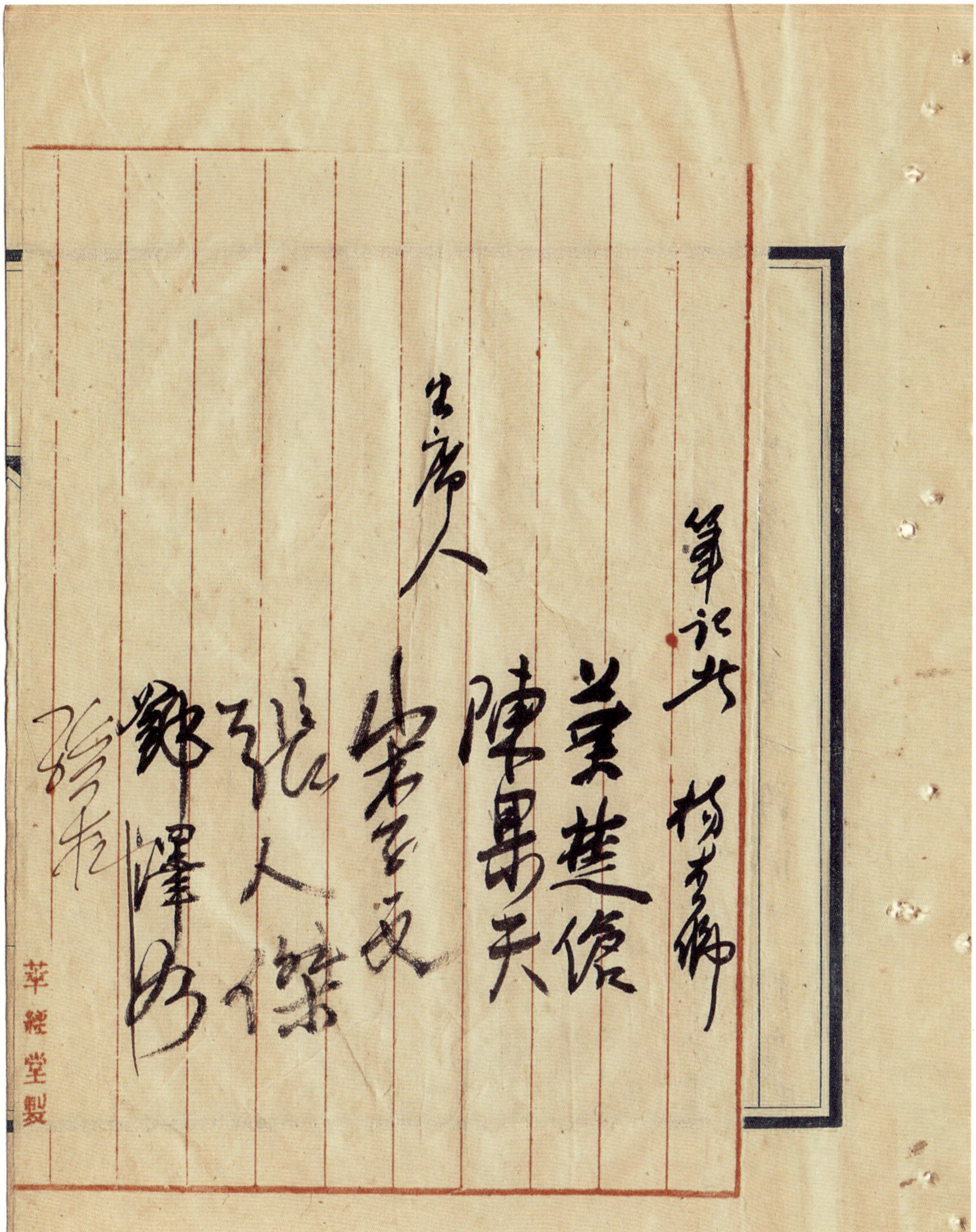

筆記者 楊杏佛

葉楚傖

陳果夫

出席人

宋子文

張人傑

鄧澤如

孫科

華經堂製

第四十二次会议　在筹备处　十二月十三日上午十时

列席　孔庸之　陈果夫　林焕廷

主席　孔庸之先生

（一）讨论第三部工程开标结果

议决（一）因最低标数超过预算太钜

宣布暂行保留候呈报政府及

中央党部核办保证金（俟第三部工程）即日发还

（二）以核标经过及经过详细情形

呈报委员会及国民政府或中央党部

（三）与吕建筑师磋商更改图样

分部包工及另定投标时日（在新年

后）或定夺等事以谋减少预算

（二）照建築師來函以請發還代墊款
瑞記應得洋壹千元　議決照付
同請付還代表往來旅費洋六百八十
元五角　議決除應刊旅費由代表
各有所在處服務本處應付一半外
餘款照付以後無免案時以一半
價計算每月結算
（三）姚新記要求本月付款一萬四千兩
（四）前停付兩月因工程未竣
議決本月於限予通融照付惟須徵
切實聲明陵墓年內必須遵照原定計
劃將竣工程不予通融付款

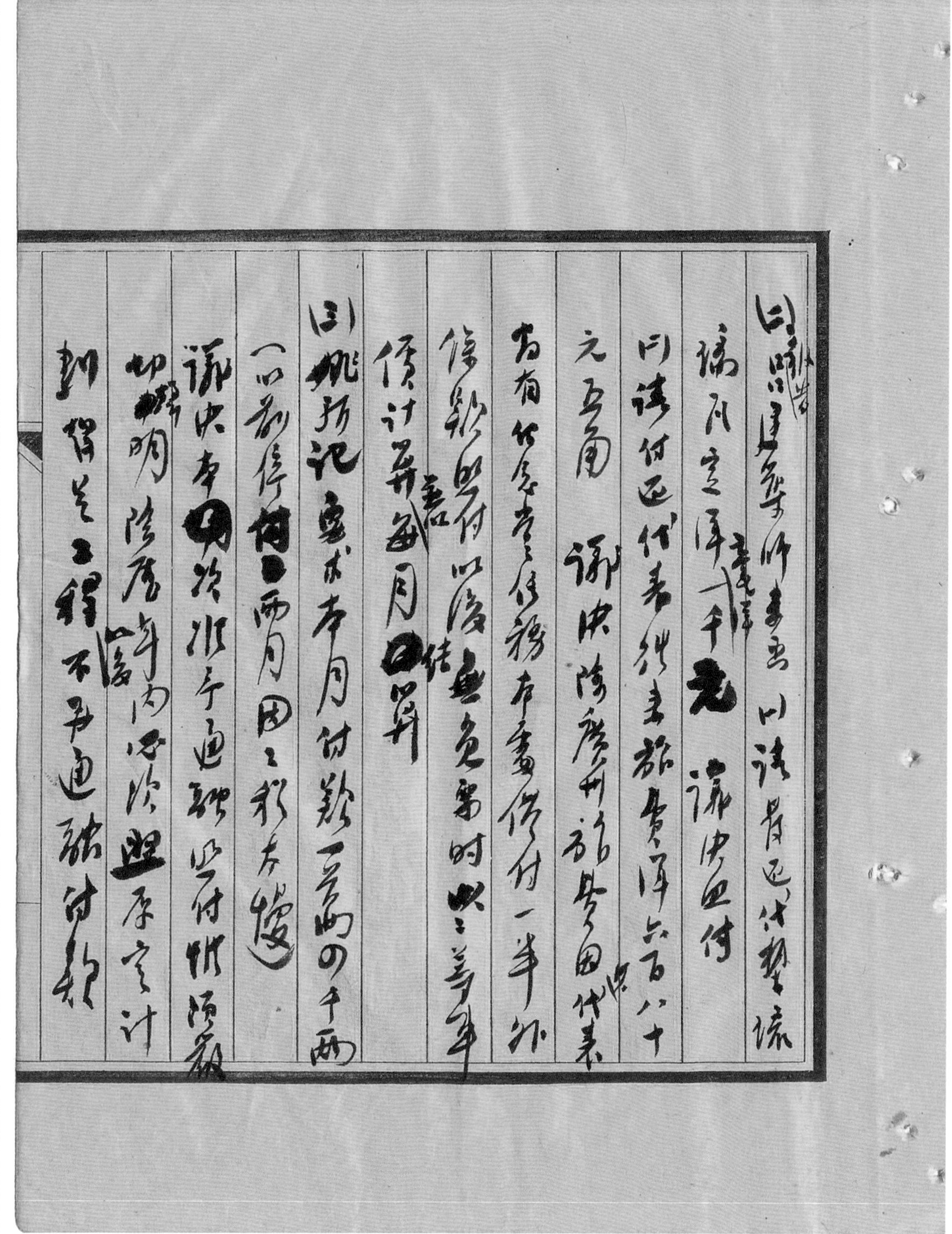

(四)孫哲生先生來函對於會議之決定函中山陵墓祭堂加鋼門令交籌備處妥辦理

議決函請李石曾先生設法辦理

(五)議決由籌備處編印本年〔明年〕陵墓工程報告限陽曆一月內出版

(六)議決本屆陽曆年假三日陰曆年假七日

(七)議決以本日會議經過徵求家屬之意見

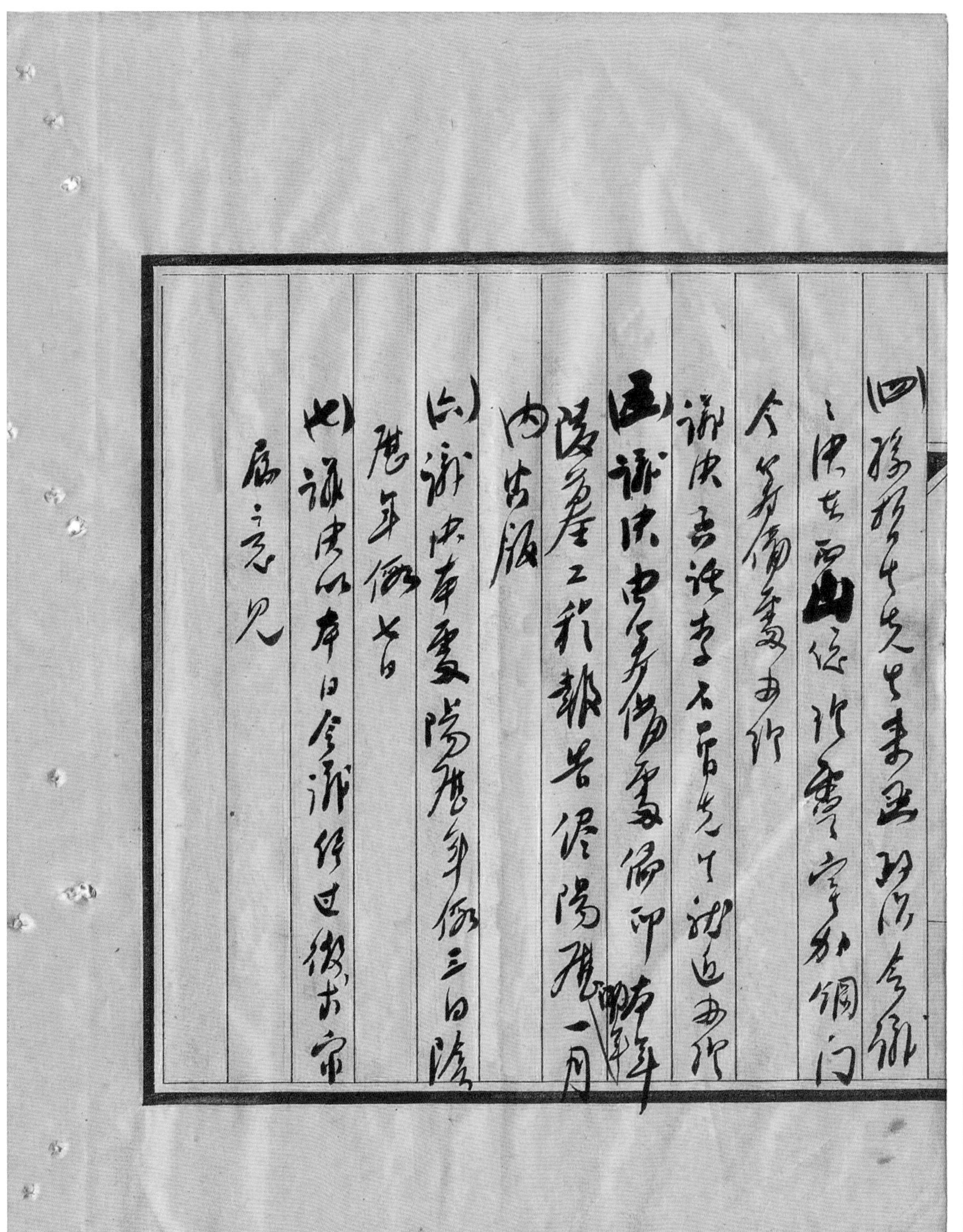

筆記者　楊杏佛

出席人　陳果夫

林業明

孔庸之

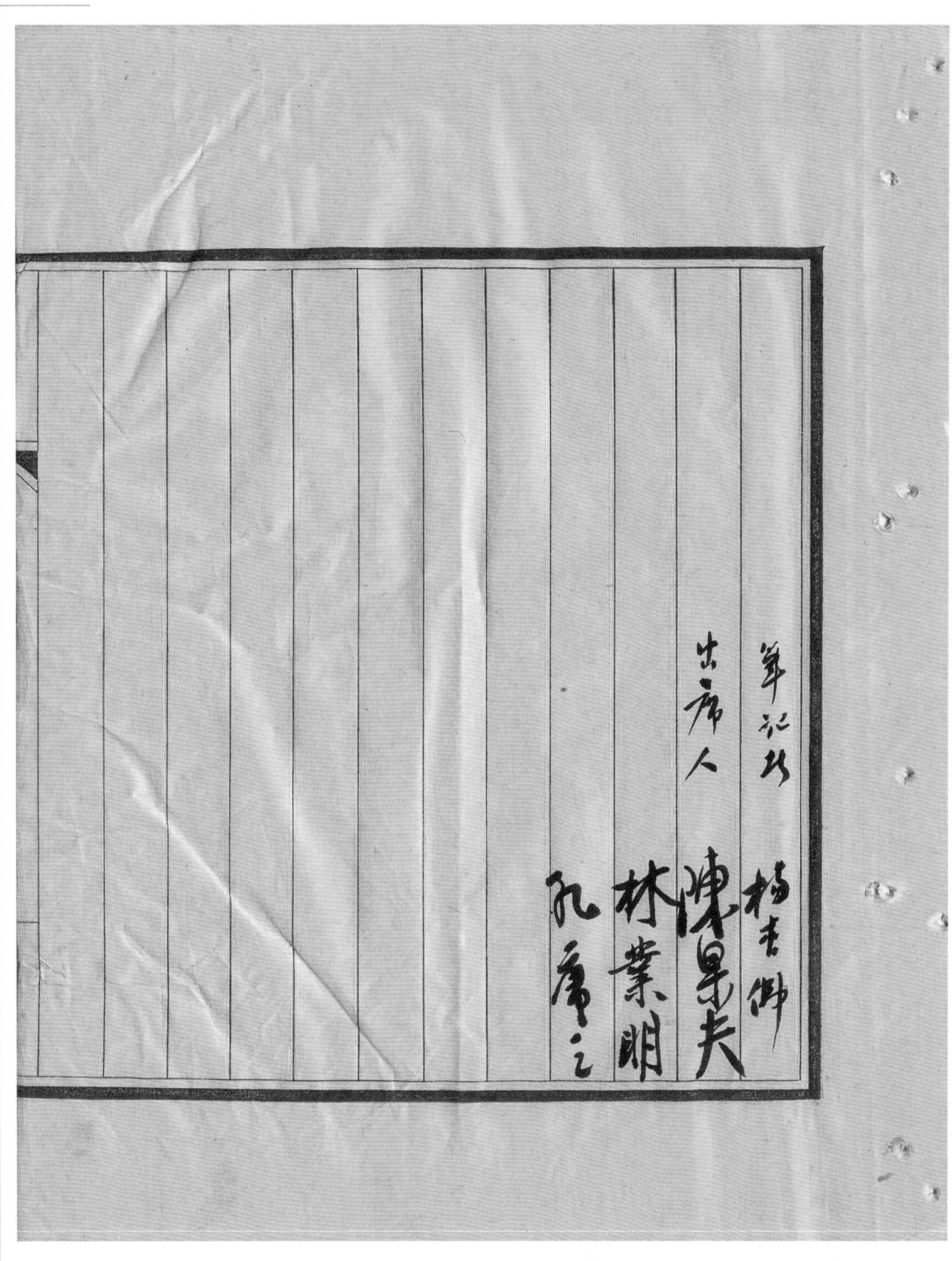

第一次駐京委員會議 四十二次

四月十三日下午四時 在中央黨部樓上 孫夫人宅

到者 孫夫人 孫哲生先生及夫人

孔庸之 葉楚傖

孔庸之先生主席

（一）徵求總理銅像模型，[illegible]俟下次會議

決延長並宣告理由 秘書處辦理

（二）第二部工程招標，[illegible]通過為議決無

明延長

（三）監工問題 議決 [illegible]籌

三、陵務 改為工程監[illegible]員對[illegible]

備處直接負責　並根據此意規定

一、監查員職務條例

二、請　彥直先生報告陵墓工程職議

決照准

三、繼任人選以土木工程師而有工程經驗、熱心其事工程者為準

推擬李協宜之君　俟接洽後再定

監查一員務原職濮隨時由處完工後改附

當優予酬　以無待遇照舊

（四）籌備處人員果藉此地職業就

館華樓

決於在情形变更內籌備委員
兼任他務宜以不兼薪不妨礙
總理葬務進行為限
(五)附葬日期議決應在總理安葬
之後造坟工程可先行籌備
(六)主任幹事薪俸問題議決自本年
一月份起增加两百元合前為每月
陸百元
(七)議定新任常務委員林煥廷每月
致送公費貳佰元

檐華樓

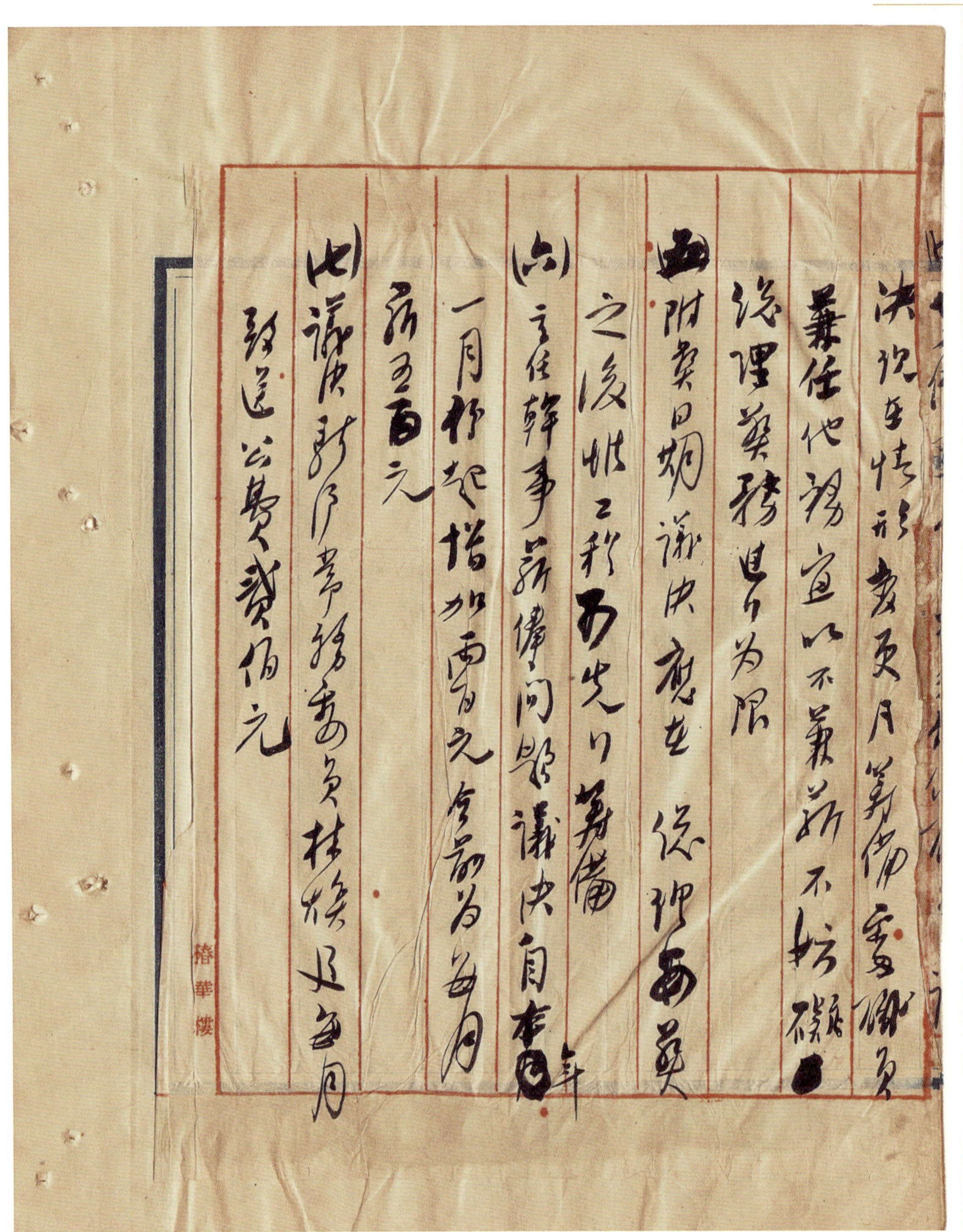

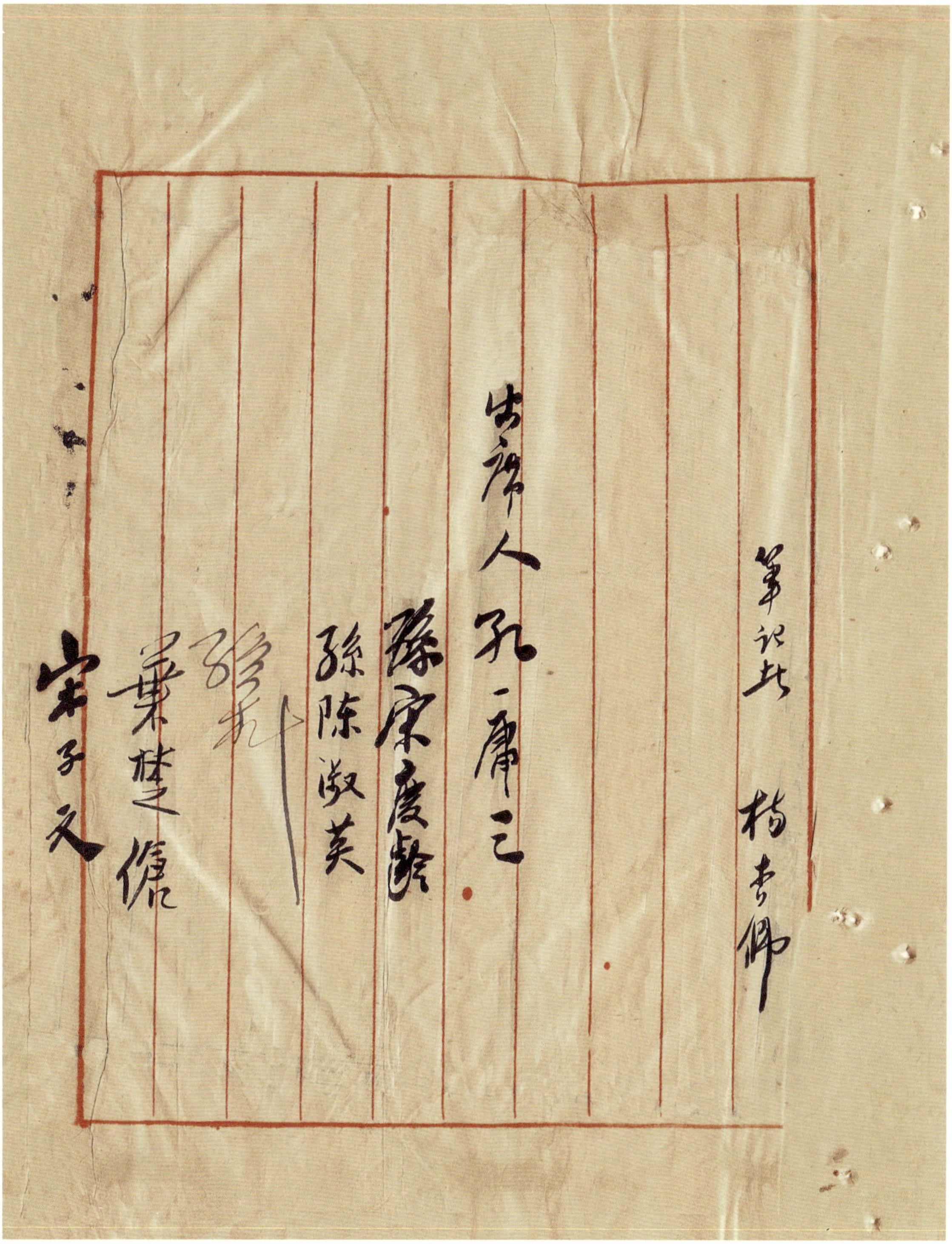
筆記者 楊杏佛

出席人 孔庸之
孫宋慶齡
孫陳淑英
孫科
葉楚傖
宋子文

孫中山先生葬事會議紀錄

四十四次

日期 民國十六年四月十七日

地点 南京

出席人 張靜江 葉楚傖

陳果夫 林業明

主席 張靜江先生

決議事項

(一) 上海籌備處遷并南京

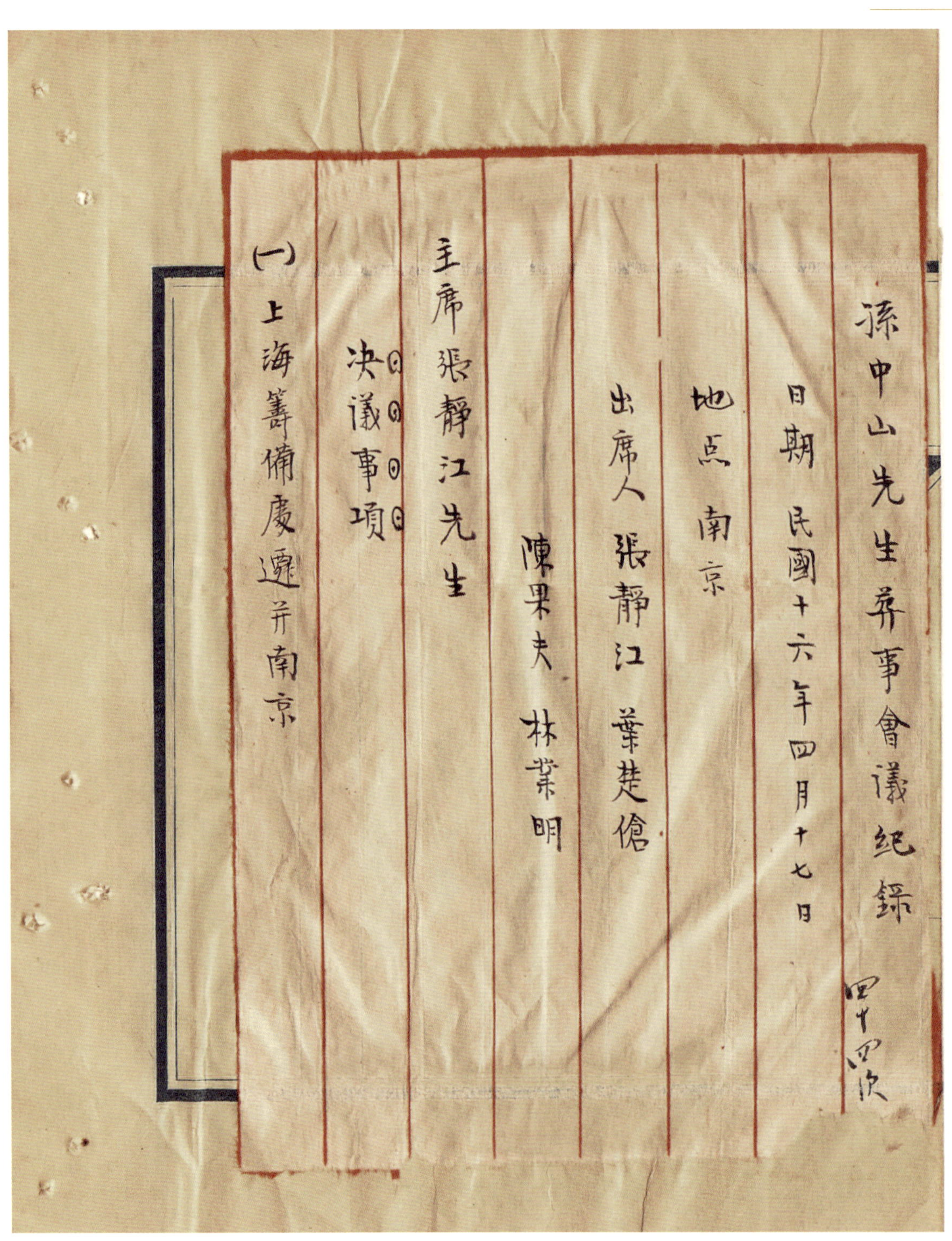

(二)上海籌備處所存案件銅棺等暫行委人
保管俟交通恢復即遷南京
(三)陵墓收買地事已置緩辦所有收買員司
應取消并應由三月份起一律停止津貼
至陳潤甫葉儀之陳永等支長一個月津
貼作為補助
(四)請蔣總司令出示保護陵工姚新記需用
工程材料由籌備處審查函滬寧路局及

兵站交通處掛車給運該費由姚新记自理

(五)請中央加委楊杏佛為籌備員委另聘工程

專門家一員為主任幹事

(六)鈕師愈陳希平每人每月加薪弍拾元張國

權每月加薪肆拾元

張人傑

葉楚傖

陳果夫

林業明

中華民國十六年　月　日

第四十五次會議

十五年四月廿七日 在鐵湯池丁宅

出席者 陳果夫 葉楚傖

林煥廷

主席 葉楚傖先生

議決事項

一、靜江先生提 每月給楊杏佛先生

津貼叁佰元 決照辦

二、決呈請中央加委蔣介石伍梯雲

鄧澤如古湘勤吳鐵城陳羣

楊杏佛為籌備委員

三、聘請夏光宇君為籌備處主任

任幹事

筆記 唐國楨

出席委員

林業明

葉楚傖

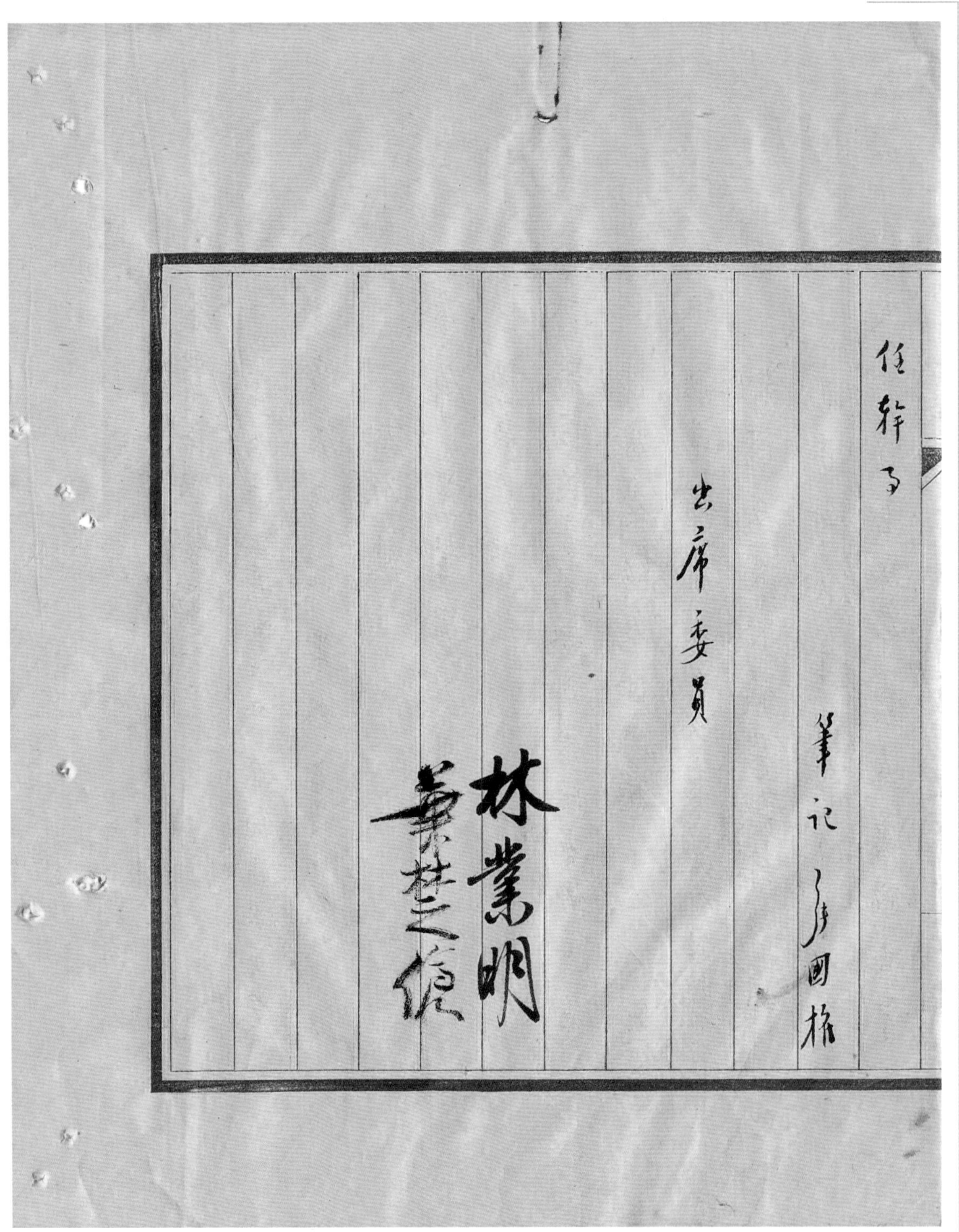

第四十六次會議

五月二日在鐵湯池丁宅

列者 林焕廷 葉楚傖 陳果夫

主席 林焕廷先生

議決事項

一、姚新記來函請求付款

決定 依照呂建築師規定工程進行程序付款表辦理

二、姚新記函告工程遲緩原因

議決 由主任幹事夏光宇君與林常務委員切實向呂建築師暨姚新記磋商整頓辦法

三、第二部工程之先决问题

议决 由陵园记工务所 应将所有

建造陵墓工程之开掘工程 预计

多少 并附量水平 合算碎实方

数 详细报告 然后再定最后办法

四、征求石膏模型问题

议决 留付下次讨论

五、工务所职员张彤林加薪及茶房工食

问题

决定 张彤林 决由五月份起每月

薪金廿五元 茶房每名每月六元

所有干部职员伙食以后均由筹备

安裝洽但不能超過六十元之數

六、上海籌備安裝完俟交通恢復銅板運甯後方結束

七、工程報告應由林李傅仍負編撰責任

筆記　劉國楨

出席委員

林業明

葉楚傖

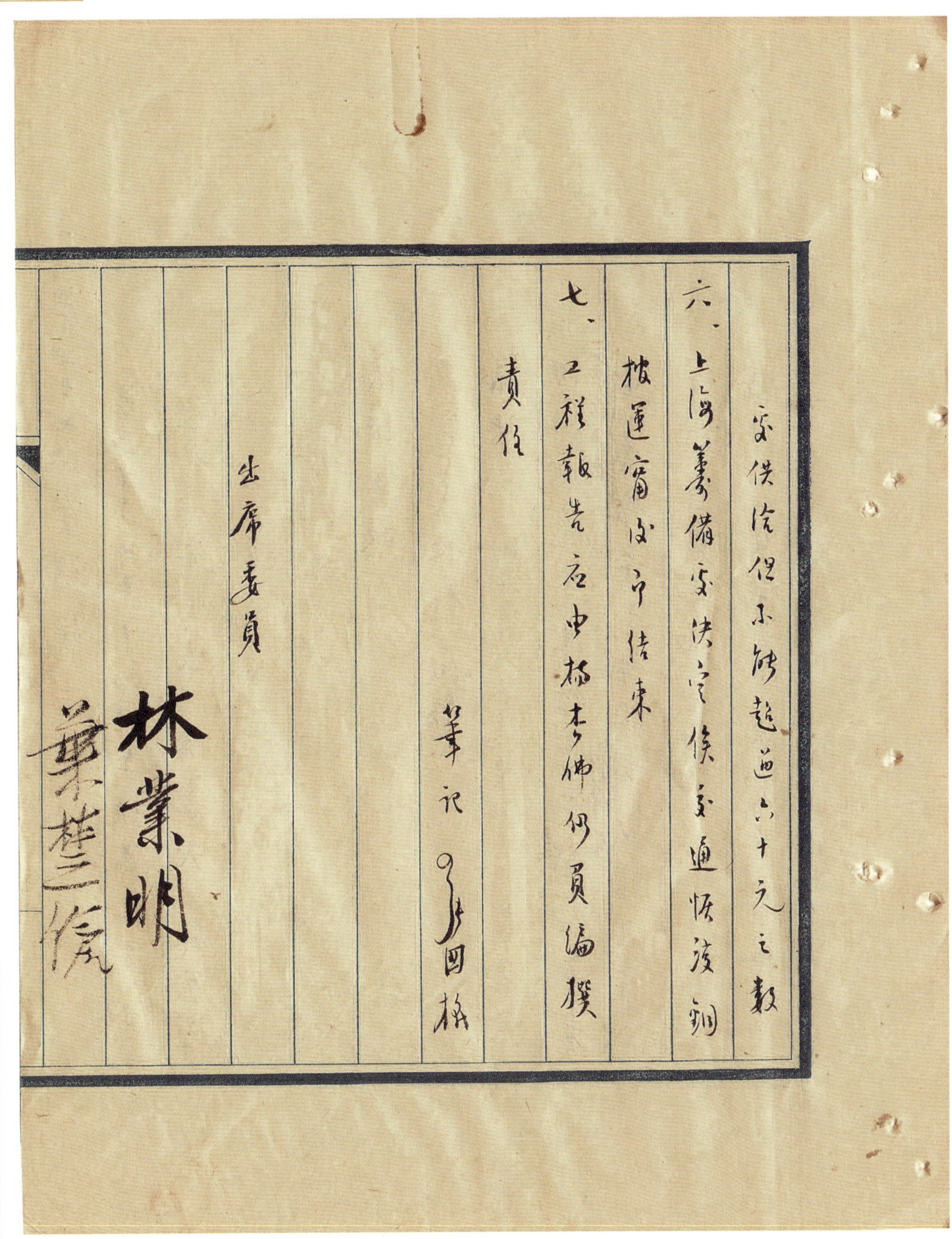

第四十七次会议录

三月十二日下午八时在铁汤池丁宅

到者 郑洪年 陈果夫 林焕庭

夏光宇 任梓云

主席 林焕庭先生

议决各项

（一）监查员地位问题

议决：监查员现在地位与前不

同，以后应由筹备委员会直接负责

委任□职务由常务委员指挥并

由筹备处主任转令指挥监督

（二）筹备处职员办事细则

议决：请叶楚伧先生商同夏

主任辭職記錄

三、前主任辭職交代案

議決：現新任主任辭職夏光宇君業已就職，前任一切經過事務應於本月內（即五月）交代清楚，以完手續

四、請指定審計委員

議決：公推陳果夫、鄧澤如擔任審查籌備處一切賬目

五、請夏光宇君即日就主任職

六、唐記號公司來函請付銅窗定洋案

議決：由夏主任審查後報告委

員會核定

七、以後委員會議務各委出席者不能以借

議論　　筆記　張國楨

林業明

伍朝樞

陳果夫

鄒澤

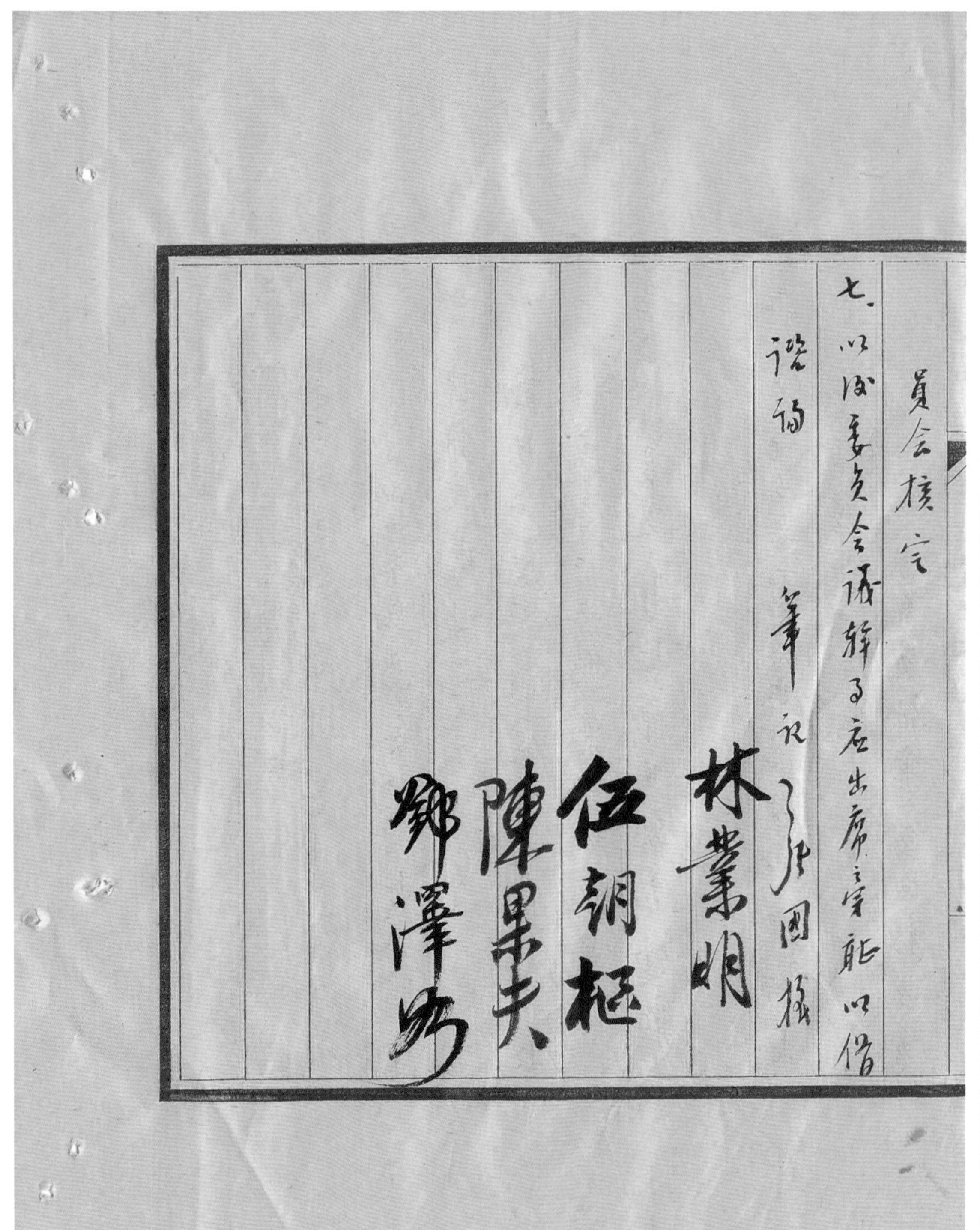

華楚之佩

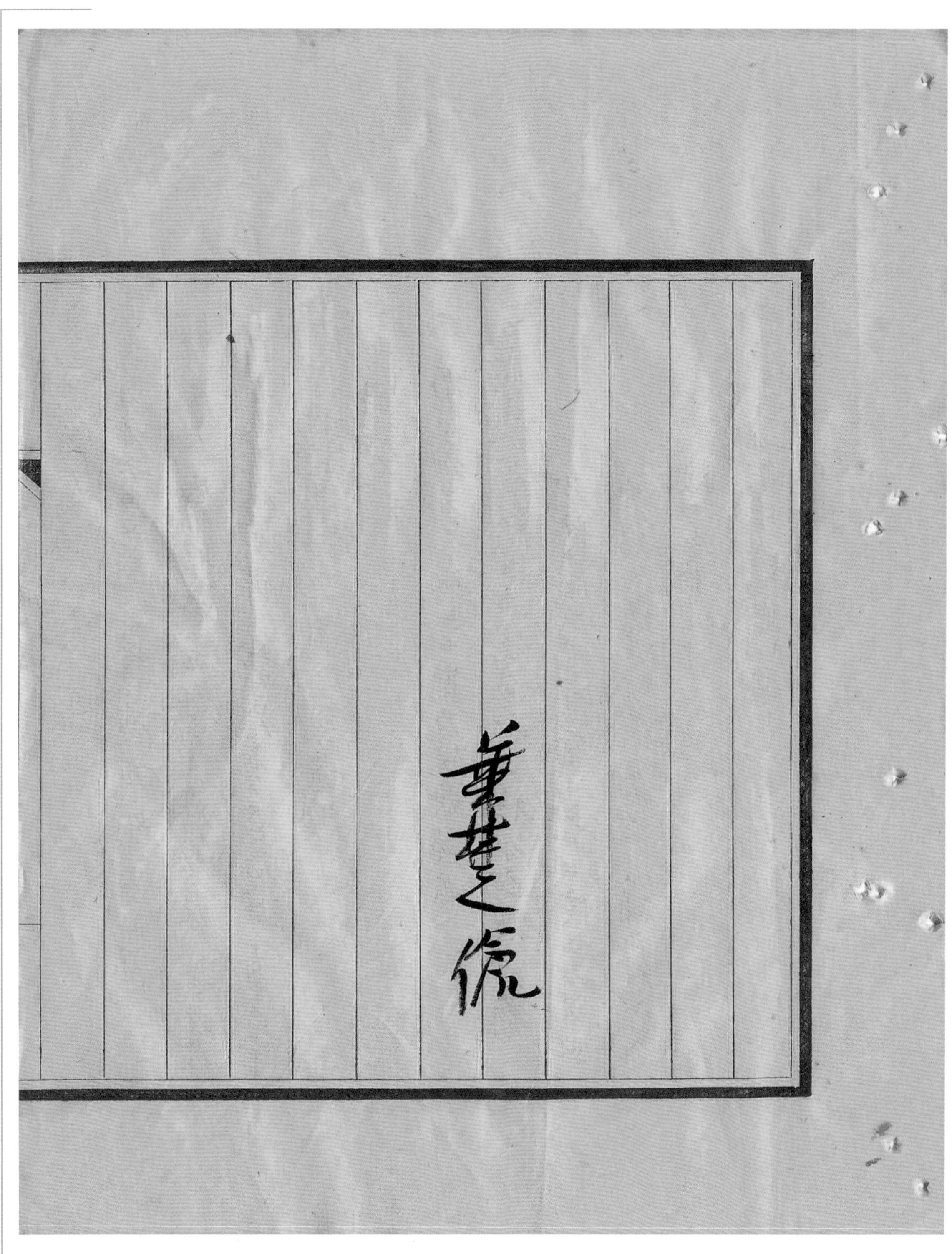

第四十八次會議

十六年六月廿日 下午七時 在鉄湯池丁宅

出席人 鄧澤如 古湘勤 林煥庭 葉楚傖

陳果夫 楊杏佛 戴恩賽 呂彥直 夏光宇

主席 葉楚傖先生 戴季陶

議決事項

一、第一部工程竣工日期及付款辦法

議決、所提將未完各部工程分五期趕辦

至陽歷十七年二月十五日止完工可以照

辦付款亦分五期應在每期工程完

竣之後交付

二、第二部工程招標問題

議決　第二部工程招標應即擬標（籌備）招標時應令包工分別開價（一）籠統開價（二）分部開價一俟籌備就緒報告委員會決定後再行招標

三、祭堂銅門銅窗

議決　據建築師稱銅门窗質料業已更改應取消前次投標另行分開投標

四、駐山工程人員請蓋臨時住所

議決　此項臨時住所可以照蓋由主任幹事與姚新記磋商價值報告委員（會）核辦

五、籌備陵墓園計劃

議決一、陵園計劃應組織委員會延聘園林專家共同籌劃

二、應先測量二千分之一之平面地圖並製一二千分之一之地形模型同時委託大學攷驗地質以上各項暫定經費一千伍百元

三、陵園內分官地民地由籌備處函請建設廳轉飭第一造林場先行會同清查界址再辦收用手續

六、總理銅像模型

議決　應將上次招標請來並推定鄧澤如、戴恩賽、戴季陶、林煥庭四君

為應徵模型評判員

七、籌備處辦事細則

議決　辦事細則交常務委員審查核定

八、結束上海辦事處

議決、照所擬辦理　葉楚傖

結束并將銅棺　戴季陶

暫存莫利愛

路十號哲生先　楊杏佛

生家

筆記者陳希平　鄧澤如

林業明

第四十九次會議

十六年七月二十日上午八時在鐵湯池丁宅

出席人　林煥庭　楊杏佛　葉楚傖

夏光宇　古應芬　鄧澤如

主席　葉楚傖先生

議決事項

一、解釋建築師合同及第二部工程招標辦法

議決

(甲)、建築師合同應以中文為準將修正條文註於原合同後簽證（兩方簽字）

(乙)、修正之點如左

1. 第條內「事務之主持」應照議案

第二[illegible]案兩項解釋

2. 第四條內「費之支付」根據得標工程

· 由事務委員全權主持

3. 建築師所雇之監工員須能建

築師負責並得委員會之同意

4. 當工程完畢之後所有圖案原

底應移交委員會保存

（丙）第二部工程招標辦法

（一）（二）（三）三項照擬定辦法

（四）全體委員應改委員會

（五）（六）兩項照擬定辦法

二、祭堂銅門銅窗

議决：祭堂銅门窗應取消四十八次會議議决之公開投標一案，採用建築師意見由徐協記照更訂銅質比例以四萬兩承做，請建築師擬訂合同格式由委員會簽審核簽訂

委員會推定林委員主持審核簽訂

三、駐山工程人員臨時住所

議决：追認由姚新記以一千兩承辦

四、組織陵園委員會

議决：推定楊委員起草組織陵園委員會章程提出下次會議

函请各委员物色陵园计划专门人才

五、主任干事报告在陵园界内发现第五十军第二师第八团第一营之长周国藩之墓，现正从事建筑，应如何办理

议决：应查明此项坟墓系由第四十军建筑，抑由该家属自行建造，由筹备处去函饬令迁移，以符前案

六、钮干事辞职，议决委陈希平继任，月薪八十元

七、铜板还宁，议决即交筹备处由主任干事办理

筆記者陳希平

葉楚傖

林業明

楊杏佛

古應芬

鄧澤如

第五十次会议

十六年九月十八日晚九时在军事委员会

西花厅

出席人 谭组庵 伍梯云 蔡孑民 叶楚伧 谢

慧僧 程颂云 孙哲生 杨杏佛 林焕廷

主席 谭组庵先生

(一)主席宣读总理遗嘱

(二)杨委员报告 总理葬事筹备经过

(三)叶委员报告 陵园附近之地均为省政

府收归公有 故收地较从前为易

(四)孙哲生先生提议先组织陵园计划委

员会规定计划再定范围

(四)讨论陵园计划委员会组织条例

议决 (一)条例改为章程

(二)中央党部委员下数字删去

(三)照专门专家改为艺术专家三人至五人

(四)委员会秘书由总干事兼

(五)计划由总干事筹备委员会议决定后再呈请中央执行委员会核定

(六)条例改章程 删去得字

全文通过

六、推定人选 孙先生提议 总干事委员

楷林[redacted]煥廷 李石曾 楊杏佛
中央委員[redacted] 張溥泉 發
子民 林子超
專家中計劃委員及宗廟代表商定
又夏主任辦事報告二千分之一陵園地
圖附繪已辦後面積四十方里
(六)第二部工程投標問題 孫先生之廬墓
緩進行俟路局撥定再辦
(七)葉委員楚傖提議先討論西山總理靈櫬
狀況議決委託孫哲生林煥廷楊
杏佛三同志籌備奉移總理靈
櫬事宜

(八)讨论 林委员所拟 筹备意见
一无异议 因俟林委员来再讨论
回议决先将包括石级之一部份先行投
标於其他部份估值过高可先以石级投
标

(九)林焕廷委员报告从前更换主任干事
经过、杨委员说明当时未能来宁之原
因议决推定林子超为常务委
员主持工程兼于主任干事请常务委员
会决定

(十)总理造像模型评判委员加推伍梯
云委员

（十一）修理陵墓附近新塚，向照由籌備委員會函軍事委員會查照本委員會議決案設法遷葬，並禁止以後不得任意在修理陵園界內安葬。

（十二）葬事經費自本年一月後即未匯寄，共積欠毫洋四十八萬元，[illegible]又已來之款共欠包工款二十八萬四千五百兩（共十期），尚存九萬餘兩，議決由葬事籌備委員會呈報國民政府電廣州財政廳催撥。

筆記者楊本仲

出席人

伍朝樞

葉楚傖

林業明

謝持

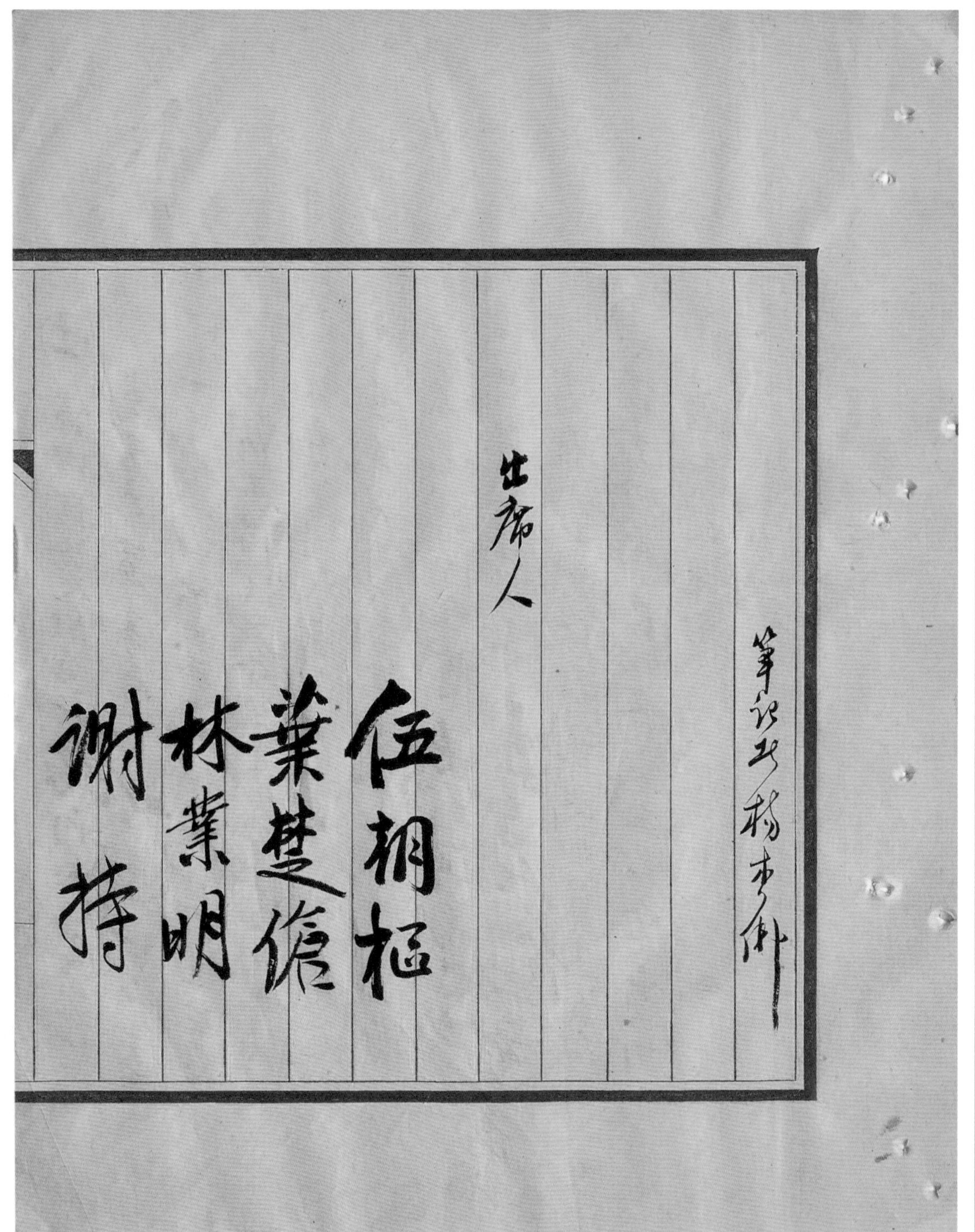

蔡元培

張繼

譚延闓

楊杏佛

張人傑 楊杏佛代

第五十一次會議

十六年十月十二日晚八時在本處

出席人 孫哲生 夏光宇

程潛

謝持

蔡元培

葉楚傖

伍朝樞

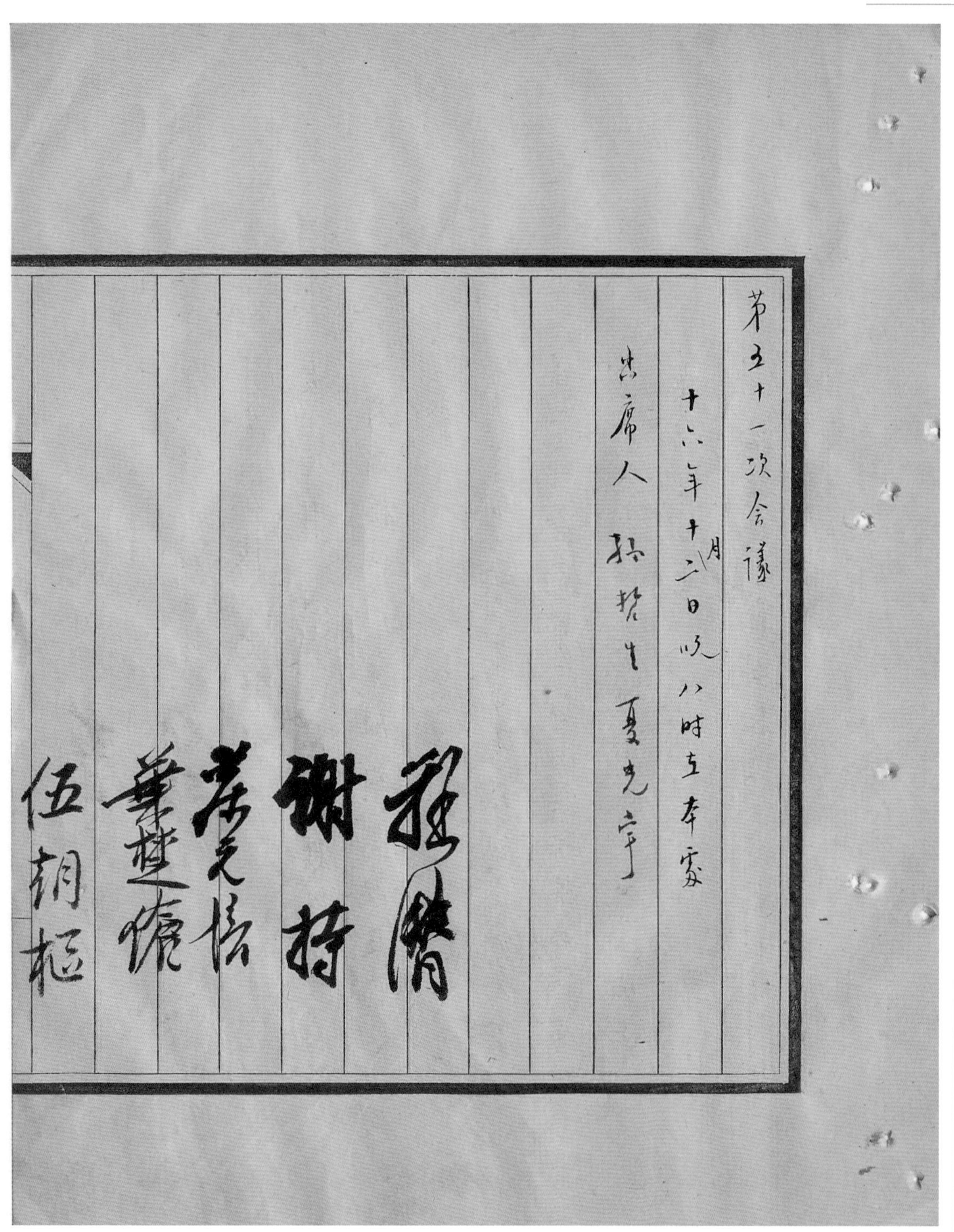

林業明

主席　任部植先生

（一）主席恭讀　總理遺囑

（二）夏主任幹事報告　在滬接洽第二部工程招標經過並續辦各部投標之工程

（三）九月廿三日常務委員會及家屬代表與建築師會商第二部工程招標辦法及陵園計劃委員會組織問題之議決事項請追認案　議決　通過

（四）討論招標工程圖樣及工作說明書

議决 請建築師補充各項工程方數詳細計算書 修正通過

(五)討論包工合同格式 議决

1.此項合同以英文為準

2.對於第八條應照參註修正

修改照參註修正 惟第七條「一年」應改為二年

(六)招標廣告稿 議决 照常務委員修正通過

(七)保護陵園樹木暫行辦法 議决 對于第五條之「割」字應改為「伐」字 並在「採土掘拿」之下應加嚴辦二字 第六

條之「等」字應改為「翔」字　第七條「按法」兩字應删去　餘照所擬通過

（八）討論改築陵園馬路計劃問題

由夏主任幹事報告改築陵園馬路綫計劃之意見

議決　墓道（陵門前直馬路）須有三千尺以上之長度乃可接通朝陽門之馬路

（九）討論重新徵求　依理造像模型問題

決定不再徵求暫緩討論

筆記　李國樑

伍朝樞

葉楚傖

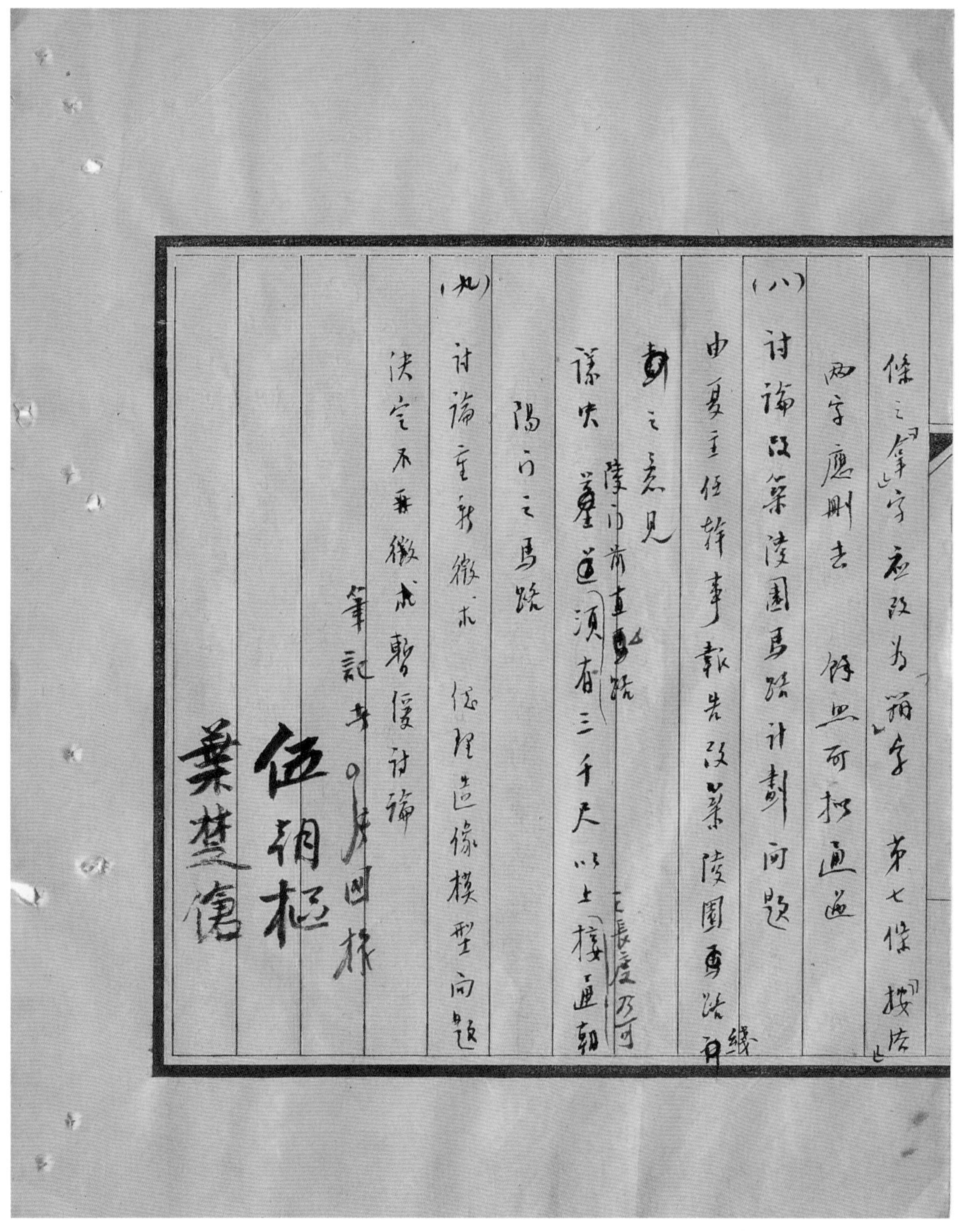

謝持
蔣天振
林業明

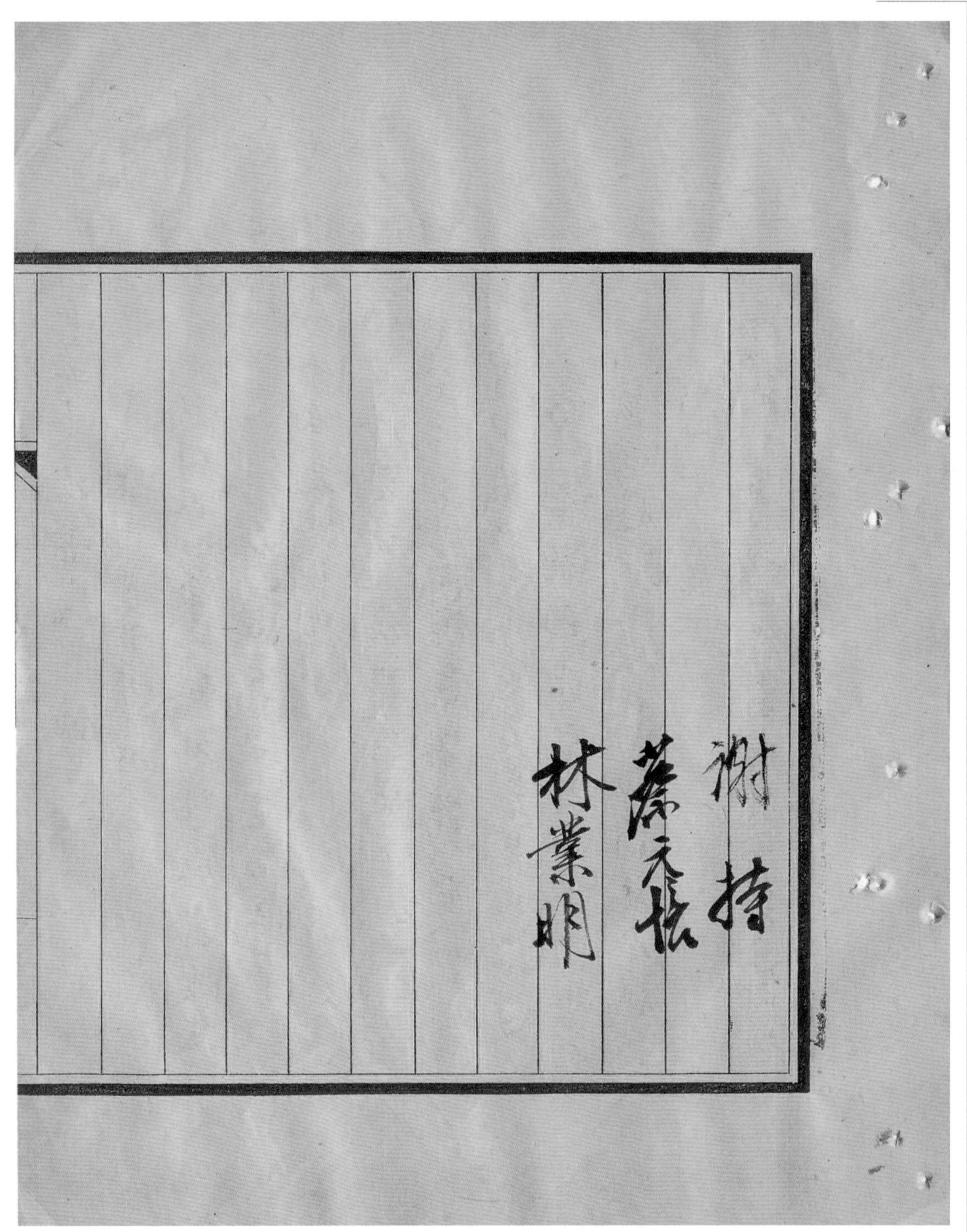

第五十二次會議

十六年十月廿七日在本籌備處

出席人 蔡元培 林煥庭 孫哲生

楊杏佛 呂彥直 夏光宇

蔡孑民先生主席

(一)主席恭讀 總理遺囑

(二)第二部工程開標並商定得標人

議決 第二部工程開標結果決定由新金記承包 計二十七萬零捌拾四兩

該項標額由建築師向新金記商減

(三)討論第一部工程圍墻發生裂縫問題

議決：在圍墻脚下鋪三合土或用水門汀樁由建築師決定

(四)確定祭堂内及陵墓應有之石刻文字

議決 祭堂内石刻文字定為建國大綱及遺囑及[illegible]篇二種

祭堂正面匾額定為天地正氣四字

(五)討論接通朝陽门之馬路線

議決 根據陵園計劃委員會擬定路線業由朝陽门起东沿鍾陽路折入造林場由四方城向東北沿江蘇省

主第四區植樹林場後折向東至陵墓
前面道路長四里（經費約計十四萬元）路面由陵園計
劃委員會造具詳細計算圖樣並籌
備招標事宜

(六)討論陵墓及馬路兩旁植樹問題
議決 照陵園計劃委員會所擬辦
理

(七)討論陵園界址
議決 照陵園計劃委員會所擬辦理
另將陵園界址圖樣報告國民政府
立案

(八)核准十月二十六日陵園計劃委員會第一次會

議紀錄

議決　照准

(九)哀思錄第二編

議決　改為二三兩編

筆記　左陳布雷

蔡元培

楊杏佛

林業明

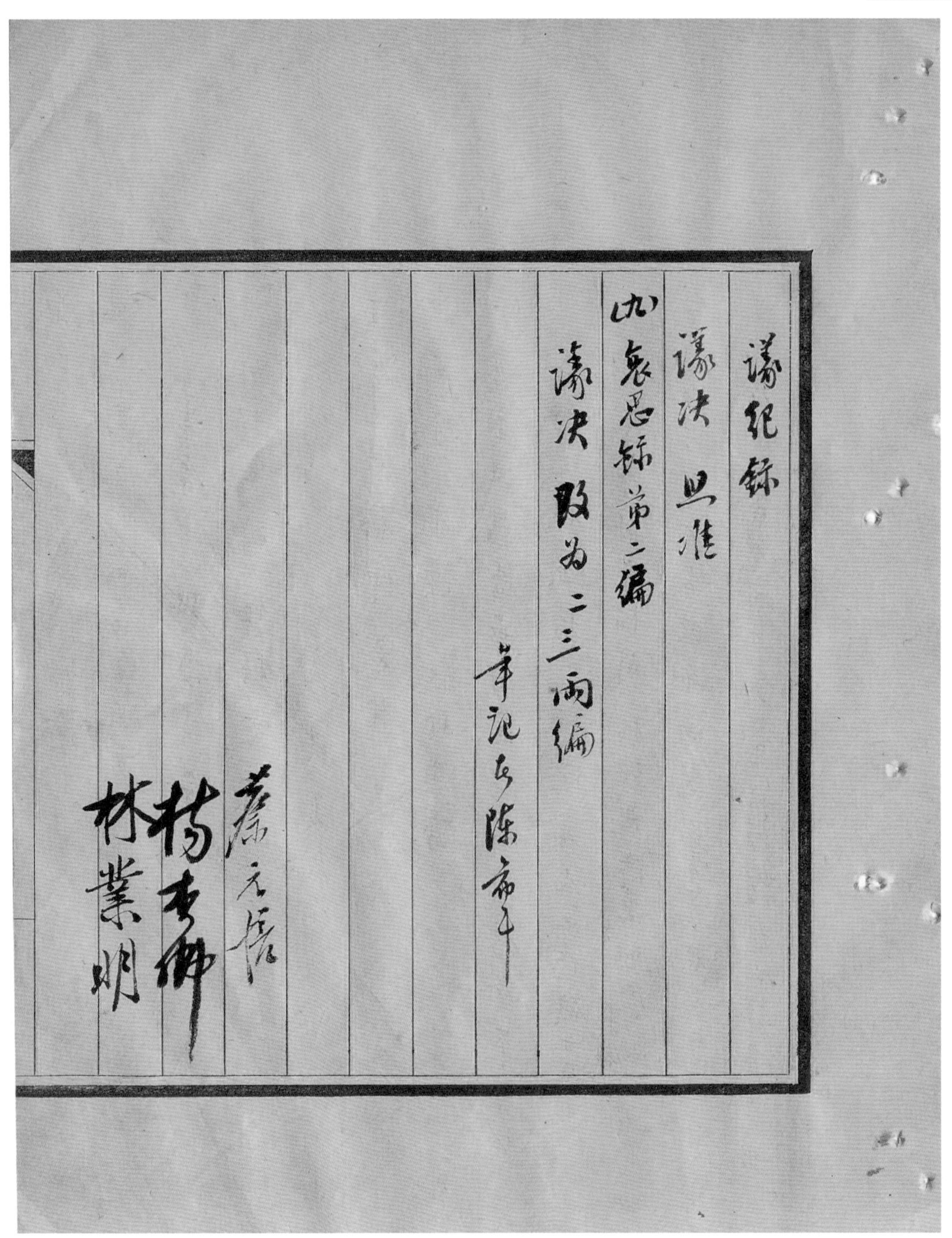

第五十三次會議記錄

十一月十一日在本處開會

出席者 孫哲生 葉楚傖

任梯雲 林焕廷

呂彥直 夏光宇

主席 任梯雲先生

（一）主席恭讀 總理遺囑

（二）夏主任報告與新金記康號接洽第

二部工程價格之經過並在上海磋商

訂立合同之情形接洽之結果照原接標人承

包價格減去弍千兩又承包人於簽字

後十日正式開工又完工時期為十三個

月廿五期不能完工每遲一日承包人罰
繳罰金銀壹仟兩正全部工程決
分十三期付款另行付款表正在合
同第二條內包工人要求加為每期工
程未到期包工人不得預借款項如每
期工程已到期而業主未付款包工人
得隨時停止工作以待付款一段
議決 通過 研究所擬合同稿之決議 第三條「最後」改為「第十二」
議決 中文合同與照英文合同修正 惟第七條二
年」二字應改為「三年」
該合同公推林委員煥廷代表
委員會會同家屬代表負責簽字

（三）讨论石膏模型之解决问题

讨论结果认为此次征求成绩甚

依议决发还不给奖金并照惯例应予致函由夏光宇先生函建筑师

谢之感谢之函一函由吕彦直锦伦

调查物色国内将模型之专代（除）

托其物色国内有名之雕刻家其有

根据上项结论

（四）核定第二三编哀思录印刷费款

其案

议决照民智印刷所来开之款算

表通过

（五）林委员报告交涉续灵葬费经

通过

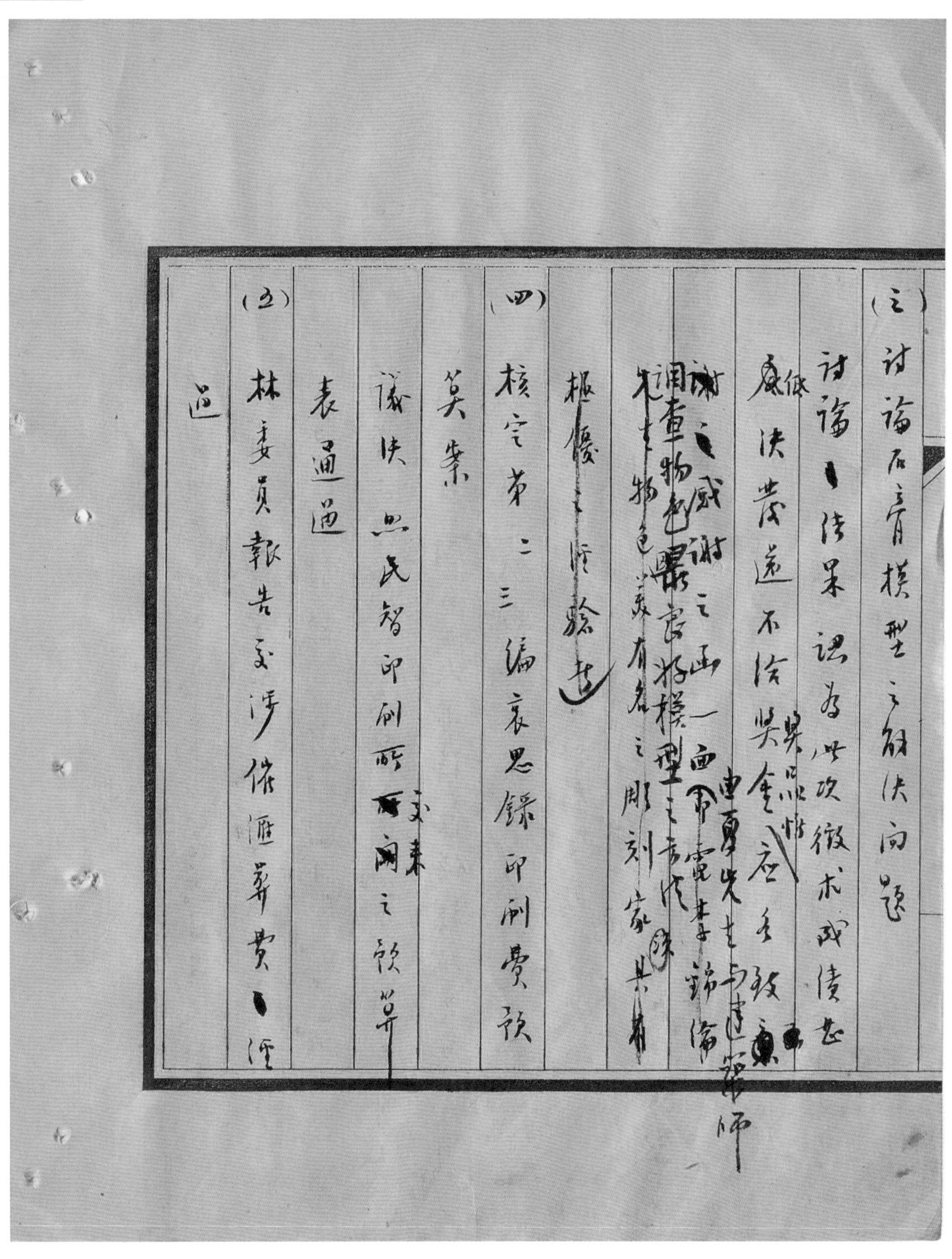

議决 請林業委員会同建築師先核全部工程及葬事經费預算部工程須計完成日期再由委员会審定辦法

筆記者 陳國徵

出席人
伍朝樞
楊杏佛
葉楚傖
林業明

第五十四次會議之紀錄

十二月十四日在獅子巷口孫宅舉行

出席者 葉楚傖 譚延闓 蔡孑民
孫哲生 伍梯雲 林煥廷
楊杏佛 夏光宇

主席譚組庵先生

(一)主席恭讀 總理遺囑開會如儀

(二)報告事項

主任幹事報告：

(甲)關於第一部工程之狀況

(乙)關於第二部工程之狀況

(丙)勘定陵園馬路線之情形

（丁）查勘陵園界址情形

陵園花園界址應包括紫金山

北部遺族學校所有地段山南應撤開民地關于馬路寬度

定為四●丈僉無異議

（三）討論工程事項

（甲）補救圍牆裂縫問題

由建築師估計一、全部拆改圍牆

及分段修築價目後再定並聘

專家或為陵墓工程顧問工程師

（乙）甬道及蓄水池工程

工甬道及蓄水池工程係為陵墓附屬工程委託

建築師辦理

(丙)收購馬路經過需用地段

議決照購

(四)討論陵園各項

(甲)籌備植樹及植物園

關于陵墓一部植物園樹各項決根據籌備委員之條陳交常務委員核辦

(乙)陵園計劃圖案

計劃陵園全部圖案從緩先注重種樹及修路

(丙)陵園計劃委員會專門委員待專費問題

議決 從緩討論

（丁）核准陵園計劃委員會第一次常务委员会议纪録

議决　無異議

（五）临时提議

夏主任提議　頃有在滬多年专门雕刻塑像之王靜遠女士最近試塑之　總理遺像模型四座成績頗優可否請其試塑

議决　給以材料費四佰元試办

譚閱

蔣天樞

伍朝樞
葉楚傖
楊杏佛
林業明

葬事籌備委員會常務委員會

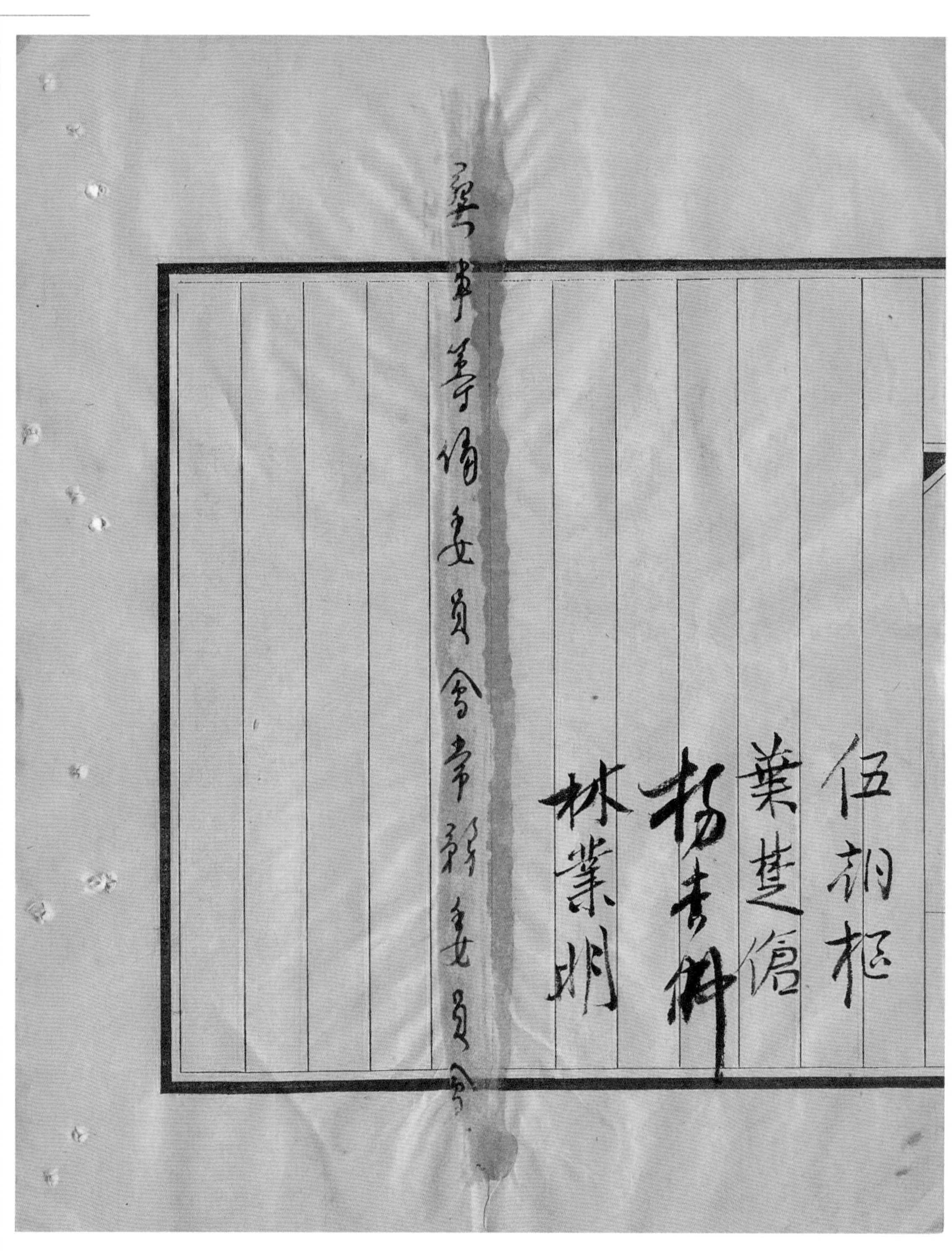

第五十五次委員會議紀錄

十七年一月七日在上海武定路

林宅舉行

出席者 林子超 謝惠生

伍梯雲 鄧澤如

孫科 胡展堂

林煥庭 許[illegible] 夏光宇

主席林子超先生

(一)主席恭讀 總理遺囑闔會

如儀

(二)報告事項

主任幹事報告：

(甲)勘定陵園界址情形

(乙)工程及植樹事項

(三)討論事項

(甲)保衛總理遺體案

議決：由請協和醫院代理（由委員會代表林委員森暨家屬代表孫哲生先生署名）院長將總理遺體移出協和醫院整理據曲即將存該院不必送回西山並托雷係一先生先轉交洋二千元

(乙)核准常務委員會議決案

(一)徵用江蘇建設廳同意

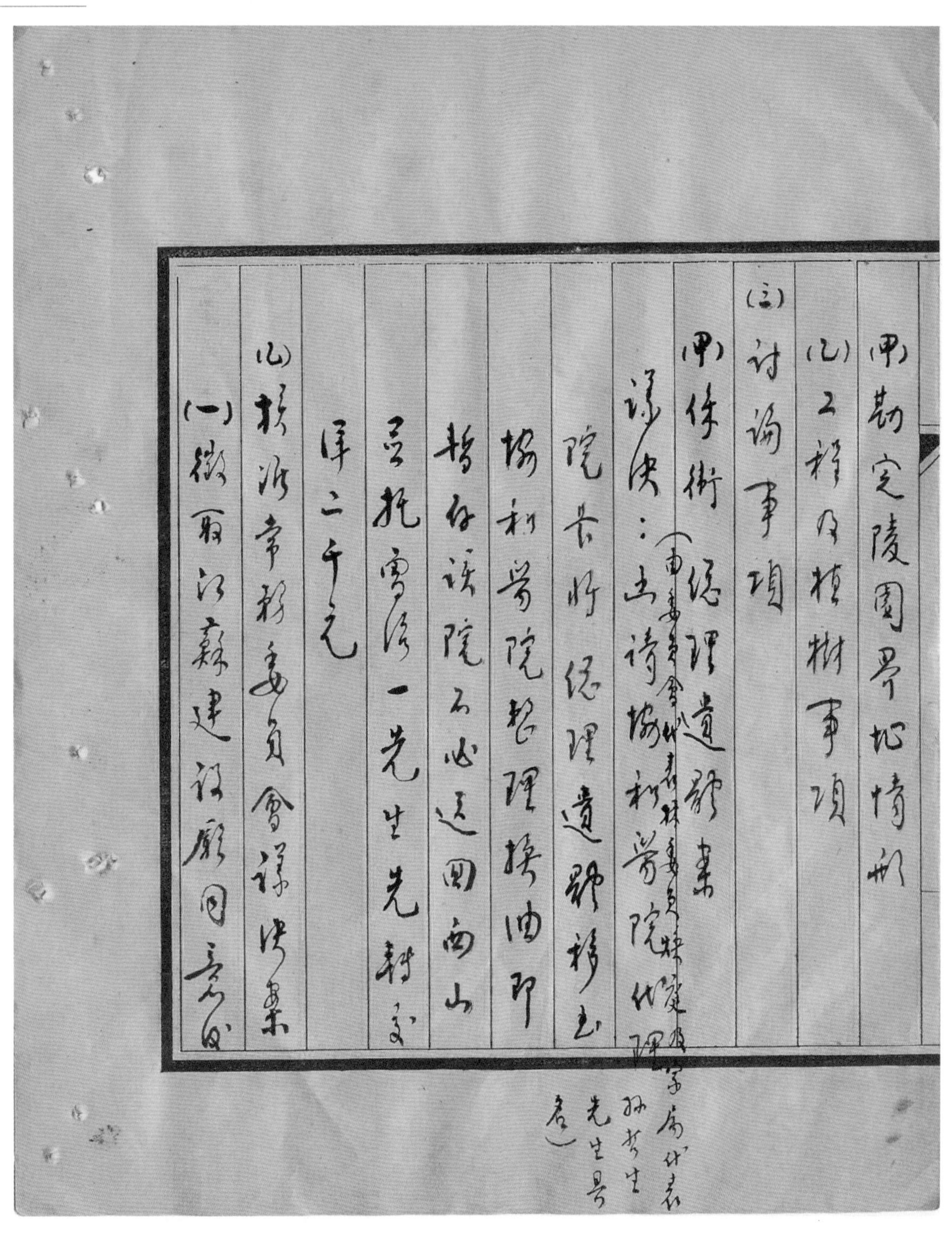

由吴市等縣處出以蘇省
政府將市一造林場之業
金山南北原有林木場地
併入陵園，其造林便責由
園代政府擔負。
(二)請專任陵園技師一人
協同第一造林場場長進
行陵園計劃。
(四)按所補救園情形從詳計劃。
議決：既據建築師估計所
陵墓擬用費銀五六千兩，全
部拆改重築費銀一萬一

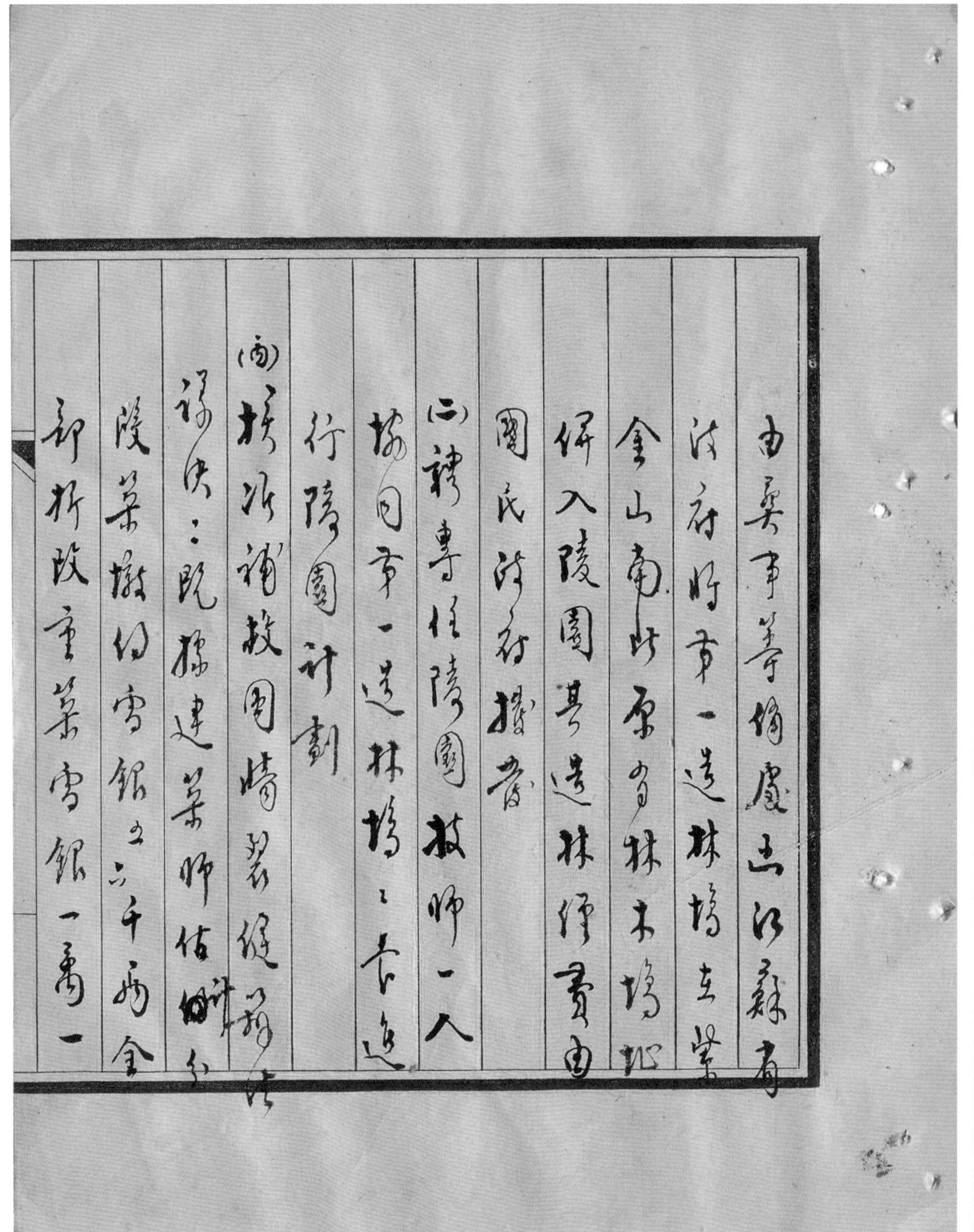

千餘兩，自應以全部拆改重作，另案即由新建築師照辦。

（丁）決定香港石華表之承造人

議決：歸新金記承造，計銀三萬六千捌百三十六兩。

（戊）核准平台及石級兩旁植樹處所應提前舉辦之挖土（挖去已填之土）填土工程（填入沙土及填泥）

議決：照所擬辦理。

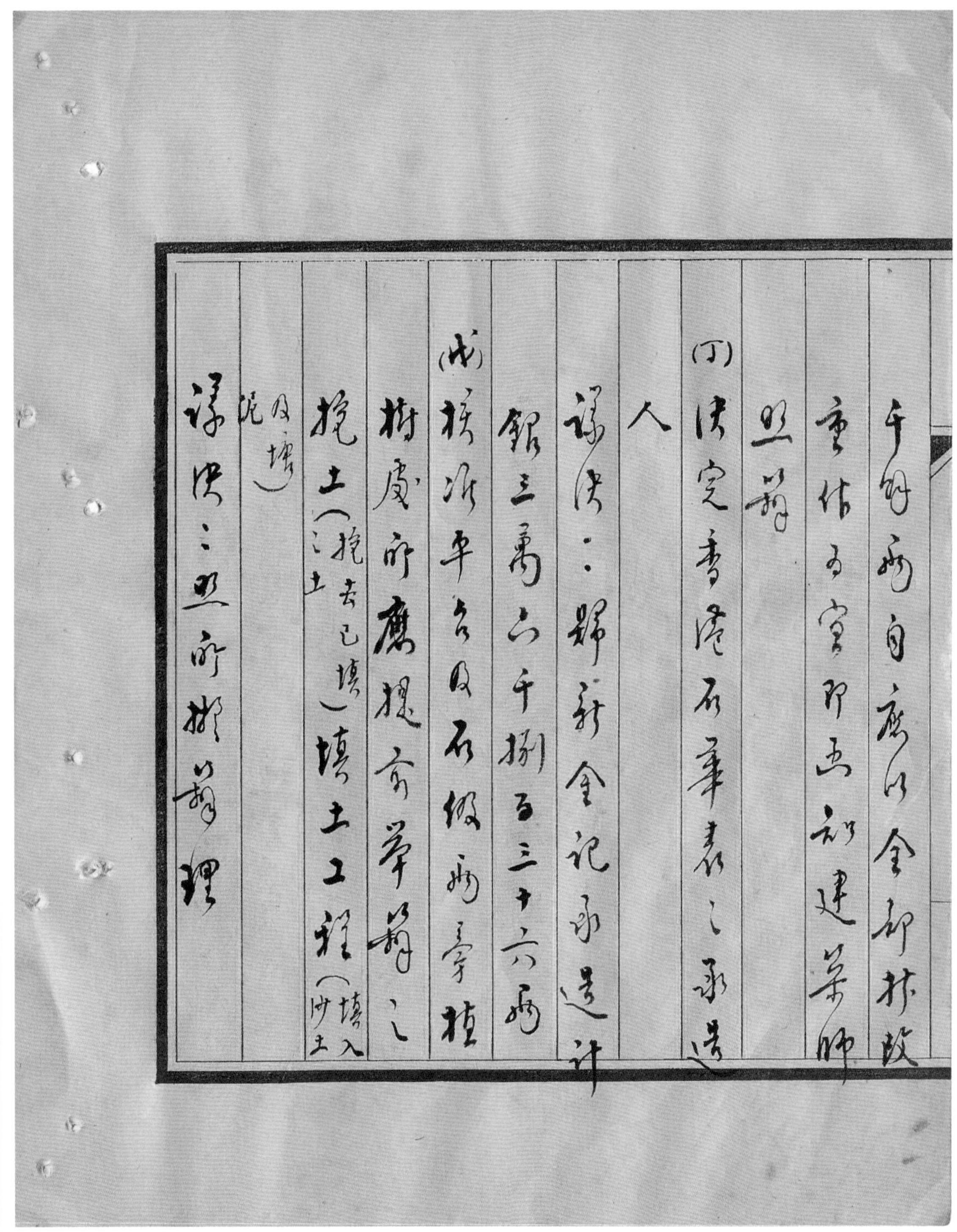

(己)擬訂甬道及馬路工程招標用之圖說及包工合同格式

議決：交常務委員擬定的即將擬招標以便早日興工

(庚)陵墓上應用之碑銘傳記文字

議決：以總理之偉大於墓誌銘傳記文字所能包括一切擬以不用爲宜其碑文定爲左式

中華民國十七年　月　日

（中國國民黨葬總理孫先生擬件）

擬定胡展堂先生撰總理遺
囑所刻文字譚組庵先生撰
所刻碑文

（辛）總理遺像模型
議决：請孫哲生先生物色
雕刻家辦理應塑之像
坐立像各一

（壬）葬事經費問題
議决：即由籌備委員會請求
函粵省政府李濟琛同志速

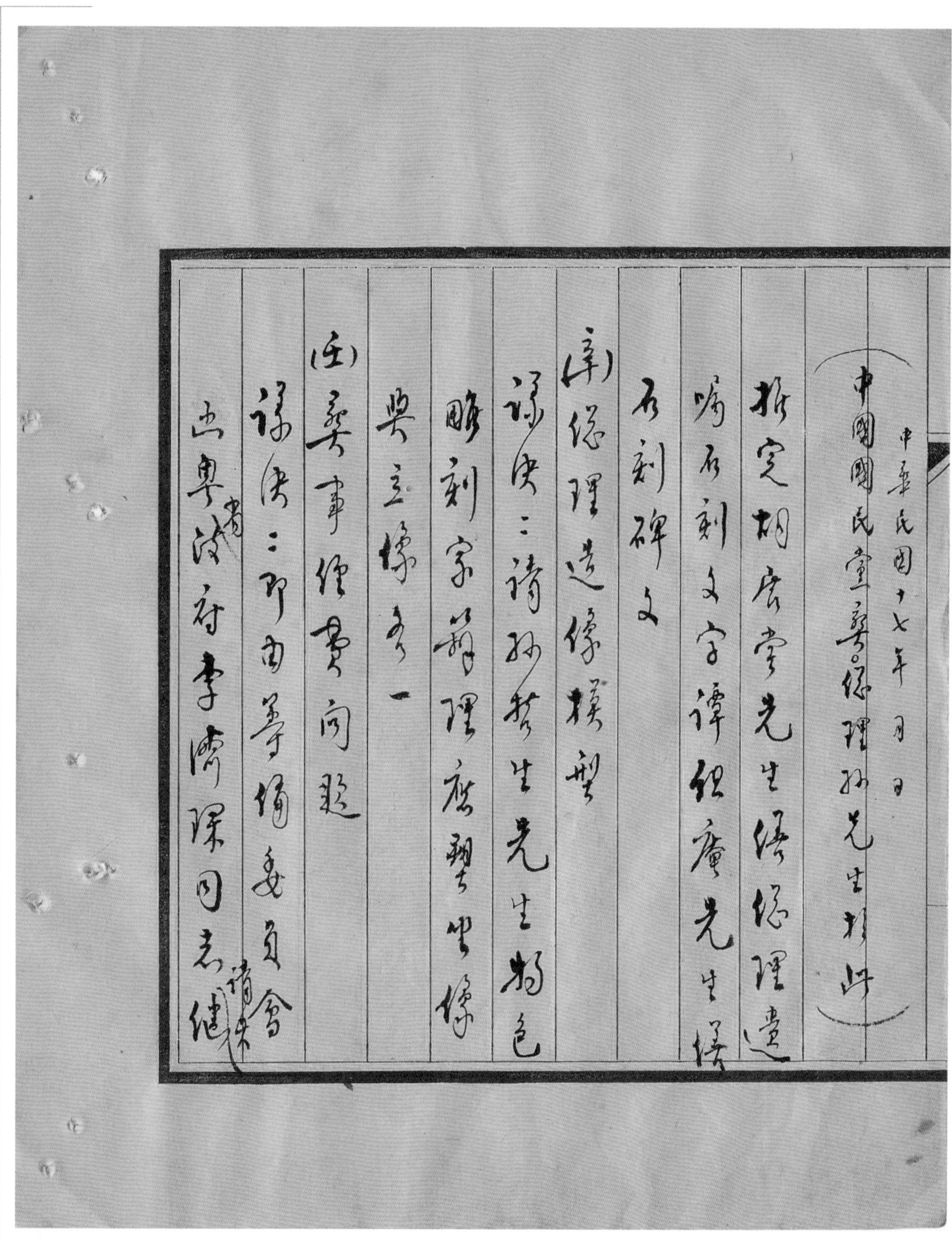

續月撥毫銀六萬元以補
不足之五十萬兩經費
筆記者夏光宇
許崇智
鄧澤如
胡漢民
謝持
伍朝樞

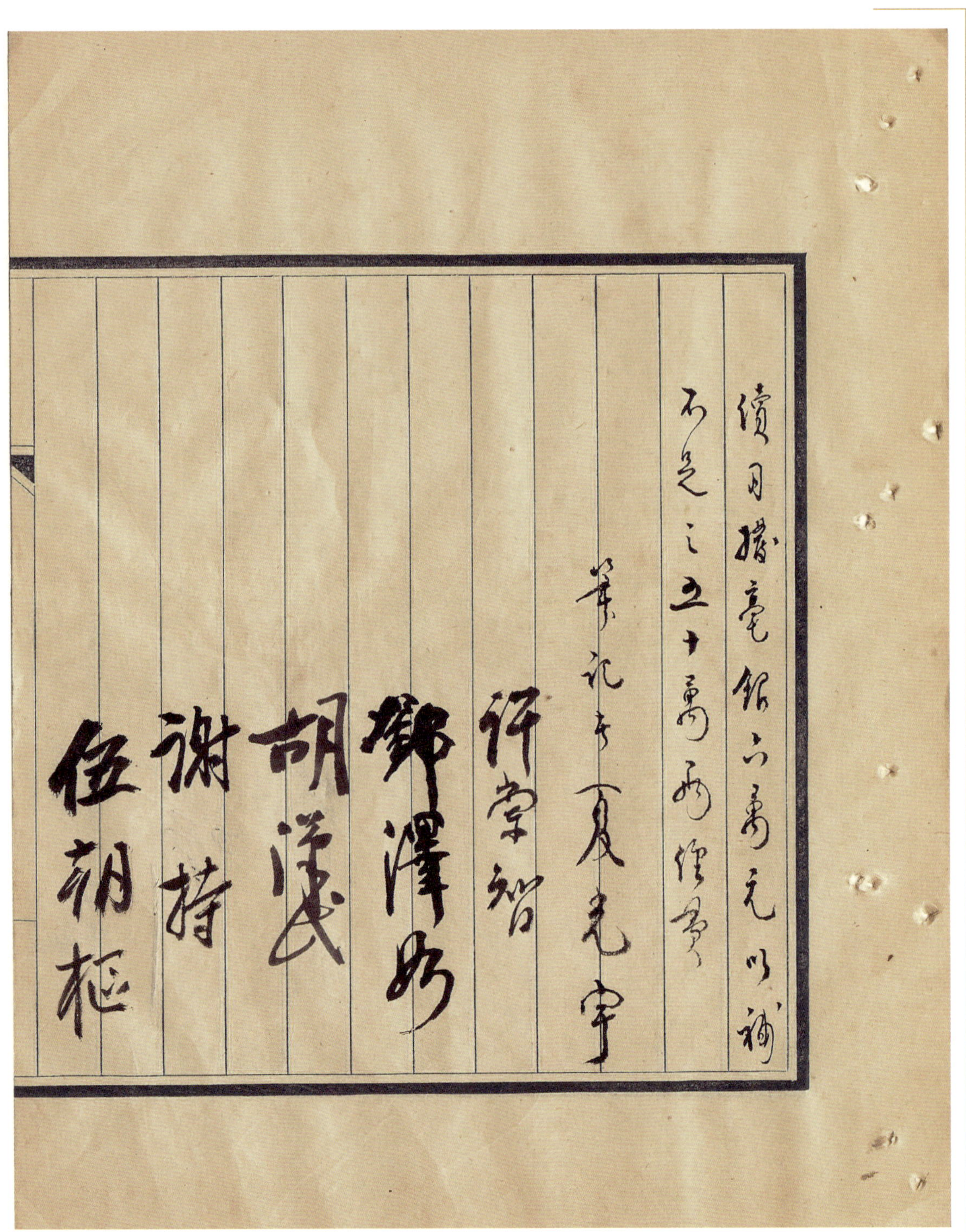

林森
孫科
林業明

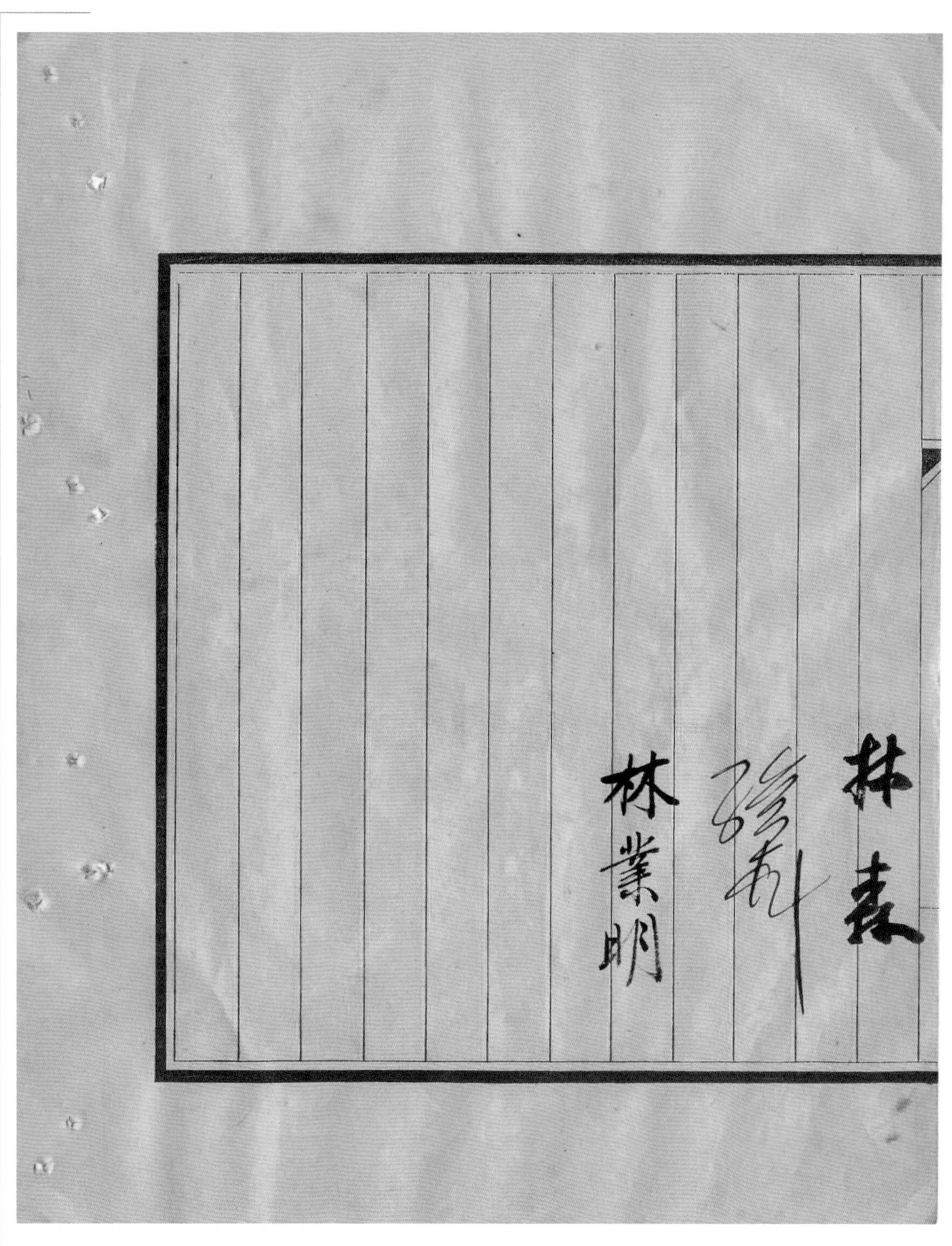

第二十六次委員會議

十七年一月十六日在江寧路林宅舉行

出席者　林子超　林煥廷　胡展堂　孫科　謝蕙生　呂彥直　夏光宇

主席　林子超先生

（一）主席恭讀總理遺囑同會如儀

（二）報告事項

主任幹事報告：

（甲）造林場劃歸本處管理

一案
(乙)定购苗木情形
(三)讨论事项
(甲)决定墓像之承造人及合同
议决：归高祺承造，由林委员焕庭会同家属代表签订合同，先由吕建筑师与高祺君接洽。
(乙)核定马路图样及工作说明书
议决：交顾问工程师审

康成君核定

(丙)核准甬道圖樣

請決之照建築師所繪圖樣辦理

(丁)核准陵墓計畫

請決之將建築師所擬計畫圖樣之草頭向審查核定

(戊)碑帽圖案問題

請決之圖青天白日其四邊之花紋請建築師擬定再行核議

(己)保存繪圖之總理靈櫬

议决：现存北京西山碧云寺之总理备用灵榇二副移存北京历史博物馆保存

（庚）核准第三期工程图样及工作说明书

议决：照建筑师所拟计画及所绘图样办理

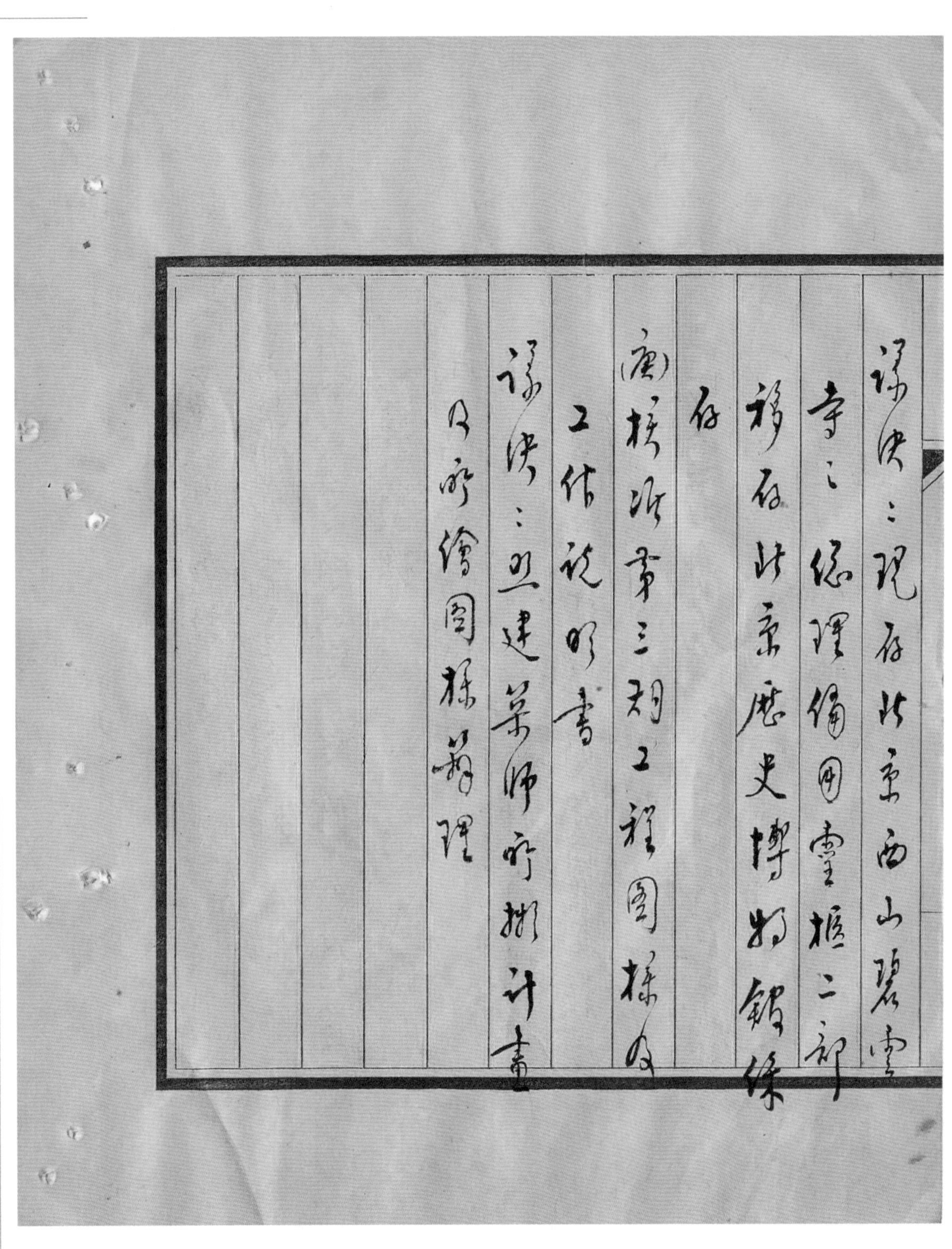

林森
謝持
胡漢民
汪兆銘
林業明
筆記者 夏光宇

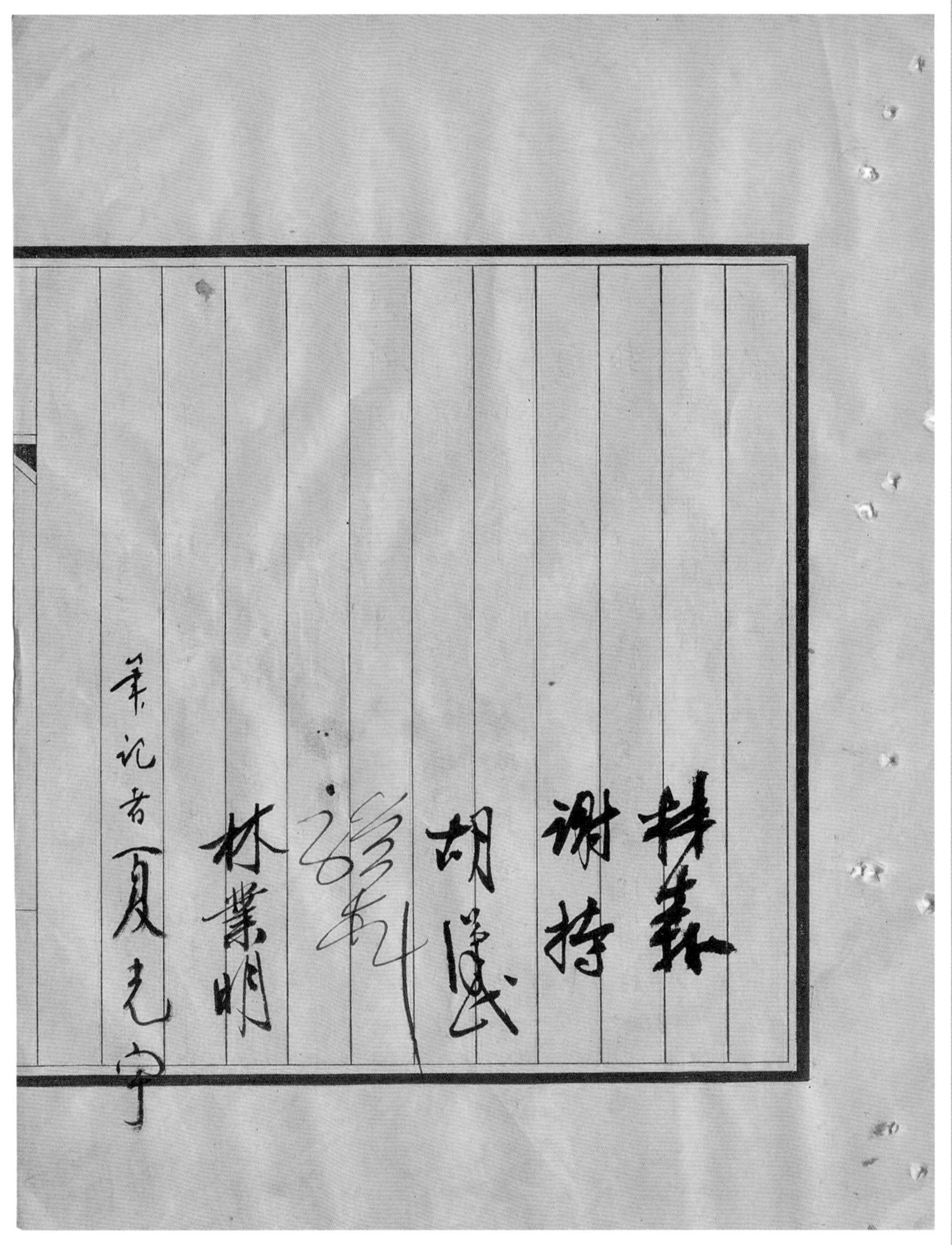

第五十七次会议

十七年三月六日下午四时在本处开会

出席者 林子超 谭组庵 杨杏佛

叶楚伧 林焕廷 夏光宇

吕彦直

主席 林子超先生

主席恭读 总理遗嘱

（一）报告事项

主任干事夏光宇宣读五十六次会议之决案

（二）报告工程进行经过情形并报告陵园植树及购置苗木详情

讨论事项

（一）保衛處理遺體案

葉楚傖先生報告在會各委員對于保衛處理遺體意見　議決：

快郵子文覆之，雨岩由劉院長碻商能否先

將遺體暫移安存協和醫院保存並請楷

李仲公先生直接由劉院長接洽碻商

（二）據省立造林場總場林木場地案

夏主任幹事報告經過情形並報告

江蘇省政府建設廳函請本處籌撥建

補助造林場建築費洋二萬元

議決　1. 由本處函國府撥給省政府

轉撥建廳補助洋二萬元所有該場

林具等項由建設廳商暫由本處借用

乙、函致建設廳本處即日派員接收造

林場　推定林子超、林煥庭兩委員同襄主任前往接收

（三）籌定總理安葬日期案

議決　預定本年十一月十二日為　總理

安葬日期

（四）陵園劃界並清查收用界內土地案

議決　由本收購陵園界內民地定日派員清查

估價列表提出下次會議核定

清查地畝辦法　議決　予以通過

（五）核准陵園管理章程及工業以範圍

議決　關于陵園技師人選　聘傅煥光

先生爲主任技師所有技務人員由
常務委員選定
陵園管理章程議決交擬通過條文交常務委員會整理
（六）核准陵園經費預算
議決　照准　並函請國府從本年
三月份起如數撥給
（七）確定陵園計劃大綱案
議決　陵園計劃大綱請專門委員於最短期間
三個月内完成圖案由計劃委員會召集會議
（八）定塑總理遺像案
商定具體辦法
討論古建築師家來王濟遠先生今後日

本人朝倉文夫函　議決　函請王湘遠
先生幸力加藤照民並商請朝倉文夫
氏能否先塑模型一具

（九）朝陽門至陵墓馬路先做土路基及橋樑
涵洞案
議決　先做土路基並通道及橋樑涵洞

（十）加築陵園界路及改築萬福寺山路案
議決　萬福寺舊有山路取消改築新
路接通靈谷寺

臨時提議
（一）林蝶庭委員提議　購一部以載貨之汽車
以利陵園工程進行　並購測量儀器以備

測量及徵收購土地之用 通過照購

（二）林子超先生提議 陵園內須增植備用四季花木若桂梅李杏楓梨等等

議決 由陵園主任技師籌辦

（三）譚委員提議 中央黨部當決於總理三週紀念日舉行植樹 請由本處擬指定地點預備樹木

議決 交陵園主任技師籌備

筆記者 張國楨

主席 林森

第五十七次会议

十七年三月二日下午四时在

本处举行

出席人

谭延闿

于右任

林森

林业明

叶楚伧

杨杏佛

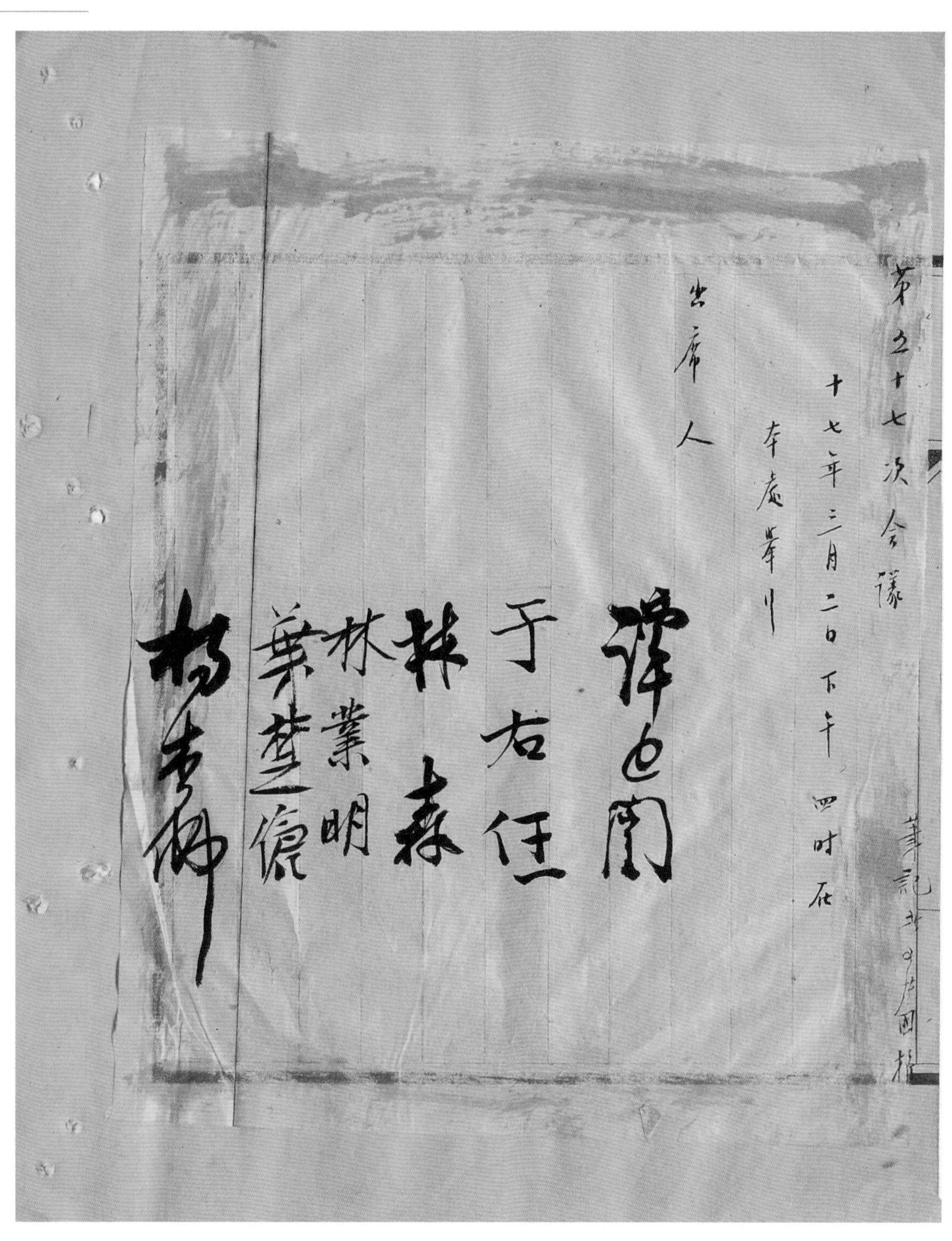

第五十八次会議

四月十九日下午三时在本處举行

出席委員簽名

張人傑

孔祥熙

林業明

蔡元培

于右任

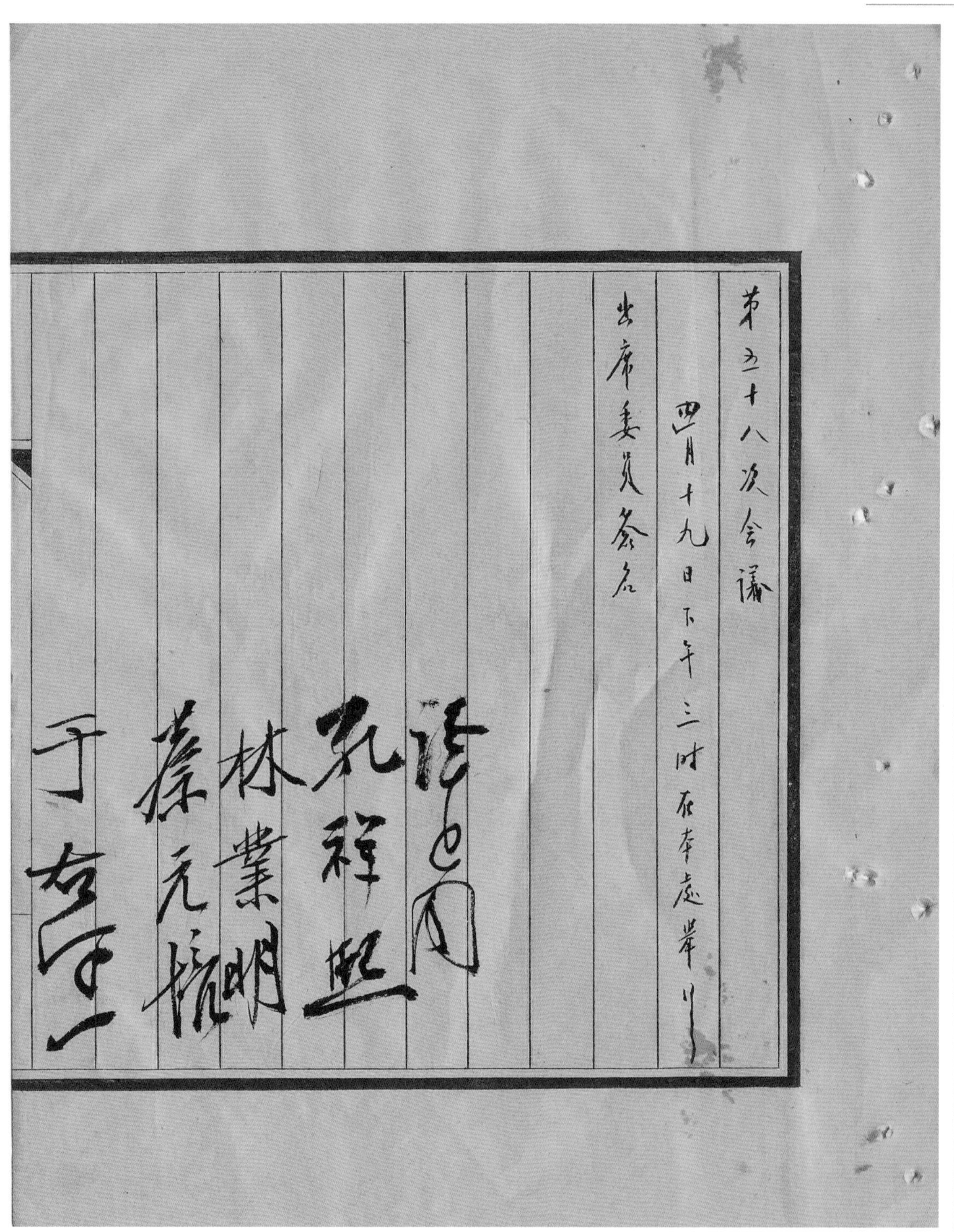

林森
葉楚傖

第五十八次會議

十七年四月十九日下午三時在本處

舉行

出席委員 孔庸之 林煥廷 蔡孑民

譚延闿 于右任 林子超 葉楚傖

列席者 夏光宇

主席 林子超先生

主席恭讀 總理遺囑

報告事項

(一) 主任幹事宣讀上次議案

（二）主任幹事報告接收造林協會經過情形

（三）主任幹事報告陵園劃界及清查土地訟情形

討論事項

（一）總理遺體案

議決　以籌備處名義呈請李徵五先生妥籌辦法，無論奉移與否，總期安全，並函請由鄭韶覺先生遣派專人送去，並以林葉楚傖先生起草。

（二）馬路工程招標案

議決　自朝陽門至陵墓馬路工程全部一次招標。

（三）追認三月二日九日常務委員會議之決案

議決　照議決案通過。

（四）決定開掘原坡西之旁植樹處岩石之價格承包之人

議決 交姚新記承包

（三）決定建造祭堂西側華表之價格及包之人

議決 華表圖樣業再選 請建築師多製式樣送處備選並提出討論價格及包工人暫緩決定

臨時動議

（一）林委員逸民提議西山護室處李榮正及衛士等請加薪應如何決定案

議決 由胃修記按原薪在百元以下者加

三成一百元以上者加二成

（二）林委員煥庭提議陵園範圍內開墾案

議決：付交下次會議討論

記錄　張國格

主席　林森

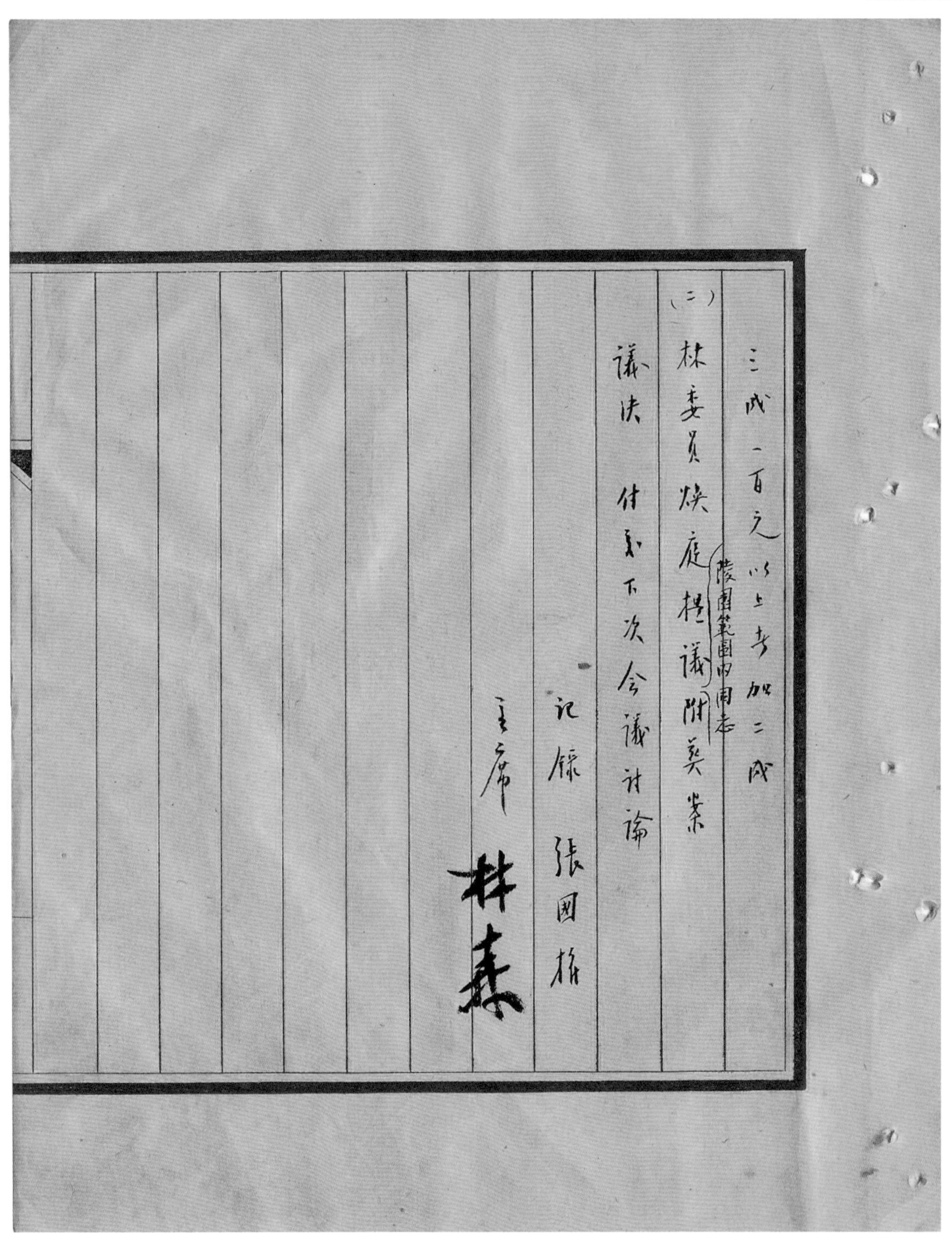

第五十九次会议

五月二十七日下午三时在本处举行

出席委员

于右任　叶楚伧　林子超　林焕廷

于右任

列席者　夏光宇　书记者　张国振

主席　林子超先生

主席恭读　总理遗嘱　开会如仪

报告事项

（一）主任干事宣读上次议案

（二）主任干事报告第一二部工程最近之

情形，并报告关于改築萬福寺山路

及蓄水池工程、华表工程等最近进

一、行已經過

（三）主任幹事報告陵園會計測量立界等進行情形及規劃會計辦事細則計劃各案實業計劃等經過

討論事項

（一）決定朝陽門至陵墓馬路工程承包人

投標者共四五家，公推主任幹事開標結果王麟記標爲十三萬七千九百八十八元，新金記標爲玖萬七千六百四十五兩，姚新記標爲十萬零四千零四十兩，徐成記標爲五萬六千零十五兩五錢八分，王榮記標爲七萬七千

六百五十兩討論結果決以徐成記承包

（二）改建萬福寺山道案

議決 交常務委員核辦

（三）陵園沿界築路案

議決 分段先築沿界土路基俟費暫定四萬元再行估計石路價格

（四）蓄水池工程招標案

議決 蓄水池工程須招標價目底分項估計

（五）收用陵園界內土地案

議決 全部收買（包括南北）收買先後交由陵園計劃委員會決定 人選向

起由葉楚傖先生物色　所有收買頭
送於此陵園計劃委員會專門委員議
決案辦理
（六）中山陵園組織及職務分配會計辦事細
則草案　議決交夏主任辦事
審查並候委員會核定
（七）中山陵園十七年事業計劃案
議決　照所擬核准　請求於陵園本
年園產收入項下提撥一千元以中利
進行一案　議決照撥
（八）測量師湯有光　決加薪叁拾元令
其原薪為壹佰捌拾元名稱改為

測量工程師兼管馬路監工職务

（九）夏主任幹事提議在太平門外朝陽門中間增闢門洞建築一直達明陵折至林陵墓之馬路　議决　應從速抄案

（十）陵園範圍内同志附葬案

議决　緩議

主席

林業明

林森

葉楚傖

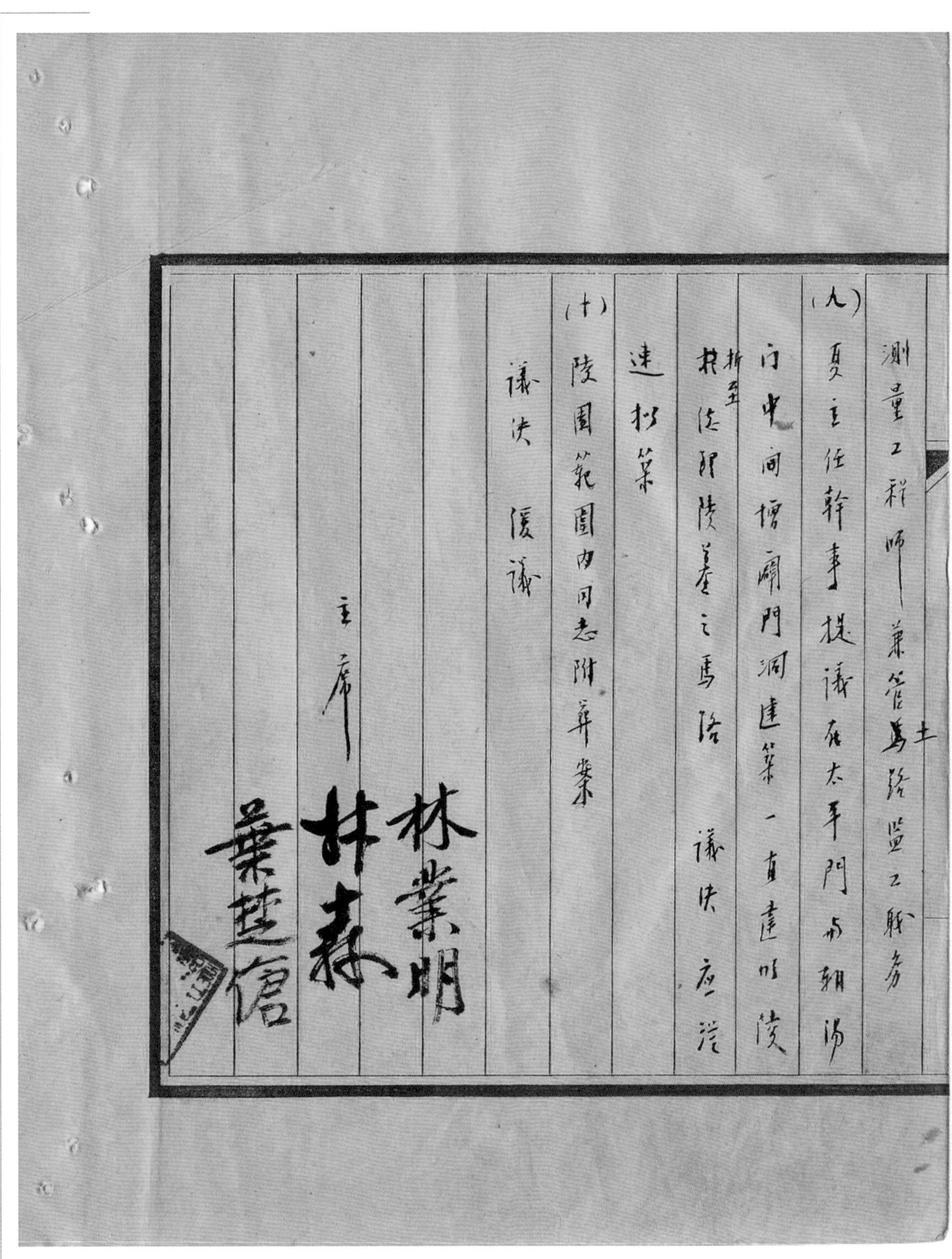

孫中山先生葬事籌備處會議記録第三册（第六十次至第六十九次）

檔號：1005-3-1383

第六十次至六十九次

第三冊

孫中山先生葬事籌備委員會議紀錄

第六十次會議

日期　十七年七月二十七日

地点　本籌備處

出席委員　蔡元培

葉楚傖

林業明

李也用

于右任

列席

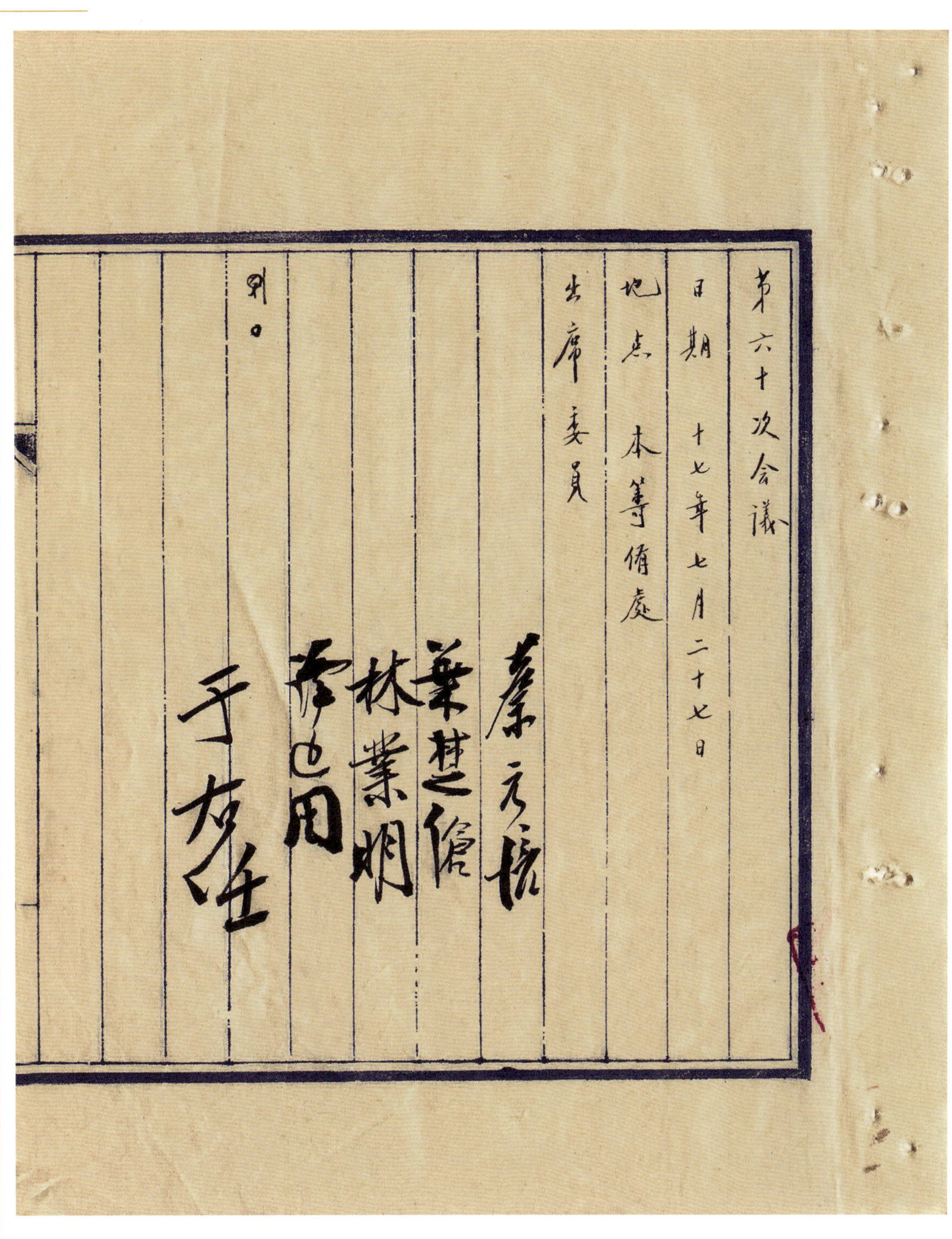

列席人　夏光宇

主席　譚組安先生

主席恭讀　總理遺囑

報告事項

（一）主任幹事宣讀七月二十六日常務委員会議決案　通過

（二）主任幹事報告連日接洽建工辦法及派定第一（期各算）二部分完工日期

（三）主任幹事報告朝陽門外之馬路工程因工人缺乏恐屆時不能完成　議決函請蔣總司令派兵兩營帮同築路務期於　總理安葬以前完工

討論事項

（一）籌備總理安葬案

議決

1. 呈請中央決定十一月十二日為

總理安葬日期

2. 呈請中央組織奉安委員会

（二）組織陵墓衛士隊案

議決 將本處所擬之總理陵園警衛隊

組織条例草案送請國民政府核辦

（三）同志附葬案

議決 由中央決定後商承代表會同本

葬事籌備處勘定地点再由奉委員會

決定

主席 [illegible]

筆記 [illegible]國楨

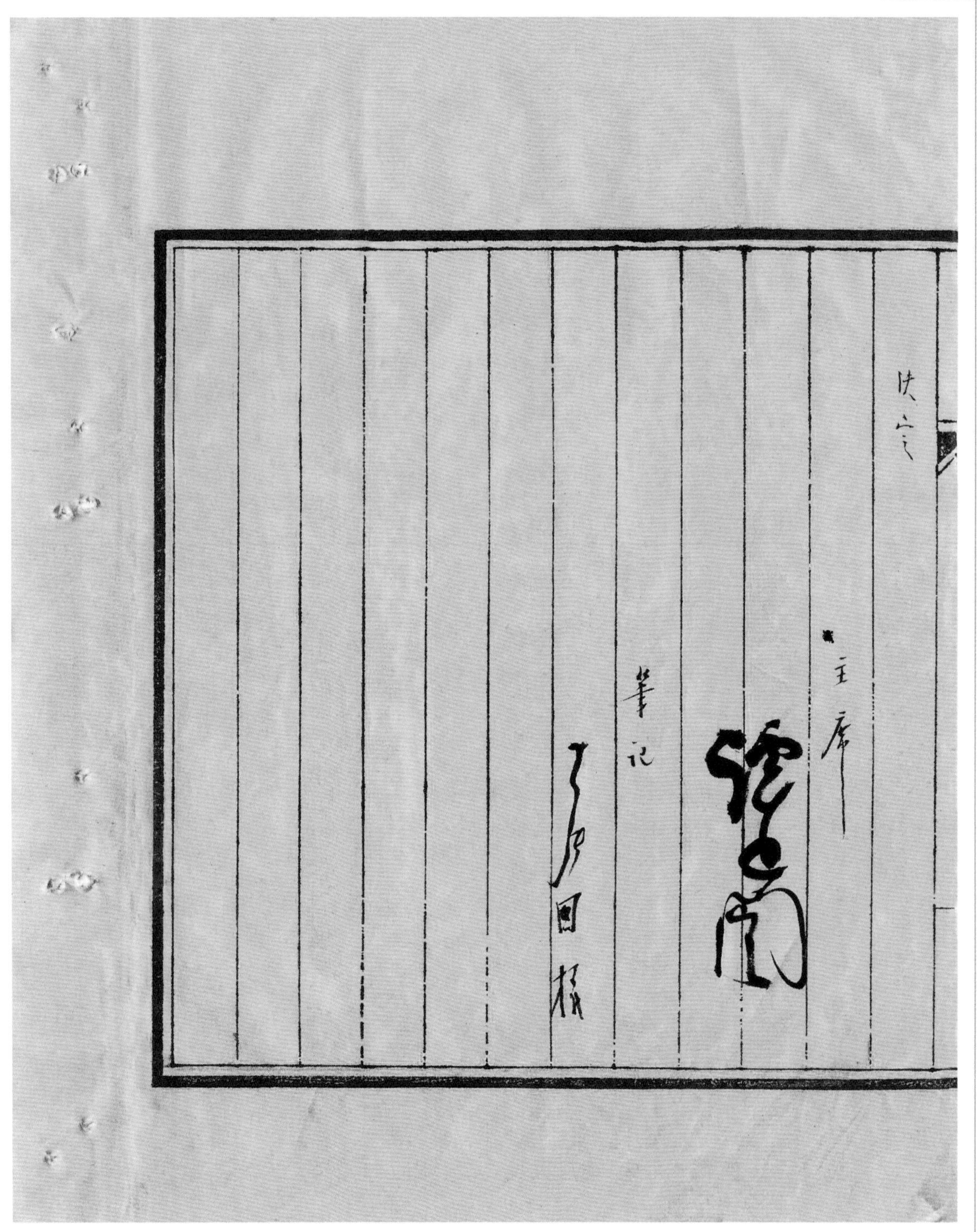

第六十一次會議記錄

日期　十七年玖月廿五日下午二時

地點　葬事籌備處

出席委員

胡展堂　林子超　譚延闓

葉楚傖　林煥廷

家屬代表

孫哲生

列席人

夏光宇

主席　公推林子超先生

主席恭讀　總理遺囑　開會如儀

主任幹事宣讀本月兩次常務委員会議之決案

討論事項

（一）甬道工程案

決議　照常務委員会議之決通過

（二）種樹填土案

決議　照常務委員会議之決通過

（三）平台安装水管工程案

決議　照常務委員会議之決通過

（四）鑿井工程案

決議　照常務委員会議之決通過

（五）陵園十七年度臨時經費案

決議：照常務委員會議之決議通過。

（六）設立陵園修路養路隊案

決議：照常務委員會議之決議通過。

（七）環陵路工程案

決議：照常務委員會議之決議通過。

（八）總理安葬案

決議：照常務委員會議、決呈請中央改定十八年三月十二日（即本年四週年）為總理安葬日期

（九）陵園保衛案

決議：照常務委員會議之決將陵園警衛隊組織條例修正通過請國

市政府派員辦理

（十）馬路工程案

議決　照常務委員會議之決候築土

車輛到齊并由市府商酌工程移歸

辦法

（十一）華表工程案

決議　照常務委員會議之決歸泉州

石匠蔣源成承包由建築師電催該

石匠表須履行合同條件

（十二）陵園購地案

決議　照常務會議之決通過

（十三）范鴻仙附葬案

決議　照常務會議之決通過

（十四）籌備計劃國葬場案

決議　由籌備處磋定地點後，請中央核定。「國」字應改為「附」字。

（十五）修築石民路接通明孝陵及靈谷寺案

決議　照常務會議之決，應即籌備建築

（十六）修飾明陵案（孔委員庸之提議）

決議　應於安葬前酌量修飾

（十七）追加工程及購地經費案

決議　照林委員煥廷提議追加

預算表修正通過原送工程費減
為八萬兩千修工程費減為五萬兩仟
仟，四表通過，總共追加預算費為四十
九萬兩
(十八)胡委員漢民提議石刻總理
留聲機演說詞於靈前石壁案
決議　照提議通過　演說詞請
譚委員（組安）書寫
(十九)林委員提議　陳列　總理手澤
遺物於祭堂四角方亭案
決議　通過

主席

委員
林森
胡漢民
譚延闿
孔祥熙
葉楚傖
林業明

筆記
[illegible]回根

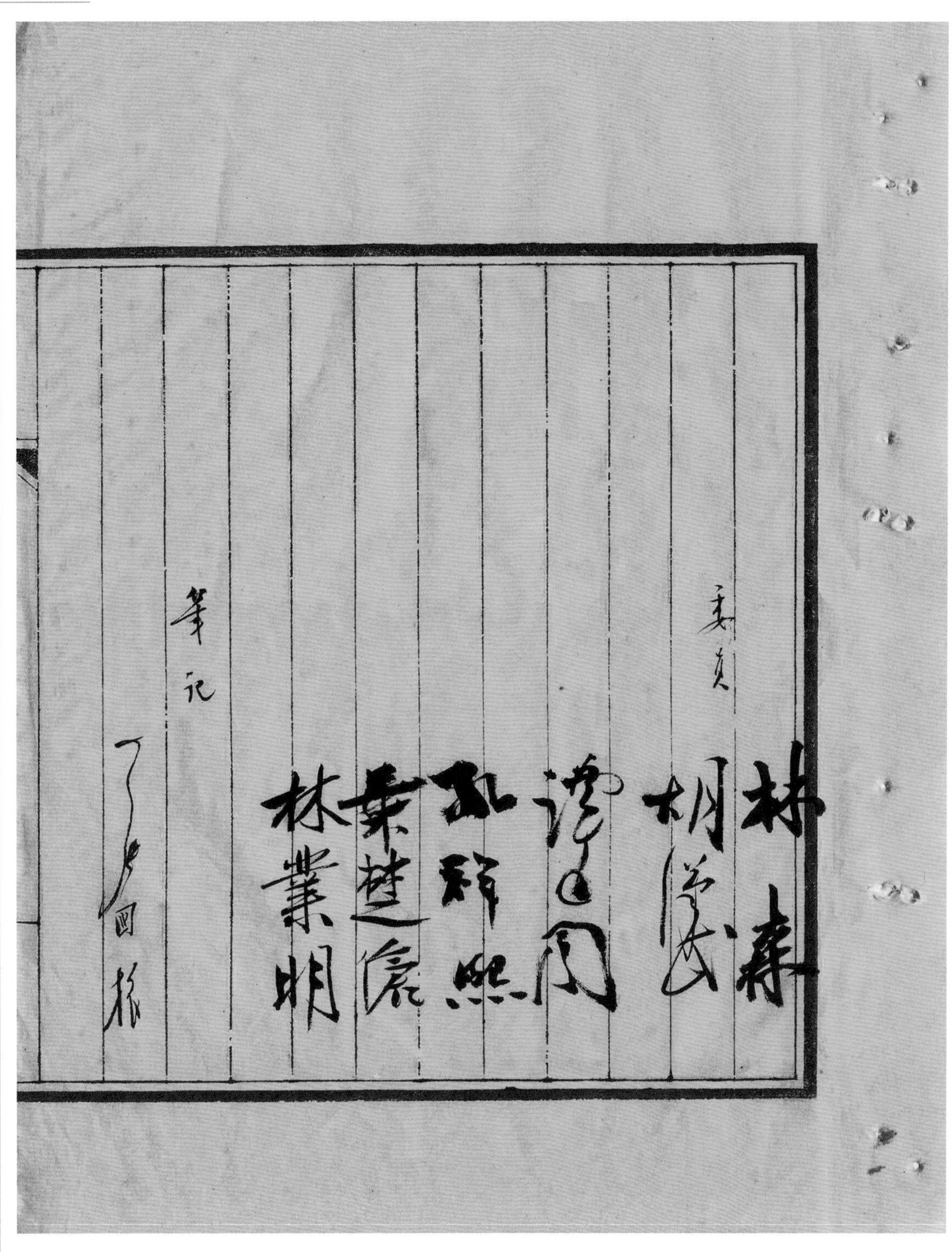

第六十二次會議議決案

日期　十七年十月二十日上午十時

地點　本籌備處

出席委員　譚組安　林煥廷

林子超　胡展堂

孔庸之　古應芬

家屬代表　孫哲生

列席者　夏光宇

主席林子超先生

主席恭誦　總理遺囑　開會如儀

主任幹事宣讀上次議決案

討論事項

（甲）關於林委員子超提議籌備奉安事

項

決議

（一）照提議通過

（二）照提議通過

（三）照孫哲生先生提議應由國府

直接發給　通過

（四）製定　總理安葬紀念章　林

料用（未定）古銅或景泰藍　式樣請美

術專家繪定

（五）照提議通過

（六）請教育部製定輓歌

（七）照提議通過

（八）擬定陵墓右邊地點另招待外賓休息所

（九）（十）（十一）（十二）照提議通過

（十三）由葬事籌備處會報通告所有禮物概免致送八字應刪去餘照提議通過

（十四）（十五）照提議通過

（十六）照提議通過

（十七）迎櫬靈車應製流綫式汽車

（十八）照提議通過

（十九）照提議通過

（廿）預備槓夫 先行試槓

（廿一）（廿二）（廿三）此提議通過

（乙）關于林委員子超提議迎柩南下事項

決議

（一）此提議通過 由籌備處呈請

中央及國府派林子超鄭洪年

吳鐵城居正赴平奉迎

（二）奉迎經費俟派員指定後再行

估價算

（三）此提議通過 二十天改為七天

（四）此提議通過

（五）由北平用火車直運浦口再由海軍

室）櫬（室）至下閘起將由下閘（室）至
紫金山
（6、）請撥派匠生施用手術在西山換
用銅棺換下之楠木棺仍存西山
保存
（七）安葬時刻定明年三月十二日
中午
原提議之（五）（六）（七）（八）（九）（十）各條
取銷
（丙）決議祭堂西邊石刻
總理演說詞用 總理告誡同志演說
詞

（抄）伏議　總理石製坐像模型用長袍馬掛服式請孫哲生先生電知巴黎使館轉承辦雕刻家Landowski知照　是

胡漢民
譚延闓
孫科
林業明
古應芬

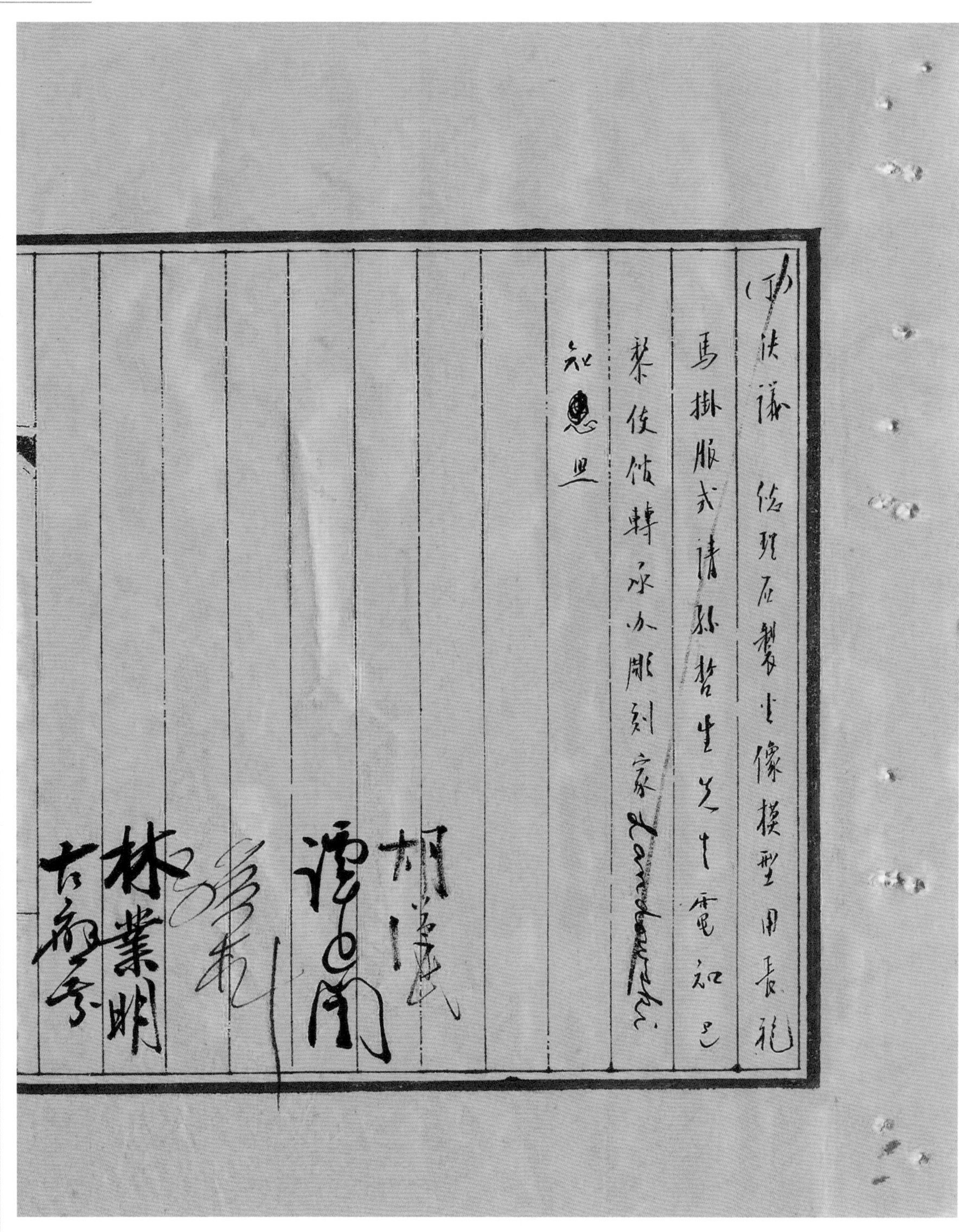

孔祥熙

第六十二次會議議事（決案）錄

日期　十七年十月廿日上午十时

地点　本籌備處

出席委員　胡展堂　譚組菴　林子超　林煥廷　孔庸之　古应芬

家属代表　孙哲生

列席者　夏光宇

主席　推林子超先生

主席恭讀　總理遺囑　與會者儀

主任幹事宣讀上次會議之決案

討論事項

（甲）林委員子超提議籌備奉安事項

決議

1、請中央黨部、國府頒於安葬日期三個月前通知海外各黨部

2、請國府限令於安葬日期一個月前編製守墓衛隊完全成立，所有住禁地點及崗位均要同時設備完妥

3、請國民政府直接函孫哲生懇飭發給守墓衛隊餉項

4. 製定總理安葬紀念章｜材料
用紫色古銅或景泰藍　式樣
請美術家繪定
5. 請國府令內政部通告凡參列會葬者
均臂纏黑色紗布或禮帽沿加蒙
黑色紗布或
6. 請國府令教育部製定輓歌
7. 請國府令內政部製定安葬典禮通告
中外
8. 擬定陵墓右邊地点為招待外賓
休息所
9. 擬定靈谷寺為各機關及各地代表

休息所

10、指定萬壽寺為庶務員辦事場所

11、指定出入路線

12、指定停留汽車、馬車、人力車地點、

13、由葬事籌備處登報通告、凡有備送花環花籃者、可備木本盆栽於安葬日期前三日運交陵園主任以備移植中山陵園為長久

忱獻

14、指定祭堂左右兩廂房為

備理家族休息所在

15、祭品設備鲜花素献其餘如香
燭牲禮以及迷信用物概不設備
16、哀樂隊宜分設陳於陵墓沿途要
道次第奏樂
17、迎柩靈車應製定砲式汽車
18、家属应用車馬均用黑布蒙沿
19、柩車左右繫以全幅黑布以便執
紼
20、預備槓夫先行试槓
21、預備進壙（封壙）人夫及器用
22、祭堂前設臨时旗桿懸半旗
23、全安葬礼節单印送来賓並

登報通告

（乙）林委員子超提議迎柩南下事項

決議

1. 由葬事籌備處呈請中央及國府派林子超、鄭洪年、吳鐵城諸君赴北奉迎，並隨派秘書一人、書記二人、副官四人、差弁六人同行，並請孫親族代表隨護。

2. 奉迎經費俟派員指定後再行預算。

3. 安葬期前七天由西山迎柩南旋。

4. 由北平用火車直運浦口，再由海

軍送艦送至下關起岸由下關
送至紫金山
5、請協和醫生施用手術後、即在
西山換用銅棺、換下之楠木棺
仍安西山保存
6、安葬時刻：定明年三月十二日
中午
(丙) 決議祭堂西邊石刻 總理演說詞用
總理告誡同志演說詞已
(丁) 決議 總理石製坐像模型用長袍馬中國
褂服式請孫哲生先生電告巴黎使館
轉承小彫刻家 Landowski 知照

主席　林森

笔记　丁文田据

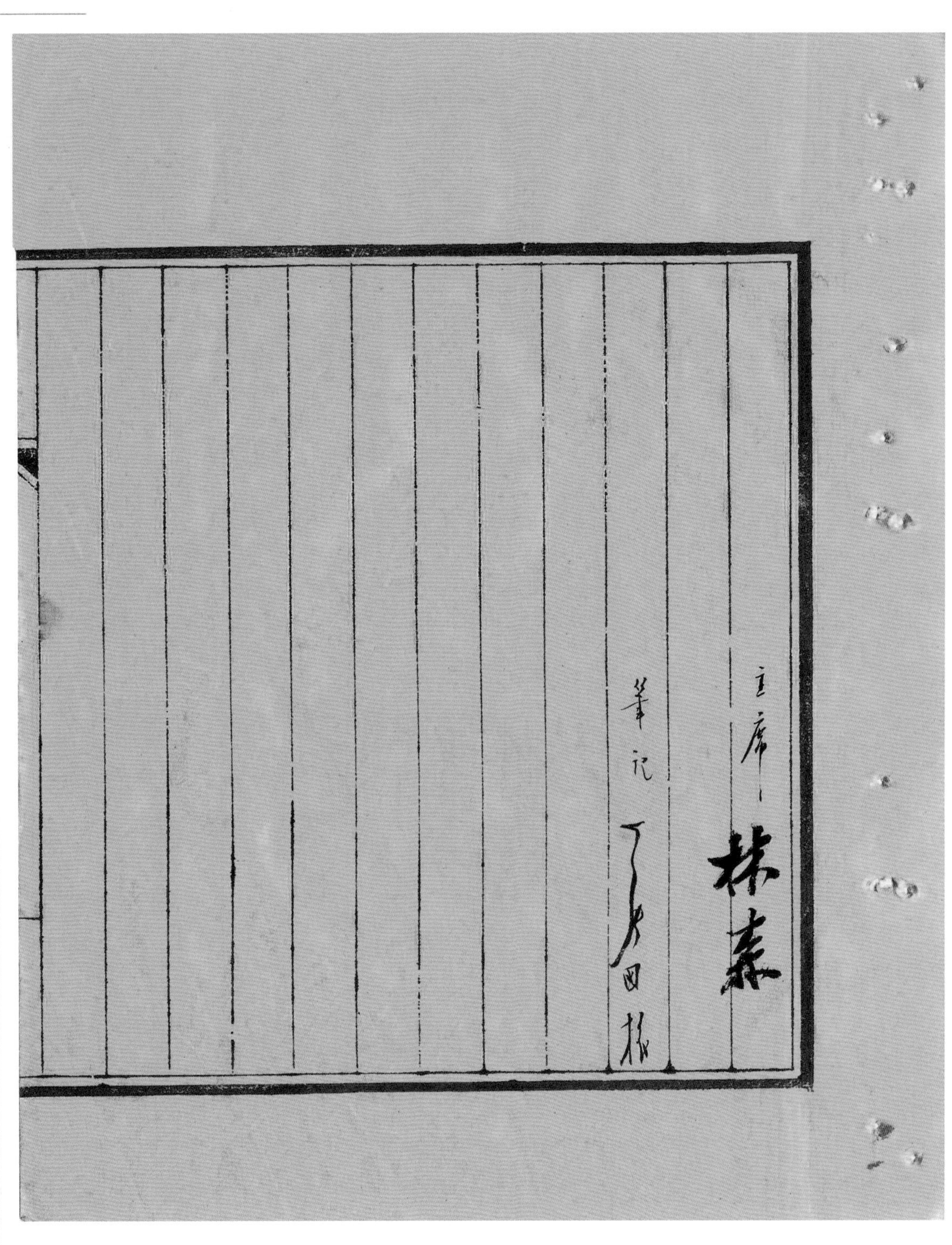

第六十三次會議之決案

日期 十七年十二月一日

地點 本處

出席委員

蔡元培

胡漢民

葉楚傖

林業明

楊銓

鄧澤如

夏光宇

列席者

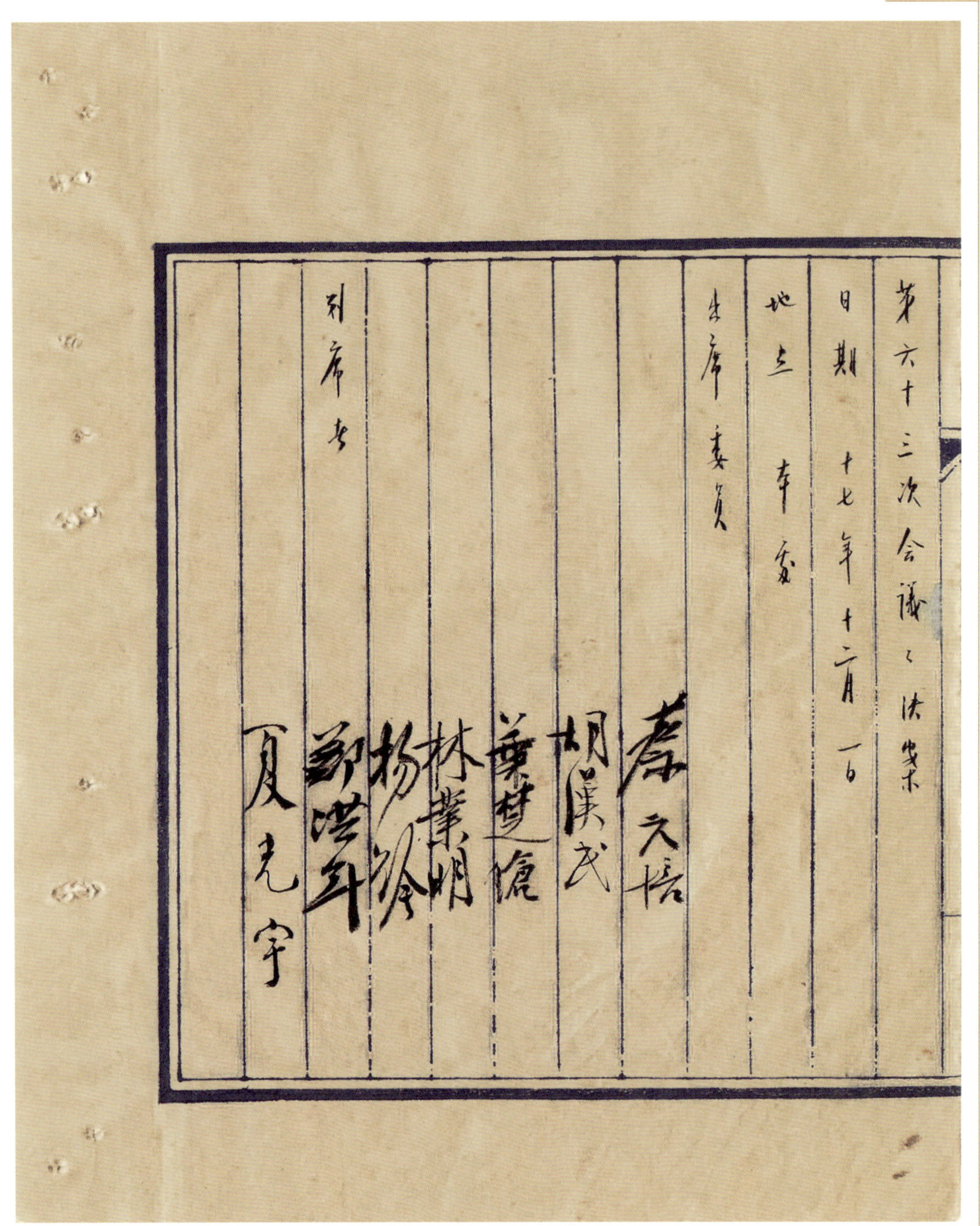

家屬代表

主席推蔡子民先生

主席恭讀

總理遺囑　開會如儀

討論事項

（甲）籌備奉安事項

決議

（一）靈柩車由西山至浦口當由北平派員

照料車抵浦口由舁櫬人夫叁拾

貳人運登海軍部艦渡江二月

八日上午六句鐘迎至中央黨部
公祭三天十二日晨迎至紫金山
石坡前改用抬槓上坡至祭堂前
平台改用特製四輪橡皮平車由
舁槓人夫十六人挽入祭堂暫停
十一句三刻進墓用特製手架轉
動機進壙正午安葬

（二）靈車覆以黨國旗上紮花球花圈

（三）靈車向美國定購外紮松柏花彩
車之前部覆以黨國旗用銀色絲
繩團紮旗之下端綴以銀色排鬚
車之內部用藍白緞裝飾

（四）人夫服裝（一）帽用藍假黑邊前綴青
天白日帽章（二）上衣用藍假中山裝
左胸用假製青天白日黨徽左臂
纏黑紗上綴黨徽（三）藍假短褲
長統黑襪元色布鞋

（五）運靈火車俟鐵道部將平奉
路及平浦路花車調至浦口即
由籌備處派員裝潢一修理
迎柩南下時至少須備車三列
1、為壓道車 2、為靈柩車及護
靈人員車 3、為賓客車 請鐵
道部預為籌備臨時再行

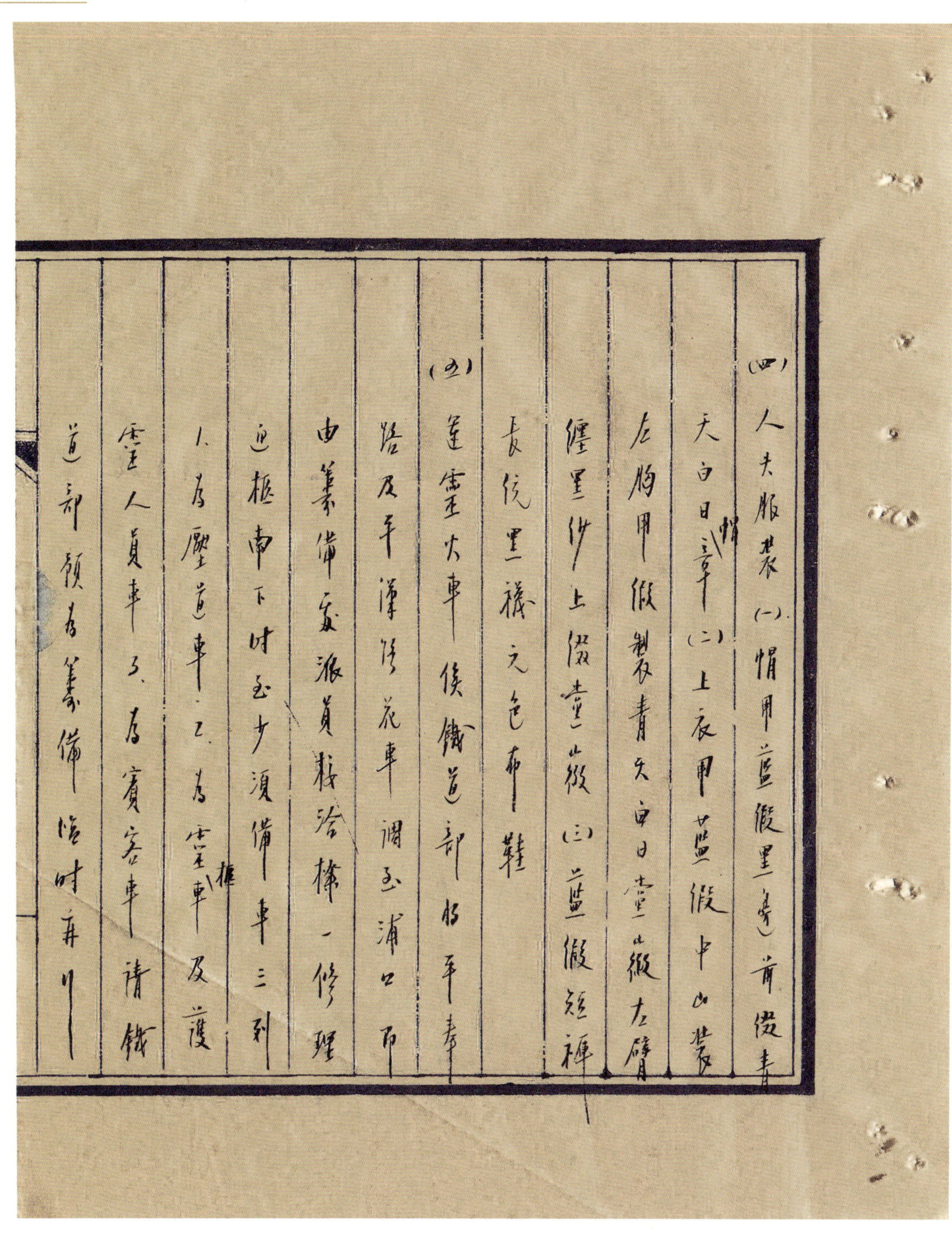

調撥

（六）渡江用之海軍運艦請軍政部
領為選定届時撥用

（七）靈車由西山碧雲寺至前門車
站上車及浦口上艦下關登岸
直至迎櫬安葬均用北平槓夫

（八）由西山至前門車站專路請國府
令知北平特別市政府及河北省
府務於十八年二月底以前修
理平整

（九）浦口車站碼頭請鐵道部令
津浦路局修理出新下關登岸

碼頭設備及中山路工程請南京市政府務於十八年二月底以前一律完竣

(十)陵墓第一二部工程甬道工程朝陽門至陵墓馬路甬道至明陵及靈谷寺馬路靈谷寺至鍾湯路馬路明陵至朝陽門馬路環陵馬路陵墓拱衛處房屋及修理明孝陵等各項工程均應於十八年二月底以前一律完竣

(十一)陵墓拱衛處隊衛十六人應於

安葬前赴平迎護靈柩南下

（六）浦口至陵墓沿途保護請國府參軍處預為籌劃並隨時與籌備處接洽

（七）沿途送葬集合處所及設立標誌由籌備處函國府參軍處會商辦理

（乙）核准十一月一日及二十一日（改十二月十日）常務委員會議決案

議決十一月一日（八）項議決案刪去槓夫掛褲用黑色布料帽用黑色白沿並製定之青天白日為帽花（已）華字條邊邊

(丙) 定製安葬紀念章案

決議 採用銅質製造正面決用總理正像後面用陵墓全景樣章上字樣由蔡孑民先生請吳稚暉先生書寫托上海美領署向美廠定製二萬枚模型亦在美製造其模型及價格表托伍朝樞先生就近核定應需價費另加預算

(丁) 建造拱衛處房屋托先生購水磚料案

決議 照辦 定購八十萬塊

(戊) 修理明陵工程承標案

決議 由中華謙記營造廠承辦，計洋貳仟伍佰元

（己）陵園鋪草（十八元一角五）皮暨栽樹案

決議 照辦

（庚）陵墓後山及甬道至陵門兩旁請照培植樹案

決議 由常務委員會議決進行

（辛）建業公司請償給地價案

決議 收購全部或就樹木所屬派員估價業主之以資解決

（壬）中山陵園十八年度預算案

決議 交常務委員會審查

（癸）決議 向"LANDOWSKI"加定半身

銅像一座

筆記 張西林

主席 蔣介樵

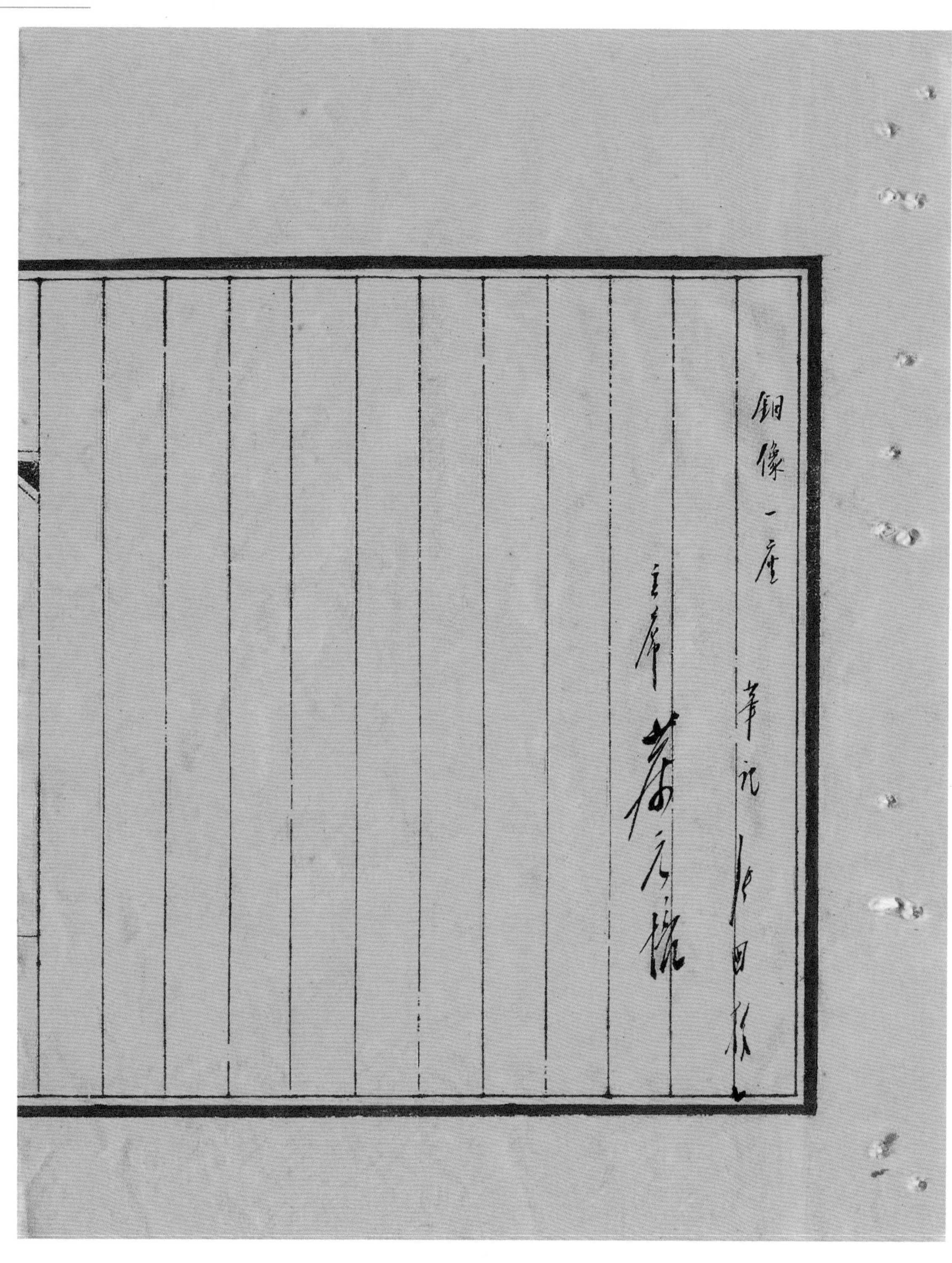

第六十四次會議之決案

日期　十七年十二月十三日

地点　本籌備處

出席委員

譚延闓
戴傳賢
林森
林業明
古應芬
葉元龍
葉楚傖

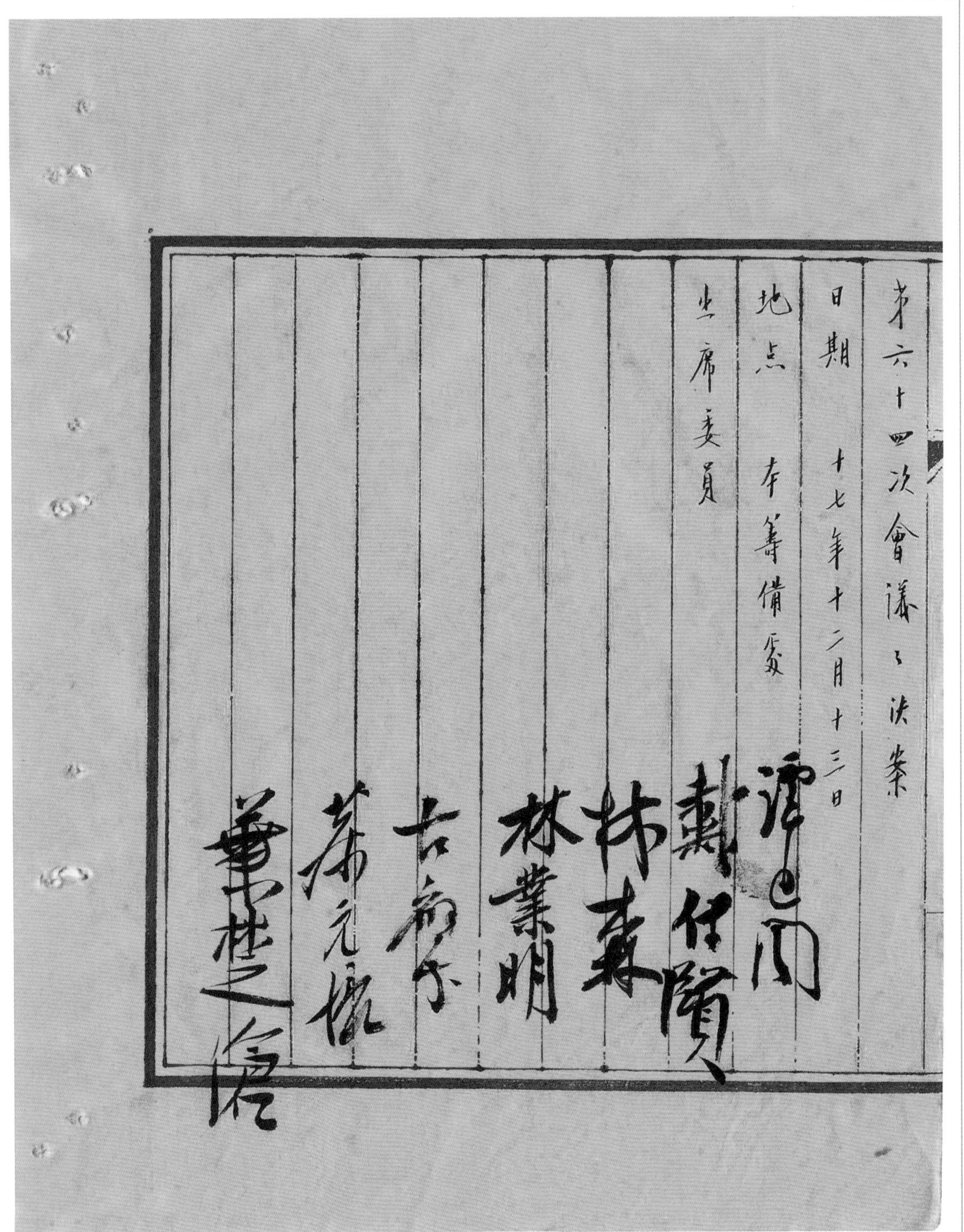

列席者

鄭洪年　夏光宇

吳鐵城

家屬代表　孫科

主席推林子超先生

主席恭讀　總理遺囑　開會如儀

討論事項

（一）出殯行列案

決議

（一）騎兵八名　四名執國旗　四名執

壹旗背擔槍以朝地乘黑色馬匹
為兩道馬隊〃長一名乘黑色馬
在當中隨行
式
〃
〃〃
〃〃
〃〃
〃〃
(二)軍樂隊
(三)陸軍部隊
(四)海軍〃樂隊
(五)海軍兵士
(六)航空軍樂隊
(七)航空兵士
(八)警察樂隊
(九)警察官長

(十)樂隊

(十一)學界代表

(十二)工界代表

(十三)商界代表

(十四)農界代表

(十五)哀樂隊

(十六)各省各區文武官吏

(十七)海外各地代表

(十八)各國外賓

(十九)各國政府代表

(廿)各省政府代表

(廿一)國府委員及各院各部各委

官員

(廿二)中央執行委員會委員及各省

市黨部代表及各黨區黨員代表

(廿三)靈車前哀樂隊

(廿四)靈車前護靈步兵

(廿五)家族

(廿六)靈車

(廿七)靈車後護靈步兵

(廿八)騎兵後殿

(二)總理出殯路引各說

決議

一、月　日　時由　處發引

任　案

…………

一、製發指定各界駐足標誌

一、製發指定各車馬停留處標誌

（三）靈櫬南下時沿途保衛案

決議　參軍處交來「靈櫬沿途保護款定」暫行擱置　保衛責任應由參軍處完全負責　下次開會時請參軍長列席與議

（四）北平治喪總會請撥經費修築迎櫬大道案

決議　函覆北平政治分會　華僑捐

款之指定用途，其款子撥修理費結所費無多，應就近籌款，交北平市政府負責修理，至碧雲寺總理衣冠事應另案辦理。

（五）擬製葬事籌備委員及職員襟章案

決議：用白綾製。

（六）擬於必要時向各機關臨時借用適當人員幫同籌備案

決議：通過。

（七）加聘陵園計劃委員案

決議：（一）加聘林森、范文照、林逸民

武參君為陵園計劃專門委員並兼

計劃委員會常務委員 工程

葬事籌備委員會常務委員為當

然常務委員 3、加聘專門人員參加

陵園計劃由常務委員決定人

選召集會議

(八)核准陵墓拱衛處房屋各樣及預算

決議 造價不得超過三萬兩 各樣

通過

(九)姚新記請求加賬案

決議 交常務委員會審查再提

交大會決定

(十)常泰蓮公司請於安葬日在山前發售

銅質紀念章案

決議　不准用「國葬紀念」字樣　並

不准在山前山後攬買

(十)靈櫬從前用之海軍艦應否裝

修案

決議　將靈櫬尺寸大小函告海軍

部　為何裝修俾由海軍部負責

(十二)建築師及包工姚新記請求在祭堂

西邊牆外刻字案

決議　由葬事籌備處建立「中山

先生陵墓建築紀」石碑

建築師及包工之名義均以加入

（十三）收買朝陽門外路南荒地約叁拾畝作為總葬陵園內墳墓之用案

決議　照辦

（十四）擬收朝陽門外路南荒塘及沿路地畝約一二百尺接至下馬坊案

決議　照准

（十五）孫哲生先生提議請煥章先生擬立總理陵墓碑總理三民主義刻石誌記請公決案

決議　通過

（十六）戴季陶提議將總理手書「人類進化」「世界大同」對聯刻

嵌墓門西旁大理石上

決議　通過

（七）林委員子超報告本月二十日偕同

迎靈專員吳鐵城鄭洪年起程

赴北恭迎　總理靈櫬回南安葬

筆記

陳布雷

主席

林森

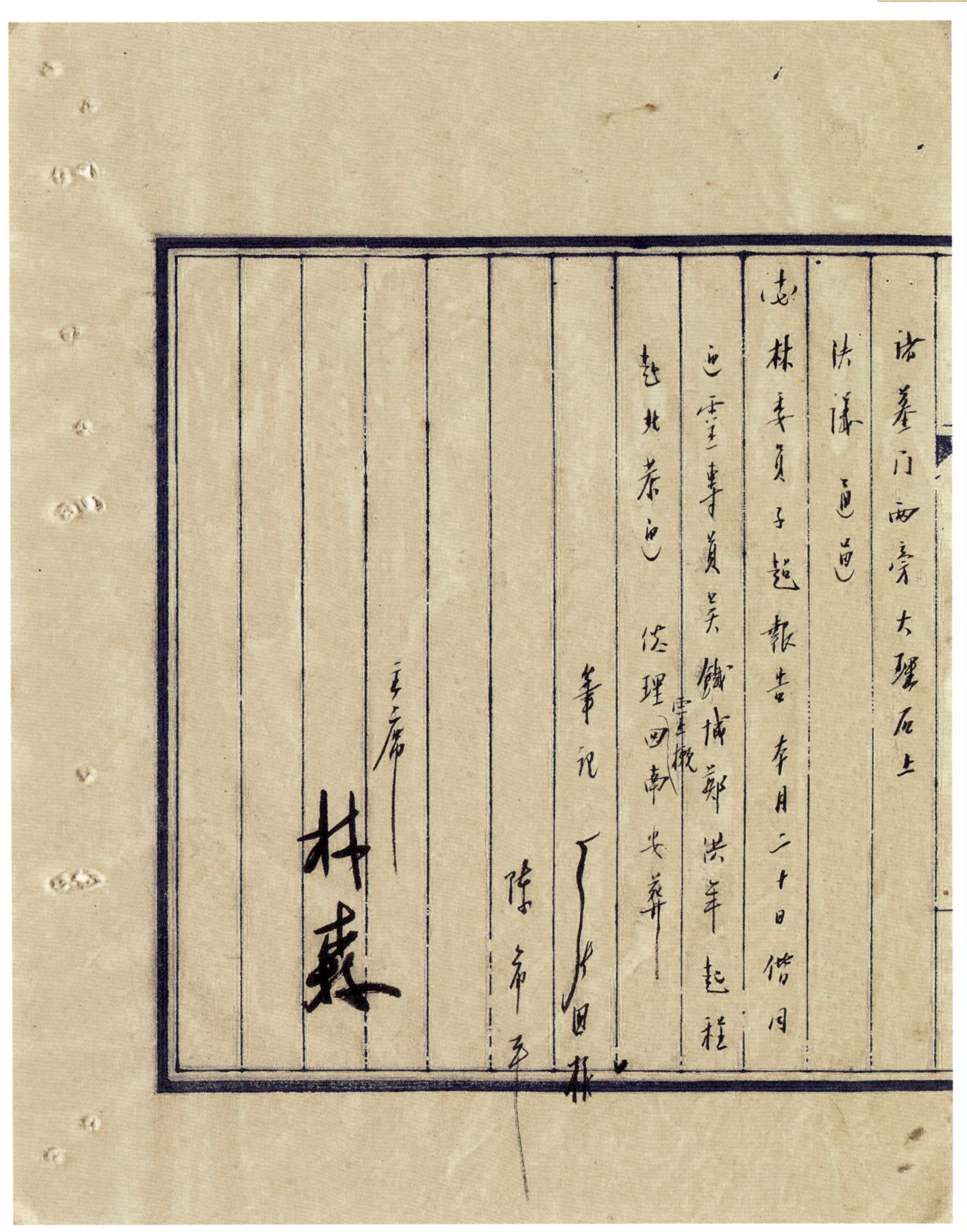

第六十五次會議議決案

日期　十八年二月七日下午三时

地点　葬事籌備處

出席委員

胡漢民

林業明

葉楚傖

蔡元培

孫科

孔祥熙

列席

鄭洪年

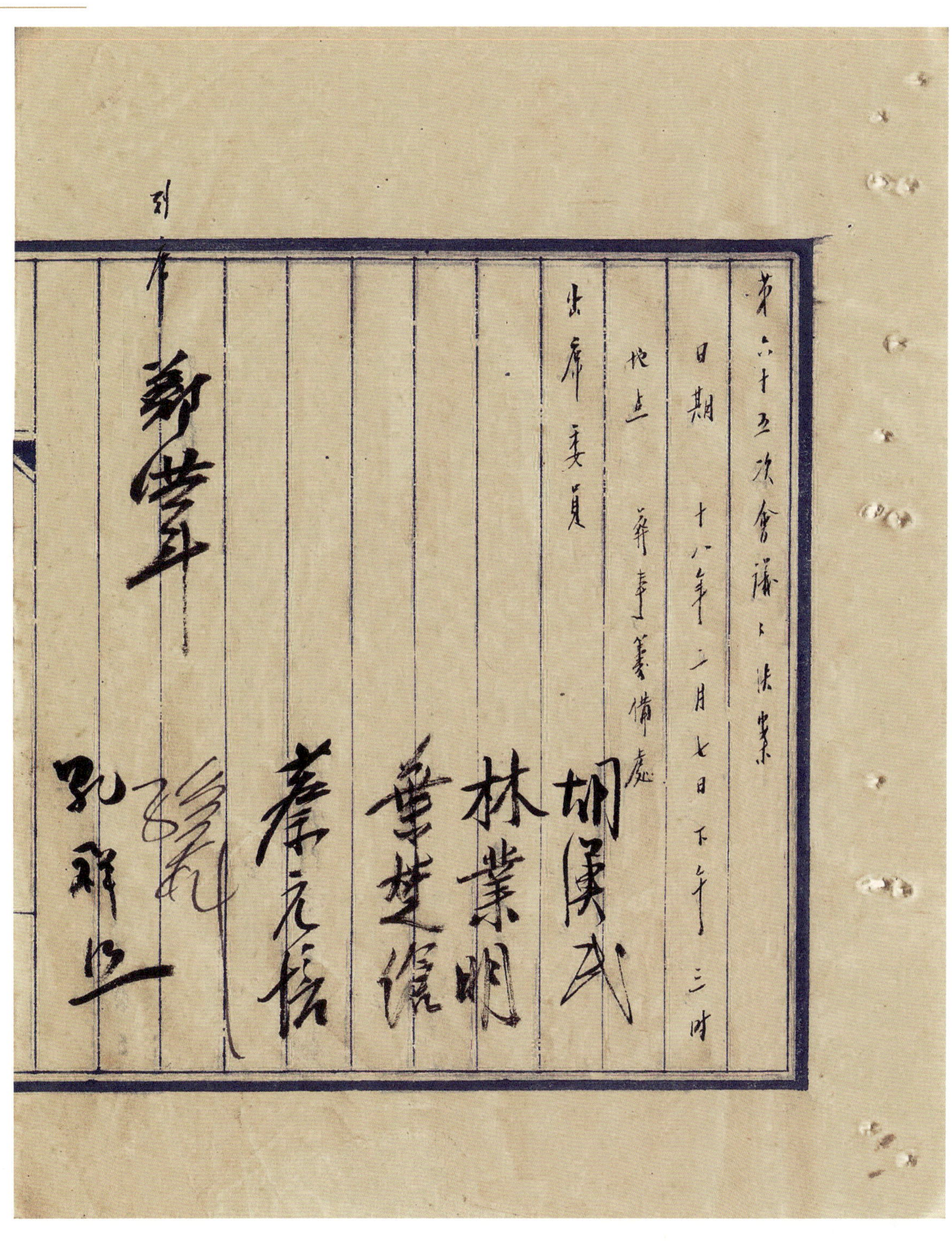

主席公推秦子武先生
主席恭讀 總理遺囑 全體肅立
（甲）報告事項
（一）主任辦事報告最近陵墓工程狀況
A、陵墓祭堂工程已完，該銅門窗上古銅色平台鋪石工程準三月初完工
B、陵墓第二部工程（平台石級擋牆挖土填土大明溝等）準三月初完工
C、墓道工程準二月底完工，溝底側石原擬安葬添安置砌用，因安葬展期，此項工程市府開始準三月底完工
D、朝陽門至陵墓前道馬路工程準

二月底完工

E、環陵路第一、二、三、四段工程準二月底完工

F、墓道至明陵馬路工程準二月底完工

G、明陵至朝陽門馬路工程準二月底完工

H、墓道至靈谷寺馬路工程準二月底或三月初完工

I、靈谷寺至鐘湯路工程準二月底完工

J、修理明陵工程準二月底完工

K、修理萬壽寺工程準十二月底完工

L、修築石象橋工程準十二月底完工

M、建立中山陵園界碑工程準三月初
完工

N、建立路牌標誌工程準二月底或三
月初完工

O、中山陵園前面築路平地工程準二
月底或三月初完工

P、植樹填土工程準二月底或三月初
完工

Q、男女公廁工程準三月底完工

R、拱衛處房屋工程因建築師尚繪

各樣超過預算經常務會議議決縮減兩次變更各樣故現始招標此項工程估需叁箇月完工

S. 醫術隊派出所工程情形如上述估需二箇月完工

T. 鑿井工程第一井已開至四百零五尺深據築井公司云水量可以足用現候築井工程師來甯試驗俟第一井完工後再開第二井

(二) 主任幹事報告關於陵園事項

A. 陵墓植樹現正提辦

B. 墓後山坡植樹已植黑松七千餘株

C. 明陵整地種樹約二月底完工

D. 靈谷寺玉馬峯購地手續已完該

E. 陵園計劃委員会於一月二十五六七日兩会所有議決事項另詳該委員会報告及会議紀錄

F. 陵園十月来工作統計另詳報告提要

(乙) 討論事項

(一) 核准十七年十月四日 十月六日 十月二十六日 十二月五日 十二月十四日 十二月廿日 十二月廿七日常務委員会議議決案

十一月十一日 十一月十七日 十一月廿四日 十一月三十日 十二月廿七日

決議 通過

(二) 陵園計劃委員會請派購東西四子地畝

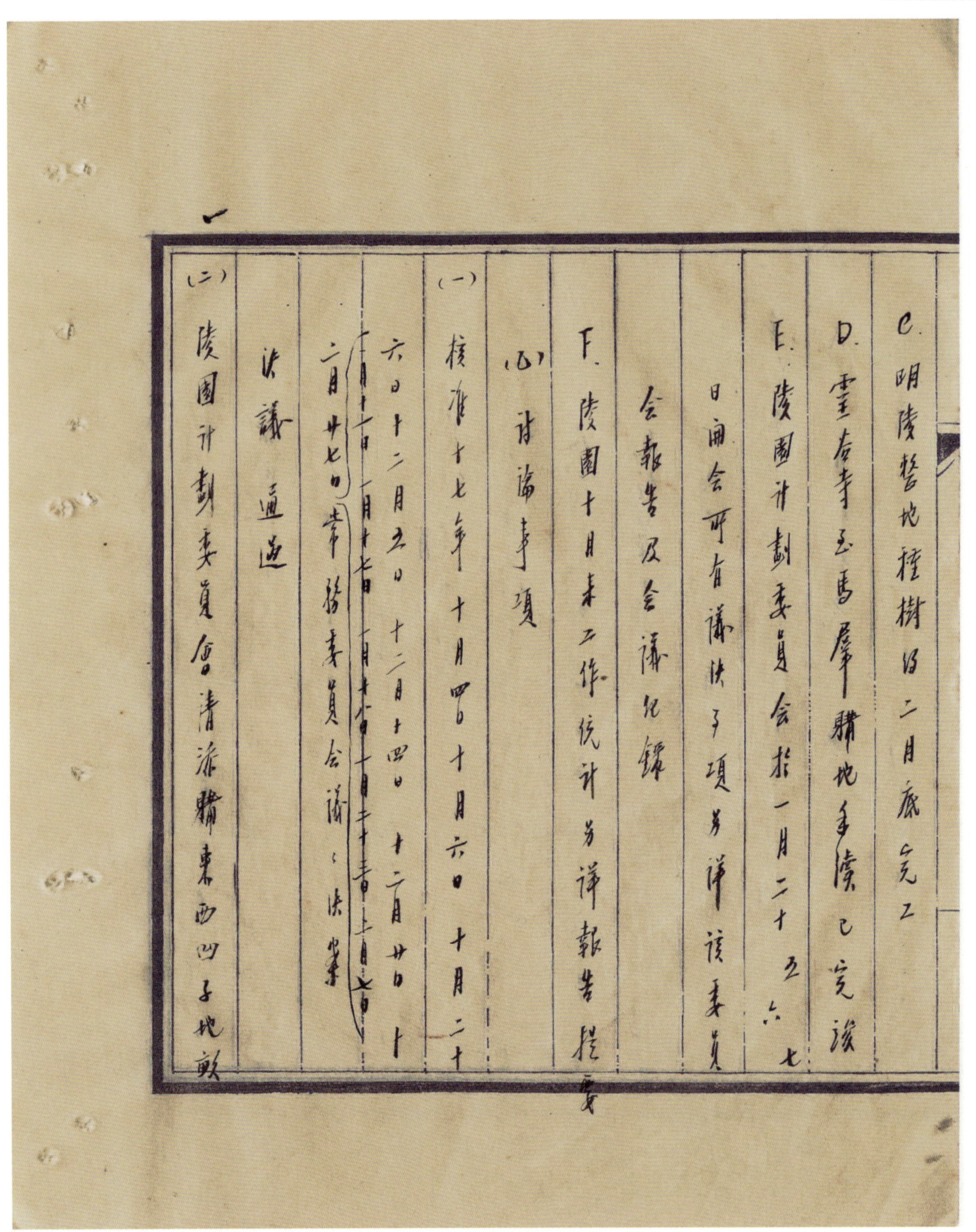

改小新村案

決議 照贈

（三）接收小茅山萬福寺案

決議 照收

（四）詳擬保護陵園內古蹟樹木辦法請討論案

決議 另擬通過

（五）譚主席士公墓籌備委員會請撥公墓用地案

決議 靈谷寺地上可以照撥為公墓用地 惟大雄寶殿無量殿應保有存保存之必要將大雄寶殿一併保存案准

（六）謹擬紀念樹木辦法請討論案

決議 關設紀念林或紀念亭接指款之數量定適宜之佈置

（七）姚新紀請求加職並請清付末期工款案

決議 照常務委員會議之決案辦理

（八）林委員煥廷提議 總理葬事完畢，除關於陵墓之管理、陵園之建設、馬路之修築，非設一永久管理機關專負其責不可，擬以本委員會改組為總理陵園委員會，並附擬組織章程一件案

決議 指定葉委員楚傖、林委員煥廷、鄭先生洪年審查。

主席　蒋元[illegible]

筆記　[illegible]

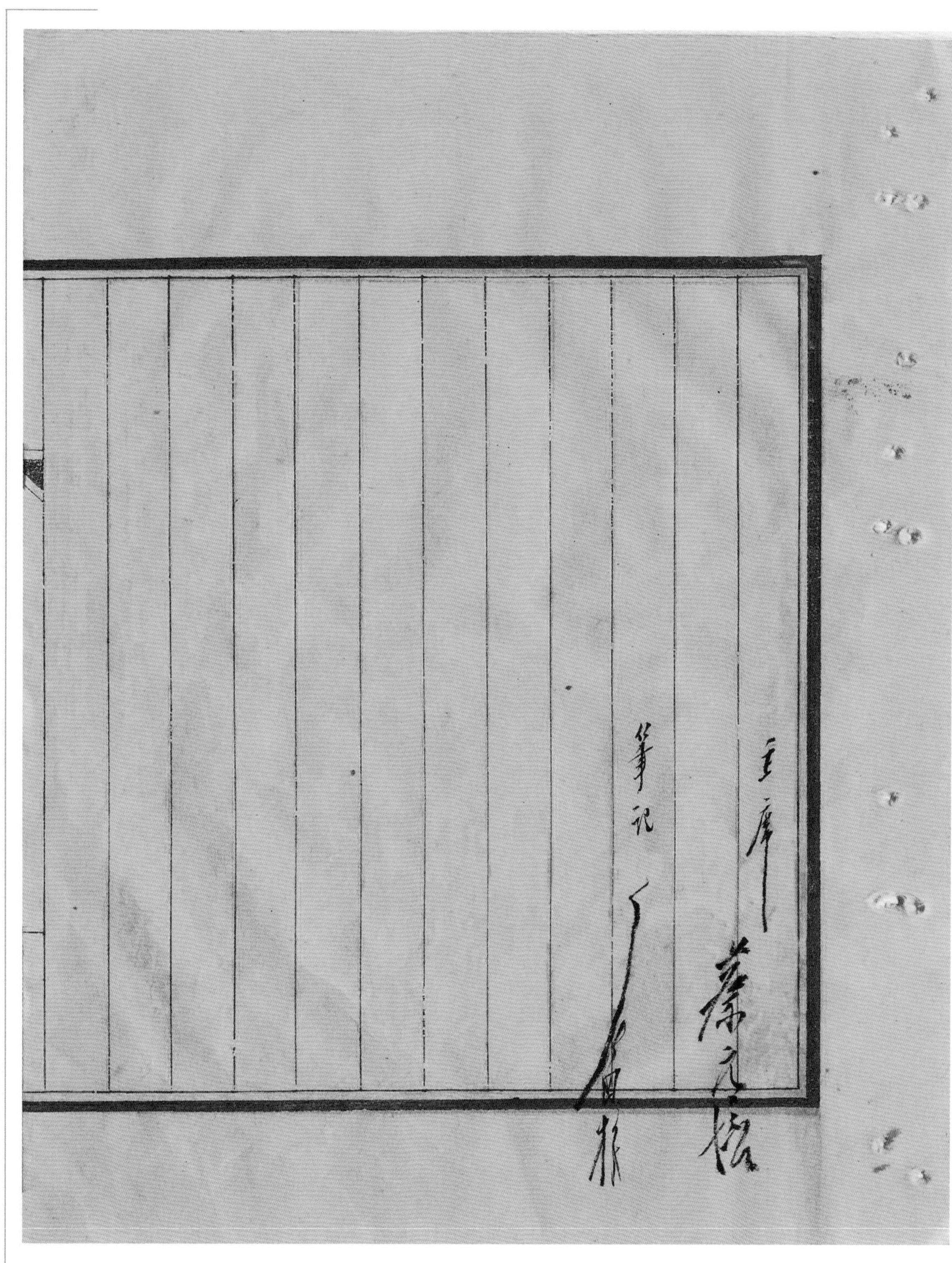

第六十六次會議議決案

日期　十八年四月三日下午五时

地点　本筹備處

出席委員

胡漢民

[illegible]

林森

林業明

楊銓

葉楚傖

家屬代表 孫科

列席者 夏光宇 鄭崇年 吳鐵城

主席公推譚組安先生

主任席恭讀 總理遺囑 全體肅立

（甲）報告事項

（一）主任幹事報告

A、陵墓祭堂工程早已完竣現正丈量

修理

B、陵墓第二部工程不日完竣甬道工

程已完成現鋪滑底側石原擬加造

石級与銅青水泥及柏油路面因經費
踌躇經常務会議之决俟安葬後再
办
C、陵園大馬路工程早已完竣於三月十
日開始通車原擬加造澆柏油路面
亦因經費踌躇停办現於路之兩旁
潰外各填寬四尺其高度与路面齊
以便植樹
D、環陵路各段工程因求堅固起見接土
作稍停數日內準可通車
E、墓道至明陵及明陵至朝陽門馬路
工程早已完竣現於兩旁潰外各填寬

四天以便植樹

F、墓道至靈谷寺及靈谷寺至鍾湯路馬路工程因路線經過石山三處之多開築費時並因力求堅固起見故工作稍遲約兩旬內可以通車

G、修理明陵工程因包工不力屢令修改尚未完竣

H、修理萬壽寺工程已竣暫可撥衛處辦公地點

I、石象橋修築工程已竣

J、中山陵園界碑已做就俟環陵路通車即行安置

K、植樹填土工程約下月完竣

L、男女公廁已做叁所工程亦竣

M、拱衛處房屋工程由新蓁記承包

已開工合同内規定安葬前完工警

衛隊派出所房屋工程亦已開工

N、鑿井工程第一井開至四百〇五尺現

正購置機器築蓄水池以所出

之水每日約叁萬陸千加倫暫供苗

圃之用第二井工程築至七十二尺深

即見有水流出水量雖不多惟鑿

井工程師報告此井鑿成後可以不

用抽水機水源自能向上湧出節

者随費甚大

O、修理萬福寺靈谷寺及崇霞洞廊宇現正籌辦

P、陵墓附祭堂平台西旁大石階西旁及甬道西旁植樹工作現正積極進行

Q、陵園大馬路西旁及甬道經明陵至朝陽門馬路西旁植樹現正積極工作

R、陵園計劃委員會現正分組擬製各案

（乙）討論事項

(一)核准十八年二月二十七日三月十九日三月二十五日四月二日常務委員會議之決案

決議　通過

(二)繼承呂建築師工作案

決議：

A、由處彥記承認用彥記事務所名義繼續執行　總理陵墓工程建築師任務

B、關於工作圖樣工作說明書及放大比例與實體大小各種詳圖之製備材料之選定工程之監督以及解決工程

上一次完竣由起時應由彥記之建築師李錦沛負完全責任

C、關於呂君榮典准在祭堂奠基之西內刻碑誌記

（三）催促財政部撥付追加工程經費案

決議　由行政院令財政部撥付現存續發之捲烟庫券壹百萬元為工程經費

（四）第三部工程招標案

決議二

A．平台石墩上之銅鼎改做石鼎

由建築師另擬圖樣

B、牌樓改五門由建築師另擬圖樣另以簡樸莊偉為主中門題字用　總理親書「博愛」二字

C、擬將碑尺寸函送行政院請令各省政府於本年七月以前擬徵求所需石料樣本送會

D、俟全部圖案核定再行招標

（五）建築　總理家屬守墓房屋及常務委員辦公房屋案

議決　通過照辦

（六）拱衛處住宅案

決議　拱衛處兩未預算及組織編製表案交吳鐵城先生審訂再議

主席　汪兆銘

筆記　[illegible]

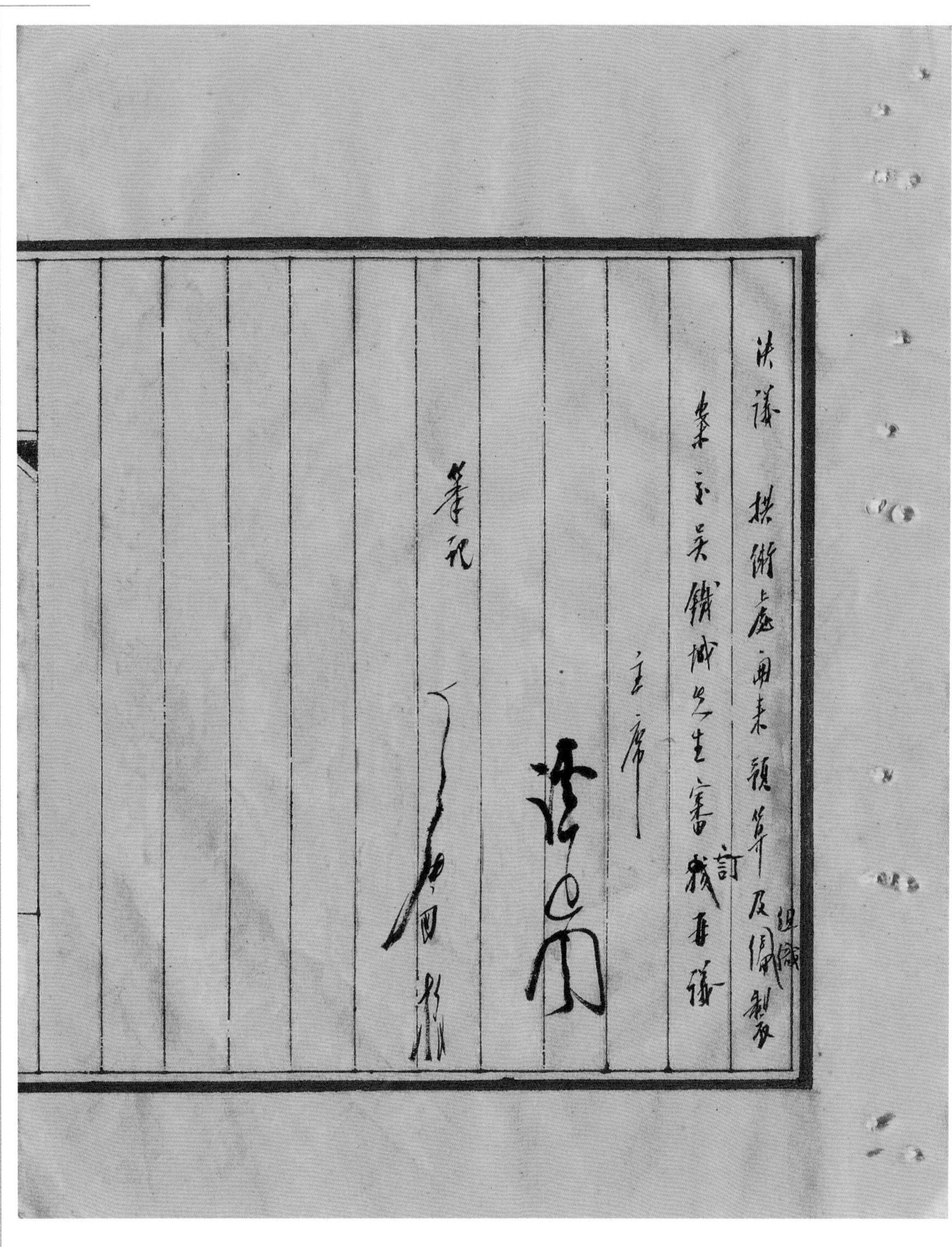

第六十七次会議之決案

日期　十八年五月五日下午五时

地点　本籌備處

出席委員

孔祥熙

林業明

葉楚傖

家屬代表 孫科

列席者 鄭洪年 夏光宇

主席公推葉楚傖先生

主席恭誦總理遺囑 全體肅立

（甲）報告事項

（一）主任幹事報告最近陵墓各項工程狀況及陵園計劃委員會設計陵園經過

（乙）討論事項

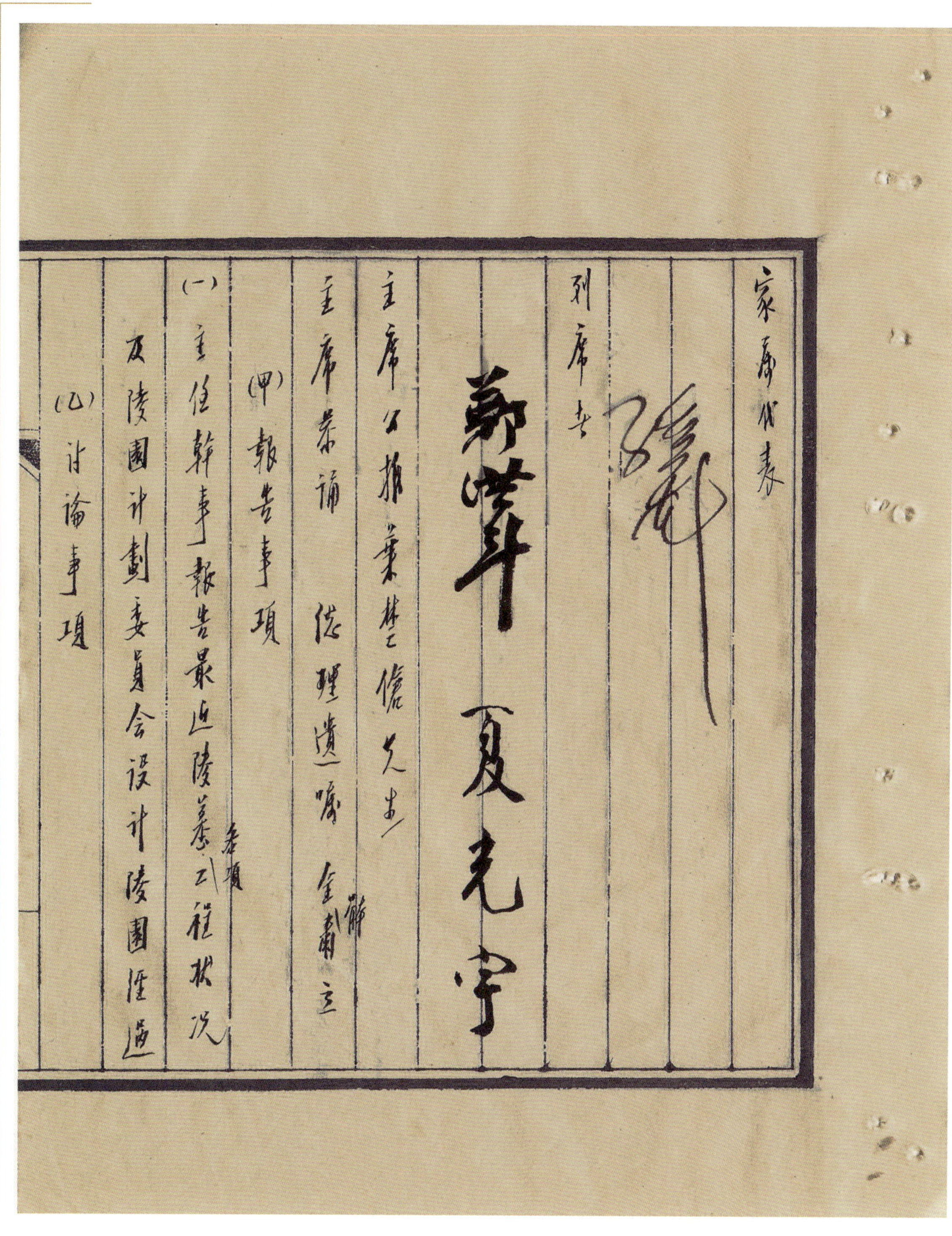

（一）核准十八年四月十八日常務委員會議
之決案
決議　通過
（二）葬事經費案
決議　再函財部在六月以前務須將規元（呈加經費欠撥之數）陸拾貳萬柒仟叁百貳拾玖兩（兩撥款撥費）再函國府財部
備撥
（三）核收第一二部工程案
決議　交下次常務會議決定
（四）核准第三部工程牌樓圖樣案
決議　圖樣請孫哲生先生審查
孫再定

（五）中山陵園呈請從五月份起按原領算每月陸續照領經常費及臨時費洋五千元並每月加撥八百元以利進行案

決議　再函財部按原領算陸續照撥兩月至請求加撥八百元應由籌備處照撥兩箇月

（六）建設委員會函請籌撥西華門至陵墓一帶路燈材料裝置案

決議　本案關首都建設請國府照撥

（七）甬道做臨時木踏步陵門禁牌樓

墓內裝臨時電燈及陵墓內外佈置案

決議 每道木踏步照康金記開來估價壹千五百肆拾四兩四錢七分改為銀圓數目即以康金記承包 陵墓門牌樓已估價洋叁千肆佰元 墓內裝電燈估價玖元 伍仟捌拾兩及可擬陵墓內外佈置辦法 均無辦

（八）各機關團體擬在陵園內建立紀念碑應如何處置案

決議 陵園內停止碑刻 尚未決定

暫從

碑刻文請將捐款數目及捐陵園
紀念建築已製成者請自行保
存 尚未製成者請（葉）安委員會通告

（九）林委員子超提議擬聘馮鋼伯畫師
專繪總理歷史畫以垂永久案
決議 請馮鋼伯徐悲鴻兩先生 史生（來京與葉楚傖
徐悲鴻 史生鴻雨先生接洽

（十）唐理修君擬將所繪中山大觀圖參陳
列陵墓祭堂案
決議 緩議

（十一）李惠選贈送古碑筆瓶案
決議 不要

（十二）修理哀思錄及奉安紀念章應否仍予發案

決議

A、每代表先發贈券

B、奉安日（十一日）憑券在中央黨部贈送

C、外賓由外交部贈發

（十三）民智書局請在陵園內指撥地点設立分銷處出售黨義書籍以資宣傳案

決議 照准 地点由籌備處指定

（十四）沈卓吾君擬在衛橋東馬路南搭蓋

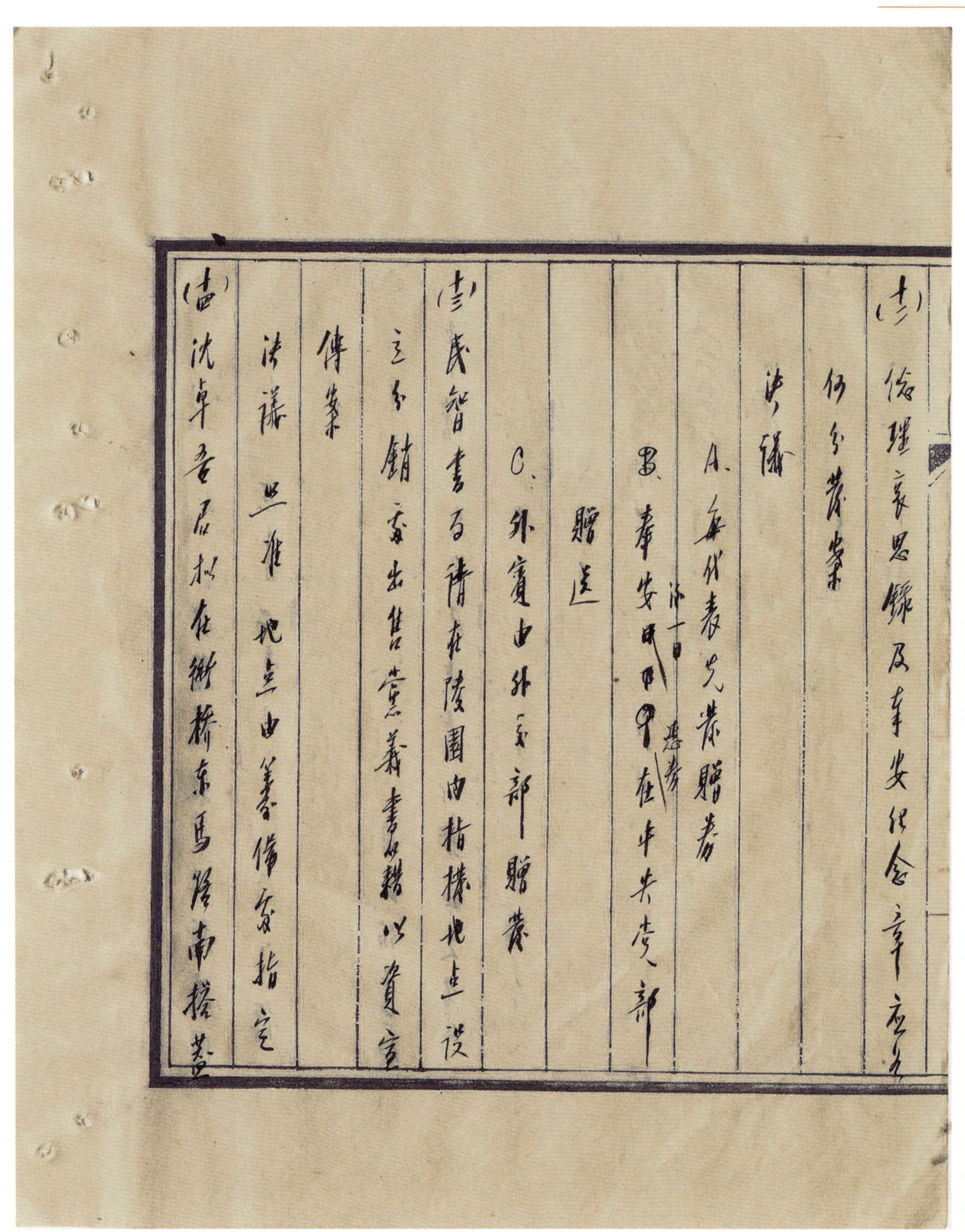

蘆席留聲園事售

請修理留聲民案

決議　照准

（十五）勵志社函請租用陵墓附近地段建

築房屋設茶點及革命叢書室供

謁陵人士休息案

決議　照准　地點指定紫霞洞

關於修築道路等由該社自

行籌築　詳細辦法另定

（十六）戴委員季陶提議本會建築師

呂彥直先生計劃建築　總理陵

墓卓著勞績為紀念其功績並獎

勵專門人才起見擬請國府酌給予

隆重表揚案

決議　照擬通過

筆記　[illegible]

主席　葉楚傖

第六十八次會議議決案

日期　十八年五月十一日下午三時

地點　本籌備處

出席委員

胡漢民

林業明

葉楚傖

楊銓

孔祥熙

家屬代表

孫科

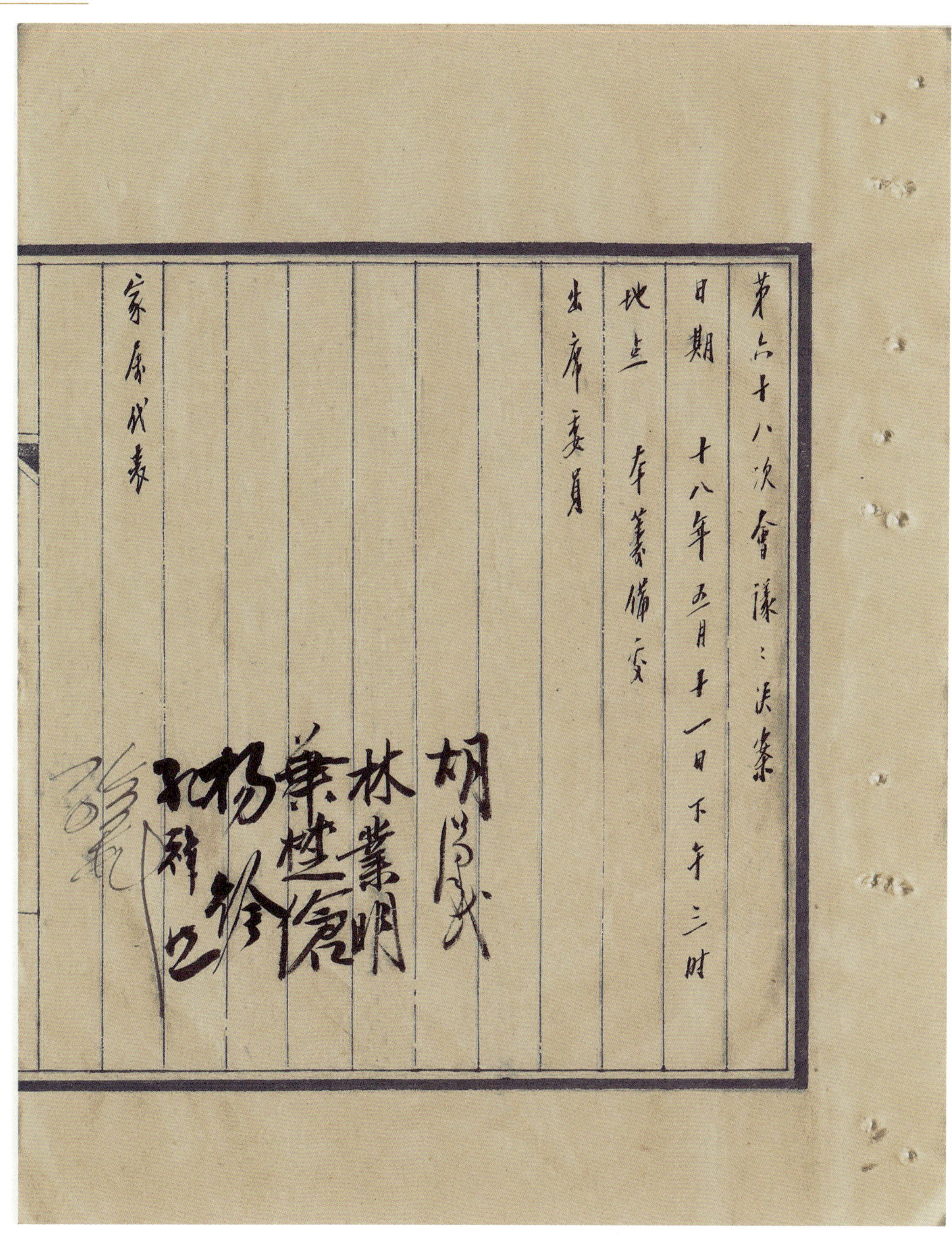

列席者 夏光宇 傅煥光

主席 公推葉楚傖先生

主席恭誦 總理遺囑 全體肅立

（甲）報告事項

（一）主任幹事報告最近陵墓各項工程狀況

（二）主任幹事報告最近籌備奉安情形

（乙）討論事項

（一）接收第一二部工程案

決議

本星期四下午二時接收

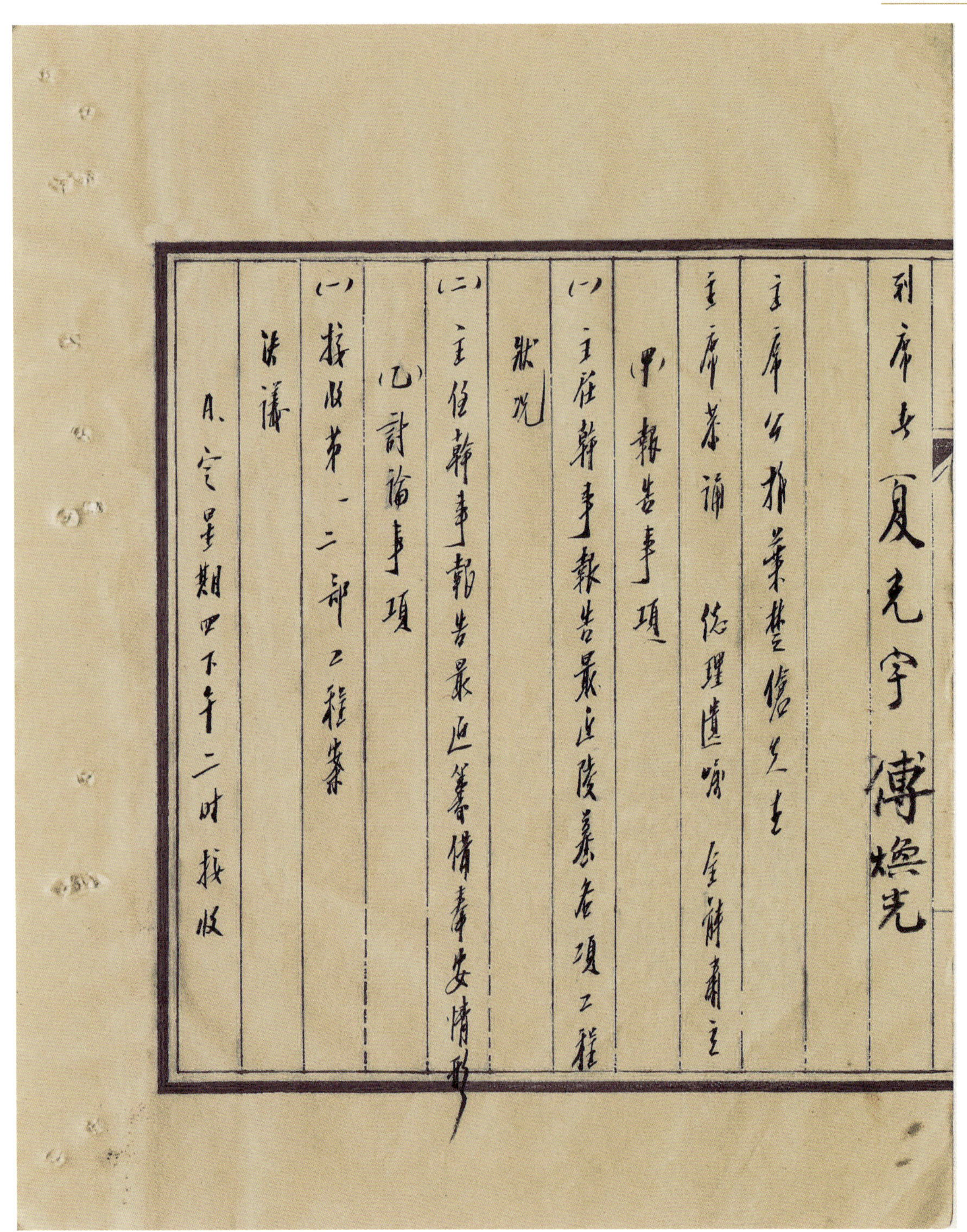

B、須先由建築師及書李委員審查
員報告劉敦楨教授報告正式接收

C、須通知全體委員及家屬代表會同接收

(二)第三部工程招標案

決議 俟款籌足再行招標

(三)核准牌樓式樣案

決議 照摩菲所擬圖樣通過

(四)陵園紀念建築設計案

決議 緩議

(五)浙江省政府電請將 總理空棺運杭陳列案

決議 否決

（六）陵墓及甬道裝置水管工程案

決議　以華東公司承包　包價為七千两

（七）購置抽水機器及裝置苗圃水管工程案

決議　交常務委員核辦

（八）奉安時陵墓臨時拱衛辦法案

決議　拱衛除專拱衛陵墓祭堂太平台及陵墓門至大平台石級

其餘由首都衛戍司令部負

責警衛

主席　葉楚傖

筆記　張田梓

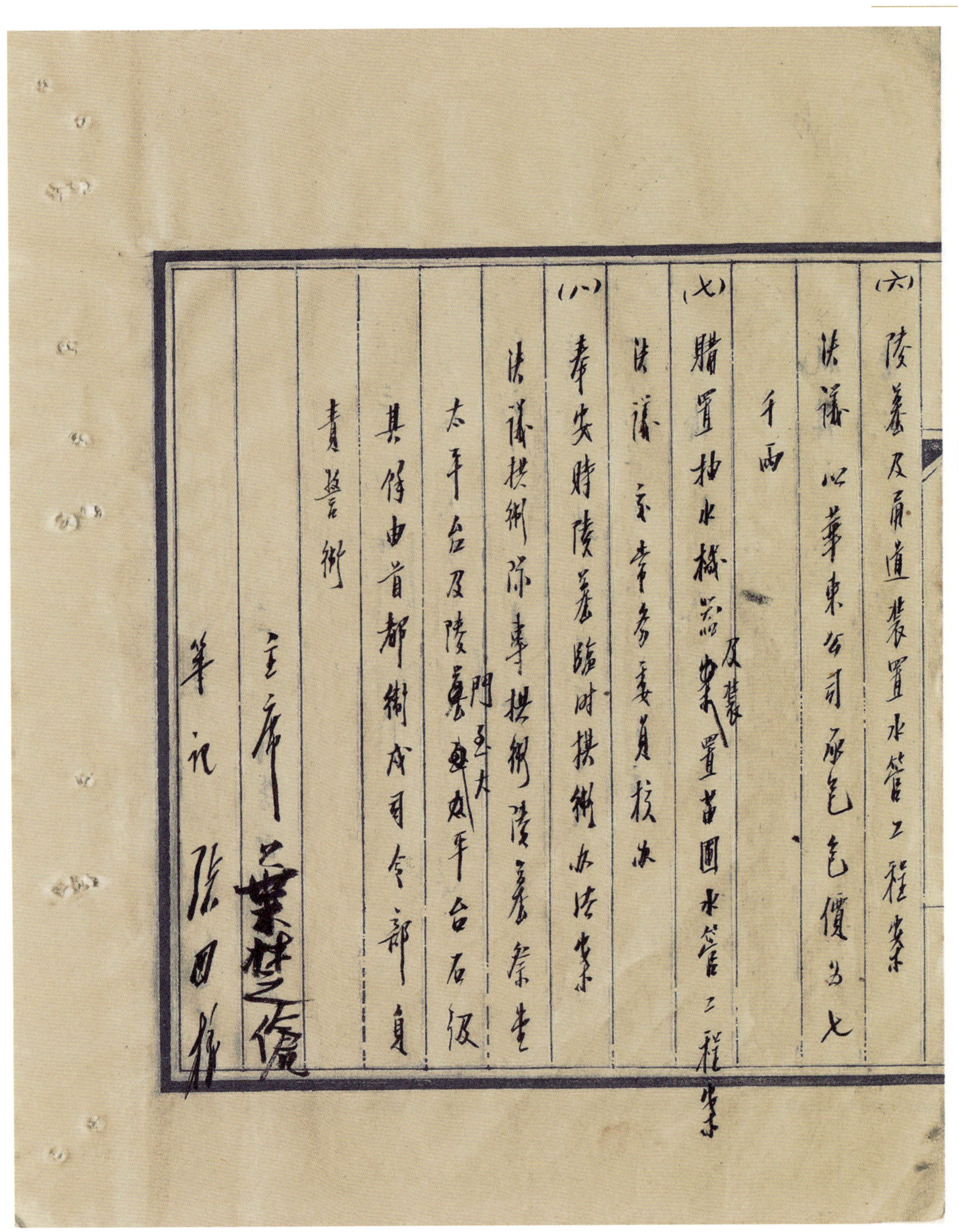

第六十九次會議議決案

日期　十八年六月十八日下午四時

地點　本籌備處

出席委員

楊銓

林森

葉楚傖

林業明

胡漢民

孔祥熙

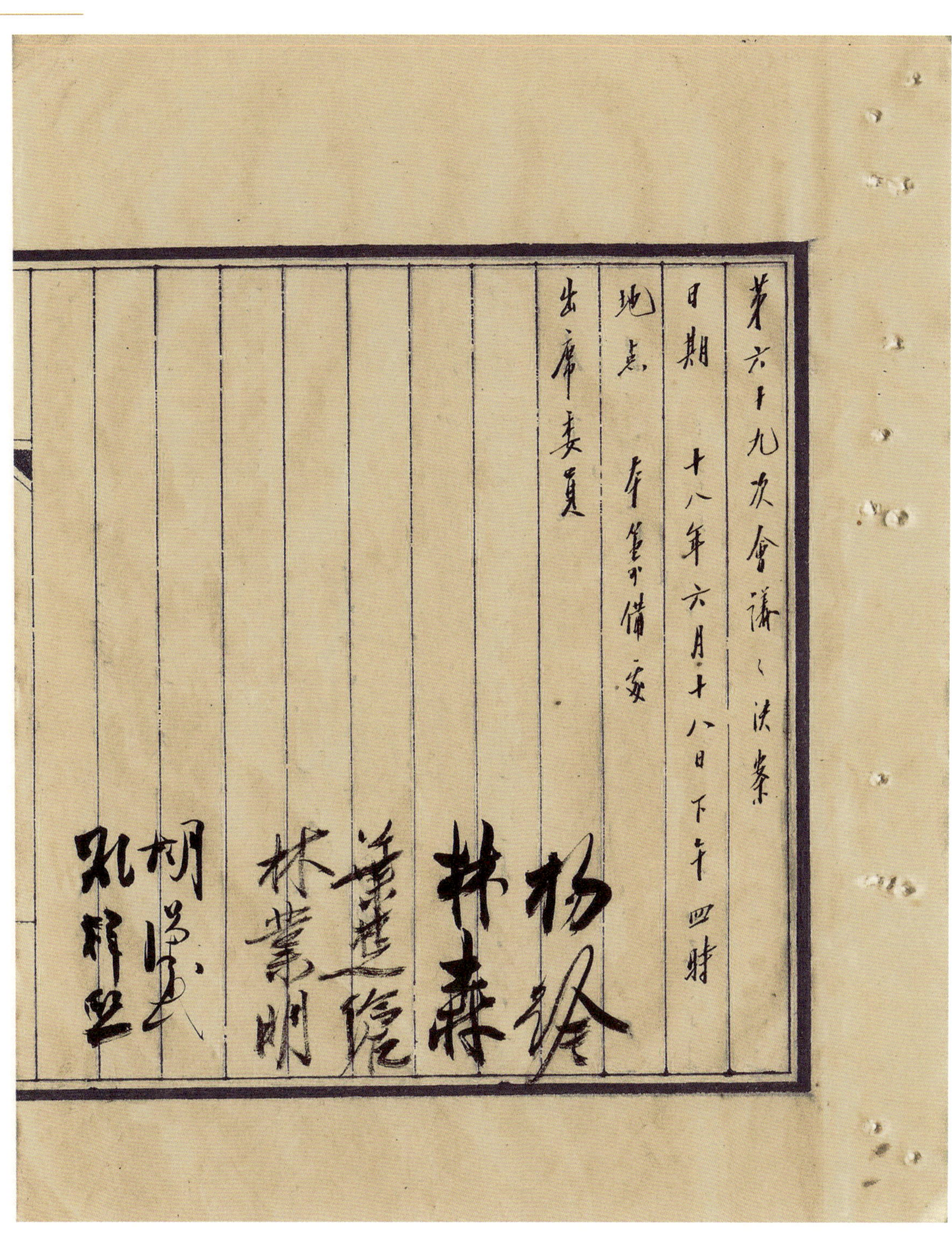

家屬代表

孫科

列席者

吳鐵城

主席公推林子超先生

(一)核准第二十八次及第二十九次常务

會議之決案

決議(甲)關於開放祭堂門改為每日

其開放 開放時間定為每年五月至十月 如下

上午 定為八時至十一時下午三時至

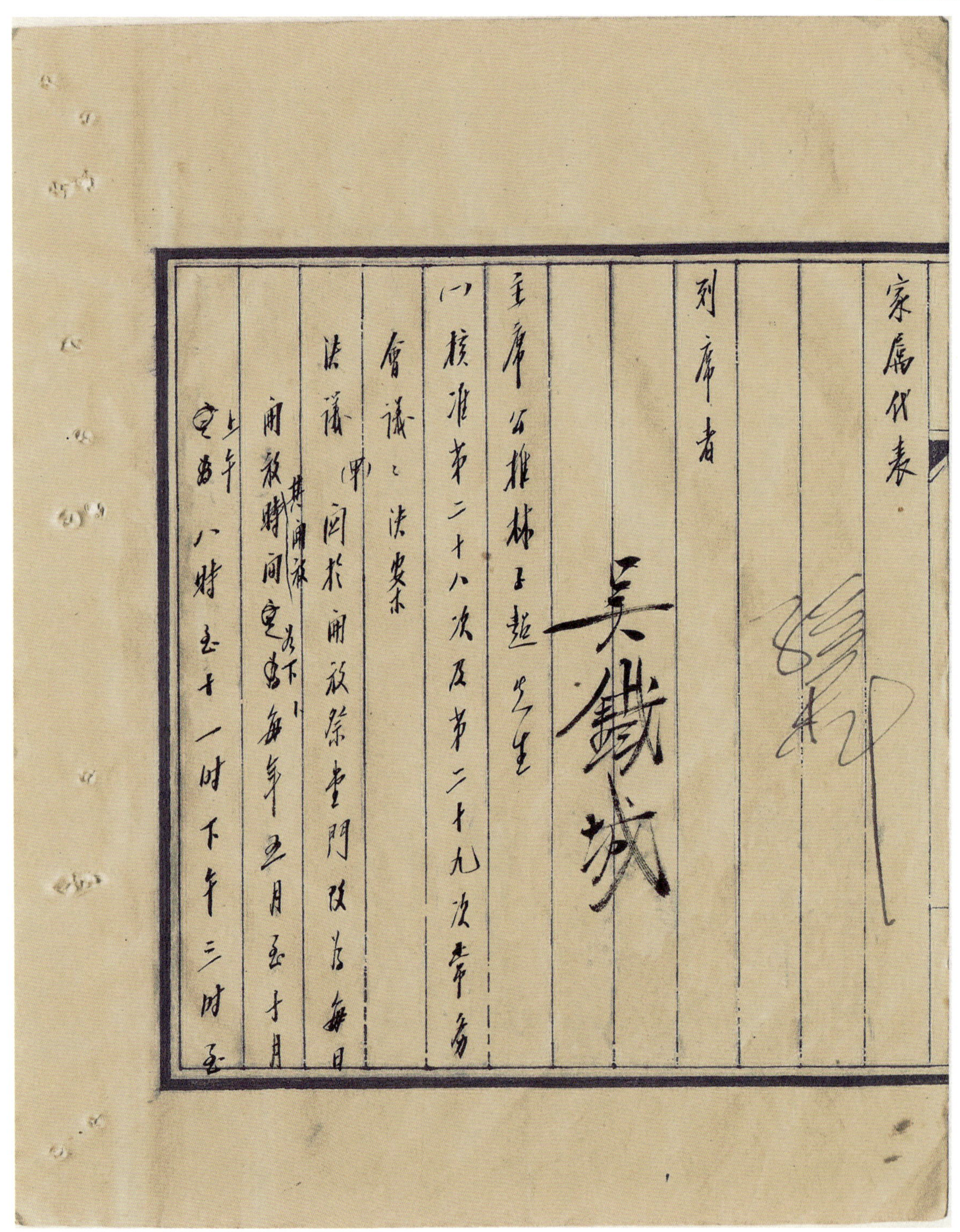

六時 2、無年十一月至四月上午

九時至十二時下午二時至四時

(乙)開放墓門日期改定如左

一月一日(國慶日)

三月十二日(總理忌辰)

四月二日(舉殯日)

五月五日(國慶日)

五月二十六日(奉移日)

六月一日(奉安日)

十月十日(國慶日)

十一月十二日(總理誕辰)

每星期日

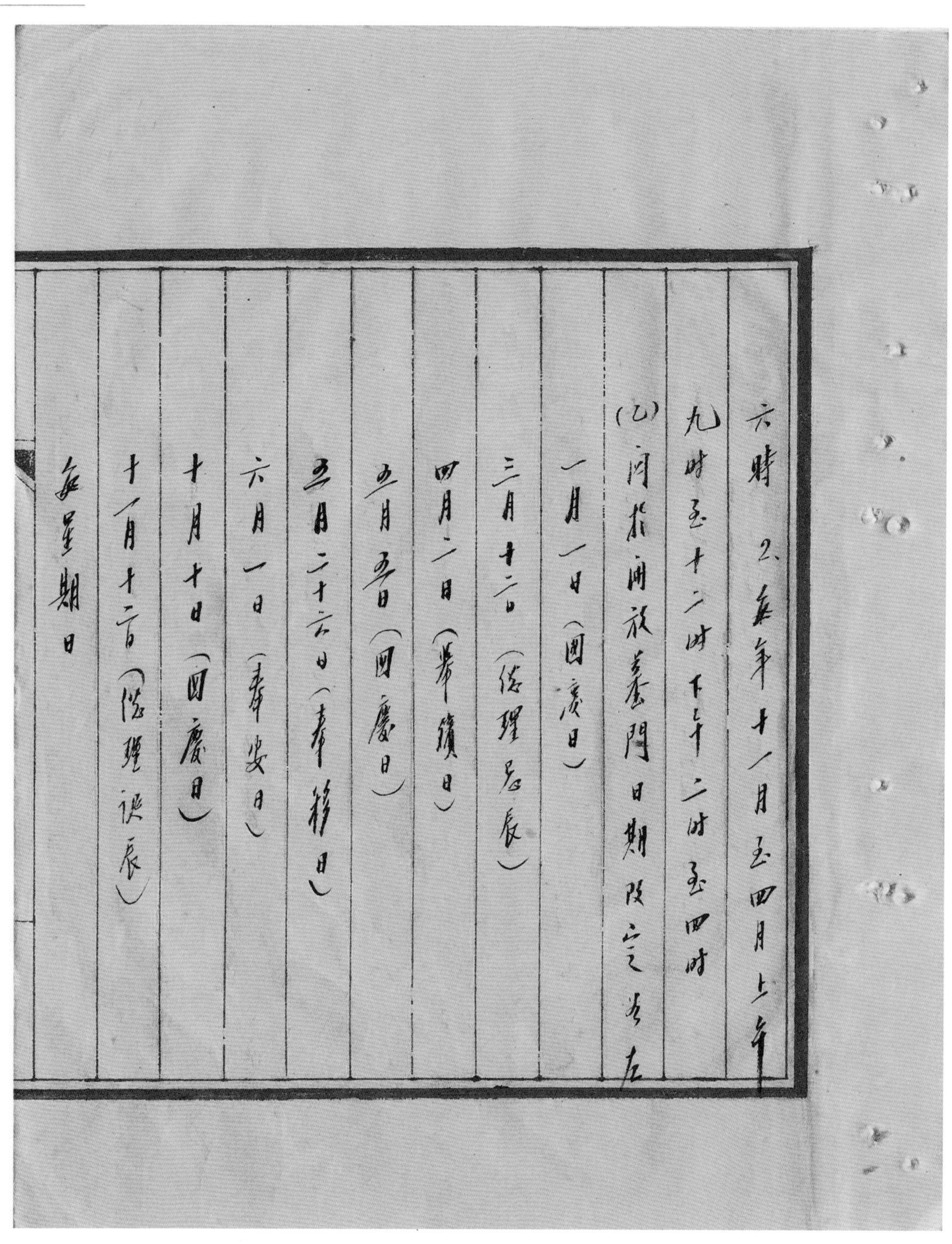

祭堂墓門為遇風雨予開放

二、林委員煥庭提議改組葬事籌

備委員會案

決議：照原提案修正通過，交常業

委員楚傖整理

本籌備處案於本月底結束

三、彥記函請甬道前石牌樓仍用呂建

築師生前手繪之三門式樣圖樣案

決議：仍用呂建築師生前手定

之式樣

（四）陵墓第三部工程招標案

決議：本年中俟國本奠定從緩再議

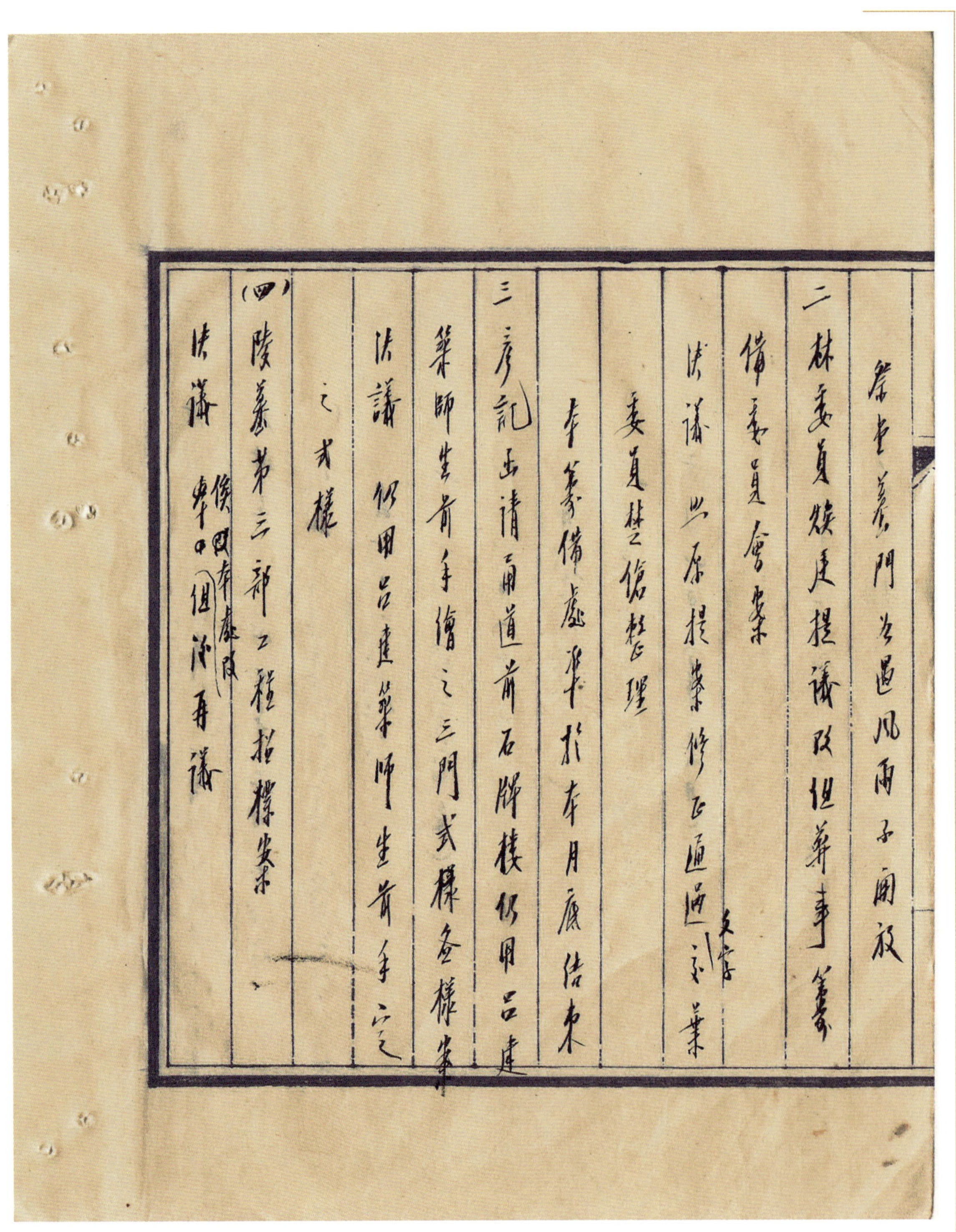

（五）陵墓甬道做鋼骨水泥路面兩柏油路面及石級案

決議 緩議

（六）陵墓大馬路上面加澆柏油案

決議 照辦

（七）祭堂右壁加刻孫夫人跋文案

決議 照原文照刻 並補刻年月 蓋西古鋼

日大小照原有位地位支配

（八）陵園各部建築查核設計案

決議 緩議

（九）擬請政府將鍾湯路自中山門起至

馬群鎮止一段路面劃歸本處接

收管理作爲中山陵園南面界路以便

警衛案

決議 照准

(十) 迎靈汽車墳機及移靈機應如

何處置案

決議 迎靈汽車由本處保存進

墳機及移靈機分函商店交換

或出售

(十一) 奉安贈賻物品及款項應如何處置案

決議 暫由本處保管

(十二) 新金記增加工程請求加賬案

決議 照建築師所定價格六千加付工程費規定

四百玖拾捌元正

筆記 張國樑

主席 楊[illegible]

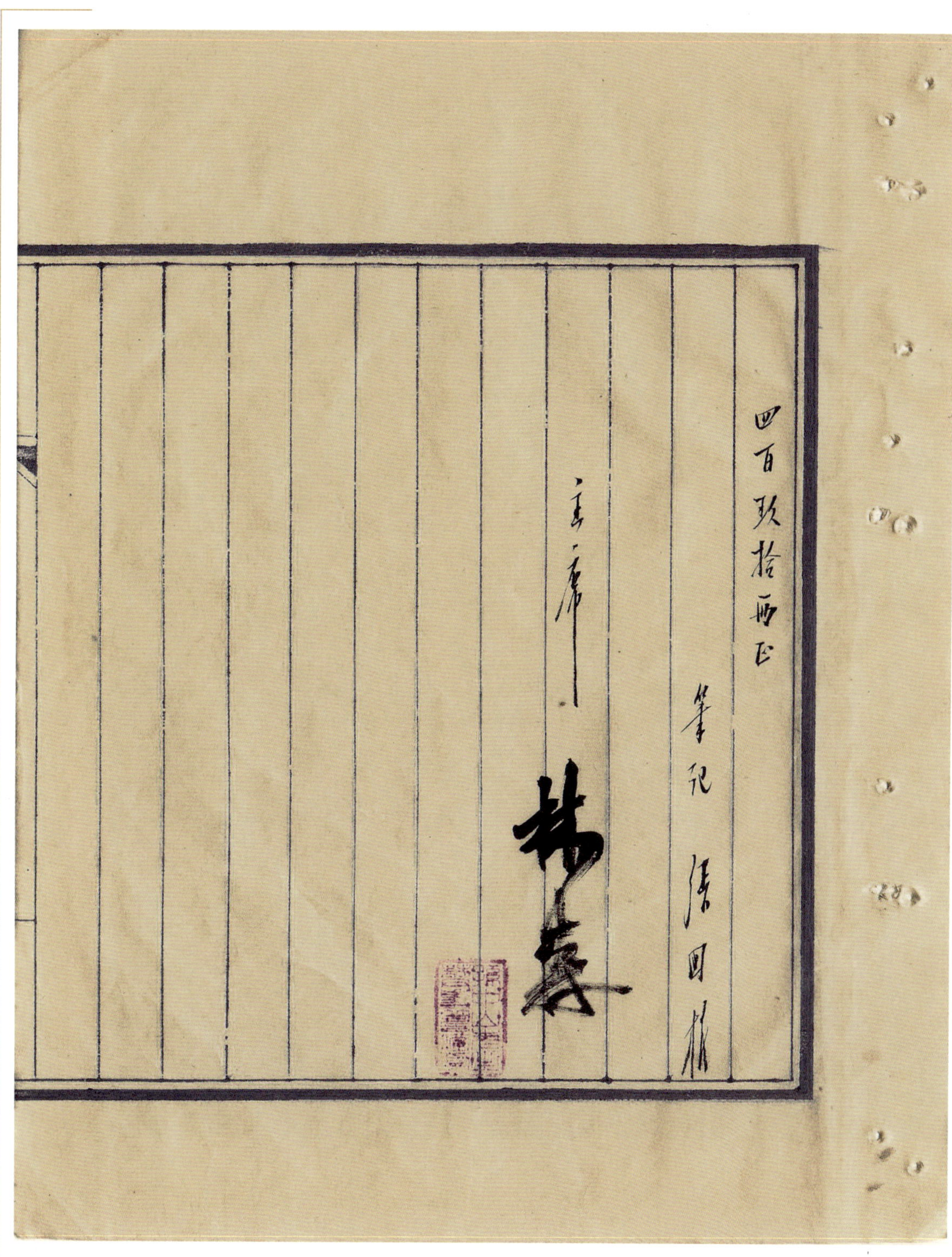

孫中山先生葬事籌備委員會常務會議記録（第二冊）

檔號：1005-3-1384

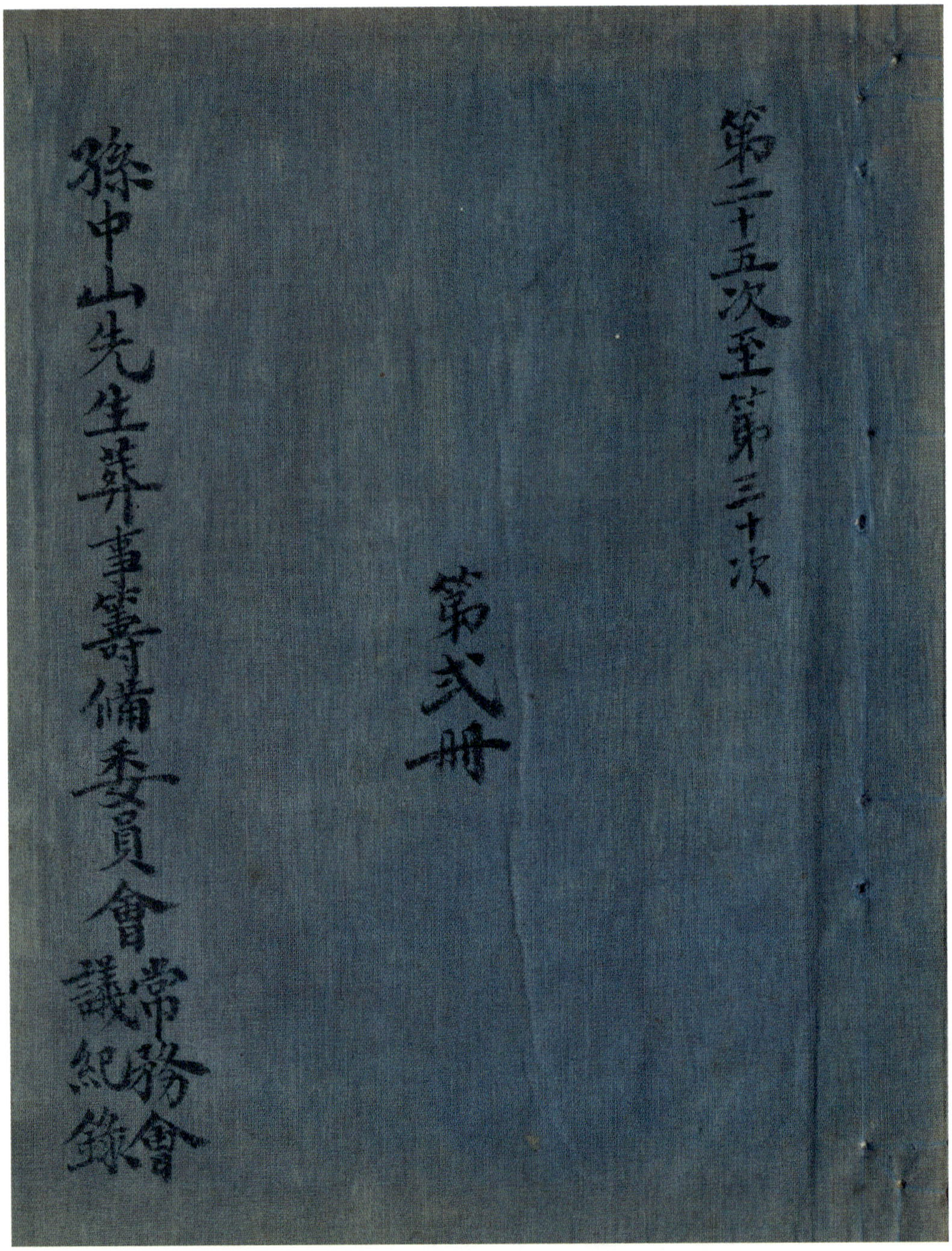
第二十五次至第三十次

第弍冊

孫中山先生葬事籌備委員會常務會議紀錄

第二十五次常務會議議決案

日期 十八年三月廿三日

出席委員

林子超 林煥廷

列席者

夏光宇

討論事項

(一)核定徐成記請求加賬案

決議 擬報告虧損實情及超過本處工程師原估數目等語准予依照本處工程師估定價目陸萬肆千兩（包括加做各項工程）以示體

恒

（二）决議陵墓大專路各色色風景宋幽
種各類詳參考以資鼓勵

（三）决議修理明孝陵工程修墻項以
免雨水浸入又祭堂内加遮玻窗一堂

（四）核准修理萬壽寺增加工程費洋壹
千壹百肆拾元陸角

（五）决議建築土路一條接通附葬場業即
日定限招工興築

（六）决議沿環陵路每隔數里填築轉車
場

（七）决議完成墓道石級兩側有水泥及柏

油路面業工程俟安葬禮再行動工

（八）決議：陵墓大馬路澆柏油工程俟安葬禮再辦

（九）陵墓附近及甬道兩旁現有工人草屋應限期一律遷至鄧家山北

筆錄 [illegible]

林業明

林森

第二十六次常務會議議案

日期　十八年四月三日　下午二時

出席委員　葉楚傖　林〻超　林煥廷

討論事項

（一）建築三合土蓄水塔案

決議　由新金記開價貳千六佰

並搭貳兩重錢六分八折承包　折

實為二千一百二十八兩七錢二分

（二）中山陵園請職員建築大溫室建費案

決議　溫室可以建築　應本案候徵求

各方同意再定

（三）第二批購地付價案

決議　緩再付

（四）決定修築接通附葬場出路案

決議　以最低標價壹千捌百柒拾元由項竹齋承包另加壹百叁拾元展築至鐘湯路全共工價為二千元

（五）核准修築街橋工價案

決議　街橋工價核准付給壹千捌佰肆拾陸元

（六）陵園計劃委員會請辦新村學校案

決議　中山陵園附設平民小學校一所建築學校經費及開

如費照所擬五千元為定，先付二千元，其餘叁千元俟該樓付清，常費壹百元按月照付，並委托陶知行、俞康棠、顧樹森、傅煥光四君負責辦理。

(七) 陵墓工程處請派警隊維持馬路交通案

決議 緩議

(八) 核定中山陵園農佃管理暫行簡章案

決議 交夏主任光宇審查修正再定

(九) 鑿井工程案

決議 第一井不再鑿深，應即裝置水管抽水機連造蓄水池等，以備應

甲種第二井加寬直徑俟鑿井公司查覆察後再定之

筆記

[illegible]

林森

林業明

葉楚傖

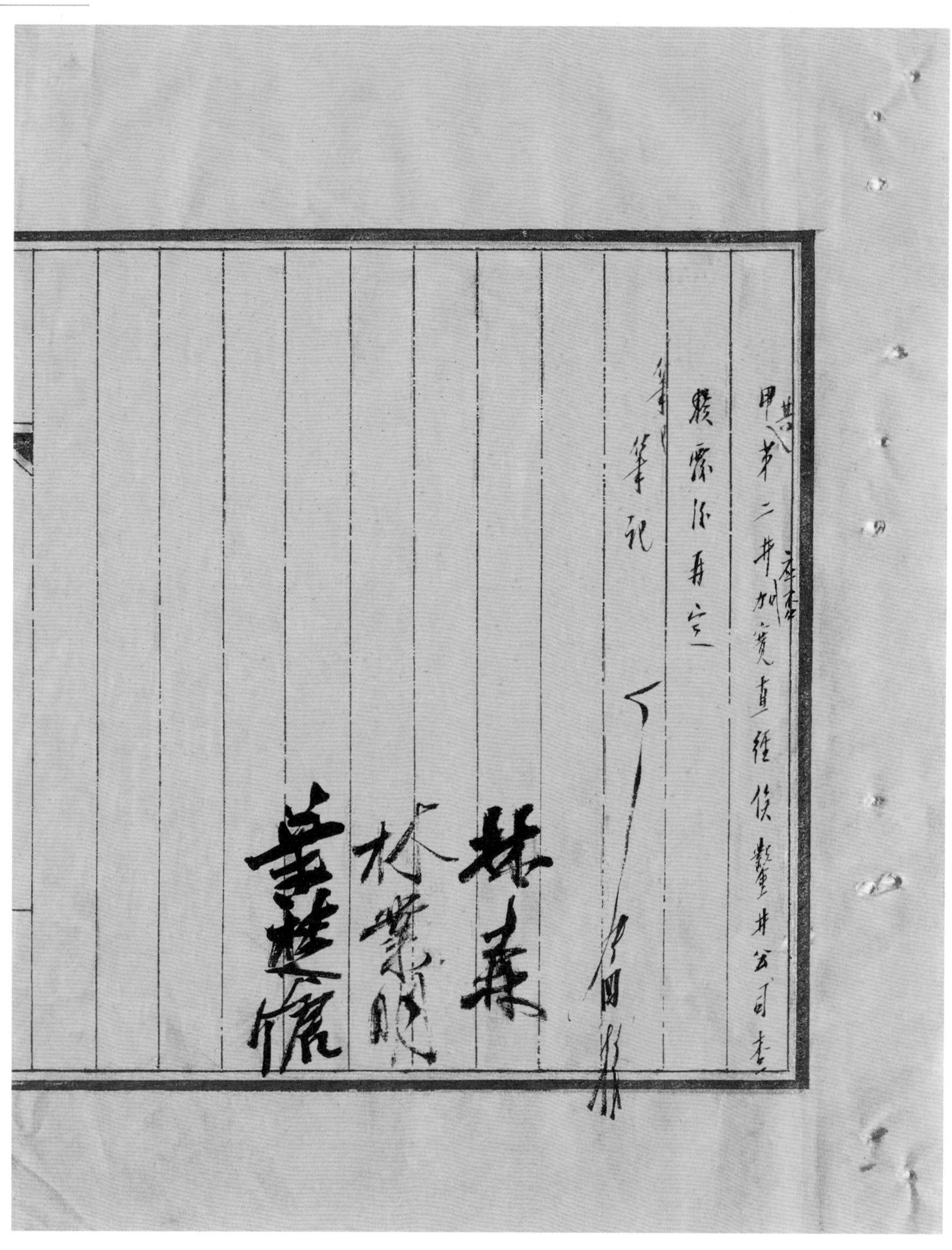

第二十七次會議之決案

日期 十八年四月十八日下午五時

出席委員 葉楚傖 林煥廷

討論事項

（一）工程經費案

決議 電請蔣主席就近商請宋部長即日電部出橫樓烟庫按月籌百萬元以濟陵工急需

（二）第二部請求加賬案

決議 交委員會同外監工審查

（三）建築蓄水池及東甬道前欄干案

決議 以韓彭記承包水池之價為

樹千樹為任搭之　楠千之價為陸元

樹搭之

（四）第二井改鑿八寸徑案

決議　照辦

（五）拱衛處組織及經費案

決議　請葉錄棒先生再行商減

經常費每月不得超過陸千元

（六）劉鑑委員呈請組織護陵隊及請

添隊案

決議　通過

（七）修理萬福寺紫霞洞及崖腳引宮案

決議　以最經濟方法從事修理

並須酌派二人看守

(八)擬於營衛房屋一所以所節經費修造養路隊二人房屋案

決議 照辦

筆記 丁山四招

林業明
華楚傑

第二十八次會議之決案

日期　十八年六月二十日上午十時

地點　紫金山陵墓工程處

出席委員　林子超　林煥庭

列席者

討論事項

（一）決議　安葬後拆板封壙

（二）決議　封壙後關閉墓門

（三）決議　自瞻仰禁止之日後即動工繼續壙內工作但卸開之石關于應俟石臥像安置妥後再採石關于裝置完好

關於壙內工程完全完工後即關閉
墓門陵門及祭堂大門無論何人何
時非依規定開門之時開期不得
開門

（四）擬定一月一日（國慶日）三月十二日（總理
忌辰）五月五日（國慶日）十一月十二日
（總理誕辰）為開墓門時期

（五）擬定每月開放祭堂門三次每月第
一星期之星期六第二星期之星期日
第三星期之星期一自上午九時至十
二時又下午一時至四時止為開放時間

照議

（六）凡入祭堂者不得攜帶手杖攝影機

軍器及一切違禁品

(七)決議凡雨天入祭堂者須將雨具(如雨傘雨鞋雨帽雨衣等)脫卸後方准入內

(八)凡入祭堂參觀者須受拱衛處之指導

筆記　張田樞

林森

林業明

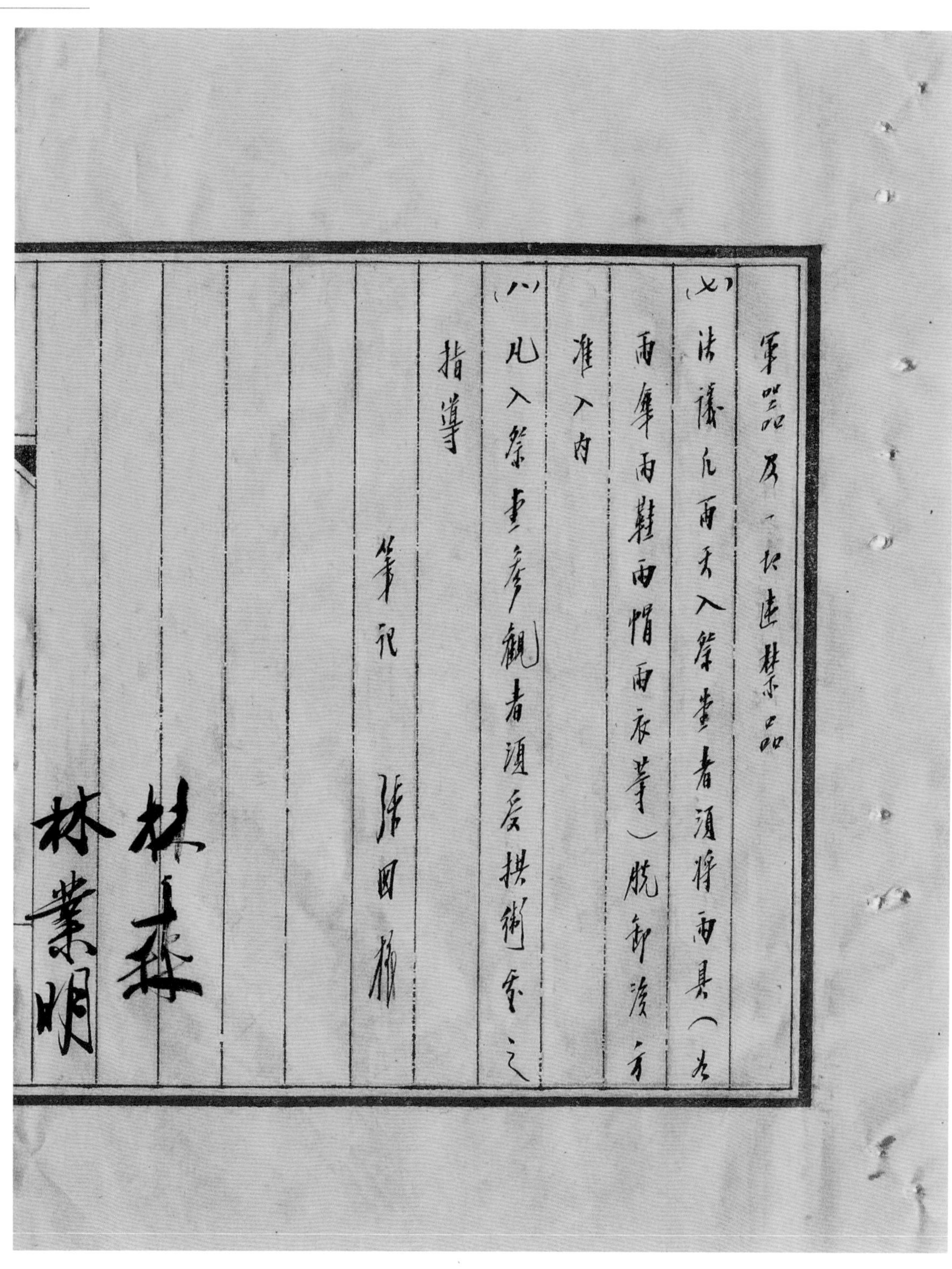

第二十九次會議議決案

日期　十八年六月十八日下午二時

地點　本籌備處

出席委員　林子超　林煥廷

討論事項

（一）酬勞笠琳摩僧製陵園圖案及模型案

決議　致送酬勞金洋貳千元

（二）完整陵墓前大牌樓商店請求補償損失案

決議　由事務委員會付給一切搭棚商宅舖估以原價三分之二

付給以為結束

（三）魯麟洋行裝置陵墓夜明電燈共用十二盞燈價壹千貳百兩案

議決：減至壹千兩支付

（四）購置抽水機及水管案

決議：

1. 第一井購置機件一單向慎昌洋行定購共計規元壹千叁百拾貳兩捌錢先付定銀叁分之一計銀四百三十七兩六錢

2. 第二井機件一單向慎昌洋行定購共計規元壹千貳百肆拾叁兩八錢先付定銀三分之一計銀四

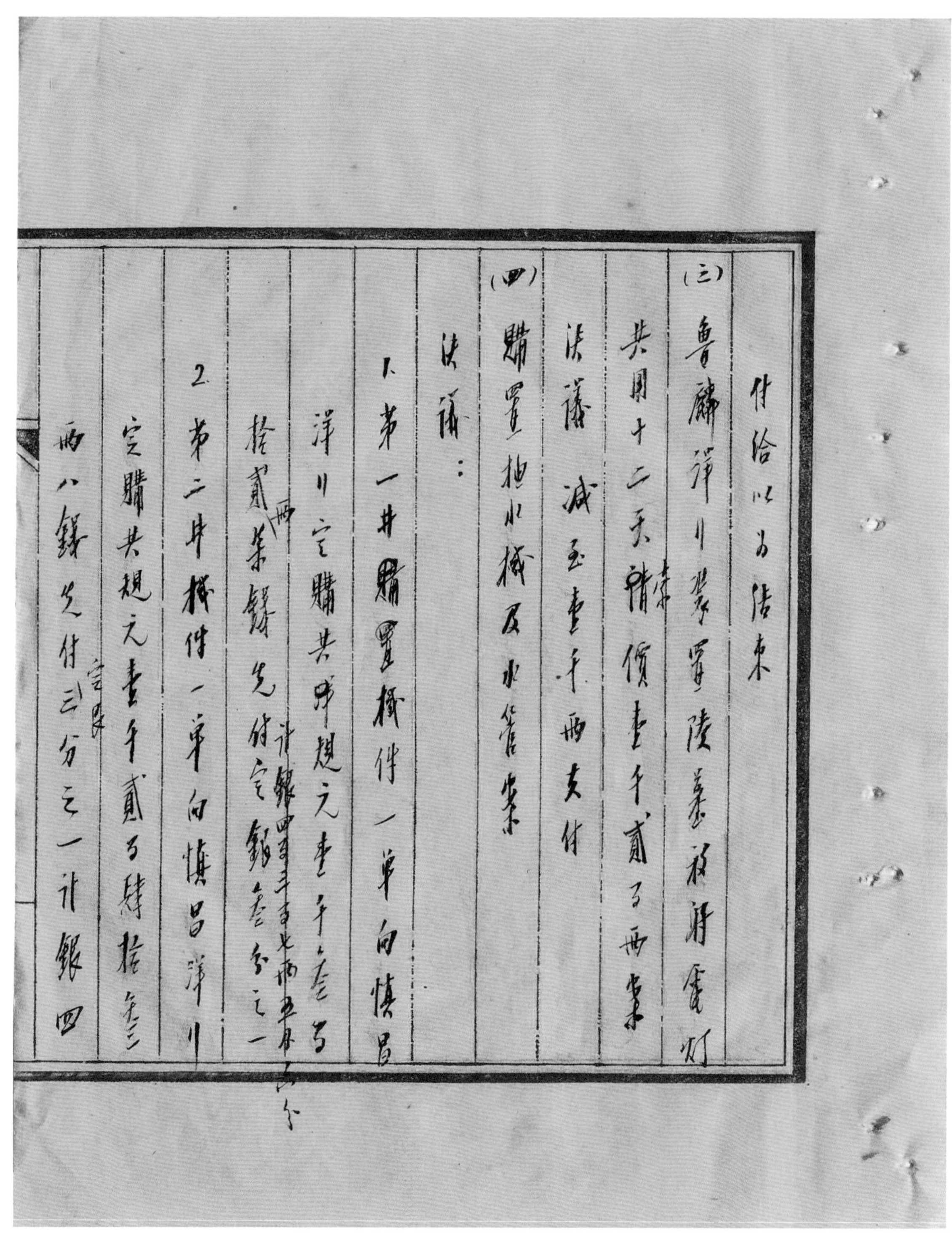

百拾肆两六錢
為向中華機器製造公司定
購抽水機一架計銀四百拾陸
两五錢六分
3、由第一二兩井接通陵園及苗
圃之水管及配件一單向上海
禧豐五金號定購計銀柒
千柒百柒拾陸两六錢九分
4、由第二井壓水上小茅山機件
全副計美金陸百八拾柒元
又規元貳千叁百捌拾柒两向
慎昌洋行定購見付定洋三

分之一

5、挖濬工程由葛子華承包共價洋四百元

(五)奉安期內中山陵園辦理招待及裝運送來禮物共用洋壹千捌百叁拾肆元二角一分案

決議　照付

筆記　張國根

林森

林業明

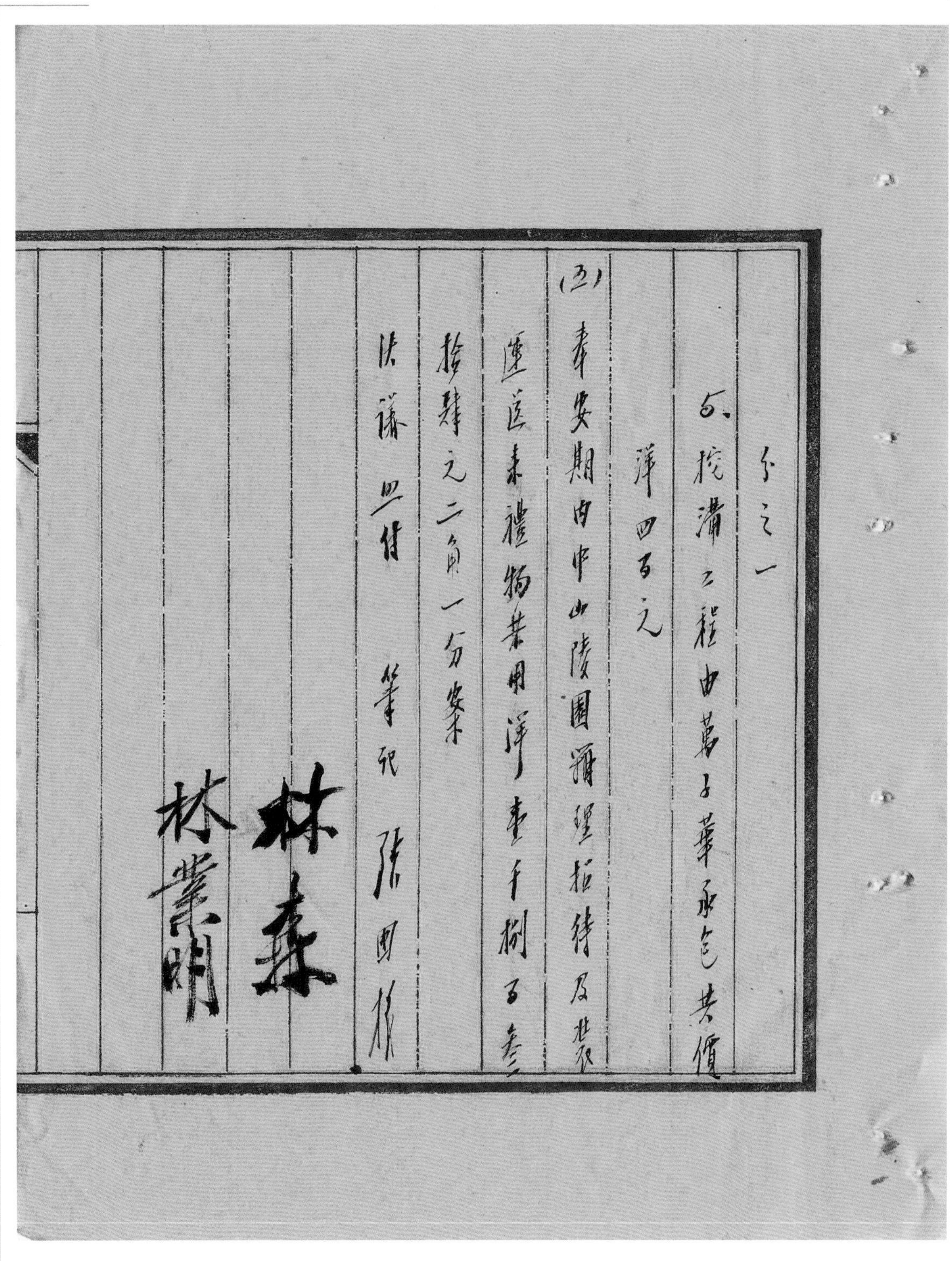

第三十次會議之決案

日期　十八年七月一日　下午五時

地点　本籌備處

出席委員　林子超　林煥庭　葉楚傖

討論事項

(一)本處辦理結束案

決議　應將結束報告造具三份分送中央

黨部　國民政府及陵園管理委員會

會計單據應送國民政府報銷

結束接收應由葬事籌備委員會会

同陵園管理委員會呈報中央黨部

國民政府

(二) 黄請已購地畝欵價案

決議、已購地畝即日發清急速辦理結束

(三) 添購警衛隊派出所房屋磚料二十萬塊案

決議、向黄春記及森泰源兩家各購十萬每萬價洋壹佰貳十捌元

(四)

決議 備理萬福寺為保存 總理奉紀念館物品之用

筆記者 陳希平

葉楚傖

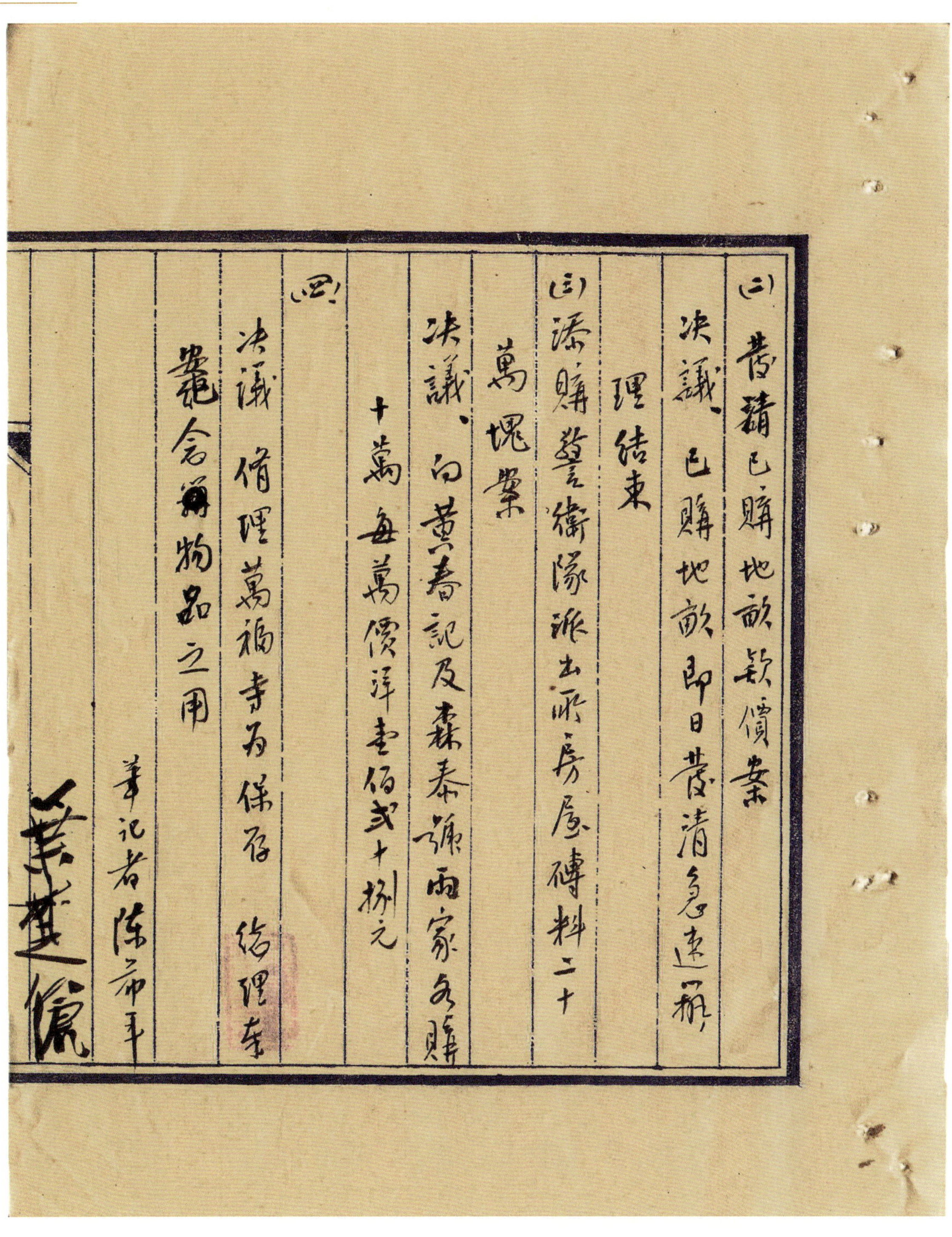

林業明

林森

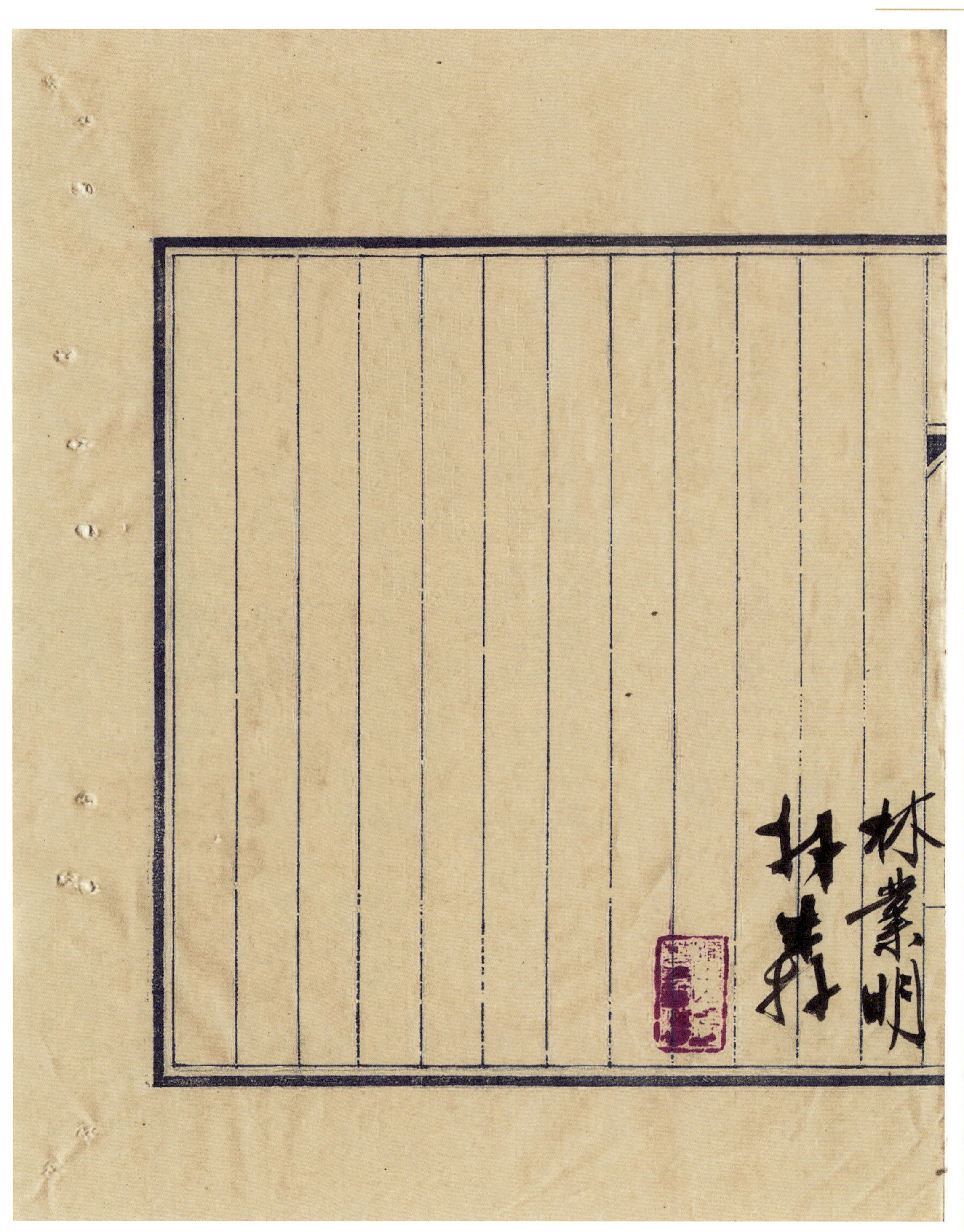

圖書在版編目（CIP）數據

中山陵檔案. 葬事籌備 / 《中山陵檔案》編委會編
. -- 南京：南京出版社，2016.9
（金陵全書）
ISBN 978-7-5533-1460-0

Ⅰ. ①中… Ⅱ. ①中… Ⅲ. ①中山陵—史料 Ⅳ.
①K928.76

中國版本圖書館CIP數據核字（2016）第184300號

書　　名　**【金陵全書】（丙編・檔案類）**
　　　　　　中山陵檔案・葬事籌備
編　　者　《中山陵檔案》編委會
出版發行　南京出版傳媒集團
　　　　　　南　京　出　版　社
社址：南京市太平門街53號　　郵編：210016
網址：http://www.njcbs.cn　　電子信箱：njcbs1988@163.com
淘寶網店：http://njpress.taobao.com　　天猫網店：http://njcbcmjtts.tmall.com
聯系電話：025-83283893、83283864（營銷）　025-83112257（編務）

出 版 人　朱同芳
出 品 人　盧海鳴
責任編輯　朱天樂
裝幀設計　王　俊
責任印制　楊福彬

製　　版　南京新華豐製版有限公司
印　　刷　上海雅昌藝術印刷有限公司
開　　本　889毫米×1194毫米　1/16
印　　張　34.25
版　　次　2016年9月第1版
印　　次　2016年9月第1次印刷
書　　號　ISBN 978-7-5533-1460-0
總 定 價　1000.00元

天猫网店

淘宝网店